Inszenierung der Macht – Ästhetische Faszination im Faschismus

Neue Gesellschaft für Bildende Kunst
Nishen

INSZENIERUNG DER MACHT

ÄSTHETISCHE FASZINATION IM FASCHISMUS

NGBK

NISHEN

Herausgegeben von der NGBK.

Redaktion
Klaus Behnken, Frank Wagner

Gestaltung
Udo Ropohl

Am Tempelhofer Berg 6
1000 Berlin 61
Printed in Germany 1987.

Satz
Fotosatz Werkstatt, Berlin
Lithos
O. R. T. Kirchner + Graser, Berlin
Druck
Gerike, Berlin
Bindung
Lüderitz & Bauer, Berlin
Herstellungstechnische Organisation
Udo Ropohl

Der Verlag dankt allen Beteiligten.

ISBN 3 88940 010 8

Inszenierung der Macht
erscheint zur gleichnamigen Ausstellung der Neuen Gesellschaft für Bildende Kunst im »Kunstquartier Ackerstraße«, Berlin-Wedding, vom 1. April bis zum 17. Mai 1987.

Ausstellungsgruppe
Inszenierung der Macht
Karin Bartl, Klaus Behnken (als Gast), Wieland Elfferding, Karoline Hille, Gabriele Huster, Patricia Krey, Gudrun Linke, Frank Wagner, Silke Wenk, Kurt Winkler, Christiane Zieseke

Ausstellungsgestaltung
Martin Haas und Ausstellungsgruppe

Projektleitung
Frank Wagner, Gudrun Linke, Karin Bartl

Neue Gesellschaft
für Bildende Kunst e. V. (NGBK)
Tempelhofer Ufer 22
1000 Berlin 61
Telefon 030 – 216 30 47

Präsidium
Ulrich Roloff-Momin, Jürgen Egert, Otto Schily
Geschäftsführung
Christiane Zieseke
Geschäftsstelle
Josefine Geier, Gisela Gnoss-Yavuz, Irene Neyer-Schoop, Matthias Reichelt, Manfred Schleiff

Die Ausstellungsgruppe der NGBK dankt dem Senator für Kulturelle Angelegenheiten für die Förderung und der Deutschen Klassenlotterie Berlin für die Finanzierung des Projekts.

Inhalt

Einleitung

Wenn dieses Buch erscheint, ist die »Normalisierung« der deutschen Vergangenheit in vollem Gange. Obenauf liegen die provokatorischen Vorstöße konservativer Politiker und Wissenschaftler in den historischen Raum, Versuche der Besetzung, Tests auf Zumutbarkeiten – Elemente einer Strategie, die zwischen der Versicherung antifaschistischer Gesinnung und der Forderung nach einem Schlußstrich eine Reihe aufeinanderfolgender kleiner Striche ziehen kann, mit denen im öffentlichen Bewußtsein endlich der Zustand der »Normalisierung« hergestellt wird. Dagegen muß nach wie vor an die historische Realität einer Gewalt erinnert werden, die eben nicht zufällig war und die immer wieder fassungslos macht. Die Linke reagiert weithin noch mit einer moralischen Empörung, die von der Substanz des Antifaschismus der sechziger Jahre zehrt. Sie hat die Erfahrung machen müssen, daß der Boden, auf dem man sich als Antifaschist sicher fühlte, wenn man sich allein des Terrors und der ökonomischen Zusammenhänge vergewisserte, auf die Dauer nicht trug. Daß all das Wissen, daß all der gute Wille nicht reichten zu begreifen, warum die Eltern, warum die andern Menschen zugesehen, mitgemacht hatten.

Kapitalismus – Faschismus, das ist nicht nur der Zusammenhang von Hugenberg, IG Farben und Auschwitz. Das sind auch die Erfahrungen unmittelbarer Gemeinschaftlichkeit, glückhafter Sinnlichkeit und gelingender kollektiver Veränderung, deren Trümmer sich anzueignen und auszubeuten der deutsche Faschismus so folgenreich verstanden hatte. Ein KZ war Deutschland für die meisten Deutschen eben nicht. Vor wenigen Jahren noch wären Fragen, die hier ansetzen – zumindestens unter denen, die sich als Antifaschisten begriffen –, als verharmlosend, beschönigend qualifiziert worden. Inzwischen hat sich etwas verändert, Fragen auch nach dem Alltag des Dritten Reiches, nach den subjektiven Seiten des Systems, der Duldung, der Zustimmung, der Begeisterung sind nicht nur zulässig, sondern notwendig geworden. Und wo diesem Alltag, den Erfahrungen nachgespürt wird, entdeckt man einen unheimlichen Zusammenhang von Gewalt und Wünschen, Sehnsüchten und Phantasien, die das faschistische System einzufangen und deren realimaginäre Erfüllung es zu inszenieren vermochte.

Die Spuren dieser Faszination aufzunehmen bedeutet jedoch nicht nur, ihr analytisch nachzugehen, sondern sie auch auf der ästhetischen Ebene einzuholen, sie aus einem Verdrängungsraum herauszuholen, *sich einzulassen.* Ist nicht, wollen wir versuchsweise fragen, ein Gutteil des Antifaschismus selbst, in einem strikten Sinne, imaginär? Beruht er nicht erst einmal auf der bildhaften Identifikation dessen, was »faschistisch« ist und daher verhindert, im Keim erstickt werden muß? In der imaginären Negativ-Identifikation aber ist die Geschichte der Kämpfe um die Wirkung des Sinnlichen und Bildhaften unsichtbar. Der Faschismus hat fast alles, was ihm Macht über die Sinne und die Erfahrung der Menschen verlieh, erbeutet.
Ob Zeltlager oder KdF-Reisen, ob Massensport oder festliche Aufmärsche, die propagierte umfassende Fürsorge für die Menschen durch staatliche/politische Institutionen oder der scheinhafte und der tatsächliche Bedeutungszuwachs für den Einzelnen mobilisierten ein Gemeinschaftserlebnis, das – zumindest als historisches Trauma des »Zusammenbruchs« – immer noch wirkt. Bei einer Analyse solcher Phänomene läßt sich kein Element ermitteln, das spezifisch faschistisch wäre. Sogar bei der wohlfeilen Arno-Breker-Figur scheitert der Versuch, Mächtigkeit und Faschismus oder gar Monumentalität und Faschismus gleichzusetzen. Das Besondere liegt nicht in den einzelnen Elementen, sondern in ihrer Gliederung. Eine Vielzahl von Faktoren, die im Faschismus neu geordnet und gebündelt wurden, schuf den Raum, in dem die Individuen durch ihre freiwillige Einordnung in das Gefüge gesellschaftliche Handlungsfähigkeit erlangten. So ist der Emanzipationsschub, den Frauen im »Dritten Reich« erfahren haben, als ihnen partiell mehr Handlungsraum zugestanden wurde, ob in der Familie oder am Arbeitsplatz, auch an der aktiveren Rolle ablesbar, die sie in der künstlerischen Darstellung einnehmen.

Weit unterhalb der politischen und moralischen Diskurse tobt, viel weniger bemerkt, immer noch der Kampf um die imaginären Gewalten, mit denen der Faschismus so unheimlich meisterhaft umzugehen wußte. Wo diese Strecke untergründiger Faschismus-Verarbeitung an die Oberfläche tritt, stockt die Liberalität: Soll man die Bilder des Faschismus zeigen? Nein! Ab in den Keller! So war es schon 1981, als eine Berliner Galerie Plastiken von Arno Breker zum Verkauf ausstellte, und so war es 1986 in der Diskussion, die der Kunstsammler Ludwig auslöste, als er die Präsentation von NS-Kunst in den Museen forderte. Hieß es damals: Dichtmachen!, so heißt es heute, für *diese Kunst* sei in einem *Kunstmuseum* kein Platz. Die Ausstellung »Inszenierung der Macht«, die von diesem Band begleitet wird, entstand letztlich aus der Frage, ob es nicht eine Alternative zur Strategie dessen gäbe, was man polemisch »Gegenverbrennung« nennen könnte. Imaginationen und symbolische Gewalt liegen dicht beieinander. Das Hakenkreuz auf der Lederjacke des Skinheads: Abreißen! Ohne die Drohung des Verbots verlöre das imaginäre Material des Faschismus viel von seiner Faszination. Das Gegenteil ist ebenso falsch, also muß die Frage so falsch gestellt sein. Die juristische Ideologie von Verbot, Zulässigkeit und Schuld bieten den geheimen Zugang in der Wand nicht nur der bundesrepublikanischen Gesellschaft, durch die jegliche imaginären Faszinationen schlüpfen können.

Die Negativ-Identifikationen und die großen Abers (»Aber war nicht ...«) in den individuellen Geschichten über jene Zeit beziehen sich auf dieselben Gegenstände. Was die einen bekämpfen und zu beseitigen glauben, lebt im Modus des verdrängten Wunsches häufig bei anderen weiter.
Passiert nicht heute wieder Ähnliches, wird nicht wieder ein Kabinett ausgestattet mit ideologischen Praxen und mächtigen Imaginationen, die ihre Kraft aus dem Popularen, aus der unmöglichen, wie notwendigen Kommune beziehen? Das Fußballstadion, der Volkslauf. Stählung und Beherrschung des eigenen Körpers, verbunden mit Aufstiegsträumen. Boris Becker. Das Massenspektakel der neuen Konservativen, gebettet in eine neue Urbanität des öffentlichen Raumes. Die Spuren eines Pioniergeistes, Abenteuerurlaub, Wüstentracking und Wildwasserfahren, Überlebenstraining, Prüfungen der Gemeinschaftsfähigkeit und der Fähigkeit der Gemeinschaft auf Schritt und Tritt. Weltraumfahrt, Technikfaszination, Männlichkeitskult.
Eine Fülle von Bildern, Vorbildern und Symbolen, in ihrer Bedeutung ambivalent, anschlußfähig für Lösungen in der einen wie in der anderen Richtung. Der starre Blick auf das Hakenkreuz und die schwarzen Uniformen der SS verkennt die Bedeutung des Kampfes um populare Imaginationen heute. Wer daran erinnert, entgeht dem Vorwurf des falschen historischen Vergleichs nicht. Hier schlägt wieder der Identifikationsmechanismus zu: Faschismus kann scheinbar nur so sein oder nicht sein.

Buch wie Ausstellung zielen auf einen Umgang mit den imaginären Faszinationen des Faschismus, der die Frage nach Schuld und Verbot vorläufig zurücktreten läßt zugunsten einer

Haltung, die sich einläßt, die aufnimmt und scheidet, die auseinandernimmt und neu zusammensetzt. Während jedoch die Autoren des Buches analytisch-beschreibend vorgehen und versuchen, theoriefähige Beiträge zur Macht des Ideologischen im Faschismus zu entwickeln, geht die Ausstellung einen Schritt weiter. Sie rekonstruiert mit ihren visuellen Möglichkeiten Bruchstücke der Faszinationen des Ästhetischen. Die Methode der Dekonstruktion legt das Bauprinzip frei und ermöglicht den Blick auf die einzelnen Elemente, sie scheidet die verschiedenen sinnlichen und emotionalen Anteile, die durch deren Bündelung zur Wirkung kommen. Zur Demontage ästhetischer Faszinationen müssen diese für Momente lebendig werden: Die Vorstellung der üblicherweise gefesselten und verdrängten Imaginationen schließt notwendig Mißverständnisse ein.

Mit diesem Projekt wird nicht nur durch den Verzicht auf die Darstellung von Terror und Widerstand die Tabu-Grenze eines aufgeklärten Antifaschismus überschritten, sondern auch die Trennung zwischen historischer Ausstellung und Kunstausstellung aufgehoben. Die Absicht, Werke zeitgenössischer Künstler in die Ausstellung zu integrieren, um ein Spannungsfeld zwischen didaktischer Aufarbeitung und sinnlicher Annäherung herzustellen, scheiterte an eben dieser Konfrontation. Die Zusammenbindung von Kunst und eindeutig negativ bewerteter Politik erzeugt offenbar die Furcht, eindeutig interpretiert zu werden und die Überzeitlichkeit der Kunstwerke in Frage stellen zu lassen. Aus dem Schutzraum der musealen Präsentation und der Living-Rooms von Sammlern herauszutreten, scheint unerträglich.

Redaktion und Ausstellungsgruppe »Inszenierung der Macht«, Februar 1987

Stefanie: »Wir hatten da einen Geschichtslehrer. Lange Haare, Bart, Norwegerpullover. Was hat der uns nicht alles vorgelabert. Stundenlang über die Juden, die Kommunisten, die Zigeuner, die Russen, alles Opfer, nichts als Opfer. Der tat immer so, als ob er verfolgt worden wäre. Als ob heute noch die Nazis hinter ihm her wären. Aber was war er denn? Weder Jude noch Zigeuner, noch Russe. Höchstens Kommunist vielleicht. Ich hab' ihm das alles nie abgenommen. Wer weiß, ob das alles so schlimm war.
Einer aus der Klasse hat ihn mal gefragt: ‚Wo war denn das Tolle damals? Warum haben denn so viele Hurra und Heil gebrüllt? Warum waren die alle so begeistert? Da muß es doch noch etwas anderes gegeben haben?' Da schaute er blöde, fing an, den Schüler als Neonazi zu beschimpfen, ob er denn keine Achtung vor den Opfern hätte. Aber wir anderen ließen nicht los. Endlich hat das einer mal ausgesprochen. Wir wollten wissen, was damals wirklich los war.
Da hatte sich richtig was aufgestaut. Immer nur Verbrechen und Schandtaten, und immer waren's wir, die Deutschen. Die ganze Klasse schrie durcheinander. Das sei alles Schwachsinn, was er uns hier erzähle, rief einer. Wir hätten es doch in den Filmen gesehen, die er uns gezeigt hat. Die lachenden Kinder, die leuchtenden Augen der Frauen. Hunderttausende in den Straßen, und alle haben sie gejubelt.
Woher kam denn diese Begeisterung?«

Peter Sichrovsky: Schuldig geboren. Kinder aus Nazifamilien. Köln 1987

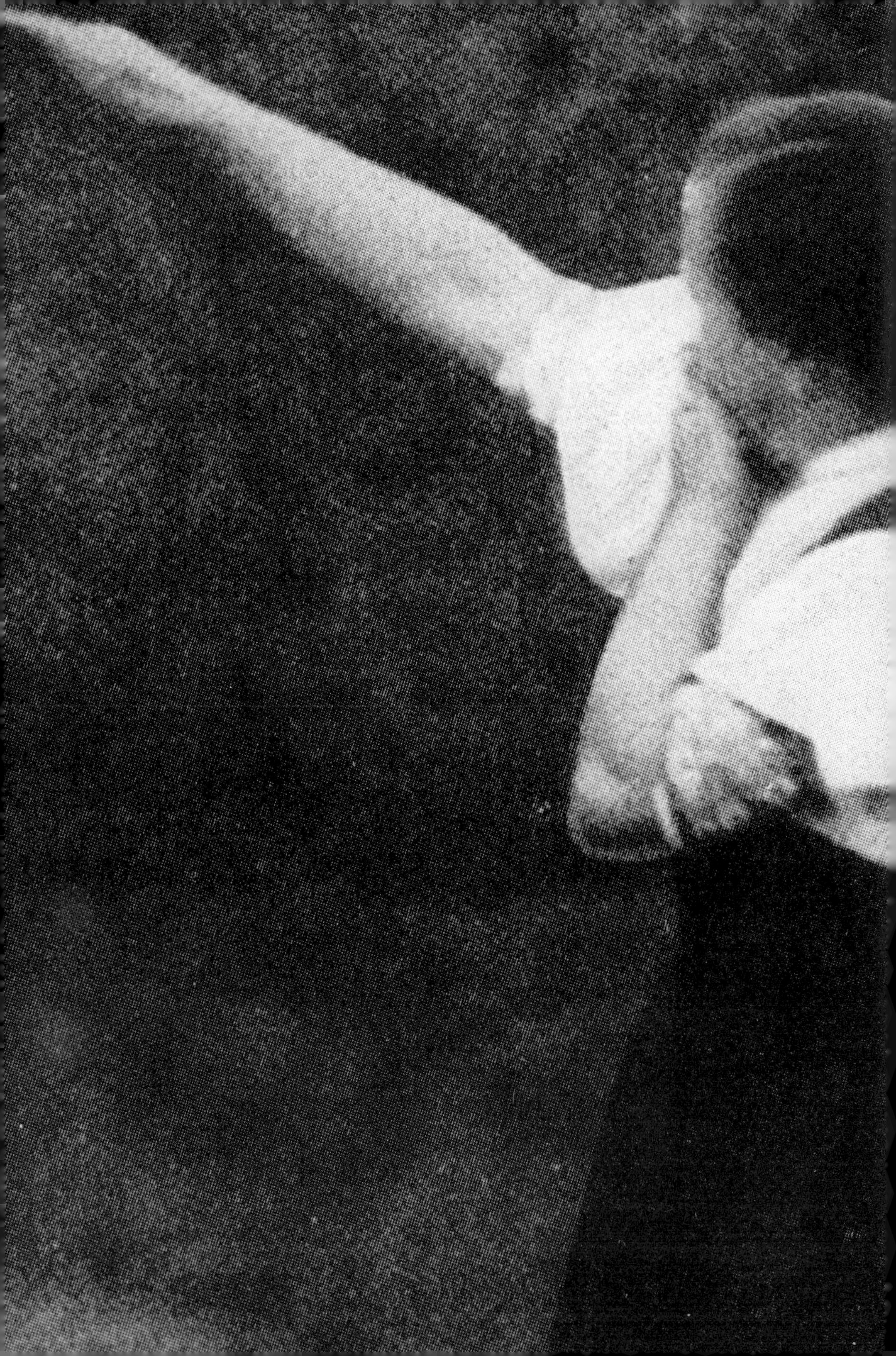

VON DER PROLETARISCHEN MASSE ZUM KRIEGSVOLK

Wieland Elfferding

Massenaufmarsch und Öffentlichkeit im deutschen Faschismus am Beispiel des 1. Mai 1933

»Was ist paradox?«
»Wenn ein Nichtalkoholiker ein ganzes Volk besoffen macht.«

Flüsterwitz 1936

Wie ist die Massenbegeisterung im Faschismus zu erklären? Volkes Stimme spricht hier gebrochen, wie der vergleichsweise schwache Flüsterwitz belegt. Der beliebte Themenkreis ist angesprochen: Frauen und Alkohol. »Verführung« heißt ja das Stichwort des bundesdeutschen Boulevarddenkens. Ein ganzes Volk, im engeren Sinn wohl seine Männer, in der Pose des enttäuschten, getäuschten Liebhabers, der Faschismus als ein »Kavaliersdelikt« im wörtlichen, traditionsreichen Sinne. Und, nicht zu verwindende Peinlichkeit, der Verführer – ein Mann. Ein abgründiges Männerabenteuer, das im Krieg gipfelt, von dem im Dusel so schrecklich lange zu erzählen ist.
Eine andere Geschichte, die erklären soll, handelt von Bedrohung und Terror, der sich letztlich gegen die Familie richtete: Verstaatlichung der bürgerlichen Öffentlichkeit, totale Kontrolle, Entfremdung der Kinder von ihren Eltern. Der Held dieser Geschichte ist nicht die »verführte«, sondern die gezwungene Masse. Zwischen Zwang und Verführung gibt sich das Subjekt beider Geschichten mit seinem Tun nicht zu erkennen. Statt den inneren Widersprüchen dieser Mythen nachzugehen, wähle ich einen anderen Weg.
Ich nehme den Massenaufmarsch am 1. Mai 1933 als Beispiel für jene Inszenierungen, in denen Begeisterung und dauerhafte Zustimmung organisiert wurde. Im Vordergrund der Analyse stehen die äußerlich beobachtbaren Elemente der Massen-

formierung, in die der Komplex von Vorkehrungen, Handlungen und Erlebnissen zu zerlegen ist[1]. Der 1. Mai 1933 ist von besonderem Interesse, weil hier – nach der weitgehend abgeschlossenen Liquidierung der Arbeiterorganisationen – auf dem Spiel stand, ob die Nazis auch die *Hegemonie* über die Arbeiter gewinnen würden.

1 Die folgenden Überlegungen wären nicht denkbar ohne die Arbeiten des Projekts Ideologie-Theorie *[PIT 1980]*, darin vor allem die Untersuchung von M. Behrens: Ideologische Anordnung und Präsentation der Volksgemeinschaft am 1. Mai 1933 *[PIT 1980, I, 81ff.]*.

1

Disposition des Massenaufmarsches

Ich beginne mit einem äußeren Detail, das zugleich umfassend ist: die institutionelle Vorkehrung und räumlich-architektonische Anordnung des Aufmarsches. Beide zusammen genommen wirken als »institutionelles Dispositiv« der Massenformierung *[Foucault 1977, 43]*. Die architektonische Form, die Anlage und Gliederung des Tempelhofer Feldes am 1. Mai 1933 beispielsweise, präpariert einen Raum begrenzter Verhaltensmöglichkeiten, die durch organisatorische Arrangements weiter eingeengt und gerichtet werden.

Die Arbeiterbewegung mußte um ihren internationalen Kampftag stets von neuem kämpfen. Sollte der 1. Mai, nach dem Willen der Weimarer Verfassungsgeber, gesetzlicher Feiertag sein, so wurde der Buchstabe bald durch den Widerstand der Unternehmer ad absurdum geführt. Die Nazis erhoben den 1. Mai mit Beschluß vom 20.4.1933 (Hitlers Geburtstag) zum nationalen Feiertag und erfüllten damit eine lang erhobene Forderung der Arbeiterbewegung. Sie verschoben die Bedeutung des 1. Mai vom Tag der Arbeiterbewegung zum »Tag der Arbeit«. Unter dieser Bezeichnung ging er in die deutsche Kontinuität der fünfziger Jahre ein. Parallel dazu lief die Liquidierung der Gewerkschaften. Seit Februar 1933 waren in verschiedenen deutschen Städten die Gewerkschaftshäuser verwüstet und besetzt worden. Die NSBO (Nationalsozialistische Betriebszellen-Organisationen) intensivierten ihre Aktivitäten. Während

Abb. 1
Potsdamer Straße, Berlin 1934: Zuschauer am Weg Hitlers zum Sportpalast (zeitgenössische Montage)
Abb. 2
1. Mai 1933: Offizieller Plan des Sternmarsches zum Tempelhofer Feld
Abb. 3
1. Mai 1933: Das Tempelhofer Feld aus der Luft

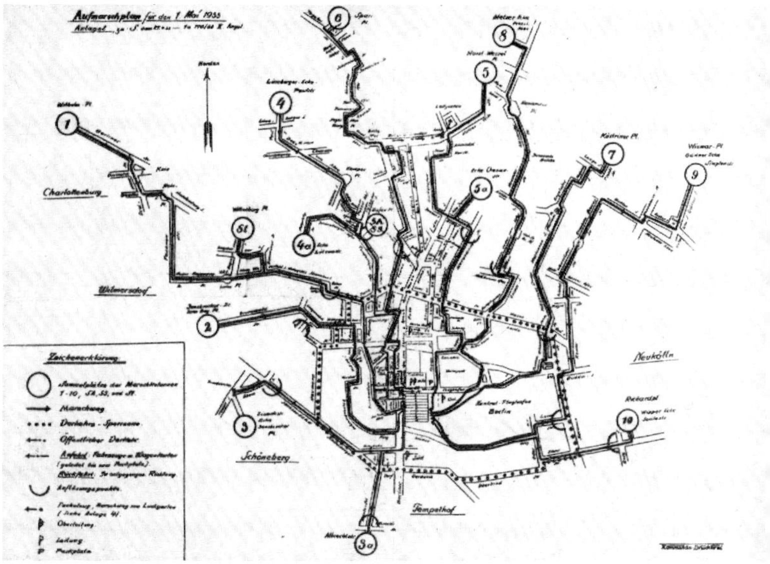

2

der Vorbereitungen für den nationalen »Tag der Arbeit« planten Partei, SA und SS die endgültige Liquidierung der Gewerkschaften am 2. Mai 1933. Die Inszenierung des 1. Mai 1933 und die gewaltsame Liquidation der Arbeiterorganisationen greifen ineinander.

Die Inszenierung des 1. Mai 1933 stellt sich als komplexe raumzeitliche Anordnung zur Produktion einer neuen Masse, der faschistischen »Volksgemeinschaft« dar. Der Aufmarsch sollte sich sternförmig, aus allen Bezirken Berlins, zusammensetzen und auf dem Tempelhofer Feld seinen Höhepunkt erreichen. Die Form des Sternmarsches ist von der Arbeiterbewegung übernommen. Dort hatte er die Bedeutung, den Widerstand einer fragmentierten Klasse sichtbar zusammenzuführen und an einem hervorgehobenen Herrschaftspunkt zu konzentrieren.

Mit dem 1. Mai 1933 verwandelte sich der Aufmarsch vom Widerstand zum Staatsakt. Der Faschismus nimmt die Funktion, die Privaten und räumlich Zersplitterten zusammenzuführen, auf und transformiert sie in die rituelle Bildung eines neuen Staatsvolkes. Das Netz aus den verschiedenen Marschsäulen legt sich über das gesamte Territorium der Reichshauptstadt. Es wird gleichsam verlängert in das Reich hinein in Gestalt von gezielt rekrutierten Arbeiterdelegationen, die aus allen Teilen des Landes eingeflogen und in der Hauptstadt von Hindenburg und Hitler empfangen werden. Die Berliner Veranstaltung ist von vornherein als Prototyp geplant, der über die Massenmedien auf jede deutsche Stadt übertragen wird. Bei den »dezentralen« Veranstaltungen wird abends die Rede Hitlers vom Tempelhofer Feld »eingeblendet«.

Das Tempelhofer Feld

Ein einziges wogendes Menschenmeer, die größte Volksmasse, die sich jemals festlich auf einem
Organisation und der Selbstdisziplin. Aus dem Millionenheer ragen die Beobachtungstürme, au

Fot. A. B. C.

am 1. Mai 1933:
— eine unvergeßliche Kundgebung der Volksverbundenheit und zugleich ein Triumph der Polizei und Sanitäter Wache halten, und die Gerüste für die Scheinwerfer und Lautsprecher.

4

5

Die bezirklichen Marschsäulen werden von den NSBO organisiert. In den Betrieben machen sie in den Tagen vorher Druck, um möglichst viele unter der neuen Regie auf die Straße zu bringen. Das gelingt nur unvollständig. Fotos zeigen teils dünne Marschkolonnen, von Passanten mißtrauisch beäugt. Augenzeugenberichte belegen, daß sich mancher Arbeiter während des Zuges »verdrückt« hat und daß dies vielfach verabredete Sache war[2].

Der Sternmarsch beschreibt, nach der Planung, eine Bewegung von den Berufsklassen zur aus ihnen zusammengesetzten »Volksgemeinschaft«. Die nach dem Betriebsprinzip aufgestellten Teilzüge lassen die Herkunft der Teilnehmer/innen erkennen, Bäcker, BVGler, Bierbrauer tragen ihre Berufskleidung, die hier in gleichen Rang mit den Uniformen der NSBO, SA, SS etc. eintritt. Zusammengeführt auf dem riesigen Tempelhofer Feld bilden sie eine in sich gegliederte Masse aus allen Teilen des Volkes in einer präparierten architektonischen Anordnung[3].

Das Feld wird schon Tage vorher für den Aufmarsch vorbereitet. An die Stelle des geordneten Massenauflaufs der proletarischen Kundgebungen der Weimarer Zeit tritt ein genau eingeteiltes Feld. Jede der Gliederungen, zu der die Teilzüge nun werden, hat ihren vorher festgelegten und ausgezeichneten

6

Abb. 4
1. Mai 1933: Der Siemens-Zug auf der Berliner Straße (heute Tempelhofer Damm)
Abb. 5
1. Mai 1933: »Köche in Berufskleidung auf dem Marsch zum Festplatz« (Julius Lippert: Der 1. Mai einst und jetzt. Berlin 1933)
Abb. 6
1. Mai 1934: Reichswehr-Appell auf dem Tempelhofer Feld
Abb. 7
1. Mai 1933: Offizieller Aufmarschplan des Tempelhofer Feldes

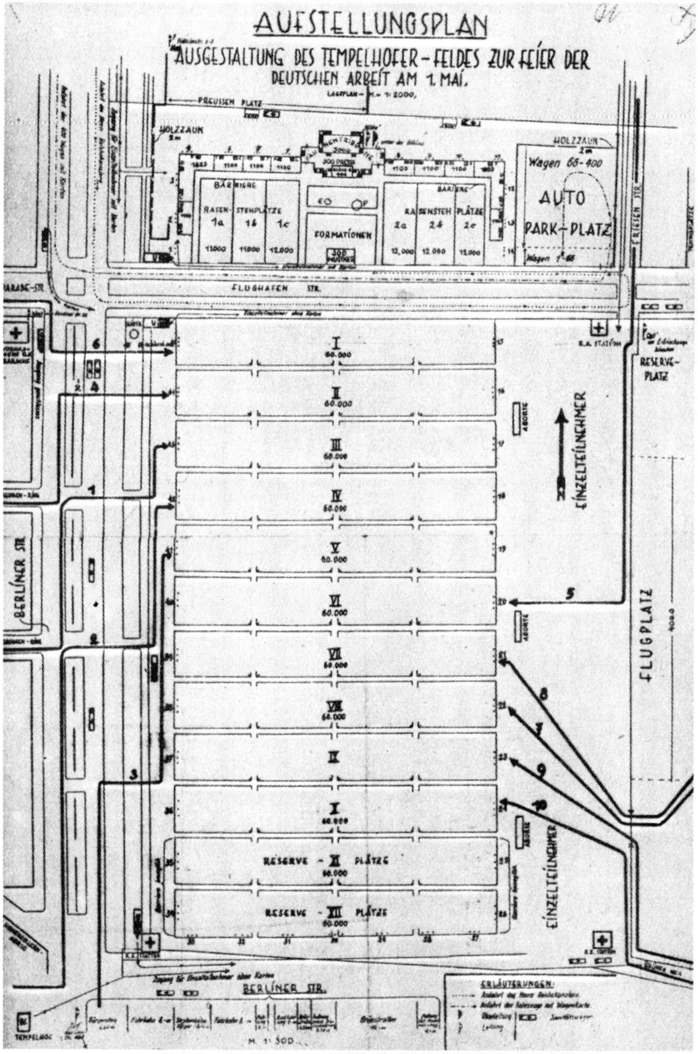

7

Platz im Ganzen der Anordnung. An die Stelle der konzentrischen Anordnung der proletarischen Masse um eine meist in der Mitte stehende Rednertribüne tritt die zentrische Ausrichtung auf eine riesige Tribüne an der Stirnseite. Die Plätze des faschistischen Massenaufmarsches werden grundsätzlich – und mit der Zeit zunehmend und immer ausgeklügelter – gebaut, nicht einfach benutzt.
Wie bei allen folgenden Veranstaltungen dieser Art wird eine eigene Medienversion verfertigt. Sie hebt, sowohl in den Zeitungsberichten als auch in den Wochenschauen, den »flächendeckenden« Charakter und die Dramaturgie hervor. Was für das Individuum nicht unmittelbar erlebbar ist, die Gesamtinszenierung, wird nun zur vermittelten Repräsentation des Ereignisses[4]. In dieser Form »macht es Geschichte«.

2 Vgl. die Beispiele in: *Ausstellungskatalog* ‚Wir haben unsere Chance verpaßt'. 1933 – Die Zerschlagung der Gewerkschaften. ÖTV Berlin 1983: »Wie der Zug in die Nähe von einer Pinkelbude kam, kam mir der Gedanke: Da rein. Und wie ich raus bin aus dem Zug, geht der neben mir mit, und wie wir da fertig waren, sind wir nach Hause gerannt.« Dann aber wieder: »Am 1. Mai war es erschreckend festzustellen, daß dieser rote Arbeiterbezirk Friedrichshain so von roten Hakenkreuzfahnen vollgehangen hat, daß ich fast umgefallen wäre (...)« In den »Deutschland-Berichten der Sopade 1934-1940« (Frankfurt/Salzhausen 1980, S. 107 f.) heißt es noch für 1934 aus Berlin: »Trotz der starken Kontrollen sind am 1. Mai große Teile der Betriebs-Arbeiterschaft in den Betrieben nicht auf das Tempelhofer Feld, sondern zu den zahlreichen sozialistischen Maifeiern in der Umgebung von Berlin gegangen.« Das Tempelhofer Feld war aber wieder voll...

Strukturen der Ordnung

Die »disperse« Masse des Straßenauflaufs hat fließende Übergänge zur anonymen Masse. Diese stellt nur das öffentliche Zusammenkommen der Privatleute dar. Die Maidemonstrationen der Weimarer Republik bewahren noch viel vom Massenauflauf. Hier ist, aufgrund der »Unordnung« der dispersen Masse, der Anschluß leicht, die Grenzen zwischen Dazugehören und Nichtdazugehören sind nicht scharf gezogen (Canetti spricht von der »offenen« Masse). Die aus dem Militärischen stammende Formation kommt zunächst selten vor. Eine gewisse Uniformierung der Individuen bringt der »Sonntagsstaat«, der in aller Regel zum proletarischen 1. Mai dazugehört.

Das Bild ändert sich mit zunehmender Parteispaltung der proletarischen Massen und mit der Militarisierung der Kämpfe gegen Ende der Weimarer Republik. Die Massendemonstrationen kristallisieren sich stärker in formierten Marschsäulen aus, die durch innere (Uniformen, Standarten, Lieder etc.) und äußere (Reihen und »Säulen«) Ordnung einen neuen Komplex von Bedeutungen hervorrufen. Die Spannung zwischen Offenheit und Geschlossenheit wird größer, die Frage, ob »man dazugehört«, stellt sich dringlicher, zugleich ist es schwerer, sie zu beantworten. Das Mobilisierungsgefälle innerhalb der Massen wächst. Komplementär wird die Anonymität unter den Individuen ästhetisch reduziert[5].

Die Marschkolonne ist, verglichen mit dem Massenauflauf, zielgerichtet, entsprechend dem Truppenauf- und -abmarsch. Es muß sich um ein Ziel handeln, das im Straßenanzug wie im Sonntagsstaat nicht zu erreichen ist: die militärischen (oder dem Militärischen entlehnten) Uniformen konnotieren die Sonder- und Entscheidungssituation und den Bruch mit der *società civile* (der »Ernstfall«). Gegen Ende der Weimarer Republik tendiert die Ästhetik des Massenaufmarsches zur Ästhetik des Bürgerkriegs. Die Parteien haben ihre eigenen Formationen mit getrennten Aufmarschplätzen, die Stadt zerlegt sich in verschiedene strategische Zonen, eine Art militärische Topographie, es entstehen, vom Staat markierte, »bevorzugte« Schlachtfelder (der »Rote Wedding« vom »Blutmai« 1929). Der Mobilisierung und Formierung der einen entspricht die Passivierung und Ausschließung der anderen. Mindestens ebenso wichtig wie die politische Spaltung ist diese Polarisierung in markierte geschlossene Massenformationen und in ohnmächtiges »Publikum«.

Der 1. Mai 1933 wird gleichsam als Tag nach dem Bürgerkrieg inszeniert. Die proletarischen Kampfverbände sind längst aufgelöst, ihre Führer verhaftet oder untergetaucht. Der »innere Feind« ist beseitigt, zumindest unsichtbar gemacht. Die Inszenierung des 1. Mai 1933 verstärkt die Ästhetik des Krieges durch uniformierte Verbände und Formierung der Massen auf dem Tempelhofer Feld und reichert sie zugleich mit popularen

3 In der Geschichte des Tempelhofer Feldes kreuzen sich drei Linien, an denen die Nazis anknüpfen können: es war Paradefeld der Berliner Garderegimenter (»Kaiserparaden«); hier flanierte man am Sonntag, machte Picknick und nahm an »Volksbelustigungen« teil (vgl. dazu z.B. das Gemälde von Hans Baluschek, Sonntag auf dem Tempelhofer Feld, 1907); schließlich beherbergte das Feld, in seinem östlichen Teil, das modernste Verkehrsmittel der Zeit: das Flugzeug, Symbol für einen alten Traum der Erhebung.

4 »In den großen Festaufzügen, den Monstreveranstaltungen, in den Massenveranstaltungen sportlicher Art und im Krieg, die heute sämtlich der Aufnahmeapparatur zugeführt werden, sieht die Masse sich selbst ins Gesicht. Dieser Vorgang, dessen Tragweite keiner Betonung bedarf, hängt aufs engste mit der Entwicklung der Reproduktions- bzw. Aufnahmetechnik zusammen.« *[Benjamin 1963, 42]*

5 Hier spielen, im Zusammenhang der Uniformierung, allerlei Markierungen der Körper, z.B. durch Abzeichen, eine Rolle, die eine Wiedererkennung als Mitglieder eines imaginären Kollektivs ermöglichen. Abgelöst von dieser Funktion entfalten die »Kollektivsymbole« Attraktivität als Sammelobjekte, in deren Gestalt man des Kollektivzusammenhangs individuell und imaginär habhaft werden kann.

Der 1. Mai im Rundfunk

6.30 Uhr: Übertragung Berlin: Funk-Gymnastik.
6.30 Uhr: Übertragung Hamburg: Wetterbericht für die Landwirtschaft; anschließend bis
8.00 Uhr: Übertragung Hamburg: Frühkonzert.
8.50 Uhr: *Funkbericht der Jugendkundgebung im Berliner Lustgarten.*
9.00 Uhr: *Übertragung der Jugendkundgebung im Berliner Lustgarten:* Hymne, vorgetragen von 1200 Sängern des Berliner Sängerbundes; Rede des Reichsministers für Volksaufklärung und Propaganda Dr. Goebbels; gemeinsamer Gesang des Horst-Wessel-Liedes;
Funkbericht über die Fahrt des Reichspräsidenten von Hindenburg und des Reichskanzlers Adolf Hitler durch die Spaliere der Jugend in der Wilhelmstraße und Unter den Linden zum Lustgarten.
Gemeinsamer Gesang der Jugend: »Ich hab' mich ergeben«;
Ansprache des Reichspräsidenten von Hindenburg an die deutsche Jugend.
Gemeinsamer Gesang des Deutschland-Liedes. Schluß gegen 10.00 Uhr vormittags. Anschließend: Hörbericht deutscher Arbeiter. Es sprechen: Ein Hafenarbeiter aus Hamburg, ein Bergmann aus Niederschlesien, ein Landarbeiter aus Ostpreußen, ein Metallarbeiter aus dem Saarland, ein Bergarbeiter aus dem Siegerland, ein Winzer von der Untermosel, ein Bergarbeiter aus dem Ruhrgebiet.

10.50 Uhr: Neueste Nachrichten.
11.00 Uhr: *Übertragung Königsberg: Militärkonzert (Märsche),* Musikkorps der 1. preuß. Nachrichtenabteilung.
12.30 Uhr: Deutscher Seewetterbericht.
12.55 Uhr: Zeitzeichen der Deutschen Seewarte.
13.00 Uhr: *Funkbericht vom Eintreffen der Arbeiterabordnungen aus allen Gauen des Reiches, aus Danzig, von der Saar und aus Deutsch-Österreich mit 10 Großflugzeugen auf dem Tempelhofer Feld in Berlin.*
13.55 Uhr: *Arbeits- und Marschlieder der SA-Blasorchester:* Jugend marschiert, Marsch von Ernst Hanfstaengel; Lieder der SA: »Volk, ans Gewehr!«, »Von allen unsern Kameraden«, »Es pfeift von allen Dächern«; Schalmeienkapelle der Standarte Horst Wessel: »Brüder in Zechen und Gruben«, »Wir traben in die Weite«; Blasorchester: Wanderliedpotpourri von Heinrich Mannfred; Lieder der SA: »Wann wir schreiten Seit' an Seit'«, »Märkische Heide – märkischer Sand«; Schalmeienkapelle der Standarte Horst Wessel: »Wir sind die Sturmkolonnen«, »Kameraden, laßt erschallen«; Blasorchester: »Deutschlands Erwachen« von Julius Kochmann; SA-Chor des Horst-Wessel-Sturmes; die Schalmeienkapelle der Standarte Horst Wessel, das Deutsche Blasorchester unter Leitung von Alfred Engel.
14.40 Uhr: *Der 1. Mai, wie er war und wie er wird* (Pg. Schumann, Reichsleiter der N.S.B.O.).
15.00 Uhr: *Funkbericht vom Massenaufmarsch auf dem Tempelhofer Feld.*
15.05 Uhr: *Arbeiterdichter lesen eigene Dichtungen.*
16.00 Uhr: *Funkbericht von den Kunstflügen der Flugstaffeln auf dem Tempelhofer Feld.*
16.05 Uhr: *»Symphonie der Arbeit«,* Dichtung: Hans-Jürgen Nierentz, Musik von Herbert Windt; das Orchester der Funkstunde, Dirigent: Herbert Windt.
16.45 Uhr: *»An ihren Taten sollt ihr sie erkennen«;* eine satirische Hörfolge mit Gedichten von Orpheus dem Zwoten.
17.30 Uhr: *Hörbericht vom Empfang der Arbeiterabordnung durch den Reichspräsidenten und den Reichskanzler in der alten Reichskanzlei; anschließend Funkbericht vom Aufmarsch auf dem Tempelhofer Feld und Lieder der Bergleute, Bauern und Soldaten.*
18.20 Uhr: *»Wir führen die Arbeit«,* Hörfolge von Eugen Diesel.
19.30 Uhr: *Funkbericht vom Tempelhofer Feld.*
19.35 Uhr: Neueste Nachrichten; *Berichte über die Mai-Feiern und Aufmärsche im Reich und in den Grenzlanden.*
19.50 Uhr: *Hörbericht vom Tempelhofer Feld.*
20.00 Uhr: *Übertragung der Kundgebung auf dem Tempelhofer Feld:* Fanfarenmarsch, ausgeführt durch sieben Kapellen und zwei Spielmannszüge der Reichswehr; gemeinsamer Gesang der Massen: »Der Gott, der Eisen wachsen ließ«;
Funkbericht von der Ankunft des Reichskanzlers Adolf Hitler; Rede des Reichskanzlers Adolf Hitler mit Verkündung des Einjahresplanes der Reichsregierung;
gemeinsamer Gesang des Deutschlandliedes;
Funkbericht von der Pflanzung einer jungen Eiche auf dem Tempelhofer Feld durch eine Abordnung der Hitler-Jugend zu Ehren des Herrn Reichspräsidenten; Großer Zapfenstreich, gespielt von den Reichswehrkapellen;
Funkbericht vom Abbrennen des großen Feuerwerkes auf dem Tempelhofer Feld;
gemeinsamer Gesang des Horst-Wessel-Liedes, Funkbericht vom Fackelzug der uniformierten Verbände zum Lustgarten, wo die Fakkeln zusammengeworfen werden.
Neueste Nachrichten und Berichte vom Verlauf der Maifeiern im Reich und in den Grenzlanden.
Anschließend deutsche Musik, Märsche und Tänze, unter Mitwirkung der Funkorchester der deutschen Sendegesellschaften.
Gegen 24.00 Uhr: *Funkbericht und Übertragung der Ansprache des preußischen Ministerpräsidenten Göring im Berliner Lustgarten nach Beendigung des Fackelzuges. Anschließend Unterhaltungsmusik.*
Schluß der Reichsauflage: 3.00 Uhr morgens.

Abb. 8
Straßenpublikum: Berlin, Ecke Friedrichstraße/Unter den Linden, 1938
Abb. 9
1. Mai 1927: Der Gewerkschaftsführer Graßmann bei der Mai-Ansprache im Berliner Lustgarten

8

9

Elementen an: Berufsstände, Jugend, Sportverbände bilden ihre eigenen Formationen. Die Uniformierung und ästhetische Formierung, zugleich die räumliche Verteilung in einem architektonischen Dispositiv bilden Formprinzip und gemeinsame »Sprache« mit den militärischen Verbänden. Diese sind in der Anordnung des Feldes hervorgehoben. Hier kommt die zentrische Ausrichtung des Feldes zum Zuge. Sie bewirkt eine Hierarchisierung der verschiedenen Massen zu einer in sich aufsteigenden bzw. untergeordneten Masse: die mächtige Tribüne ist den Vertretern des Machtblocks vorbehalten, die Verbände von SA, SS und Reichswehr stehen, wie zum Schutz, *vor* der Tribüne den Massen *gegenüber*. Die Tribüne des Macht-

10

Abb. 10
1. Mai 1935: Der Absperrgürtel der SS-Leibstandarte
Abb. 11
1. Mai 1933: Feiertagspublikum vor dem Zaun zum Aufmarschplatz

blocks ist, selbst blockartig, durch ihre hölzerne Mauer über die Massen auf dem Feld erhoben, die Rednertribüne ragt deutlich hervor wie die Bastion einer Festung über das »flache Land«[6]. Die steinerne Tribüne des Zeppelinfeldes auf dem Reichsparteitagsgelände in Nürnberg wird diese Architektur wiederholen.

Die auf das Tempelhofer Feld strömenden Massen finden, in einer markierten Einteilung, ihren Platz genau vor. Sie besetzen nicht das Feld, sondern sie rücken in eine Ordnung ein, der sie dadurch eine bestimmte Bedeutung verleihen: die Neuzusammensetzung der klassenzerrissenen Massen zum »deutschen Volk«. Der Aufmarsch ist nicht nur Neuverteilung in einem präparierten Raster, das – quer zu den Klassengrenzen – die popularen Kategorien in den Vordergrund rückt, sondern zugleich Unterordnung unter eine architektonische und dramaturgische Hierarchie, letztlich unter den Führer, der den räumlich-zeitlichen Höhepunkt einnimmt.

Man darf sich die Wirkung der Ordnungsstrukturen keineswegs als zwingend und in diesem Sinne totalitär vorstellen. Zwar haben Absperrungen, Wegweiser, mündliche Anweisungen der Ordner präskriptiven und in diesem Sinne Befehlscharakter, sie bilden aber, als »Rahmen« für selbstgesteuertes Verhalten, eher einen *Übergang* von unmittelbarer Gewalt zum freiwilligen Ordnungsverhalten.

11

Gewalt, Zwang, Druck

In der demokratischen Republik ist durch die »Monopolisierung« von Gewaltkompetenzen beim Staat, bei den Unternehmern und den Familienvätern/Männern ein »Raum« relativ gewaltfreien, konsensbestimmten Verkehrs freigeräumt, in dem das Ringen um Hegemonie in Gestalt verschiedener Kulturen und Parteiungen organisiert werden kann. Dabei darf nie vergessen werden, daß die konsensuale Vergesellschaftung nicht durch einfache Abwesenheit von Gewalt, sondern durch Anwesenheit der Gewaltdrohung im »Ernstfall« des Bürgerkriegs funktioniert.
In der Weimarer Republik stellte sich das Problem des öffentlichen Massenaufmarsches der Arbeiterbewegung, wie in jeder demokratischen Republik, als Problem des *Legalismus.* Die Ausstellungsgruppe »Als die Deutschen demonstrieren lernten« hat schon für die Zeit vor dem 1. Weltkrieg gezeigt, wie sich bei dem Versuch, die Straße zu »erobern«, eine Form proletarischer Disziplin herausbildet, die legalistisch ist, sich jedoch zugleich gegen eine Gleichsetzung mit bürgerlichen Disziplinen (z.B. mit dem Militärischen) sperrt *[Projektgruppe*

6 Speer schreibt: »Die gigantischen Ausmaße des Feldes lassen jede räumliche Begrenzung als unzulänglich und primitiv erscheinen. Es wurde deshalb der Versuch gemacht, den Gesamteindruck konstruktiv auf einen sichtbaren Mittelpunkt hin zu richten. Sein optisches Zentrum mußte so groß und gewaltig sein, daß er als Symbol des Geschehens, als Willensausdruck der aufmarschierenden Menschenmassen derart wirkte, daß er auch von der entferntesten Stelle aus noch als wirkungsvoll und bedeutend empfunden werden konnte. Es wurde eine Fahnentribüne errichtet, die in einer Länge von rund 100 m sich terrassenförmig bis zu einer Höhe von 10 m erhob. Über 1000 Fahnen und Banner der aufmarschierenden Verbände fanden dort, allen sichtbar, ihre Aufstellung. (...) Zur Übersteigerung dieses an sich schon gewaltigen Bildes erhoben sich hinter den Fahnen und Standarten bis zu einer Höhe von 32 m und mit einer Breite von über 6 m drei gewaltige Gruppen von Fahnensegeln.« *[Zit. n. Teut 1967, 187 f.)*

Abb. 12
1. Mai 1934: Teilnehmer auf dem Feld während des Aufmarsches

1986, 93ff.]. Die Demonstranten stellen sich freiwillig in die öffentliche Ordnung um eines erwarteten Machtzuwachses willen. Der Gewaltrahmen der »öffentlichen Gewalt«, unmittelbar durch die Polizei repräsentiert, übt auf die Massen jenen *Druck* aus, der sie, um dem unmittelbaren Zwang zu entgehen, zur Entwicklung einer selbst auferlegten Disziplin bringt. Die Dialektik der Selbstbeherrschung proletarischer Massen führt nicht zu schlichter Anpassung. Da die Polizei den Legalismus ständig stört, wenn nicht zerstört, geht die Form der geordneten Straßendemonstration immer wieder in den spontanen Auflauf über und hält sich offen für eine Vielfalt von komplementären und zum Teil konfligierenden Aktionsformen.

Der Faschismus tastet den Grundriß der bürgerlichen Gewaltverhältnisse nicht an. Die patriarchalische wie die Unternehmergewalt bleiben neben der unmittelbaren Staatsgewalt bestehen, die sogenannte »Privatsphäre« wird, was die Totalitarismustheorie verkennt, nicht eliminiert. Es sind vielmehr *Verschiebungen* der Gewaltverhältnisse zwischen diesen Instanzen, die den Faschismus kennzeichnen.

Die Demonstration in der Republik richtet sich immer *gegen* etwas. Sie ruft Gegendemonstrationen auf den Plan bzw. verhält sich selbst im Gegensatz zu anderen. Die Vielfalt von Strömungen und Parteiungen ist meist in den Massenaufmärschen präsent, prägt entscheidend ihr Bild. Die Kampfdemonstration reproduziert, wie jede Form des Kampfes, den Gegensatz in sich selbst: als Vielfalt und Gegensatz der Züge, Aktionsformen, Uniformen, Parolen usw., die grundsätzlich eine vereinheitlichende Regie ausschließen.

Der Faschismus eliminiert mit den Organisationen der Arbeiterbewegung die innere Gliederung und Vielfalt der Massen. Der einheitlich durchorganisierte, große Massen umfassende Aufmarsch, seine Ausstattung mit einheitlichen bzw. aufeinander abgestimmten Uniformierungen und Symbolen setzt die permanente Anwesenheit staatlicher Gewalt, in ihrer unterdrückerischen wie in ihrer ordnenden Funktion, voraus.

Der erhöhte Anteil von uniformierten »Säulen« im Massenaufmarsch, sowie deren Ordnungsfunktion in der Gliederung des Aufmarsches insgesamt sind jedoch nicht einfach als »Militarisierung« der Massen zu fassen. Das Militärische unterscheidet sich hier von den Repräsentations- und Paradeaufgaben in der preußisch-militärischen Öffentlichkeit dadurch, daß die Parade mit der Form der Kampfdemonstration aus der »Bewegungszeit« verschmilzt. Die Kampfbereitschaft kann sich, bei Liquidierung und Unterdrückung des »inneren Feindes«, nur nach außen richten. Auf diese Weise rückt der faschistische Massenaufmarsch, im Vergleich zur politischen Kultur der Weimarer Republik, dichter an den Krieg heran.

Abb. 13
1. Mai 1936: Der Maibaum im Berliner Lustgarten
Abb. 14
1. Mai 1933: Das Tempelhofer Feld während Hitlers Rede am Abend

13

Damit hängt die Verstärkung des *Drucks* zum Konsens zusammen, Gewalt und Konsens rücken gleichsam enger aneinander. Nicht nur, daß die Drohung der Ausgrenzung und Vernichtung in der Öffentlichkeit präsent ist (Zeitungsartikel über die Konzentrationslager schon im Frühjahr 1933; ein Foto eines Bierkutscherwagens bei einem Festumzug mit fröhlich lärmenden Männern drauf zeigt die Aufschrift »Ab nach Dachau«); dadurch daß der Massenaufmarsch die Funktion einer Dauermobilisierung, eines Dauerenthusiasmus mit aggressiver Wendung nach außen erhält, wird die Möglichkeit des Widersprechens unterdrückt, der Drang zum Einverständnis gefördert. Der Druck fördert die Bereitschaft zur Beeindruckung.
Jegliche Marionettenvorstellung von der Wirkung des Massenaufmarsches geht jedoch fehl. Der Rahmen von dispositiven Ordnungsstrukturen in den Massen ist so gezogen, daß Räume für begrenzt selbstbestimmte Verhaltensvarianten bleiben.

Schon die lange Aufmarschzeit am 1. Mai 1933 gibt Gelegenheit, sich am Rande des Tempelhofer Feldes hinzulagern, Picknick zu halten, mit den Kindern zu spielen usw. – kurzum, die ganze Bandbreite von informellen Aktivitäten zu entfalten, die seit Jahrzehnten zum 1. Mai dazugehören. Man darf nicht denken, daß derlei Massenpraxen zum faschistischen Massenaufmarsch nicht »dazugehören«, nur weil sie nicht geplant sind. Sie sind, von der Wirkung her betrachtet, allemal »vorgesehen«. Das Ritual muß in sich überzeugen. Diese Überzeugungskraft und die dazugehörige Begeisterung ist nicht durch unmittelbaren oder gar vorauseilenden Gehorsam gegenüber einer vorgeschriebenen Ordnung zu erreichen. Entscheidend ist vielmehr, daß es genügend *Übergänge* zwischen den unterschiedlichen Typen von Massen gibt, oder – zu jedem Zeitpunkt – ein gewisses *Gemenge* von anonymen, informellen und offizialisierten, formierten Massen gibt. Gemenge und Übergänge erlauben dem Einzelnen erst die Verknüpfung des eigenen Erlebens, der tradierten Motive mit den anderen und mit der »neuen Ordnung«. Eine Reihe von Übergangspraxen – Musikhören, gemeinsames Singen, Warten, Zuschauen – vermitteln das freiwillige Einrücken in eine Ordnung, die gerade bei Überwindung der Scheu (oder gar Angst) Massenbegeisterung erzeugt.

Die popularen Elemente

In der Mitte des Aufmarschplatzes im Lustgarten steht ein riesiger Maibaum. Maigrün umbordet die Rednertribüne, auf der Hitler am Abend seine Rede halten wird. Am Morgen des 1. Mai werden die letzten Bierkästen auf das Tempelhofer Feld geschleppt. Die Würstchenbude darf nicht fehlen. Luftballons mit Hakenkreuzaufdruck. Nach Hitlers Rede, die bewußt auf den Abend gelegt wurde, folgen das »Deutschlandlied« und ein enormes Feuerwerk dicht aufeinander.
Diese Elemente sind, negativ, dadurch bestimmt, daß sie keine Klassenkultur, sondern klassenübergreifende Bedeutungen von »Volk«, »Nation«, »Heimat« usw. konnotieren; positiv dadurch, daß in ihnen viele im Alltagsleben wirkmächtige Zusammenhänge kristallisiert sind. Der Umgang der Nazis mit den popularen Elementen ist durchaus prekär. Das Errichten des Maibaums war z.B. seit langer Zeit ein Brauch in den Dörfern, worin sich die *Gemeinde* in den Jahreszyklus »einschreibt« und ihren eignen Zusammenhalt feiert. Da hat die Obrigkeit nichts mit zu tun. Dann bediente sich die Kirche des Rituals und erbeutete den kommunitären Zusammenhalt für sich. Am 1. Mai 1933 rückt der Maibaum in die Mitte eines Staatsaktes (HJ-Kundgebung im Lustgarten).

Der Abend des 1. Mai 1933 auf dem Tempelhofer Feld:
Die Haupttribüne und der Fahnenberg des Festplatzes im Scheinwerferlicht.

Am Rand des Festplatzes auf dem Tempelhofer Feld.

Die große Rede des Reichskanzlers am Abend des 1. Mai 1933:
Die Menschenmenge lauscht den Worten Adolf Hitlers, die von vielen Lautsprechern über den ungeheuren Platz getragen werden. Im Kreis: Adolf Hitler während seiner Rede.
Aufn.: A. D. B. und Presse-Ill. Hoffmann

Ähnlich ambivalent und gegensätzlich artikulierbar sind, mehr oder weniger, alle jene popularen Ideologeme, wie ja auch das »Volk« selbst zwischen dem »niederen Volk«/den »Leuten auf der Straße« und dem nationalen bzw. Staatsvolk oszilliert. Die populistische Einbindung popularer Rituale durch den Faschismus spielt mit jener Ambivalenz, die sowohl die Erbeutung egalitärer Vergesellschaftung für eine hierarchische Herrschaftsstruktur als auch das Risiko einer Entfesselung des Volksprotests gegen den Machtblock enthält[7].

Die popularen Elemente spielen keineswegs nur eine Nebenrolle in der Organisation des Massenaufmarsches am 1. Mai 1933. Ein weiteres Beispiel mag das verdeutlichen. Die gängige Kleidung der Teilnehmer an einer Kundgebung des Arbeitermai ist, wie erwähnt, der »Sonntagsstaat«. Berufskleidung war selten. Am 1. Mai trat der Proletarier gerade aus seinem Nur-Arbeiter-Dasein heraus und erhob Anspruch auf politische Rechte. Auf den überlieferten Abbildungen zum 1. Mai 1933 sieht man auffällig viele Formationen von Arbeitern in Berufskleidung. So fängt an dieser Stelle ein komplexer Umbau der Semiologie des Massenaufmarsches an. Mehr als zuvor geben sich diese Teilmassen als *Arbeiter* zu erkennen, nicht allerdings als Proletarier, nicht als *Klasse [vgl. Behrens 1980]*. Die Berufskleidung tritt, analog zu den Gildezeichen und der Handwerkerkleidung, als populares Element in das Gesamtarrangement ein. Der Faschismus setzt hier, wie in anderen Zusammenhängen, die popular-korporative Identität gegen den Klassenzusammenhalt, um diesen zu brechen. Die ihrer Organisationen und ihrer politischen Klassenidentität beraubten Arbeiter werden neu zusammengebracht als »Volk« in einer »Volksgemeinschaft« der »Schaffenden«. Darin ist zugleich der Gegensatz gegen das Kapital eliminiert.

7 Vgl. die Entwicklung dieses Gedankens im Populismus-Kapitel bei E. Laclau (Politik und Ideologie im Marxismus. Berlin 1981). Der deutsche Faschismus hat eine Reihe von Strategien der Neutralisierung des plebejischen Populismus genutzt. Laclau nennt die alltägliche Gewalt, die den Volksprotest in Schach hält bzw. verhindert; aber auch die Artikulation des Militärischen mit dem Männlichen und Plebejischen gegen die Intellektuellen funktioniert als Fesselung möglichen populistischen Protests gegen den Staat.

8 Vgl. T. Laugstiens Auseinandersetzung mit Kracauers Analyse des Parteitag-Films von Leni Riefenstahl, »Triumph des Willens« *[PIT 1980, II]*. Laugstien leuchtet nicht die komplexe Herleitung des Ornament-Begriffs aus und kritisiert Kracauer in erster Linie, weil dieser proletarische wie faschistische Massenformationen vom privatindividualistischen Standpunkt aus beurteile.

Die ästhetische Dimension

Der Massenaufmarsch am 1. Mai 1933 stellt sich, nach der einen Seite, als hochkomplexes sinnliches Arrangement dar: *Körperformierung* durch Uniformierung, Bewegungsformationen und Anordnung in einem architektonischen Dispositiv; die *Plazierung* der Körpermassen in einem städtischen Raum, der symbolisch und medial zum *nationalen Territorium* erweitert wird; Massensingen; der Komplex von Hoheitszeichen (das große Hakenkreuz am nordwestlichen Eingang des Feldes, die Hakenkreuzfahnen auf der Tribüne, die Standarten usw.); der hervorgehobene Diskurs: Hitlers Rede zum 1. Mai; schließlich das Feuerwerk.

Es wäre allerdings verfehlt, das Sinnliche des Massenaufmarsches als solches mit der ästhetischen Dimension gleichzusetzen. Die hier versammelten sinnlichen Tätigkeiten bewirken, für sich genommen, noch nicht jene enthusiastische Selbsterfahrung der Massen, die nicht nur die Unannehmlichkeiten stundenlangen Wartens schließlich vergessen macht, sondern die auch gerade in der extremsten Entwaffnung und Unterwerfung der Massen zur Wirkung kommt.

Das Ästhetische soll aber auch nicht mit jenem »höheren« Kunstschönen gleichgesetzt werden, vor dessen Normen manche der sinnlichen Qualitäten der Massenformationen als schlicht »unschön« oder gar »häßlich« verworfen werden und außer Betracht fallen müßten.

Vom Ästhetischen soll vielmehr in dem zugleich weiteren und präziseren Sinn die Rede sein, wonach die verschiedenen Sinnlichkeiten ästhetische Funktion erst bekommen in dem Maße, wie sie in einem staatlich-institutionellen Zusammenhang verwendet und zu einer Superbedeutung, einem »höheren Sinn« zusammengesetzt werden. Faschistische Massenästhetik ist, in diesem Verständnis, enteignete Sinnlichkeit und ästhetische Rekonstruktion der faschistischen *Volksgemeinschaft* in einem Akt.

Die Ästhetisierung der Massen bestünde demnach noch nicht in der Uniformierung und geometrischen Anordnung der Einzelnen als solcher, sondern in der doppelten Bewegung ihrer sinnlichen Neuzusammensetzung/Rekomposition (vom »proletarischen Sonntagsstaat« zur Berufsuniform usw.) *und* ihrer demonstrativen Unterstellung unter den Führer und seinen Diskurs. Erst in dieser Vertikalisierung der Massenformation, ihrer säkularen »Weihe« zu einem »höheren Zweck« – letztlich zum überlegenen und damit zum Kriegsvolk – liegt die Überhöhung der sinnlichen Anordnung zur ästhetischen Formierung. In diesem ideologischen »Swing« entsteht jener »heilige Schauer«, der das subjektive Erleben prägt.

Siegfried Kracauer erfindet die Formel vom »Ornament der Masse« in einem Zeitungsessay von 1927[8]. Er bezieht sie auf die »Tiller-Girls«, eine Revue-Truppe, und die Gymnastik-Spiele in Sportstadien.

Kracauer faßt das *Ornament*, als das er die Massenfigurationen sieht, wesentlich als *abstrakte Form:* »Es besteht aus Graden und Kreisen, wie sie in den Lehrbüchern der euklidischen Geometrie sich finden« *[Kracauer 1963, 53)*. Es ist »der ästhetische Reflex der von dem herrschenden Wirtschaftssystem erstrebten Rationalität« *[ebd., 54]*. Insofern ist es, wenn man so will, realistisch. Das Massenornament zeugt, nach Kracauer, von einer Gesellschaft, in der »große Wirklichkeitsgehalte aus der Sichtbarkeit unserer Welt abgezogen sind« – die Ästhetik muß mit dem »wirtschaften«, was übrig geblieben ist *[ebd.]*.

Zugleich steht das »Ornament der Masse« für die Unfähigkeit des Kapitalismus, die Rationalisierung des menschlichen

15

Abb. 15
Massengymnastik der Sokol im Prager Stadion 1932

Lebens konsequent durchzuführen. »Die Ratio, die es [das Massenornament, WE] hervorbringt, ist groß genug, um die Masse aufzurufen und aus den Figuren das Leben zu streichen. Sie ist zu gering, um in der Masse die Menschen zu finden und die Figuren durchscheinend gegen Erkenntnisse zu machen.« *[Ebd., 61]* Kracauer stellt die Massenformationen in den Zusammenhang der »Rationalisierung des Mythos«. In dieser Perspektive erscheinen sie ihm als eine Art Kompromißbildung zwischen der fortschreitenden kapitalistischen Rationalisierung des Alltagslebens und seiner nicht zu rationalisierenden, sondern nur zu verdrängenden Bestandteile.

Gegen Kracauers Ornamentalismusthese gelten eine Reihe von Einwänden. Die Grenzen des Gegenstands sind nicht begründet: warum sollten die »Tiller-Girls« dazugehören, z.B. die militärischen Formationen jedoch nicht? Die Unbestimmtheit des Objekts hängt wohl mit der Unterstellung zusammen, die ornamentale Form sei abstrakt und insofern leer. Die Beobachtungen am Tempelhofer Feld, 1. Mai 1933, lassen große Zweifel aufkommen, ob die Massenformationen tatsächlich »leer« sind; das gleiche gilt etwa für die gymnastischen Formationen, deren Körperbedeutungen mit der Freikörperkultur, dem Industrialismus, dem Stadt-Land-Gegensatz usw. zusammen-

hängen. Eine nähere Analyse würde für jedes von Kracauers Beispielen ein ganzes Bündel von »konkreten« Bedeutungen aufweisen, das die »Ornamente« füllt.

Theweleit nimmt die Formulierung von Kracauer auf, kritisiert aber, daß dieser in der Gegenüberstellung von Ratio/Vernunft und (menschlicher) Natur verhaftet bleibe und daher die Dialektik der Massenformation nicht durchschauen könne: »Aber völlig verkennt Kracauer den Vorgang, wenn er organische, ‚seelische' Formen bloß als ‚verworfen' ansieht; sie sind ja gerade der *Stoff* des Ornaments. Die Umwandlung der ‚Wucherung' in die Spirale ist seine Arbeit, das Sich-Ergießen der Flüsse in ein monumentales Dammsystem die Arbeit des faschistischen Massenrituals!« *[Theweleit 1977, I, 451]*

Für Kracauer bringt der ornamentale Charakter der Massenfiguren eine Art Anonymisierung mit sich. Die Figuren bleiben, das Menschliche verschwindet und »wuchert« im Untergrund gefährlich weiter. Wenn es nun aber genau umgekehrt wäre: daß die gymnastische Bewegung häufig nackter Körper ein Schritt *gegen* die Anonymität der bürgerlichen Öffentlichkeit, gegen die Distanz des Stadtbürgers wäre? Wenn es sich in Wirklichkeit um den prekären Versuch handelte, gemeinschaftliche Aktion Gleicher rituell vorzuführen in einer von

9 Die Einarbeitung der Diskurse von Körperformierung und Hygiene in den faschistischen Diskurs untersucht W. F. Haug *[1986]*.

Klassengegensätzen zerrissenen Gesellschaft, deren Kultur der Privatheit und der Konkurrenz bis weit in die Arbeiterbewegung hineinreicht? Die Stadionfiguren wären demnach viel eher als Versuch zur Befreiung eines Stücks menschlicher Gemeinschaftlichkeit zu deuten, abgebogen in die Richtung sportlich-hygienischer Selbstdisziplinierung, die dem Massenauflauf so abgeht[9]. Im Zusammenhang der Spannung zwischen befreiter, nicht-spießiger Gemeinschaftlichkeit und Disziplinierung der Körper erklärt sich die Faszination (gefesselte Sinnlichkeit), der Massen-»Ornamente« reicher und konkreter als durch Kracauers These.

Theweleit teilt, bei aller Kritik, mit Kracauer die These von der »Geometrisierung der Körper«, die er allerdings für die bürgerliche Gesellschaft generell seit der Renaissance ansetzt. Theweleit spezifiziert sie für die historische Konjunktur des soldatischen Mannes seit dem Ersten Weltkrieg. Die faszinierende Wirkung der Männermassen, von denen ein Großteil der »Männerphantasien« handelt, erklärt Theweleit aus dem Triebschicksal des soldatischen Mannes. Dieser unterliegt dem doppelten Double-bind von Inzestver- und -gebot sowie Homosexualitätsver- und -gebot *[Theweleit 1977, II, 334]*. Anhand eines überwältigenden Materials weist Theweleit die Spaltung des männlichen Diskursuniversums in einen Weiblichkeits- und einen Männlichkeitsdiskurs nach. Ersterer ist, in präfaschistischen Romanen und Illustrationen des Revolutions- und Kriegserlebens, mit dem Inneren, dem weichen Fleisch, dem Bauch, dem Unordentlichen, Unbestimmten, dem Zerfleischten, letztlich dem Tod kodiert. Dieser Negativdiskurs produziert im Gegendiskurs die Bedeutungskette: Äußeres, gestählter/gepanzerter Körper, Kopf/Phallus, Ordnung, Bestimmtheit, Leben.

In der biographischen Erfahrung der Freikorpsleute und in ihrer diskursiv-imaginären Verarbeitung findet Theweleit die entsprechende Entgegensetzung von revolutionärer, bedrohlicher, wüster Masse und geordneter, geometrischer, gepanzerter Kriegsmasse. Der faschistische Massenaufmarsch wäre demnach wiederum eine Kompromißbildung, diesmal zwischen verbotenem und also verdrängtem Verlangen nach dem Weiblichen im Manne und der Verdrängung selbst in Gestalt der gepanzerten und auf Äquidistanz gebrachten Männerkörper.

Theweleit wird, verglichen mit Kracauer, den ungeheuren psychischen Energien eher gerecht, die im faschistischen Massenaufmarsch entfesselt wurden – das »Ornament der Masse« ist ja doch nur ein recht blasses und statisches Bild angesichts der Wucht, mit der die Mobilisierung letztlich zum Krieg hintreibt. Andererseits gerät Theweleit in die Gefahr einer Art psychischer Emanationslehre, denn nun erscheint alles und jedes, zumindest im Rahmen des von ihm ausgewählten Materials, als Wirkung ein und derselben mütterlichen Versagung. An die Stelle des ökonomischen Monismus mancher Faschismuserklärungen tritt ein psychologischer Monismus.

Allerdings nimmt Theweleit andere Erklärungsstränge auf, die er nur nicht in den Status einer Theorie erhebt. So ist die Beobachtung grundlegend für sein Buch, daß sich die faschistische Masse im Gegensatz zur revolutionären Masse (1918/19) bildet. Da alle Praxen und Diskurse als mit dem Männlichkeitswahn kodiert erscheinen, räumt Theweleit diesem Zusammenhang keine Eigenständigkeit und autonome Erklärungskraft ein. Alles gerät immer wieder in den Strudel ein und derselben These. Dadurch wird jedoch die These vom umtreibenden Double-bind der männlichen Psyche wiederum entspezifiziert – man fragt sich, wie die Besonderheit des (deutschen) Faschismus, wie die historische Diskontinuität zu erklären ist.

Würde, so denke ich, die epochale Besonderheit des Faschismus ernst genommen, dann müßten Wirkungszusammenhänge wie die zwischen Revolution 1918/19, Niederlage, »Versailles« und Tradierung des Freikorpsgeistes gegenüber Theweleits Generalthese stärker hervortreten. Dann würde sich auch zeigen, daß der Ordnungsdiskurs, der die faschisierten Massen dominiert, nicht aus den Geschlechterverhältnissen allein abgeleitet werden kann. Die Klassenkämpfe der Weimarer Republik unter den Bedingungen einer tief gespaltenen Arbeiterklasse und bei wachsender Repression gegenüber diesen Kämpfen mußten als »Unordnung« empfunden werden, weil nicht einmal der Vorschein einer alternativen Ordnung auftauchen konnte. Daß der Chaos-/Ordnungs-Diskurs, wie er sich aus den Bedingungen der Klassenkämpfe heraus entwickelt, wiederum mit Geschlechterdiskursen, mit Männlichkeit/Weiblichkeit »kodiert« wird, steht dazu nicht im Widerspruch.

Von Kracauers wie von Theweleits Ansatz hebt sich, je in verschiedenem Sinne, Benjamins These von der *Ästhetisierung der Politik* dadurch scharf ab, daß er die faschistische Massenformation in den Zusammenhang der Klassenpolitik des imperialistischen Zeitalters stellt: wachsende Proletarisierung und Formierung der Massen. »Der Faschismus versucht, die neu entstandenen proletarisierten Massen zu organisieren, ohne die Eigentumsverhältnisse, auf deren Beseitigung sie hindrängen, anzutasten.« *[Benjamin 1963, 42]* Der »Ausdruck«, den der Faschismus, nach Benjamins berühmter Formulierung, den Massen zu verschaffen sucht, um die Veränderung der Eigentumsverhältnisse abzuwenden, wäre das Symptom eines ungelösten Antagonismus, die *Ästhetisierung der Politik* ein fixierter, gleichsam versteinerter Scheinsozialismus.

In dieser These laufen zwei ganz verschiedene Erklärungslinien zusammen. Die *eine* verfolgt eine recht einfache Vorstellung vom Widerspruch zwischen Produktivkräften und Produktionsverhältnissen weiter. Die ästhetische Anordnung der Massen im Faschismus entspränge demnach einem gleichsam degenerierten Gebrauch der hochentwickelten technischen Produktivkräfte, deren »natürlicher« Gebrauch, wie Benjamin sich ausdrückt, blockiert ist. »Anstatt Flüsse zu kanalisieren, lenkt sie [die Gesellschaft, WE] den Menschenstrom in das Bett ihrer Schützengräben ...« *[ebd., 44]*. Hier trifft sich Benjamins These mit Kracauers »Ornament der Masse« und verbindet es mit dem Krieg als Ausgangs- und Endpunkt der faschistischen Mobilisierung. »Alle Bemühungen um die Ästhetisierung der Politik gipfeln in einem Punkt. Dieser eine Punkt ist der Krieg. Der Krieg, und nur der Krieg, macht es möglich, Massenbewegungen größten Maßstabs unter Wahrung der überkommenen Eigentumsverhältnisse ein Ziel zu geben. (...) Nur der Krieg macht es möglich, die sämtlichen technischen Mittel der Gegenwart unter Wahrung der Eigentumsverhältnisse zu mobilisieren.« *[Ebd., 42f.]*

Die *andere* Linie läuft über eine Analyse der modernen technischen Medien in die These aus, Massenformation und Massenmedium würden sich auf besondere Weise entsprechen. »Der massenweisen Reproduktion kommt die Reproduktion von Massen besonders entgegen. (...) Massenbewegungen stellen sich im allgemeinen der Apparatur deutlicher dar als dem Blick. Kaders von Hunderttausenden lassen sich von der Vogelperspektive aus am besten erfassen. Und wenn diese Perspekte dem menschlichen Auge ebensowohl zugänglich ist wie der Apparatur, so ist doch an dem Bilde, das das Auge davonträgt, die Vergrößerung nicht möglich, welcher die Aufnahme unterzogen wird. Das heißt, daß Massenbewegungen, und so auch der Krieg, eine der Apparatur besonders entgegenkommende Form des menschlichen Verhaltens darstellen.« *[Ebd., 42]*

Die Formulierung, wonach der Faschismus die Massen nicht zu ihrem »Recht« (der Veränderung der Eigentumsverhältnisse), wohl aber *zu ihrem Ausdruck* kommen lasse, erhält den präzisen Sinn, daß z.B. in den Wochenschauen die mediale Reproduktion der Massenaufmärsche zur Form der Reproduktion der faschisierten Massen selbst wird.

Benjamins These von der »Ästhetisierung der Politik« im Faschismus zeigt ihr Ungenügen am deutlichsten von der Konsequenz her, der Kommunismus antworte mit der *Politisierung der Kunst [ebd., 44]*. Hatte der Kommunismus den Kampf um die Sinne nicht gerade durch eine bestimmte Form der »Politisierung der Kunst« verloren? War es nicht u.a. dadurch leicht, die Kunstlinke entlang der Linie Volk/»hohe Kunst« in populistische Funktionalisten und Avantgardisten zu spalten? Erset-

zung von Politik durch Ästhetik, Wiederersetzung von Kunst durch Politik – eine Scheinverdrängungskonkurrenz, die zwei Seiten des Faschismus unsichtbar macht: die Gewalt und die populare Sinnlichkeit. Noch bevor der Faschismus die Politik hätte »ästhetisieren« können, hat er sie abgeschafft bzw. unterdrückt in die Formen eines »schwarzen Parlamentarismus« (Gramsci) des Blocks an der Macht. Die einheitlich formierte Masse bedarf, soll sie nicht ins Bunte der Arbeiter- und Volksmassen übergehen, der permanenten Gewalt, die sie – wie die Ordnertrupps der SA und SS – umstellt.
Zudem übergeht Benjamin in der Gedankenbewegung zwischen den Polen »Kunst« – »Politik« die für die Formierung der faschistischen Massenaufmärsche entscheidend wichtigen popularen Elemente: vom Maibaum über die diversen Uniformierungen bis hin zu den Fahnen, Plaketten und Abzeichen. Auf diesem Zwischenfeld der Sinne, weder »Kunst« noch »Politik«, erwirbt der deutsche Faschismus die Zu-Stimmung der Massen und verwandelt sie in Hoch-Stimmung durch *Ästhetisierung.* Sie ist bestimmt durch *Transformation* der proletarischen Masse zur Volksgemeinschaft, die sich dem Staat in Gestalt des Führers *präsentiert* und in der massenmedialen *Repräsentation* dieses Akts Zusammenhalt und ideologische Subjektivität gewinnt.

Inszenierung der Masse

Macht über Menschen hat mit Disposition über Zeit zu tun. Das Dispositiv des faschistischen Massenaufmarsches ist zugleich Raum- und *Zeit*dispositiv. In der zeitlichen Aufeinanderfolge verschiedener Stadien der vorab verfügten Selbstversammlung stellt sich die Formierung als Inszenierung dar. Die Inszenierung, in der die Einzelnen sich bewegen, die sie jedoch im Augenblick nicht überschauen, bildet den roten Faden der erzählten Geschichte, in der die Massen, vielfältig medial vermittelt, sich selbst begegnen.
»Denn solches begab sich im nationalsozialistischen Deutschland ...« heißt es in einem Diskurs vom Tage. Advent des *Führers* und Kommunion der Masse zum Volk sind das Thema der Geschichte.

> »In aller Frühe marschiert die deutsche Jugend im Lustgarten auf. Auf ihr ruht die Zukunft Deutschlands.«
> »Dann ... Der Führer fährt in die Reichskanzlei zurück, wo er die Abgesandten der deutschen Arbeit, Arbeiter aus allen Teilen des Reiches, empfängt.«
> »Währenddem marschieren die Millionen arbeitender Volksgenossen überall in der Riesenstadt, überall in Deutschland auf.«

10 Zur Abfolge der Rituale gehört auch die Verewigung des *Führers* im Pflanzen der »Hindenburg-Eiche« am Rande des Tempelhofer Feldes. Die Ewigkeit dauerte nicht einmal bis zum nächsten Morgen: Unbekannte hatten, wie eine Morgenzeitung berichtet, die Hindenburg-Eiche umgesägt.

Das Aufmarschieren und Sichversammeln zieht sich bis zum Abend hin. Wie das Feld sich langsam füllt, so füllt sich die Zeit an mit populistischer Unterhaltung: Blasmusik, Würstchen und Saure Gurken, Schaufliegen einer Staffel und Überflug des Zeppelins – von hier oben können, wie man aus der Sondernummer der B.I.Z. erfährt, Fluggäste Grußtelegramme an Angehörige schicken, an einem sauber gedeckten Tisch essen ausgewählte Gäste zu Mittag: ein Arbeitsloser, ein Angestellter usw.

Und weiter Goebbels:

> »Abends gegen 7 Uhr kommt die Meldung, daß einundeinehalbe Million Menschen hier aufmarschiert sei. (...) Ich sitze hinten im Wagen des Führers, als er im Triumphzug durch die Arbeitermassen fährt, die von der Reichskanzlei aus bis zum Tempelhofer Feld die Straßen umsäumt halten.«

Die zeitliche Inszenierung benutzt das Element des Wartens, der Spannungssteigerung und der gestaffelten Höhepunkte. Hitler hält seine Rede nicht sofort: zunächst *kommt* er in einer Wagenkolonne *an,* läßt sich begrüßen, begrüßt, schreitet zur Tribüne usw.

Goebbels:

> »Ich eröffne kurz und lasse eine Minute Schweigen eintreten für die in Essen am selben Tage verunglückten Bergleute.«
>
> »Dann spricht der Führer. (...)
> Ein toller Rausch der Begeisterung hat die Menschen erfaßt. Gläubig und stark klingt Horst Wessels Lied in den ewigen Abendhimmel hinauf.«

Und weiter

> »Im Schein unzähliger Fackeln, unter dem Prasseln eines riesigen Feuerwerks geht der 1. Mai zu Ende.«[10]

Wie die auf einen Höhepunkt gleich wie auf ein Ziel zulaufende Abfolge von »Szenen« dem gesamten Massenaufmarsch für die Beteiligten eine innere Notwendigkeit und einen Sinn verleiht, der durch die Mühen und Unbequemlichkeiten erkauft und so erst recht »nötig« zu sein scheint, so greifen die Elemente des Ablaufs in ihrer verdichteten Form als nachträglicher Diskurs und als Medienereignis ineinander wie die Glieder einer Kette. Das Massenritual erweitert sich zum Mythos, der für etwas noch Größeres, für das »Schicksal des deutschen Volkes« steht.

Das Strukturierende der Inszenierung des faschistischen Massenaufmarsches bilden die rituellen Unterstellungen unter den »Führer«, die sich der älteren Form des militärischen Appells bedienen *[vgl. dazu Behrens 1980]*. Der gesprochene Diskurs spielt in diesem Ritual die Rolle des Höhepunkts. Die Ideologisierung-Ästhetisierung der Massenformation funktioniert nicht ohne das Aussprechen des *Höheren* und *Schönen.*

16

17

Abb. 16
1. Mai 1936: Der Blick der Wochenschaukameras auf SA- und SS-Formationen im Berliner Lustgarten
Abb. 17
1. Mai 1933: »Am frühen Morgen wird Verpflegung auf das Tempelhofer Feld geschafft« (Julius Lippert: Der 1. Mai einst und jetzt. Berlin 1933)

»Dieser 1. Mai, er soll dokumentieren, daß wir nicht zerstören wollen, sondern aufzubauen gedenken. Man kann nicht den schönsten Frühlingstag des Jahres zum Symbol des Kampfes wählen, sondern nur zu dem einer aufbauenden Arbeit, nicht zum Zeichen der Zersetzung und damit des Verfalls, sondern nur zu dem der völkischen Verbundenheit und damit des Emporstiegs.«
Der Diskurs ist, wie in der gesamten Rede Hitlers, antagonistisch strukturiert *[vgl. Bosch 1980]*. Der Bedeutungskette *Aufbauen – Frühling – Verbundenheit – Emporstieg* steht die andere *Zerstören – Kampf – Zersetzung – Verfall* gegenüber. Diese diskursiven Ketten durchziehen die gesamte Rede. Sie ist, im ständigen Gegeneinander der antagonistischen Bedeutungsketten, Anrede/Anrufung der versammelten und angetretenen Massen. Es ist unschwer zu erkennen, daß die Signifikanten zugleich eine Funktion in tradierten ästhetischen Diskursen haben. Der *Frühling* steht metaphorisch für das Neue, das Erwachen, das Jungfräuliche usw.; als »emporsteigend« werden Melodien ebenso bezeichnet wie Linien in einem Gemälde oder die Kanten architektonischer Ensembles. »Zerstörung« – »Zersetzung« konnotiert in tradierten ästhetischen Diskursen

18

19

das Dunkle, Häßliche, dagegen wiederum die *Kraft* und der *Wille,* den Hitler immer wieder den Massen zuruft, das Schöne usw. Hitlers Text hat einen ästhetischen bzw. ästhetisierenden Subtext, der das sinnliche Erleben der Massen animiert und ihm zugleich eine Richtung verleiht.

Mitunter wird die Begeisterung, der Massenenthusiasmus im Faschismus als reines Propagandaprodukt aufgefaßt: demnach könnte erst nachträglich jener Eindruck hergestellt werden, der im unmittelbaren Miterleben zu sehr durch Zerstreuung, stundenlanges Warten, wunde Füße usw., durchs Prosaische des Aufmarschierens gestört würde. Dabei vergißt man jedoch, was gerade die Inszenierung leistet, die einer Dramaturgie der Ereignisse folgt: sie schafft *Kontrast* und *Übergang* als wesentliche Wirkungsmittel. Es gibt keinen Höhepunkt, wenn *alles* Höhepunkt ist. Die zeitliche Gliederung schafft extensive und intensive, verdichtete Phasen. Die Marschkolonnen stehen stramm, wenn das Auto mit dem Führer um die Ecke biegt, vorher durch Heilrufe der am Rande Stehenden angekündigt. Vorher gibt die Inszenierung Raum für informelles Miteinander, für Entspannung.

Das *Gemenge* unterschiedlicher Massen ergibt sich nicht nur synchron, im Nebeneinander, sondern auch diachron durch die Inszenierung. Vergißt man dies, so stellt sich eine ganz falsche

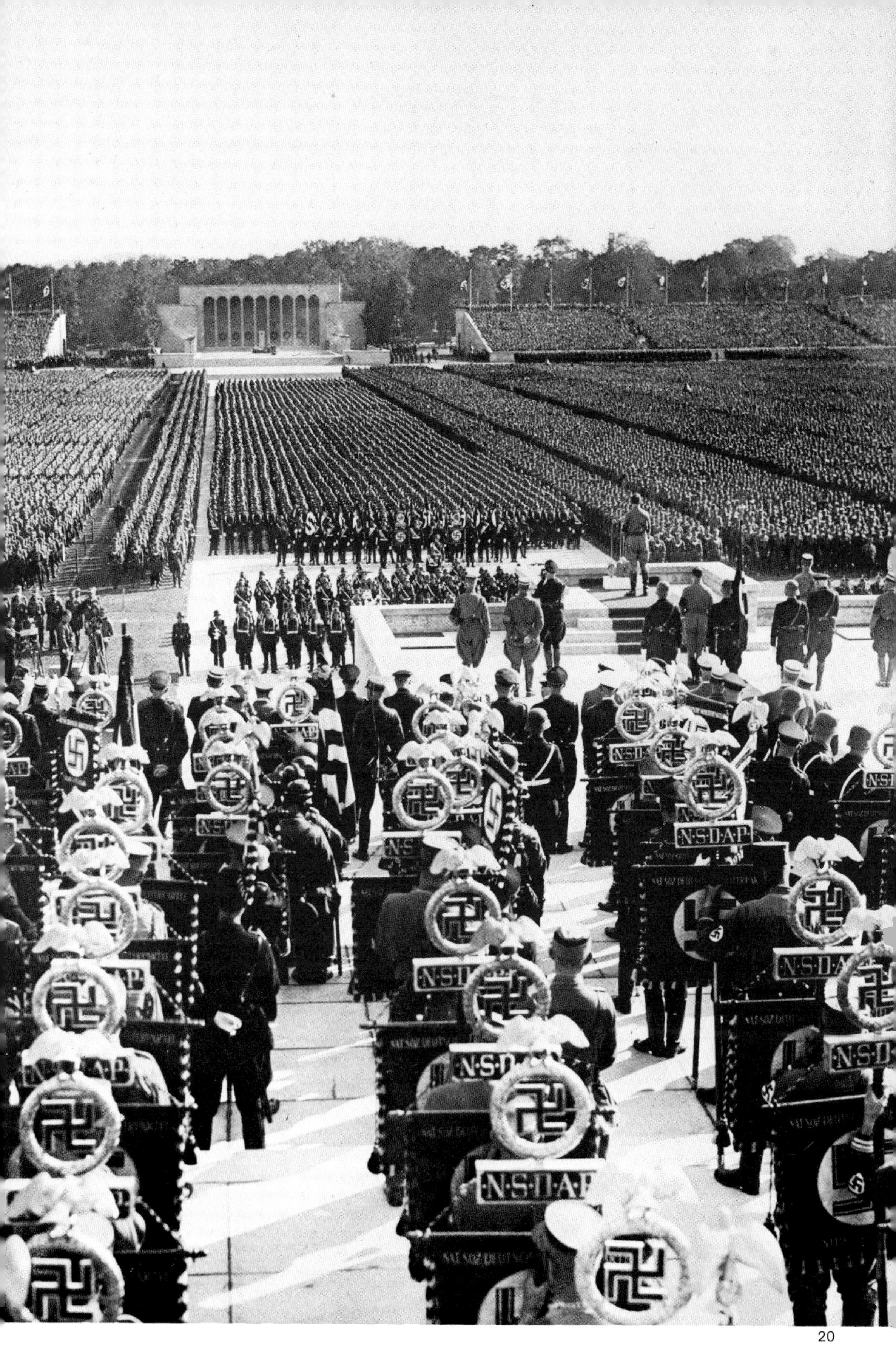
N·S·D·A·P

Abb. 18
Reichsparteitag 1935, Nürnberg: »Tag der Wehrmacht« auf dem Zeppelinfeld, Übungen der Flug-Abwehr
Abb. 19
Reichsparteitag 1938, Nürnberg: »Tag der Wehrmacht« auf dem Zeppelinfeld, Panzer-Parade
Abb. 20
Reichsparteitag 1935, Nürnberg: »Großer Appell« der SA und SS im Luitpoldhain
Abb. 21
1. Mai 1933: Sondernummer der »Berliner Illustrirten Zeitung« zum »Tag der nationalen Arbeit«

Vorstellung von »fanatisierten Massen« ein, die gleichsam 12 Stunden unter Hochspannung stehen.
Die raum-zeitliche Inszenierung produziert die *Volksgemeinschaft* als hierarchisch gegliederte, mit Führung versehene Masse. Das ist nicht nur in der Tribüne als architektonischer Anordnung des Machtblocks gegenüber dem »Volk« realisiert, sondern auch zeitlich in der Besonderung der Verbände und Marschkolonnen. Nach dem Staatsakt auf dem Tempelhofer Feld marschieren die militärischen Formationen von SA und SS noch einmal zum Lustgarten und halten eine besondere Kundgebung ab, einzelne Kolonnen ziehen, wie später in den Medien berichtet wird, noch an der Reichskanzlei vorbei und singen vor Hitler. Auch dieses Ritual wird zum festen Bestandteil der Masseninszenierungen. Volksgemeinschaft und Herrschaft, in die man sich fügt – beide Bedeutungen gehören zur faschistischen Massenveranstaltung dazu und verbinden sich untereinander.

Modifikation der Öffentlichkeit

Die faschistisch entpluralisierte Öffentlichkeit vernichtet den Gegensatz von Privat und Öffentlichkeit nicht, sondern verschärft ihn. Das Gefälle und die Spannung zwischen »autonomem Individuum« und Staat erhöhen sich enorm, wenn wichtige Vermittlungsglieder der *società civile* zerbrochen sind. Die opportunen Verhaltensvarianten fallen schärfer als zuvor in extremes Privatisieren und staatliches Engagement auseinander. Das Privatindividuum verschwindet nicht, sondern wird einer Zerreißprobe ausgesetzt. Das zynische Bewußtsein, das insbesondere während des Krieges stärker hervortritt und sich in den Flüsterwitzen dokumentiert, stellt eine Bewegungsform dieser Zerreißproben der privaten Individualitätsform im Faschismus dar. Der Intimisierung der Familie entspricht eine Offizialisierung der Öffentlichkeit. Die Unterstellung unter die herrschende Ordnung hat nicht mehr Individualitätsform, sondern – als Regel – Massenform. Die marschierende, von Uniformierten gerahmte und geordnete Kolonne prägt das Bild der Öffentlichkeit. In der anonymen und dispersen Masse, die als »bürgerliches Publikum« weiterbesteht, wächst der Anteil von Uniformierten, die ständig präsent sind. Die Masse befindet sich gleichsam ständig in Bereitschaft, sich zu formieren. Der Flaneur, wie ihn Benjamin als allgemeinen Charakter der bürgerlichen Öffentlichkeit beschrieben hat, gerät, in seiner rastlosen Unverbindlichkeit, unter Druck, »sich einzureihen« und somit Verbindlichkeit durch rituelle Obligation einzugehen.
Die für jede bürgerliche Öffentlichkeit kennzeichnenden Mechanismen der Ausschließung/Einschließung werden nun,

Sonderheft

Berliner

Illustrirte Zeitung

Preis: 20 Pf.

Verlag Ullstein Berlin SW 68

DER TAG DER NATIONALEN ARBEIT

1. MAI 1933

in der Massenformierung, gebündelt, konzentriert und schlagkräftig gemacht. Gewalt und Konsens, als Pole bürgerlicher Vergesellschaftung, rücken enger aneinander und drohen ständig, Entladungen ihrer Spannung auszulösen.
Das massenhafte Ausschließen, das organisierte »Abholen« mit dem Lastwagen ist nur die Kehrseite der formierten, offizialisierten und mobilisierten Masse. Die *Erhebung* der Masse durch Ästhetisierung verlangt die *Erniedrigung* der Gegenmasse, letztlich ihre Vernichtung.
Die republikanische Öffentlichkeit ist die Sphäre der Un- bzw. Noch-nicht-Entschiedenheit. Der Faschismus transformiert die Öffentlichkeit in Richtung einer permanenten Entscheidungssituation – nach innen wie nach außen. Die Entscheidung, dazuzugehören oder nicht, ist, im Muster des faschistischen Massenaufmarsches, verknüpft mit der Existenzfrage, mit der Frage des Krieges und damit von Leben und Tod. Den heutigen Betrachter mag verblüffen, wenn auf Bildern der Parteitage bereits in den Jahren 1933 und 1934 ausgedehnte Kriegsmanöver zu sehen sind: Panzerformationen rollen auf die Tribüne des Zeppelinfeldes zu, Soldaten in voller Kampfausrüstung greifen auf diesem Feld ein zuvor in die Mitte getragenes Haus an, dichter Qualm verdunkelt den Himmel.
Der Krieg ist nicht das Verdrängte, das Avant-de-la-scène des Massenaufmarsches, sondern sein letztes Bekenntnis. In den soldatischen Massen, die im Verlaufe der Jahre das Bild der Aufmärsche zunehmend bestimmen, ist nicht der Krieg »ästhetisiert«, sondern umgekehrt ist der Krieg die Einlösung jener Ästhetisierung (Erhebung, Idealisierung) der Massen, die wir am Beispiel des 1. Mai 1933 beobachtet haben.
Der Krieg ist nicht nur der »Ernstfall« der kapitalistisch entwickelten Technologie (Benjamins Gedanke), er ist vor allem die Form, in der die Sprengkräfte dauermobilisierter, entfremdeter Massen kontrolliert angewandt werden. So gesehen verhindert der Krieg, als Perspektive faschisierter Öffentlichkeit, den »Rückfall« in den republikanischen Parteienkampf wie das Voranschreiten in den revolutionären Bürgerkrieg ■

Inszenierung der Macht: Ausstellung »Das Sowjet-Paradies«

DIE SEELE
DES VOLKES
VURDE
MISSHANDELT
DIE MASCHINE
DIENTE
ALLEN
SOWJET-ARMEE

LSCHEWISMUS
DER
MENSCH
IST
NICHTS
DIE
WURDE

1917
DIE BOLSCHEWISTISCHE REVOLUTION
Der jüdische Marxismus schafft sich die Basis für die Weltrevolution.
Trotzky
1918
DIE NOVEMBERREVOLTE
Das Judentum wirft sich zum Herrscher über Deutschland auf.
Eissner
Luxemburg

1919
LUTHERRSCHAFT ÜBER
UNGARN
100 Tage morder
der Jude Bela Kun.
MARX
MARDOCHAI
WILLI MÜNZENBERG
SIR W. CITRINE
BERNSTEIN
VICTOR ADLER
LASSALLE
DAS
KAPITAL
DAS
MANIFEST

DAS WAFF

Rauchen
polizeilich

Am 29. April 1942 notiert Goebbels in sein Tagebuch: »Wächter legt mir die Pläne für die große Anti-Sowjet-Ausstellung im Berliner Lustgarten vor. Diese verspricht ein Ausstellungsereignis allererster Klasse zu werden und damit in allergrößtem Umfange für die Berechtigung unseres Krieges gegen die Sowjetunion zu werben.«

Am 18. Mai 1942, neun Tage, nachdem Goebbels die Ausstellung »Das Sowjet-Paradies« eröffnet hatte, deponieren Mitglieder der Gruppe Baum, einer antifaschistischen Widerstandsgruppe aus Juden und Kommunisten, mehrere Brandsätze und einen leichten Sprengkörper in der ‚Bauernhütte' und an weiteren Stellen der Ausstellung. Bei den Explosionen werden elf Menschen leicht verletzt und Teile der Ausstellungsbauten zerstört. Schon wenige Tage später werden alle Mitglieder der Gruppe verhaftet und die meisten von ihnen in den folgenden Monaten hingerichtet. Als Vergeltungsmaßnahme erschießt die SS am 28. Mai 1942 in der Kaserne der SS-Leibstandarte »Adolf Hitler« in Berlin-Lichterfelde 250 jüdische Geiseln, 250 weitere werden in KZs eingeliefert.
Die entstandenen Schäden in der Ausstellung werden auf Anweisung von Goebbels sofort beseitigt, die Ausstellung fortgesetzt.

Aus dem Lagebericht des Oberkommandos des Heeres vom 19. Mai 1942: »Der Angriff in den Raum von Isjum wurde fortgesetzt. Die Div. en auf dem rechten Flügel säuberten das Westufer des Donez. (...) Weiter westl. gingen Panzer- und Inf. Divisionen ostw. und westl. an Barwenkowa vorbei nach Norden vor und erreichten mit V.-Abt. en die Bereka südl. Petrowskaja. (...) Wetter: sonnig, warm.«

„Die Zustände in diesem Paradies der Arbeiter und Bauern kann man einfach nicht beschreiben, das müßtet Ihr selbst gesehen haben." So lauteten immer wieder die Briefe unserer tapferen Soldaten.

„So sieht es wirklich aus, es fehlen nur der Dreck und die Läuse." Das war das einstimmige Urteil unserer Soldaten, die im Osten gekämpft und diese Ausstellung gesehen haben.

In dieser Ausstellung bilden Fotos, grafische Darstellungen und Modelle nur die Ergänzung des umfangreichen Tatsachenmaterials, das so wie es in der Sowjet-Union vorgefunden wurde, hier in Berlin wieder aufgebaut wird.

Bauernhäuser, Arbeiterhäuser, Wohnungseinrichtungen, Bekleidungsstücke, Einrichtungsgegenstände zeigen das unvorstellbare Elend, in dem die Bevölkerung dieses Paradieses der Arbeiter und Bauern zu leben gezwungen war.

Gefängniszellen, Marterzellen, Folterwerkzeuge, Todeskammern, Sträflingsausrüstungen beweisen, mit welchen Mitteln dieses Volk niedergehalten wurde.

Ausrüstungsgegenstände, Uniformen, automatische Waffen, Geschütze, Tanks, Flugzeuge und Geräte aller Art kennzeichnen den unerhörten Gegensatz zwischen der Armut des Volkes und der hervorragenden und gewaltigen Rüstung der bolschewistischen Angriffsarmee.

Der Berliner Bevölkerung ist nun ab 10. Mai Gelegenheit gegeben, die Ausstellung „Das Sowjet-Paradies" im Lustgarten täglich von 9 bis 21 Uhr zu besuchen. Verbilligte Vorverkaufskarten zum Preise von RM 0.35 sind schon jetzt bei allen Dienststellen der NSDAP. und ihren Gliederungen und in den besonders gekennzeichneten Vorverkaufsstellen zu haben.

Die Aufnahmen stammen von dem Fotografen Max Krajewski und wurden 1986 bei Abbrucharbeiten in der Potsdamer Straße in Berlin gefunden.

MÄCHTIGE KÖRPER

Staatsskulptur und Herrschaftsarchitektur

Frank Wagner/Gudrun Linke

Plastiken aus dem Nationalsozialismus will man nicht mehr vorgeführt und erläutert wissen, wenn man den organisierten Terror, die Folterungen, die Verhaftungen, Erschießungen, Judenvergasungen, den Krieg, der für Millionen Menschen den Tod bedeutete, im Hinterkopf hat.
Diese Figuren dennoch als Kunstwerke und Denkmäler, die in der damaligen Zeit ihre Wirkung nicht verfehlten, vorzuführen, hat den Sinn, die vielfältigen Angebote, die in diesen Skulpturen angehäuft, geordnet und gebündelt sind, zu untersuchen. Damit soll herausgefunden werden, welche Wirkungsmuster sichtbar gemacht und angeboten werden, um Aufschluß darüber zu geben, warum der Nationalsozialismus positiv erlebt werden konnte. Welche Alltagssehnsüchte konzentrieren sich in diesen Figuren? Wie wurden sie ausgerichtet, um dadurch nicht nur im Wort, der politischen Rede, sondern auch mit dem Abbild und der Plastik Zusammenhänge zwischen individueller Sehnsucht und dem Faschismus herzustellen und sie zu nutzen? Damit ist nicht simple Anpassung oder Angleichung an steinerne oder bronzene Vorbilder gemeint, das würde den Einfluß der Kunst auf breite Massen überschätzen. Allein schon die Aufmerksamkeit, angesprochen zu werden, kann Haltungen bewirken, sich mit der Umwelt, mit dem System ins Benehmen zu setzen. Dem Betrachter wird mit diesen Plastiken eine Vorstellung von Ewigkeit, Tradition und Legitimität des Staats-

1

Abb. 1
Arno Breker, *Die Partei*, 1938, Bronze
Abb. 2
Arno Breker, *Die Wehrmacht*, 1938, Bronze

gefüges vermittelt. (Wo so schöne Figuren stehen, da kann keine Armut herrschen und da kann es nicht grausam zugehen.)
Die Plastiken werden als Anhäufungen von emotiven Auslösern gefaßt. An diese Anschlüsse können sich Privatassoziationen heften, die bei der Konfrontation, der Betrachtung, mit diesen Figuren in Gang kommen. Eine kunstfertige Umsetzung dieser Wirkstruktur transzendiert die Plastik und verknüpft sie mit einer allgemeinen Botschaft. Das hat zur Folge, daß die Figur nicht mehr allzuviel mit dem eigenen Leben zu tun hat. Eine solche Struktur, die mit der Entrückung arbeitet, kann Bewunderung auslösen und zur Verherrlichung des Systems beitragen. Das Oszillieren zwischen partieller Identifikation und Nicht-Identifikation macht die Figuren wirkungsvoll und verhilft als kleiner Teil in einem komplexen Wirkgefüge dem System zur Stabilität.
Mit der Untersuchung zweier Plastiken von Arno Breker, der »Partei« und der »Wehrmacht«, bedienen wir uns vorsätzlich eines fast verbrauchten Beispiels. Der hohe Bekanntheitsgrad dieser Figuren, die 1939 im Ehrenhof der Neuen Reichskanzlei aufgestellt worden sind, mag einerseits bei der Analyse hemmend wirken, weil wir gegen bestehende Meinungen und Ablehnungen ankämpfen müssen, andererseits kann er helfen, alte Verkrustungen aufzubrechen, um eine komplexere Betrachtungsweise zu erlauben. Wir stellen nun Arno Brekers Plastiken und ihre Plazierung in einem bestimmten architektonischen Arrangement noch einmal vor.

Die Partei – eine Bestandsaufnahme

Auf einem Sockel steht ein männlicher Akt. In der rechten Hand, der Arm ist ausgestreckt, hält er eine Fackel. Die Linke, der Arm ist leicht angewinkelt und angehoben, verharrt in einer Geste des Winkens, des Grüßens. Die Augen sind (halb-) geschlossen. Das Gesicht ist scharf geschnitten, kantig, die Augenbrauen hervorgehoben, ebenso die die Stirn strukturierenden Längsfalten. Die Lippen sind schmal, und die Haare entsprechen in ihrer Ausführung den damals zeitgenössischen Kurzhaarfrisuren. Der Kopf sitzt auf einem muskulösen Körper und wirkt im Verhältnis zum Brustumfang für die Figur sehr klein. Der Körper ist stark modelliert, mit Muskeln bepackt, jedoch schaue man einmal genau hin und decke vielleicht den Kopf mit einem Stück Papier ab, im Muskelaufbau nicht übersteigert: es ist der anatomisch nicht zu beanstandende, trainierte Körper eines Schwimmers oder Turners. Breker arbeitete nach Modell und wählte meist Sportler aus. Der Oberkörper präsentiert sich en face. Im Unterschied zu den Beinen ist er leicht verkürzt und wirkt gedrungen. Die Muskulatur und die Breite der Schultern erzeugen diesen Eindruck. Arme und Bei-

ne sind etwas zu lang. Die Oberschenkel sind besonders überlängt und verstärken die Hervorhebung des Torso und die Eleganz der Figur. (Diese Längung entspricht den hoch angesetzten Hüften in zeitgenössischen Modezeichnungen.) Ober- und Unterkörper sind durch den schrägen Bauchmuskel scharf voneinander getrennt. Dieser Unterteilung entspricht auch eine gegensätzliche Dynamik: während die Beine in Bewegung zu sein scheinen, ist der Oberkörper in Ruhe ausgerichtet. Hier entsteht Spannung. Die Figur steht im Kontrapost. Das eine Bein ist angewinkelt, anmutig balancierend, die Hüfte deshalb leicht verschoben, während das andere Bein fest steht.
Die Skulptur scheint von ihrem Geschlecht zusammengehalten zu werden. Es ist – klein und brav – stilisiert modelliert und wird von einem Schamhaarwulst oder dem Schambein derart überstülpt, daß es zur abtrennbaren Plakette gerät. Als Kompositionslinien liebende Kunsthistoriker verweisen wir auf die Linie Kopf(Nase) – Geschlechtsplakette und die strahlenförmig ausgerichteten Verbindungen zu den Endpunkten der Extremitäten, die ihren Anfang in der Geschlechtsplakette finden. Nicht der Kopf, der Körper wird als Zentrum präsentiert. Kopf und Fackel folgen erst an zweiter Stelle.

Der montierte Mann

Eine Zerlegung in verschiedene sichtbare und bedeutungstragende Elemente erschließt ein Netz an historisch überlieferten Bedeutungen und Konnotationen, die sich gegenseitig verstärken und neue Bedeutungen höherer Ordnung erzeugen. Die Zerlegung der Figur gibt außerdem Aufschluß über die montierte Form der Statue, die aus idealen Teilabschnitten zusammengesetzt ist. Diese lassen sich wiederum zu neuen, anderen Idealen zusammenfügen und so das makellose Vorbild eines bestimmten Menschenbildes erzeugen.

Skizze der bedeutungstragenden Elemente der »Partei«

Mann		starkes Geschlecht Familienoberhaupt Patriarchat
Akt/nackt		Natürlichkeit, Gleichheit, Klassenlosigkeit Sexualität Enthistorisierung, Ewigkeit
Phallus		Sexualität, Zeugungskraft Männlichkeit, Kraft, Energie
Muskeln	gespannt durchtrainiert	Kraft Körperbeherrschung Sportlichkeit
Fackel		Feuer – Naturbeherrschung wegweisend – Schutz – Sammelpunkt Antike, altertümlich, Olympia – Sportler Prometheus (Wissen/Macht+Unabhän-gigkeit)
Hand	geöffnet Innenfläche sichtbar	Gruß sammeln (»einfangen« mit geöffneten Armen) beschwichtigen, Einhalt gebieten Schutz, segnend
Kopf	scharf ge-schnitten kantig schmale Lippen zeitgenössische Frisur	das Nordische Zeitbezug
Blickrichtung	nach vorne (halb) geschlos-sene Augen	selbstbewußt Konzentration in sich gekehrt – vergeistigt
Bewegung	Kontrapost	Harmonie (in der Gespanntheit) – Antike Ausgeglichenheit Körperbeherrschung Standfestigkeit+Bewegung
mustergültige idealtypische Glieder		Vollkommenheit – Vorbild – Antike wirklichkeitsgetreue, anatomisch richtige Abbildung
Oberfläche	glatt glänzend	Vollkommenheit
Material	Bronze	hart, edel, wetterfest Antike
Größe	ca. 3,70 m	überragt den Betrachter Dominanz
Sockel	ca. 1,50 m	Größe höher gestellt entrückt, Vorbild

068

069

Das Feuer

Vier bestimmende Elemente fügen sich zueinander: der trainierte Körper, die Fackel, die sacht winkende Hand und die (halb-)geschlossenen Augen der Statue, der »Partei«.
Der »Fackelträger«, so wurde die Figur im nachhinein umbenannt und entpolitisiert *[so bei Probst 1981, 74]*, konzentriert sich, die Augen sind (halb-)geschlossen. Die Rechte hält die Fackel. Die Sehnen am Handgelenk sind angespannt. Die Handhaltung der Linken kann in diesem Konnotationsrahmen als eine Geste der Sammlung interpretiert werden: ein Sich-Sammeln, ein kurzes Anhalten der Bewegung, eine Auszeit. Es ist eine Geste des Sich-selbst-Vergewisserns.
Nehmen wir nun den alten Titel von 1939 hinzu, so entmaterialisiert sich der Körper für kurze Zeit und ist nur noch ein Zeichen für Sammlung, Sammelpunkt, Versammlung. Die Partei als Zustand höchster Konzentration, dargestellt als meditative Handlung. Nicht vielfältig, aus vielen Meinungen und Individuen, die sich mühsam einen Konsens erarbeiten, zusammengesetzt, sondern als Einheit präsentiert sich die Partei.
Die Fackel erzeugt viele Anspielungen: das Leuchten, den Weg weisen, das Beherrschen des Feuers und damit den prometheischen Feuerraub, der als Symbol für Wissen, Macht und Unabhängigkeit von den Göttern gedeutet wird.
So stellt sich Breker die Partei vor, oder besser: er stellt sie so dar. Ein junger durchtrainierter Sportler, elastisch und in eleganter Bewegung verharrend, mit dem Licht, dem Wissen in der Hand. In Bronze gegossen, wetterfest – das als edel geltende Material spielt auf Antike und Ewigkeit an.
Er ist nicht allein.

PROMETHEUS

»= der Vorausdenkende, Vorauswissende«/»Immer aber sah man in ihm einen Freund und Wohltäter der Menschheit. Der Sohn eines Titanen und einer mächtigen Göttin nahm derart eine Mittelstellung zwischen Göttern und Menschen ein. So sah K. Kerényi das Opfer in Mekone als ‚Gründungsopfer', mit dem P. eine Grundlage für das Zusammenleben von Göttern und Menschen, ihre gleichzeitige Trennung und Verbindung schuf.«/»Als Wohltäter der Menschen erweist sich P. [sic!], indem er ihnen nicht nur das Feuer, sondern alle Künste, geistige und körperliche Fertigkeiten, kurz die ganze Kultur bringt.«/»Die zu Ehren des P. alljährlich gefeierten Promethia waren mit einem Fackellauf verbunden, bei dem man neues Feuer vom Altar des P. im Wettlauf in die Stadt brachte.«/»Während die übrigen Titanen mit rein physischer Kraftentfaltung die Herrschaft des Zeus zu stürzen versuchen, kämpft P. mit geistigen Waffen, List und Schlauheit, gegen den Göttervater.«
(H. Hunger: Lexikon der griechischen und römischen Mythologie. Reinbek 1974, S. 352 f.)

»den Menschen brachte P. das Feuer, das der Göttervater Zeus ihnen vorenthielt«/»Die Gestalt des P. als Schöpfer und Wohltäter der Menschen, als ihr Ahnherr, (...) als mutiger Rebell gegen den obersten der Götter, wurde bereits in der Antike zum Sinnbild für kulturellen Fortschritt, für Unabhängigkeit.«
(Lexikon der Kunst. Bd. III. Leipzig 1975, S. 975)

Zwillinge der Macht

Galt die Partei als erste Säule des Staates, so wird die Wehrmacht als andere Säule im Ehrenhof der Reichskanzlei dargestellt. Der Zwilling ist ebenfalls nackt und verhält sich in der Haltung spiegelbildlich zur vorherbeschriebenen Figur. Er hat die Rechte zur Faust geballt und hält sie, um die Balance zu wahren oder eine Geste der Befriedung andeutend, nach unten. Mit der Linken präsentiert er ein Schwert. Er umfaßt die Klinge. Das Schwert wird nicht mehr als Waffe benutzt: der Kampf ist vorbei, der Sieg davongetragen. Die Gesichtszüge sind gespannt, der Mund verzerrt in aggressiver Anstrengung. Die Elastizität des erstbeschriebenen Bruders fehlt.

Trennt man die Figuren in einem Längsschnitt in zwei Teile, läßt sich die rechte Hälfte der linken Figur mit der linken Hälfte der rechten Figur zur Deckung bringen: ein Hinweis auf die idealisierende Durchgestaltung Brekerscher Plastiken aus scheinbar seriell gefertigten Teilen, ähnlich der Geschlechtsplakette. Das Schwert und der Titel »Wehrmacht« verschieben in ihrer Bedeutung den Sportlerkörper zum soldatischen Körper. Der Wettkampf wandelt sich in Kampf, Sieg und Krieg.

Beim genaueren Vergleich der beiden fällt die unterschiedliche Größe der Köpfe auf. Der Kopf der »Partei« ist größer als der der »Wehrmacht«. Umgekehrt verhält es sich mit Glied und Hoden. Der »Partei« wird mittels dieser beiden Merkmale eine mehr vergeistigte Haltung zugeordnet, während bei der »Wehrmacht« die Potenz betont ist.

Aber zurück zu Kampf und Krieg, Sportler und Soldat. Die Bedeutungsverdichtung zum soldatischen Körper wirkt auf die »Partei« zurück. Das Identische der beiden muskelbepanzerten Gestalten – die auf antikisierende Körper gepfropften zeitgenössischen Köpfe, die ähnliche Haltung – weist beide Figuren als Körper ein und derselben Macht aus: der Staatsmacht.

Diese Macht, symbolisiert in dem über ihnen schwebenden Reichsadler mit dem Hakenkreuz in den Fängen, stellt ihre beiden idealen Staatsdiener vor: makellos durchtrainierte, identische Körper, denen in ihrer Zweiheit die Individualität verlorengeht und die sich konzentriert und bewußt und freiwillig dem Staat unterordnen. Es sind Prinzipale der Macht, frei und doch völlig gebunden. Sub-jekte im wahrsten Sinn des Wortes *[Althusser 1977, 140f.]*. Es sind schöne, wohlgebildete, am akademischen Vorbild – dem Historismus und der Spätromantik verbunden – und der Antike orientierte Menschenbilder. Einwandfrei und arisch.

Der Machtraum

Nun stehen sie da im Ehrenhof der Reichskanzlei. Im Zentrum der faschistischen Macht. Sie stehen dort ziemlich allein. Gegen die 17,87 Meter hohe Wand erscheinen sie klein und können sich kaum behaupten. Sie verkommen zur Dekoration für das kolossale Eingangsportal. Sie sind die beiden symbolischen Säulen, links und rechts neben den ganz realen Säulen des Portals. Mit ihrer Position und Haltung fügen sie sich in die achsensymmetrische Anlage.

Die Skulpturen können sich nur im Verbund mit dem Adler, der Formation, dem Gebäude ins Verhältnis setzen. Die drei plastischen Elemente bilden ein gleichschenkeliges Dreieck und behaupten sich so gegen die Architektur. Sie symbolisieren damit auch das Oben und das Unten einer strengen Staatshierarchie. Der ausführende, handelnde Mensch befindet sich immer unten, gefangen in seiner Ohnmacht den Herrschern gegenüber: der brave Staatsdiener. Stolz, da mit partieller Macht ausgerüstet, dennoch in strenger Unterordnung, bewachen sie den Eingang zum Empfangssaal und zu Hitlers Arbeitsplatz. Fürsten der Untertanen.

Den bronzenen Männern kommt eine Mittlerfunktion zwischen der staatlichen Macht und den Volksgenossen zu, die sich über die Statuen ins Verhältnis zum Staat setzen können. Die Größe der Skulpturen und ihre Materialität erlauben nur eine partielle Identifikation. Das Element des Aristokratischen, des Feldherrn (gestiftet von der Modellierung der Köpfe der Figuren, der antikischen Idealisierung und der Einpassung in die feudale Hofanlage), schafft Distanz zu den Figuren und läßt die Vorbildfunktion für den Betrachter mit der Vorherrschaft, die der Partei und der Wehrmacht eingeräumt werden, verschmelzen.

Abb. 3
Neue Reichskanzlei: Eingangstor zum Ehrenhof am Wilhelmplatz
Abb. 4
Neue Reichskanzlei: Blick in den Ehrenhof von Osten
Abb. 5
Neue Reichskanzlei: Blick in den Ehrenhof von Westen

3

Abbilder

Fassen wir zusammen. Die beiden Skulpturen stellen die beiden Träger der Staatsmacht dar: Wehrmacht und Partei. Die Personen, die diese Verbände verkörpern, werden geehrt und in Form von bronzenen Stellvertretern auf den Sockel gestellt. Gleichzeitig werden sie dem System wieder untergeordnet, indem sie sich in einer Megastruktur ausrichten.
Dieser Appell wird der Bevölkerung massenhaft in Form von Postkarten, Abbildungen in Illustrierten und Briefmarken vor Augen geführt. Den Ehrenhof selbst betraten – mit wenigen Ausnahmen – nur Hitler und hohe Staatsgäste – und das Reinigungs- und Bewachungspersonal. Die Volksgemeinschaft blieb außen vor, die Tore dicht. Der Bevölkerung waren andere Eingänge zur Reichskanzlei vorbehalten.
Aber die Fotos gab es ja. Die Verbreitung war immens – so immens, daß man sie heute noch auf Trödelmärkten findet. Die Ausstattung des Ehrenhofs barg ein kleines staatliches Unterdrückungsmodell kombiniert mit den Anspielungen auf Natürlichkeit, Sport, Antike und Kraft. Innerhalb dieses Komplexes waren die Topoi der nationalsozialistischen Propaganda präsent: Rasse, Macht/Herrschaft und Ewigkeit. Und das alles auf einer Postkarte.
Das Wissen um die Größe der Figuren ist bei der Rezeption nicht unbedeutend. Ihre Monumentalität fasziniert. Das

4

5

menschliche Maß ist außer Kraft gesetzt, und Identifikation wird nahezu ausgeschaltet. Der Betrachter wird mit seinen bronzenen Vorbildern konfrontiert, die sich doch nur mühsam mit der architektonischen Überbauung in Verhältnis setzen können.
Kräftig, stark, makellos, selbstbewußt, selbstsicher, konzentriert, gefaßt; schöne Körper. Aber leider nur aus Bronze; auf der Postkarte braun, wenn farbig, sonst schwarzweiß. Das angenehme Gefühl stellt sich ein, sich doch ganz grundsätzlich von den Skulpturen zu unterscheiden, nämlich lebendig zu sein. Trotzdem bleiben sie Haltungs- und Verhaltensmuster.

Faszinierende Körper

Die beschriebenen Wirkungen auf die Betrachter helfen eindeutig, Machtverhältnisse zu sichern. Daneben gibt es noch ein anderes, ein privates Wirkungsnetz. Zerlegt man diese Figuren in ihre Einzelteile, so lassen sich an jedes Element verschiedene Assoziationen knüpfen. Assoziationen, die ganz viel mit dem eigenen Leben, den Sehnsüchten zu tun haben. Das hängt mit der wirklichkeitsnahen, der scheinbar naturgetreuen Fertigung der Skulpturen zusammen.

Die Männer sind nackt und offenbaren sich selbstbewußt mit den Attributen von Erleuchtung (Fackel) und Sieg (Schwert) dem Betrachterblick. Im Betrachter, ob Mann oder Frau, wird der Voyeur geweckt. Zumindest erzeugen die nackten Männerkörper eine Irritation der Wahrnehmung. Zu intensiv sind sie aus erotischen Auslösern zusammengesetzt. Der muskulöse Oberkörper, die nicht ausgesparte, stilisierte Formung von Glied und Hoden, die langen Beine, die Glätte der Oberfläche, der »Haut«, die geschlossenen, »träumenden« Augen, die Makellosigkeit. Wenn keine Zuneigung geweckt wird, dann Abneigung. An den Eindeutigkeiten kommt der Betrachter nicht vorbei. Weich und schwach und jung, fahrig und schüchtern werden ausgegrenzt.
Gefühle und Sehnsüchte wie Geborgenheit, Schutzbedürfnis, Verteidigung, Stärke klingen ebenso an wie das Erobern, das Unterdrücken, das Sich-etwas-gehorsam-Machen. Dieses Feld von sexuellen Auslösern lenkt den Blick auf die Skulpturen und erregt Aufmerksamkeit. Der Betrachter wird gefesselt. Gefesselt sind auch die Auslöser; gebündelt und neu geordnet in einer komplexen, mehrfach determinierten Wirkungsstruktur. Die Sexualität, besser das Feld sexueller Anspielungen wird entstellt durch die Verknüpfung mit der architektonischen Anordnung und dem Wissen um den Ort, an dem die Figuren plaziert sind. Die Einordnung in das architektonische Gefüge und damit die Unterordnung entrücken die Skulpturen dem Betrachter und erschließen ihm die übergeordneten Bedeutun-

gen, das Reich, Hitler und die Volksgemeinschaft imaginierend.

Die Namen der Figuren, »Partei« und »Wehrmacht«, wandeln die Plastiken von allgemeinen Allegorien des Sieges und des Krieges zu eindeutigen Vertretern der Staatsmacht, die sich durch die Aufstellung in der Reichskanzlei als Regierung des faschistischen Deutschland konkretisiert. Bei ihrer Präsentation bedient sich die Staatsmacht nackter Männerkörper. Diese Verkörperung hat eine Sexualisierung der Macht und eine Verstaatlichung der Sexualität zur Folge *[vgl. Haug 1986, Kap. 9; in diesem Band S. 79–102]*.

Nackt und antik

Mit der Ausführung der Skulptur als Aktplastik werden verschiedene Wirkungen erzielt. Das Fehlen der Kleidung hat eine Verunklärung der historischen Herkunft zur Folge. Eine konkrete zeitliche Einordnung läßt sich nicht bewerkstelligen. Mit dieser Enthistorisierung geht eine Idealisierung der Gliedmaßen und eine dem Sportler nachgebildete Betonung der Muskulatur einher.

Das Menschenideal der Antike, der heroische Athlet, der seine männliche Schönheit zur Schau stellt und die Bedeutung eines kräftigen und trainierten Körpers für Kampf und Jagd und Wettkampf herausstellt, ist zum Vorbild für die Skulptur geworden. Ein Durchblättern von Katalogen über Baukunst und Skulptur im »Dritten Reich« oder ein Blick auf die damalige Produktion von Breker, Albiker, Klimsch und Kolbe zeigt schnell diese Verallgemeinerbarkeit auf. Der traditionelle Akademismus wurde in den Bildhauerausbildungsstätten nach wie vor gefördert. Neue Versuche der Auseinandersetzung mit dem menschlichen Körper, dessen Individualisierung und Normierung wurden mit der Ablehnung der modernen Kunstformen getilgt.

Gleichzeitig mit der Negation der Moderne wird ein altes Menschenideal benutzt, um Werte wie Schönheit, Kraft und Jugend und den Gedanken an die Einheit der Nation zu verewigen und ihnen Allgemeingültigkeit und ewige Gültigkeit zu verleihen. Den hier beschriebenen Figuren verhilft auch der glatte Bronzeguß zur Verewigung.

Die Werte sind eindeutig gegen die jüngste Vergangenheit gerichtet, die von den Faschisten verabscheute Weimarer Republik, in der in ihren Augen Individualismus und Materialismus herrschten. Die Skulpturen sollten unter Inanspruchnahme des antiken Vorbildes geschichtslos, absolut, allgemeingültig und allgemeinmenschlich wirken. Ihr hegemoniestiftender Standort im Staatsgefüge wurde den Idealfiguren durch ihre Titel »Partei« und »Wehrmacht« zugeteilt und durch ihre Generalisierung verselbständlicht.

Der Rückgriff auf den Athleten und seine Verknüpfung mit dem zeitgenössischen Sportler verweist auf Körperbeherrschung und Stärke. Körperbeherrschung und Stärke wiederum sind ideale Eigenschaften des Soldaten. Der Titel und das altertümelnde Schwert organisieren mit diesen Elementen den soldatischen Körper. Der soldatische Körper gehört dem trainierten Menschen, der sich in organisierter Form der Staatsmacht unterstellt und sie verteidigt. Die Titel spielen auf zwei dieser Ordnungseinheiten an.

Die Figuren sind die Verkörperung von Staatsmacht und somit Zeichen der Herrschaft. Dieser Körper-Macht-Komplex erhält seine natürliche Legitimation wieder durch den Antiken-Bezug. Der männliche Akt beansprucht, auf nichts als auf sich selbst zu verweisen, allgemeingültig und überhistorisch zu sein. Die Bronze erhärtet diesen mit der Antike verkoppelten Ewigkeitsanspruch, die Verarbeitung von Zeitgenössischem, der Frisur, verortet diesen Ewigkeitsanspruch in der Jetztzeit und tilgt alles davor Gewesene, jede historische Gewordenheit. Die glatte Oberfläche macht die Person unangreifbar, läßt sie gesund und stark erscheinen: sie wird zur Norm.

Antik und nordisch

Das antike Vorbild wird jedoch modifiziert. Der römische/griechische Athlet wird mit dem Bild vom Germanen und Arier verknüpft. Nicht die Nachahmung der Antike wird angestrebt, sondern die Schöpfung von etwas Originärem, der Antike Gleichwertigem wird als Anspruch laut.

Bei der Gestaltung der Köpfe der Zwillinge fallen die schmalen Lippen auf, die gerade Nase, die ihren Ursprung unter der Stirn hat und nicht übergangslos aus ihr hervorgeht, die längliche, fast rechteckige Kopfform und die Betonung der Wangenknochen. Auch sind die Haare kurz und ungelockt. Der Bart fehlt. Das alles sind Gestaltungsmerkmale des Klischees eines nordischen Typs, der sich streng vom Südländer (denken wir an »David« von Michelangelo, volle Lippen, weiche Wangenpartie, gelocktes Haar) unterscheidet. Die Körperbehaarung und der Bart sind in der Antike ein wichtiges Mittel zur Darstellung der Reife und des Stolzes des älteren Mannes gewesen. Bei unseren Figuren wird darauf verzichtet.

Ihnen soll als Repräsentanten Deutschlands das den Germanendarstellungen entlehnte »Deutschtum« aufgeprägt werden. Der Rassegedanke drängt sich in den Vordergrund. Seine Betonung macht die Ungleichheit anderer ethnischer und religiöser Gruppen offenbar und konstituiert damit ein auszugrenzendes Gegenvolk. Die Rassekörper sollen vom Stolz der deutschen Nation zeugen. Damit wird vieles erreicht: Der National-

sozialismus kann sich auf die klassizistische Tradition des Nationalgedankens stützen und durch die Aufnahme der damals grassierenden Rassetheorien einen vaterländischen Stolz organisieren. In diesem Stolz spielen Heimatgedanken genauso eine Rolle, wie der Wunsch nach einer eigenen Geschichte, die mit einer natürlichen Herleitung erzeugt werden soll.
Die Antike ist im nationalsozialistischen Gebrauch als widerspruchslose Einheit konstituiert – eine Art Hochkultur der Urgesellschaft. Die Verknüpfung mit der Rasse macht diese Urgesellschaft vereinnahmungsfähig. Die Mühsal der humanistischen Bildung kann ausgeblendet werden, ersetzt wird sie von einer Berufung auf den Körper. Mit ihrer Hilfe können auch soziale Gegensätze, Klassengegensätze, zu ethnischen Gegensätzen verschoben werden. Mit der Entkleidung der Figuren werden soziale Unterschiede ausgeblendet. Die Klassenunterschiede werden durch die Vorstellung *des* deutschen Mannes als ein für Volksgenossen zutreffendes Idealbild in der Skulptur eradiert. Die vom Staat ständig postulierte Volksgemeinschaft scheint klassenlos zu sein und erhält ihre Legitimation aus grauer und ruhmreicher Vorzeit. Das Aussehen dieser Machtkörper, die durchtrainierten Heroen mit den »nordischen« Körpern vervollständigt die Körper zu Rassekörpern, deren Mustergültigkeit die Trennung zwischen rassisch rein und rassisch unrein erzeugt.
Es wird ein Zusammenhang zwischen Natur und Sport und Antike und Ewigkeit und Kraft und Macht und Herrschaft gestiftet. Die Frau scheint an diesem Machtkomplex nicht beteiligt zu sein. Um die Fortpflanzung zu artikulieren, kann auf die Geschlechtsplakette hingewiesen werden.

Sieger über die Moderne

Die der Aufstellung dieser Figuren und der Bevorzugung von Arno Breker als Bildhauer für den nationalsozialistischen Staat vorausgegangene Zerschlagung und Unterdrückung aller modernen Kunsttendenzen, nimmt den Plastiken heute ihre Harmlosigkeit und verknüpft ihre ordentliche, idealistische Darstellung mit dem organisierten Terror des Regimes.
Der geschundene, zerrüttete, aufgerissene, deformierte Körper wird vom glatten, starken, gepanzerten Ordnungskörper/Einheitskörper ersetzt. Die Realität der Klassengesellschaft und der sozialen Herkunft, die Lage der Menschen und der Kampf ums Überleben in der Industriegesellschaft werden völlig getilgt. Sie ist nur noch in der Anspielung auf das nicht Dargestellte präsent. Dem seit 1933 zum Volksgenossen gewordenen Menschen wird ein Normkörper präsentiert, der mit sei-

Abb. 6
»Partei und Wehrmacht schützen den Frieden des Reiches.« *(Berliner Illustrirte Zeitung, Nr. 16/1939)*

6

nem eigenen Leben nichts zu tun hat, dem er sich aber der Faszination und des Vorbildcharakters wegen nur schlecht entziehen kann.

Das Barbarische und Terroristische des Nationalsozialismus ist *nicht* an den künstlerischen Ausformungen dieser Epoche festzumachen, geschweige denn ihnen eingeschrieben, sondern liegt im Tatbestand der vernichtenden Ausgrenzung begründet, die mit massenhafter Zustimmung in Szene gesetzt wurde ■

ÄSTHETIK DER NORMALITÄT / VOR-STELLUNG UND VORBILD

Die Faschisierung des männlichen Akts bei Arno Breker

Wolfgang Fritz Haug

Kunsthistorische Bestimmungsversuche zu Breker

»Die Abgehobenheit, in der die Kulturgeschichte ihre Inhalte präsentiert, ist für den historischen Materialisten eine scheinhafte ...: Was er an Kultur und an Wissenschaft überblickt, ist samt und sonders von einer Abkunft, die er nicht ohne Grauen betrachten kann. ... Es ist niemals ein Dokument der Kultur, ohne zugleich ein solches der Barbarei zu sein.«
Walter Benjamin, *Eduard Fuchs, der Sammler und der Historiker, 1937*

Wenn die Religion das Opium des Volks ist, so die Kunst das seiner Herren. Die Gebrauchsweisen sind freilich entgegengesetzt. Es ist kein Dokument der modernen Barbarei von Ausbeutung und Unterdrückung, das nicht zugleich sich anstrengt, ein solches der Kultur zu sein. Mit dieser Verschränkung umzugehen, ist von einem undialektisch-moralischen Standpunkt ein Ding der Unmöglichkeit. Die West-Berliner Akademie der Künste, Nachfolgerin der alten Akademie der Künste, zu deren Senatsmitglied Arno Breker 1944 berufen worden war, hat ihn mit vollem politisch-moralischen Recht ausgeschlossen. Aber es ist, als seien die politisch-moralischen Gründe für den Ausschluß eines der Großproduzenten des faschistischen Imaginären allein nicht haltbar und als müßte der Ausschluß gleichsam doppelt artikuliert werden, um besser zu halten. Man versucht folglich, auch Brekers Werke auszuschließen, und zwar aus der »Kunst«, seine Produkte als Unkunst und ihn als Nichtkünstler zu artikulieren. Dieser zweite Ausschluß ist so imaginär wie der idealisierte Wertbegriff von »Kunst«, den er zugrundelegt. Praktisch führte dieser zweite Ausschluß aus dem ideellen Reich der Kunst fürs erste dazu, bei einer Ausstellung »Figurativer Plastik im Deutschland der 30er und 40er Jahre« in den Hallen der Akademie nur *Fotos* von Brekerstatuen, nicht aber die Skulpturen selbst auszustellen. Der Direktor der Abteilung für Bildende Kunst der Akademie, Rolf Szysmanski, erklär-

te dazu: *»Die Genauigkeit, die die Akademie in ihrer Arbeit anstrebt, mit der sie sich an die Öffentlichkeit richtet, ist zuallererst immer künstlerisch motiviert. Sie hat sich daher entschlossen, den in ihren Augen Nicht-Künstler Arno Breker auch nicht mit Originalbeispielen seiner Skulpturen zu zeigen ...« [Akademie 1983, 5].*

Es sei eine »moralische Frage künstlerischer Integrität« vom Standpunkt der Akademiemitglieder. Diese Künstler lehnen es ab, Elemente derselben Menge sein zu sollen wie der Faschist. Magdalena Bushart, eine der Organisatorinnen der Ausstellung, spricht dagegen wohl von »Kunst« und »Künstler«, versucht auch, das Faschistische an Brekers Werk festzumachen und fühlt sich sogar zu einer Art persönlicher Ehrenerklärung bewogen.

»Es soll an dieser Stelle nicht Brekers menschliche Integrität in Frage gestellt werden; auch seine Zugehörigkeit zur NSDAP erscheint als zweitrangiges Problem. Es geht hier um seine Kunst als Ausdruck nationalsozialistischer Ideologie und um den Künstler Breker als kulturpolitischen Machtfaktor.« [Bushart 1983, 155]

Ein Ausschluß aus der »Kunst« ist ein Akt momentan herrschender Kunst-Ideologie. Für die Kunst-Wissenschaft muß die Kunst selbst in ihrer fundamentalen Zweideutigkeit betrachtet werden können, deren eines Gesicht das ideologische ist. Freilich ist genausowenig wie die Integrität der Kunst die der Person Breker eine sinnvolle Voraussetzung. Als gehobener Diener des Nazismus ist er so wenig integer wie dieser Dienst es war. Wir müssen jedenfalls fragen, wie »seine Kunst als Ausdruck nationalsozialistischer Ideologie« gedacht wird.

So den Ausstellungskatalog musternd, stoßen wir auf größte Begriffsnöte bei den Versuchen, den faschistischen Charakter dieses Werks zu denken. In ihrer »Einführung in die Problematik der Ausstellung« schreibt die Arbeitsgruppe: *»Die Aktplastik eignete sich ..., die nationalsozialistischen Vorstellungen vom ‚neuen Menschen' in einem ideologischen Sinnbild anschaulich zu machen. Ihre Rolle als Propagandainstrument begründete sich in ihrer Allgemeinverständlichkeit. Die ideologischen Forderungen der Nationalsozialisten konnten nur mit einem bestimmten Formenvokabular bildhauerisch umgesetzt werden.« [Akademie 1983, 7]* Die »ideologischen Forderungen« werden verstanden als *»diktatorische Forderungen des NS-Regimes, ein pervertiertes Schönheitsideal, jugendliche Gesundheit und Macht darzustellen« [ebd.]*. Es bleibt bei Versicherungen. Das »Pervertierte« steht für das Faschistische, das auf diese Weise ungedacht bleibt unter einem Deckbegriff, den auch die Nazis schätzten. »Allgemeinverständlichkeit« wiederum eignet erstens nicht der Aktplastik als Genre, zweitens ist sie zum

Glück nichts Faschismusspezifisches. Es bleibt die Tautologie, daß Propaganda allgemeinverständliche Mittel verwenden muß, um allgemein verstanden werden zu können. *Wie aber machten die Aktplastiken die faschistischen Vorstellungen anschaulich? Und wie lassen sie sich als ideologische Sinnbilder des Nationalsozialismus fassen? Worin bestand das faschistisch bestimmte Formenvokabular?*

Bezogen auf bestimmte Werke Brekers versucht die Arbeitsgruppe, das Faschistische folgendermaßen zu identifizieren: Brekers *Dionysos »entsprach ... den Vorstellungen von Männlichkeit und Macht überhaupt« [Bushart/Müller-Hofstede 1983, 13f.]*. Brekers *Berufung [vgl. die Abbildung in: Akademie 1983, 24]* wiederum soll mit der übertriebenen Männlichkeit eines Supermanns *»deutlich machen, daß die Skulptur Kampfkraft und Kampfeifer symbolisiert« [ebd.]*.

Woher wissen die Autorinnen das? Verdanken sie das Wissen einer Intuition, die sich nicht begründen läßt? Oder wiederholen sie nur Vorwissen? *»Gleichzeitig verbarg sich dahinter (?) eine didaktische Absicht. Die heroische Idealwelt des starken Mannes sollte die jungen Männer verlocken, sich zu identifizieren. Breker stellte in seiner Skulptur vor, welche männlichen Eigenschaften gefragt waren: blinder Gehorsam, Einsatz- und Opferbereitschaft. Nicht gefragt waren intellektuelle Fähigkeiten, weder beim Dargestellten, noch beim Betrachter.« [Ebd.]*

Hier wird Vorwissen ausgebreitet ohne direkten Bezug zu den Plastiken, von denen die Rede ist, jedenfalls ohne spezifische, an der Sache diskutierbare Kriterien. Wir verweilen kurz bei der These, die Welt dieser Skulpturen sollte »die jungen Männer verlocken, sich zu identifizieren«. »Der symbolische Idealcharakter der Gestalten«, insistieren die Autorinnen, »sollte sich aber nicht zu weit vom Betrachter entfernen. Man wollte keine steifen Kultbilder, sondern ideologisch direkt wirksame Ebenbilder (?) und Vorbilder.« *[Ebd.]* Das Willkürliche solcher Behauptung springt ins Auge, wenn man die sonstige Literatur daneben hält. Hinz entwickelte 1974 im Hinblick auf die Malerei die These von der nazistischen »Eliten-Ästhetik« mit der Doppelfunktion, *einerseits* »das ‚Volk' seiner Dummheit zu vergewissern und einzuschüchtern« – insofern drücke die Kunst die Hauptfunktion des Faschismus aus: »‚Abwehr des gemeinen Volks' – das Hauptziel und der Ausgangspunkt der faschistischen Politik und seiner ökonomischen Träger überhaupt« – *andrerseits* den Führungskadern »das zum ‚Führertum' notwendige Bewußtsein elitärer Überlegenheit und tiefes Vertrauen in die eigene Verfügungsgewalt« zu beschaffen[1] *[Hinz 1974b, 120]*. Hinz grenzt sich daher von H. Brenner ab, für die das herrschaftstechnische Kalkül »alleiniges Prädikat der faschistischen Kunst« sei *[Hinz 1974a, 17; ähnlich Wolbert 1982,*

1 Hinz akzentuiert den Zusammenhang an anderer Stelle *[1974a, 114]* etwas anders: »Parallel zu Krieg und Eroberung entwickelt sich zur Entspannung und Selbstbespiegelung der herrschenden Cliquen – gewissermaßen zur Kultivierung der Casinoatmosphäre – eine aufwendige Allegorik, die der irrationalen Konstitution der Herrschaft ... die notwendige Tarnung verleiht.« Daß Breker sich darauf versteht, die Casinoatmosphäre der herrschenden Cliquen auch viel direkter zu bedienen, versuche ich in meinen Thesen zur West-Berliner Breker-Ausstellung zu zeigen. (s. S. 98–102)

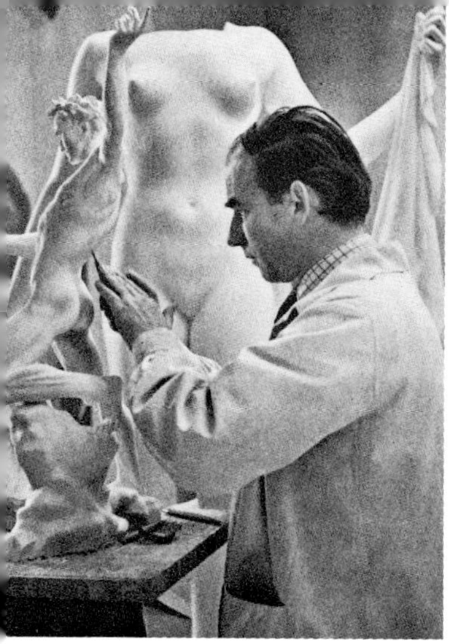

107]. Und Bussmann bestätigte diese Auffassung in Hinsicht auf Brekers Skulpturen im Innenhof der Reichskanzlei: »Dem einzelnen Betrachter ist es aufgrund der weit über sein Maß hinausgehenden Abmessungen der Figuren unmöglich, diese durch Identifizieren, durch ,Hineinversetzen' nachzuvollziehen.« Nur ihr ideologisch-politischer Kontext mache diese Figuren erfahrbar *[Bussmann 1974, 120].* Mittig *[1979, 41]* betont »gegenüber den ideologischen Mitteln der Massenbeeinflussung die direkte, angsterregende Machtdemonstration«, die »einschüchternd« wirke. Wolbert, in der bisher umfassendsten Darstellung der »Folgen der politischen Geschichte des Körpers in der Plastik des deutschen Faschismus« (Untertitel; vgl. meine Rezension im »Argument« 138/1983), verstärkt das eliten-ästhetische Argument von Hinz: »olympische Distanz zum Volk« sei der allgemeinste Nenner der »nackten Gestalt in der repräsentativen Staatsplastik des deutschen Faschismus« *[Wolbert 1982, 109].* Er geht so weit, die ideologische Funktion gegenüber der Bevölkerung für irrelevant zu erklären: *»Der deutsche Faschismus wollte auch in seiner künstlerischen Symbolik nicht auf die propagandistische Erzeugung von Loyalität setzen. Die Übermacht hatte den Gehorsam des Volkes zu erzwingen.« [Wolbert 1982, 109; vgl. 29]*

Verknüpft mit dieser Frage von Identifikation/Distanzierung sind Fragen der Verständlichkeit und der Sexualbedeutung der Nacktstatuen. »Symbolismus entkleidet die Nacktheit ihrer Geschlechtlichkeit«, heißt es bei Mosse in Bezug auf Brekers Statuen *[1985, 216]*, und er drückt damit nur einen breiten Konsens der kritischen Sekundärliteratur aus. »Die machtpolitisch funktionalisierbare nackte Figur« erklärt Wolbert, »hatte jeden Rest von Erinnerung an frei sich auslebende Körperlichkeit ... zu tilgen.« *[1982, 110]* Darf man diese Formulierungen auf die Goldwaage legen? Könnte es nicht sein, daß gerade die Verlokkung des Sich-Auslebens eingespannt wird in die Disziplinierung? Vor allem: Woher wissen die Autoren das alles? Diese Frage führt zum nächsten Standardthema der Analysen zur faschistischen Kunst und besonders der Brekerschen Skulpturen: zur Frage ihrer »Verständlichkeit«, also zu ihrer Art, allgemeine Bedeutungen politisch-ideologischer Art zu verstehen zu geben. Dieses Thema berührt zugleich das methodische Grundproblem solcher Kunstinterpretationen.

Breker zieht sich nach 1945 darauf zurück, er habe nur schöne Körper gestaltet. Die faschistischen Musiker mochten Gleiches sagen. Musik und Skulptur sprechen, ohne etwas Zurechenbares zu sagen. Die stumme Macht des Ästhetischen ist nicht ohne weiteres festzulegen. Die meisten Kommentatoren teilen ihre Assoziationen ohne weitere Analyse mit, falls sie sich nicht ganz aus der Interpretation heraushalten[2], und allzu oft bewegen sich diese Assoziationen im Rahmen der Rezep-

tionsvorgaben aus dem »Ministerium für Volksaufklärung und Propaganda« *[vgl. dazu Thomae 1978]*, wenn sie sich nicht damit begnügen, sie wörtlich zu wiederholen. Die Autorinnen aus der Vorbereitungsgruppe der West-Berliner Akademie-Ausstellung von 1983 nehmen die Absichten der Propaganda naiv für reale Leistungen: *»Die NS-Kulturpolitiker bemühten sich, ihre Weltanschauung in verständlichen Sinnbildern darzustellen. Groß, hoch und leer ging es dabei zu, und immer eindeutig. ... Vieldeutigkeit war zu vermeiden ...« [Akademie 1983, 7].*
Wie die behauptete Leere eindeutig sein soll, ist schleierhaft. Der Satz läßt sich im übrigen doppelt lesen. Entweder: Vieldeutigkeit sollte vermieden werden; oder: sie wurde tatsächlich vermieden. Die Autorinnen glauben anscheinend das Zweite, ohne ihren Glauben irgend diskutierbar an den gemeinten Objekten zu begründen. Vor ihnen sprach Damus *[1981, 54]* von der Brekerschen »Körper- und Formensprache, die jedem verständlich und ohne weitere Denkprozesse unmittelbar eingängig ist.« Damus geht ebenso von der Eindeutigkeit aus: »Jede Aktplastik soll eine bestimmte Bedeutung zum Ausdruck bringen.« *[Ebd.]* Aber sieht man ihr das an, oder weiß man das aus Goebbels Regieanweisungen? Übers genaue Wie sagt Damus nichts aus *[vgl. 55]*. Und das ist kein Zufall, denn die Annahme von der semantischen Eindeutigkeit der Skulptur ist unhaltbar. Das Mindeste ist, daß man ein Bedeutungscluster registriert, eine Vieldeutigkeit, die Wirkungsmacht überhaupt erst begründen kann. Man muß zunächst unterscheiden: Allgemeinverständlichkeit bedeutet nicht Eindeutigkeit. Allgemeine Konventionen zu bedienen heißt gerade, die nötige Vieldeutigkeit mitzuführen. Nur in diesem Sinne kann z.B. Schönberger 1979[3] *[169]* »Herrschaft« als Bedeutung der dekorativen Anordnung von Hitlers »Arbeitszimmer« in der Neuen Reichskanzlei behaupten: *»Die Motive, die als Kulisse für Hitlers Arbeitszimmer zusammengefügt waren, entsprachen ganz den Vorstellungen von Herrschaft und waren allgemein verständlich.«*
Wir werden zeigen, daß die Werke selbst nicht nur vieldeutig sind, sondern daß ihre Wirksamkeit und Brauchbarkeit im faschistischen Sinn gerade von dieser Vieldeutigkeit abhingen. Zuvor betrachten wir einige Proben von dem, was der Arbeitsgruppe als kunstwissenschaftliche Vorarbeiten vorlag.
Die in der NS-Phase vorwiegende Übertreibung der Muskeln durch Breker hat immer wieder die Aufmerksamkeit auf sich gezogen. Hildegard Brenner – und dies ist die einzige kommentierende Stelle zu Breker in ihrem Buch – spricht von »Arno Brekers muskelstarrenden Figuren ‚Partei' und ‚Wehrmacht'« *[Brenner 1963, 130]*, die sie aber nicht abbildet, während sie die abgebildeten Skulpturen – den Kopf der *Bereitschaft* und *Die Kameraden* – unkommentiert läßt. Joseph Wulfs Legende zu

2 A. Teut beschränkt sich darauf, hoheitsästhetische Behauptungen aus dem Nationalsozialismus *[Rittich 1937]* zu Brekers Statuen in der Reichskanzlei zu zitieren (Architektur im Dritten Reich 1933 bis 1945. Frankfurt/Wien 1967, S. 294 u. 296).

3 Schönberger *[1979]* zeigt die Herrschaftsästhetik der Neuen Reichskanzlei im Kontext der inneren Imposition Hitlers, seiner Verewigung im Reich, als gebaute Führerrepräsentation, zugleich antizipierter Rückblick auf eine »historische Stätte« *[170]* und überdies Schaufenster für das deutsche Kunsthandwerk *[171]*. »Die Wirkung ... liegt vor allem in der propagandistischen Verwertung durch die ... massenweisen Veröffentlichungen in Zeitschriften und Film.« *[160]* – Zu dieser Wirkungsweise vor allem Hinz *[1979]*: »Kunst und ihr kommentierendes und argumentierendes Umfeld bilden zusammen ein gesellschaftliches Informations- und Verständigungsmittel.« *[141]* Die Propaganda beruht auf der »Methode der Multiplikation des ästhetischen Scheins« *[143]*. Mit der Reichskanzlei demonstrierten die Nazis »mehr den ‚Bau-Willen' als den gewollten *Bau*.« *[144]*

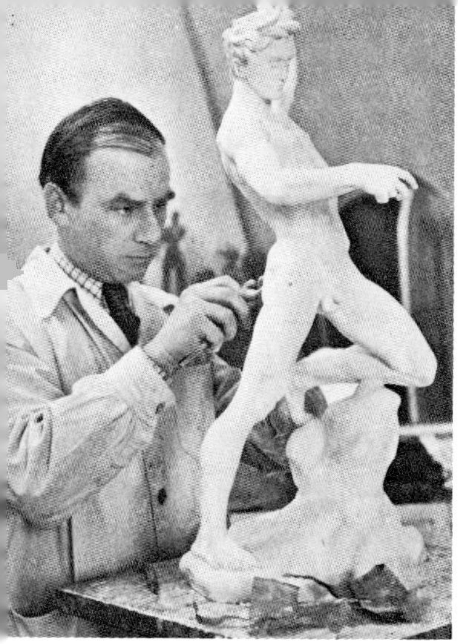

einer entsprechenden Abbildung lautet: »kennzeichnend ist der übertriebene Ausdruck militanter Gewohnheitsbrutalität« *[Wulf 1966, Abb. 44]*. Den histrionischen Wunscherfüllungscharakter, der in der Bestimmung des »Übertriebenen« – die sich durch die Sekundärliteratur zieht – anklingt, und dem wir an anderer Stelle nachgehen (s. den Abschnitt »Brekers ambivalente Wunscherfüllungen«), sieht Wulf ebensowenig wie z.B. Hinkel *[1975]*. Dieser bemerkt, daß an der *Bereitschaft* »die Muskelpartien ... überbetont« sind. »Kolossalstatuen heroischer Männer«, lautet Wulfs zusammenfassende Einschätzung. Es sieht so aus, als führe er die Übertreibung auf anatomische Beratung zurück: *»Als Modelle für diese ‚Helden' reichten nicht einmal die nordischsten SS-Leute aus. Deshalb ließ sich Breker oft von Anatomen beraten. Diese Instruktionen wirken sich in penetranter Übertreibung der anatomischen Details aus.« [Wulf 1966, zu Abb. 35, Der Künder]*
Um welche Details es sich handelt, ob die Übertreibung in eine bestimmte Richtung deutet, untersucht Wulf nicht. Er fragt weder, *warum* diese Übertreibung wirkte, noch warum sie *spezifisch faschistisch* wirkte.
Hinkel beschreibt an der *Bereitschaft* eine »verkrampfte Spannung« *[Hinkel 1975, 10]*. Er bringt ein objektives Detail hinzu: *»Verstärkt wird dies alles, weil sich über dem Spielbein nicht – wie erwartet – die Hüfte herauswölbt. D.h. der klassische Kontrapost ist nicht eingehalten.« [Ebd.]* Der Vergleich mit antiken und klassizistischen Vorbildern bestätigt diese Beobachtung. Allein – was bedeutet sie? Hinkel meint, »bedingungslose Kampfbereitschaft« *[12]* sei es, deren »Eindruck vermittelt wird« *[10]*. Die *Bereitschaft,* 1939 bei der Großen Deutschen Kunstausstellung gezeigt, bedeutete *Kriegsbereitschaft. »Der Plastik und den sie begleitenden Kommentaren ist zwar der Appell an Kriegs- und Wehrbereitschaft zu entnehmen, politische und ökonomische Hintergründe ..., von denen sie ablenken, freilich nicht.« [Ebd., 14]*
Freilich wäre das nicht spezifisch faschistisch. Vor allem zehrt diese »Deutung« zu sehr vom Kontext jener Ausstellung an der Schwelle zum Zweiten Weltkrieg. Wäre sie ausgegangen von der Bestimmung der *Bereitschaft,* ein Mussolini-Denkmal in Berlin zu »krönen« *[Wolbert 1982, 77]*, hätte sie anderes herausgelesen. Denn woher »weiß« der Kommentator, was hier was »bedeutet«? Außer der Abweichung vom klassischen Kontrapost gab er uns kein objektives Kriterium. Wenn er versichert, die Bedeutung sei »der Plastik und den sie begleitenden Kommentaren ... zu entnehmen« – und *Deuten* wäre demnach nichts als dieses »Entnehmen« der Bedeutung –, sehen wir uns vielleicht lieber unmittelbar die »sie begleitenden Kommentare« an, auf die Hinkel sich stützt. In der Zeitschrift *Die Kunst im Dritten Reich* (April 1940, 100/112) wird die *Bereitschaft*

interpretiert als »Umreißen« der Bereitschaft »vor dem Polenfeldzug«. (Daß dort nicht nur die momentane politische Verknüpfung hergestellt, sondern auch ein ästhetisches Material und seine Herkunft benannt werden, soll uns im folgenden Abschnitt beschäftigen.)

Der Zugriff im nazistischen Kunstdiskurs

»Nicht der Geist drängt zum Kriege, sondern der Körper.«
Hitler[4]

Die distinguierte Ästhetik orientiert sich an Geschmacksgrenzen. Sie ist anti-trivial. Obgleich es möglich ist, daß sie nicht herrschaftlich sein will, rückt sie notwendig und zumeist bewußtlos ein in eine Blickordnung von oben nach unten. Dabei wird diese Ordnung unsichtbar, und das Wesentliche am Untersuchungsobjekt verschwindet. So kommt es, daß die faschistischen Theoretiker mit ihrem unbedingten Willen zur ideologischen Macht der Analyse oft mehr vorarbeiten. Jedenfalls sprechen sie die angezielten ideologischen Wirkungen oft treffender aus und verstehen sich auf eine gewisse Konzeptualisierung struktureller Bedingungen ideologischer Effekte. Wir führen einige Proben vor.
H. Weigert unterscheidet 1942 die Wirkungssphären des Tafelbildes und der Skulptur ausgehend von Ort und Weise ihrer optimalen Aufstellung. Das Tafelbild hängt im Innenraum, die Plastik steht draußen auf dem Platz. Diese beiden Räume haben strukturell unterschiedliche Populationen. »Im Zimmer wohnt der Einzelne, der Platz nimmt eine Menge auf.« Wirkt das Tafelbild an einem Ort, der vornehmlich auf Individualität zugeschnitten ist, so steht die Plastik »im Dienste einer Kollektivmacht«. Die Menge ist zunächst eine Menge von Einzelnen, bei denen sich die Frage nach ihrem sozietären Zusammenhalt stellt. Hat diese Menge *»nichts gemeinsam als Interessen und Geschäft, so kann sie kaum Beziehungen zu einer Skulptur auf dem Platze haben. Hat sie aber Ideale, so will sie deren Sichtbarmachung und braucht die Skulptur auf dem Platz als Symbol ihrer Einheit.« [Weigert 1942; zit. n. Wolbert 1982]*
Der Satz enthält die richtigen Elemente, bringt sie aber in entstellende Anordnung. Die Entstellung ist leicht rückgängig zu machen. Individuen, die »nichts gemeinsam haben als Interessen und Geschäft«, sind durch solche Interessen und Geschäfte bestimmt, die sie zu Antagonisten füreinander machen oder sie zumindest gegeneinander vereinzeln, atomisieren. Ausgangspunkt sind die Privatindividuen der bürgerlichen Gesellschaft, *soweit sie bestimmt sind durch Privateigentum und Konkurrenz.* Die Art ihrer Privatvergesellschaftung streut sie auseinander und ordnet sie in Antagonismen an, ihre soziale Einheit ist eine privative. Gerade deshalb und zur Kompensation dieser Privation bedarf es einer aparten Einheit, die nur als repräsentative möglich ist. Entstellen wir die Entstel-

4 Zit. von J. Altwegg nach A. Plack, FAZ, 11. Mai 1983.

lung in diesem Sinn, dann lesen wir: *Soweit die Masse der bürgerlichen Individuen nichts gemeinsam hat als atomisierende und gegensätzliche Privat-Interessen und -Geschäfte, braucht sie eine imaginäre Gemeinschaft und deren Sichtbarmachung. Die Skulptur auf dem Platz fungiert als Realität ihrer imaginären Einheit.*

Je stärker die Rolle der herrschaftsreproduktiven ideologischen Macht auf Basis der gesellschaftlichen Gegensätze ist, desto bedeutsamer ist die öffentliche Statuarik der Skulptur. Blütezeit der Plastik sind – in der Sprache des ideologischen Kodes – immer *»Epochen einer einheitlichen geistigen Ordnung und einer alles beherrschenden staatlichen oder kirchlichen Macht« [Hentzen 1934].*

Der »Individualismus« hatte demgegenüber vermeintlich »zu einer völligen Auflösung der inneren geistigen Ordnung« geführt *[ebd.]*. Aus den agitatorischen Verzeichnungen lesen wir heraus den Willen zur Reorganisation der »inneren geistigen Ordnung«. Und sie wird interpretiert als Instanz einer die soziale Zerrissenheit gewalthaft und imaginär kompensierenden, alles beherrschenden ideologischen Macht. Schon 1933 hatte J. A. Behringer einen »neuen Klassizismus« des Dritten Reiches gefordert: »Nur so können und werden wir kulturell und künstlerisch wieder zur Ordnung kommen ...« Wolbert, der dies zitiert *[1982, 86]*, sieht darin zunächst nur das »Allgemeingut« konservativer Kunsttheorien: »Die Plastik wurde schon als Kunstform an sich zu einem Ordnungsfaktor hochstilisiert, stets gemeinsam mit der Architektur.« *[Ebd., 86]* Aber nein, sie wurde nicht nur hochstilisiert; gemeinsam mit ihrer architektonischen Einfassung war ihr hoher Stil tatsächlich der Stil eines *Ordnungsfaktors: »Kunst wird zu einer der wirklichen Ordnungs- und Führungsmächte im Leben des Volkes« [Henri Nannen 1937, zit. n. Bussmann 1974, 120]*, »Mittel zur geistigen Unterwerfung«, wie Bussmann bestätigend umformuliert *[ebd.]*. Das Bildwerk, erklärt einer der nazistischen Kunstideologen, nimmt wieder, wie zur klassischen Zeit, »alles ... Verehrungs- und Liebenswürdige in sich auf und hebt ... den Menschen über sich selbst ... und vergöttert ihn« *[Tank 1942]*. »Ein Menschenbild sollte entstehen, das sich über dem Volk und fern von dessen irdischer Hinfälligkeit erhob«, umschreibt Wolbert den gleichen Funktionszusammenhang *[60]*. Eine Leistung aller ästhetischen Ideologie wurde von den Nazis bewußt und spezifisch in Anspruch genommen: die Aufrichtung eines übergeordneten Jenseits, eines Kunst-Bildes des Menschen *über den Menschen*, eines Gebildes, das alle entsprechenden Attraktionen in sich aufnimmt und so seine Macht über die Herzen behauptet.

Die ideologische Funktion der bildenden Künste wird nicht etwa ganz neu und spezifisch faschistisch gefaßt, aber sie wird bewußt aufgenommen und den neuen Herrschaftsstrukturen eingepaßt. Im ideologischen Jargon des stellvertretenden Chefredakteurs der Zeitung *Kunst im Dritten Reich [vgl. dazu Thomae 1978, 345]*, liest sich das, durchaus unspezifisch, folgendermaßen: »... *Steigerung des Realen in die Welt der Idee, die Erhöhung des Einzelgeschehens zum allgemeingültigen Symbol.*« (Rittich)

Dies ist treffend als »Wegrichtung zum Übergeordneten« *[Wolbert 1982, 80]* übersetzt worden. Im reifen nazistischen Selbstverständnis wird diese Funktionalisierung besonders zugespitzt auf die statuarische Kunst der Bildhauerei: »*Die Plastik ... wirkt in einer Zeit, die nicht das Abbild, sondern das Vorbild sucht, mit ihm Menschen prägen, Ideale künden will.*« *[Weigert]*

Wie man sich die Wirkung dachte – und vermutlich nicht selten erzielte –, geht aus der Stellungnahme eines »jungen Deutschen« nach einem Atelierbesuch bei Kolbe hervor: »*Wenn man diese Welt in sich aufgenommen hat, fühlt man sich verpflichtet, sich immer noch anständiger zu benehmen ... in jeder Lage, die Haltung erfordert.*« *[Pinder, zit. n. Wolbert, 80]*

Die Kunst hat im Faschismus verstärkt das imaginäre Gemeinwesen-von-oben zu repräsentieren. Zumindest der Diskurs der »Kunstbetrachtung« stellt dies heraus. Der Bildhauer, heißt es in einem von Speer eingeleiteten Band über »Deutsche Plastik« von 1942, verleiht »*diesen kalten Gebilden aus Stein ein solches Leben, daß sie zu atmen scheinen und uns näher sind als unser Nachbar*« *[Tank 1942, 23; zur Person vgl. Thomae 1978, 497]*.

Was schildert der Autor hier anderes als die imaginäre Vergesellschaftung-von-oben? Dem Übergeordneten, repräsentiert durch die Statue, sollen wir näher sein als unserem Nachbarn. Oder was mein Nachbar und ich gemeinsam haben, sollen wir uns durch die Skulptur repräsentieren lassen. Wie der sagenhafte Bildhauer-König Pygmalion sich in die von ihm selbst geschaffene elfenbeinerne Mädchenstatue verliebt hat, so zieht uns dieser künstliche Leib durch einen ins Allgemein-Gesellschaftliche gewendeten Pygmalion-Effekt auf eine Weise in seine hoheitliche Nähe, die uns untereinander noch mehr entfremdet. Wolbert sieht an solcher *Idealisierung* nur den – gewiß mitspielenden – Effekt, die Unteren zum »unidealen ... ‚Menschenmaterial'« zu degradieren. Zugleich verklärt sich ihm rückblickend die Schönheit der klassizistischen Darstellung des nackten männlichen Körpers.

»*Die Schönheit, welche ursprünglich als eine humanistisch positive Bestimmung in der idealen Nacktheit zur sinnlichen Anschauung kam, hatte nun allein die Funktion, das durch sie als häßlich relativierte reale Leben zu negieren.*« *[Wolbert 1982, 241]*

Diese Betrachtungsweise ist blind für die spezifische ideologische Mächtigkeit, die in solchen Kunstwerken und ihren staatlichen Gebrauchsweisen organisiert wird. Allein schon eine wichtige Quelle des ästhetischen Körpermaterials und seiner Idealisierung steht dieser Interpretation entgegen. In der Zeitschrift *Die Kunst im Dritten Reich* (April 1940, 100/112) wird am Beispiel der *Bereitschaft* diese Herkunft angedeutet: *»Ein körperliches Ideal, das dem der Hochzeiten der abendländischen Kunst nahekommt, aber nicht nur erträumt ist, sondern von unseren Sportstätten ... genommen und als Signum hingestellt wird ...«*

Hinkel, der dies zitiert, geht der Bewandtnis der »olympischen« Nacktheit, der Leibmodellierung, dem Vor-Bildcharakter nicht nach. Für die Überlagerung von Bedeutungen oder für die Zusammenfassung von Anziehungskräften des Körpers findet er keine Worte. Vor allem der Hinweis, daß es der Sport ist, wo Bilder und Ideale des Körpers abgeschöpft sind, muß beachtet werden. Wie dieses Material umgearbeitet wird, und was es bedeutet, es als Signum hinzustellen, wird zu fragen sein.

An dem faschistischen Material läßt sich bisher ein Dreifaches beobachten:

1. Der Ideologisierungsschub wird sehr bewußt und oft mit prä-theoretischen Einsichten und Konzeptualisierungen betrieben.
2. Die Elemente sind nicht spezifisch faschistisch[5]; zumeist geht es um die faschistische Rezeption viel allgemeinerer Traditionen. Die Spezifik ist folglich auf der Ebene der Rezeption und Eingliederung zu suchen, nicht auf der des Rezipierten. Das derart Faschisierte – d.h. faschistisch Rezipierte und Eingegliederte – kann allerdings im Lichte dieser Rezipierbarkeit auch nicht länger in ideologietheoretischer Unschuld tradiert werden.
3. Imaginäre Gemeinschaftlichkeit auf der Ebene eines Übergeordneten bildet den Angelpunkt der faschistischen Kunstdiskurse.

5 Auch Damus *[1981, 53]* sieht, daß »nichts typisch Nationalsozialistisches« an den Aktplastiken der meisten Bildhauer im Nationalsozialismus ist. So verwundert es nicht, daß Akte derselben Bildhauer vor 1945 faschistisch genutzt wurden, danach für Widerstandsdenkmäler. Eine »eigene Stilform« habe Breker entwickelt. Kolbe halte am Allgemeinmenschlichen fest. »Breker dagegen setzt den nackten Helden direkt für den Kampf des Nationalsozialismus ein.« *[54]* Damus kämpft mit der unspezifischen Allgemeinheit seiner Versuche, bei Breker nun doch ein spezifisch Faschistisches zu bestimmen. Breker »glättet die Oberflächen und versucht so, eine individuelle Handschrift zu vermeiden, allgemeingültig zu sein«, auch mittels des »scheinbar präzisen Herausarbeitens der einzelnen Muskeln« etc. Weder wird das »scheinbar« präzisiert, also durch ein »statt-dessen-wirklich« ergänzt, noch überzeugt dieser Bestimmungsversuch.

Brekers ambivalente Wunscherfüllungen

Unter den Bildhauern, die das Bild des deutschen Faschismus mitgestaltet haben, ist Arno Breker einer der bekanntesten. Hitler soll ihm bei einem Essen Anfang 1944 die »uneingeschränkte Führung« der bildenden Künste angeboten haben *[Thomae 1978, 126]*. Nach der Zerschlagung des Nazismus wurde Breker in den »offiziellen Kunstgeschichten« übergangen, doch konnte er »sich einen festen Kreis von Freunden und Sammlern erhalten« *[Bussmann 1974, 110]*. Wie aber war das möglich, wenn es »immer schwerer (wird) sich vorzustellen, wie ... und daß (diese Figuren) überhaupt wirken« konnten *[ebd.]*[6]? Zwei deutsche Bundeskanzler ließen sich von ihm portraitieren, ein prominenter Zionist, Cocteau, Dali und viele andere mehr. Der Gerling-Konzern gab Großaufträge, die das Nachkriegsbild einer Großstadt mitprägten. Es gab und gibt eine nicht abreißende Serie von Ausstellungen.

Wie wir gesehen haben, kommen Kunstkritik und Kunstgeschichte leicht in Verlegenheit, wenn sie das Faschistische an Brekers Bildhauerei im NS-Staat zu bestimmen versuchen. Ein methodischer Fehler ist es auf jeden Fall, die NS-Periode im Schaffen Brekers zu isolieren. Der Längsschnitt, der Vergleich der Themen, Genres, Stile der verschiedenen Perioden erlaubt es, die Fragen anders zu stellen. Um es gleich zu sagen: die Perioden im Schaffen Brekers folgen unmittelbar den Einschnitten der politischen Geschichte. Auf den ersten Blick präsentieren seine Bildnisse Diskontinuität. Genau diese Beobachtung führt auf die Spur der wirklichen Kontinuität eines Histrionismus der imaginären Erfüllung zahlungsfähiger Wünsche.

Faszination und Faschismus – die Ähnlichkeit der beiden Ausdrücke[7] mag dazu dienen, einen dialektischen Zusammenhang darzustellen. Der *Fascio,* von dem der italienische Faschismus seinen Namen zog, leitete sich ab vom Liktorenbündel[8], dem Requisit innerstaatlicher Gewalt im antiken Rom. Es war Symbol in der denkwürdigen Gestalt der Zwangsmittel selbst, denn es bestand aus Fessel, Geißel und Richtbeil. Auch Faszination ist »Fesselung«[9], die von »inneren Zwangsmitteln« (Sombart) ausgeht. Aber das eigentlich Beunruhigende ist das Hinüberschillern der äußeren in die inneren Zwangsmittel, ist die *Fesselung im Doppelsinn von Gewalt und innerer Bindung.* Das Bild der *Bündelung* kann helfen, diesen Wirkungszusammenhang von Zwangsgewalt und innerer Bindung zu verdeutlichen. Die spezifische Art der Bündelung unterschiedlichster Motive, Tendenzen, Kräfte durch die Nazis erklärt am ehesten den hegemonialen Effekt. Ihn in seiner Widersprüchlichkeit besser zu begreifen, ist von größter Bedeutung für einen wirksamen Antifaschismus. Denn wie in Lessings Fabel läßt sich sagen: Ohne es aufzuschnüren, können wir das Bündel nicht zerbrechen. Analyse einer Faszination kann ihre Auflösung sein. Bloß das staatliche Verbot des Faszinierenden zu fordern, wie – ohne Erfolg – im Falle der West-Berliner Breker-Ausstellung von 1981 geschehen, könnte dazu beitragen, die Faszination aufrechtzuerhalten. Der Versuch, sie aufzulösen, führt über die öffentliche Besichtigung und Verarbeitung. Freilich muß dabei der faschistische Kontext, muß der historische Verwendungsrahmen mitgezeigt werden, was in den auf Künstlerkult orientierten Ausstellungen natürlich sorgfältig getilgt ist. Im übrigen ist auch dieser Kultrahmen, der ja nicht nur aus Verdrängungen besteht, sondern auch Indikatoren für Verwen-

6 Bussmann versucht, diesen Widerspruch durch den Verweis auf die umfassende »Beeinflussung« zu lösen, welche die Rezeption der Werke Brekers im Nationalsozialismus umrahmt hatte *[vgl. dazu die Nachweise bei Thomae 1978].* Das erklärt indes nicht die Weiterwirkung nach der Brechung dieses Rahmens.

7 Die Ähnlichkeit der lateinischen Wörter *fascis* (Bündel) und *fascinare* (behexen) ist zufällig, sie haben unterschiedliche Stämme. Von *fascinare* abgeleitet ist fascinum, »das männliche Glied, zunächst als Mittel gegen Beschreiung oder Behexung« (K. E. Georges: Lat.-Dt. Handwörterbuch. Leipzig 1880). In unserem Kontext gewinnt dieser phallische Bezug eine überraschende Bedeutung.

8 Der Name »Liktoren« leitet sich her von *ligare,* »binden, fesseln«. »Sie gingen in der Öffentlichkeit mit dem Liktorenbündel (lat. fasces) dem Beamten einzeln voran, bes. bei der Vollstreckung von Körper- und Todesstrafen.« (Lexikon der Antike. Leipzig 1977, S. 323) Die *fasces* waren »Rutenbündel mit Richtbeil als Zeichen der Amtsgewalt« (Der kleine Pauly. München 1979, S. 646). Die Bündel waren mit Lederriemen geschnürt, die Fessel und Peitsche zugleich darstellen.

9 »Der mit kalkulierter Fesselung und Entfesselung der Sinnlichkeit seiner Opfer herrschende Faschismus kommt damit wieder zum Zuge«, indem immer öfter nur seine politische Ästhetik abgebildet wird. Es kommt darauf an, »das ästhetische ›Argumentations‹-System des Nationalsozialismus zu entschlüsseln« *[Mittig 1979, 5f.].*

dungsweisen des Brekerschen Werkes gibt, zu besichtigen. Dann taucht insgesamt ein vielschichtiger Kontext auf, zu dem außer den NS-Greueln zunächst unerwartete Affinitäten gehören. Zu untersuchen ist nicht zuletzt der nackte männliche Körper im Kontext staatlicher Macht und gesellschaftlicher Herrschaft. Der Staat, der mit dem Körper gemacht wird, die anziehende Verkörperung der Herrschaft, Formen innerer Macht dieser Anziehung – diese Gesichtspunkte, die sich nicht in der Beziehung auf den Faschismus erschöpfen, müssen berücksichtigt werden.

Ein Blick auf die »Kameraden«

»Eines der am meisten abgebildeten Werke der NS-Plastik *[Bussmann 1974, 114]* ist das Relief *Kameraden.* Im Nazismus wurde es immer wieder abgebildet. Brenner *[1963]* bildet die »Kameraden« ab ohne Kommentar. Mosse *[1985, 216]* – dies ist eine der sonderbarsten Stellen seines interessanten Buches – beschreibt, daß dieses Werk »einen älteren Soldaten darstellte, der einen jüngeren vom Schlachtfeld zog«. Er hätte erwähnen können, daß es sich bei beiden Männern um *junge Männer* handelt, daß beide *nackt* sind und daß der Ältere den Jüngeren – in der Art der *Pietà*-Darstellungen – *im Arm hält.* Alle konnotationsleitenden Elemente sind vorhanden, um das Paar als *Freunde* zu deuten. Es ist kein Zufall, daß es eine Frau ist, die beschreibt, daß hier »ein Nackter seinen sterbenden Freund stützt, während er selber trutzig nach oben strebt« *[Walters 1979, 214].* Und Susan Sontag kommentiert: Es sind *Pin-ups, ebenso asexuell wie pornographisch,* Perfektion der Phantasie *[zit. ebd.].* Die männlichen Kritiker übersehen zumeist vor lauter höheren Bedeutungen, zu denen sie sich vermutlich von den interpretativen Diskursen der Nazis haben anregen lassen, das »Bedeutende«, die Körpersignifikanten und ihre nächsten Bedeutungen.

»Die beiden Kämpferfiguren Brekers, weit überlebensgroß in idealer Nacktheit, sollen die zeitlose Idee eines allgemeinen Kampfes vermitteln« [Bussmann 1974, 114]. Die »zeitlose Idee« und ihre Funktion werden wiederum ganz unspezifisch analysiert, auf eine Weise, die für alle imperiale Architektur seit der Antike »wahr« und daher auch wieder nie richtig ist. Triftig ist allenfalls der Gesichtspunkt, daß es die Funktion solcher »Klassik« ist, das Großbürgertum zu gewinnen, das sie als »seine ureigene Kultur in ihrer hohen Zeit« verstand *[Bussmann 1974, 112].*

Was man – vor aller verallgemeinernden Interpretation – zunächst, vielleicht ohne es wahrzunehmen, »sieht«, ist, im Medium der »klassischen« Stilisierung, eine Umarmung zweier

10 Dem Marxismus (im Unterschied zu Marx) kreidet er an, den Körper »zugunsten des Bewußtseins und der Ideologie unheilvoll verborgen zu haben« *[Foucault 1976, 84]*; daher glaubt er, der Körper sei einer der wichtigsten Punkte bei Infragestellung des Marxismus. Diesem unterstellt er die spontane Vorstellung: die Macht unterdrückt den Körper. Diese Vorstellung kritisiert er als idealistisch. »In Wirklichkeit ist nichts materieller, ist nichts physischer, körperlicher als die Ausübung von Macht« *[93]*. So wird die ökonomische Macht, werden überhaupt die Formen dominierender Macht verdrängt und Herrschaftskritik erfährt sich zurückgeworfen auf eine Weise, die zur Beschäftigung mit dem eignen Körper statt mit den gesellschaftlichen Machtverhältnissen verfallen könnte und bei vielen inzwischen tatsächlich verfallen ist.

nackter Männer. Das Sterben, Kämpfen, erst recht die »Idee eines allgemeinen Kampfes« hängen entfernt konnotativ oder diskursiv daran. Die Beziehung des Signifikanten – dieser beiden nackten Leiber, von denen der eine den andern in seinen Armen hält, und die alles andere als nur brutal, sondern auch zärtlich, sexuell und asexuell zugleich sind – zu den höheren Bedeutungen ist durchaus prekär. Sie ist immer auch dabei, sich umzudrehen, wie Foucault das analysiert hat. *»Körperbeherrschung und -bewußtsein können nur infolge der Besetzung des Körpers durch die Macht erworben werden: Gymnastik, militärische Übungen, Muskelentwicklung, Nacktheit, das Preisen des schönen Körpers ..., all dies liegt auf der Linie, die durch unablässige, hartnäckige, sorgfältige Arbeit der Macht am Körper der Kinder, der Soldaten und am gesunden Körper zum Begehren des eigenen Körpers geführt hat. Sowie die Macht diese Wirkung produziert hat, entsteht unvermeidlich, eben auf der Linie ihrer Eroberungen, die Rückforderung des eigenen Körpers gegen die Macht, der Gesundheit gegen die Ökonomie, der Lust gegen die moralischen Normen ...« [Foucault 1976, 91f.].*
Foucault meint natürlich nicht, daß »die Macht« dadurch verschwindet. Und seine Begriffe verwischen kunstvoll die Unterscheidungen zwischen Macht und Herrschaft, ziehen sich wie Duftwolken über die Gegensätze[10]. Und doch ist seine Hauptentdeckung: die Zweibahnigkeit der Herrschaftslinien, nützlich.

Bildhauerei und Body-building – Ideologische Arbeit am Körper des faschistischen Subjekts

Ausgehend vom Material der Berliner Breker-Ausstellung und dem Eindruck von ihrer Kundschaft hatte ich zunächst das Bedienen von Wünschen eines homosexuellen Voyeurismus aus Kreisen der herrschenden Klassen betont. In der von den *Thesen* (s. diese S. 98–102) ausgelösten Diskussion ist dieser Schwulenbewegung dagegen sprachen – ausgeblendet worden. Mosse hat seither ähnliche Aspekte vor allem am Beispiel der französischen Faschisten vorgeführt *[1985, 217ff.]*[11] und darüber hinaus verallgemeinert: *»Jede Untersuchung, die sich mit Faschismus und Sexualität befaßt, muß immer wieder auf die Verehrung der Maskulinität und auf die Männergemeinschaft als herrschende Elite zurückkommen.« [220]*
Durch meine These von der »Einknotung homosexuellen Verlangens in die Herrschaft« fühlten Bohn u.a. die homosexuellen Opfer des Faschismus beleidigt. Wir müssen daran arbeiten, diese Verknüpfung von zwei Seiten aufzulösen, von der Seite der manifest heterosexuellen Männer wie von der Seite der

»Diese Kunst, die das Individuum in seiner Schönheit, seinem Adel, seiner Kraft, seiner physischen Gesundheit, seinem Mut preisen will, diese Kunst wird männlich sein, sie wird einfach und nackt sein: Weder Gewand noch Anzug haben jemals die Menge begeistert.«
Despiau *[1942]*

manifest homosexuellen. Für diese hat Jens-Peter Hass[12] in einer Art analytischen Gedichts diese Arbeit aufgenommen. Er geht aus von einer klassisch-griechischen Männerstatue, dem jungen *Speerträger* von Polyklet (440 a. C.). Er begreift das Bildnis als im Auftrag der Herren hergestellte regulative Körperform, als idealen Maßstab und Vorbild, als *Norm*. Die Norm, an die sich Begierde heftet, produziert Minderwertigkeit. *»Dieses abbild verhindert meine eigenliebe/ich bin einsam/ich habe keine kraft/auf das idol zu verzichten« [Hass 1982].*
Hass zeigt, daß in der Warenästhetik der homosexuellen Subkulturen entsprechende Vorbilder als kaufauslösende Identifikationsangebote wirken. *»die homosexuellen männer/ordnen sich/diesem programm/unter/als wenn sie nicht wüßten/daß sie sich zerstören« [ebd.].*
Aber die Körperbilder, die in die faschistische Herrschaftsästhetik eingebaut sind, sind nicht für Homosexuelle bestimmt. Eher zielen sie auf Männer, die, wie Theweleit sagt, in einem »Double double-bind« gehalten werden: von *Inzestverbot/-gebot* in der bürgerlichen Familie, dem sich »auf der mann-männlichen Seite« hinzufügt: *»Du sollst Männer lieben, aber du darfst nicht homosexuell sein ... Am besten man gehorcht und verdrängt die Widersprüche.« [Theweleit 1980, II, 334]*[13]
Eine Geheimrede Himmlers vor SS-Führern gibt einen weiteren Hinweis. Dort stellt Himmler strategische Überlegungen an zur Erzielung »richtig geleiteten Sexus« und zur Bekämpfung von »irregeleitetem Sexus«. Himmler hält Homosexualität anscheinend bei jedem für möglich. Mit 15 bis 16 stehe der Junge »auf der Kippe«. Man müsse »unbedingt dafür sorgen«, daß er »mit den Mädeln zusammenkommt«, etwa in der Tanzstunde. Hat er erst einmal eine »Flamme«, »ist er weggezogen von der gefährlichen Ebene«. Im Kontext kommt Himmler auf die erste ideologische Macht, den *Staat* zu sprechen, als sei hier der Grund zu suchen, warum einerseits jeder junge Mann auf der »gefährlichen Ebene« sich befindet und andrerseits er von der Möglichkeit gleichgeschlechtlicher Betätigung unbedingt weggezogen gehört. Theweleits zweiter Double-bind ist zugange. Der Staat, führt Himmler aus, ist wesentlich »Männerstaat«, Männerapparat. Frauen kommen nur in Hilfskraftstellen vor. Tut man nicht alles, Homosexualität unter den Staats-Männern und -Mannschaften zu verhindern, wird ihre Elitebildung und ihre Verteilung auf Hierarchie nicht mehr nach Leistung geregelt. Kurz, das Zusammentreffen von staatlicher Hierarchie und Leistungsprinzip führt zu einer Männerelite, die Frauen und Homosexualität hinausdrängen muß. *[Vgl. Himmler 1974, 93–104]*
Theweleit hat eine andere Beobachtung gemacht, die wie auf Brekers im Nazismus gefertigte Statuen zugeschnitten wirkt. Er unterscheidet eine Organphysis von einer Muskelphysis.

11 »Es erlagen nicht wenige homosexuelle Männer in Frankreich der Ästhetik des nazistischen Männerbildes ... Der französische Faschismus stellte homoerotisches Verhalten, das andere faschistische Bewegungen zu unterdrücken suchten, offen zur Schau.« *[Mosse 1985, 220]* Mosse diskutiert vor allem R. Brasillach, P. Drieu la Rochelle und Montherlant.
12 Jens Hass ist auch als Fotograf und Maler tätig. In vielen seiner Bilder geht es, nicht anders als im hier zitierten Gedicht, um »ein Ringen mit den ‚Mannsbildern' die geboten sind« (aus dem Bericht über eine Ausstellung, »Bilder einer Lustlast«, in TAZ, 27. Juni 1984).
13 Eingebettet ist das bei Theweleit in die Theorie von den massenhaften »Nicht-zu-Ende-Geborenen«, die ihre (ergänzende) Muttergestalt mit Begehren und Haß verfolgen und sich einen Körperpanzer als Uniform und einen Zusammenhalt als Organisation geben müssen. Allgemeinstes Triebschicksal sei die Disposition zur Männerliebe bei Männern, zur Unterwerfung unter Männer bei Frauen. – Geglückt ist für Theweleit nur das Individuum, das in der Privat-Selbständigkeit funktioniert.
Vergesellschaftungsbedürfnisse, die darüber hinausgehen, oder das Bedürfnis nach Teilhabe an kollektiver Kontrolle der gesell-

schaftlichen Lebensbedingungen gelten als pathologisch. »‚Arbeit‘ als Ich-Erhaltungsvorgang ist der normale Daseinsmodus des Nicht-zu-Ende-Geborenen ...« *[246]*. – Das Unbewußte solcher Psychoanalyse ist ihr bürgerlicher, auf Markt und Privatheit orientierender Klassencharakter, der eine über die bürgerlichen Schranken hinausgreifende Gesellschaftlichkeit nur als Krankheit denken kann. – Selbst wenn Theweleits »Psychismus« fragwürdig ist, führt kein Weg an seinem Material vorbei.

Der innere Leib wird vom soldatischen Mann als das Breiig-Unförmige gefürchtet, gehaßt und zugleich immer wieder zwanghaft dargestellt. Typisch für den soldatischen Mann sei eine Leibspaltung. Die *Muskelgestalt* ist »vom inneren Erleben abgetrennt« *[1980, II, 221f.]*. Sie ist *»identisch mit allem, was ‚Ich‘ an ihm ist: alle Kontrollfunktionen, Triebabwehrfunktionen, alles was das bewußte Denken des soldatischen Mannes bestimmt ... Um dieses Körper-Ich schließen sich äußere, gesellschaftliche oder Organisations-Ichs«* wie Nation, Partei, Truppe *[ebd.]*. Der Muskelpanzer ist eine Zwangsgrenze des Körpers, die Körperperipherie als des Körpers eigenes Korsett. Damit können wir im Hinblick auf die Männerbilder von Thorak und Breker etwas anfangen.

Wenn der Muskelpanzer die von außen auferlegte und stützungsbedürftige Disziplin verkörpert, so stellt er gleichsam, in einem gespaltenen Körper, die selbsttätig ausgeübte Fremdbeherrschung oder die Selbstbeherrschung in fremdem Interesse vor. Der Muskelpanzer stünde damit für einen Typ der vom Individuum selbsttätig ausgeübten Fremdvergesellschaftung. Er würde real veranschaulichen die Selbstbeherrschung dessen, der selber der Herrschaft unterworfen ist und Herrschaftsfunktionen gegen andere ausübt. Der Muskelpanzer wäre zugleich eine Metapher für so etwas wie die Willensstärke des mittleren Angestellten eines straff geführten Konzerns. So hatte ja schon unser »Ratgeber« Gerling Willen und Muskeln besonders eng miteinander verbunden *[vgl. Haug 1986, Kap. 7.2]*. Bei den Muskelübungen sollte *»der Wille den gymnastischen Apparat ersetzen und denjenigen Widerstand ausüben, den der Apparat (Hantel usw.) dem ihn dirigierenden Organ entgegenstellen würde.« [Gerling 1917, 142]*

In der Lenkung des Willens auf die Muskulatur wird, wie der Blick aufs Spiegelbild, Begierde mitgelenkt.

Regelmäßig wird die Verbindung von Muskulatur und Willen ästhetisch artikuliert, die Ästhetik wiederum wertideologisch. Für ein Volk, heißt es in einem Rasse-Handbuch *[vgl. Haug 1986, Kap. 4.2]* gibt es »nichts Höheres, als seine edelsten Werte in seinen Menschen leibhaft darzustellen« *[Günther 1933, 147]*. Schönheit wird als Darstellung ideologischer Werte durch den Körper gefaßt, »und ‚schön‘ bedeutete früher mehr als heute vorwiegend nordisch« *[ebd., 129]*. »Rasse« ist nur eine der Instanzen eines Verweissystems. Die »Schönheit« wird mehrfach artikuliert, klassisch-griechisch und jüdisch-christlich, sportlich und herrschaftlich, das Ganze im Modus der Unterordnung. Man lasse sich nicht durch die These vom »Eklektizismus« nazistischer Ideologie davon abhalten, die Gesetzmäßigkeiten des Aufbaus ideologischer Kraft zu beobachten. Gerling faßte die von einem General gegründete »Jungdeutschlandbewegung« als »Rückkehr zum veredelten klassischen Griechentum«.

»Die heranwachsenden, früher sich selbst überlassenen jungen Leute ... gewöhnen sich an ... opferwillige Kameradschaftlichkeit, an Unter- und Einordnung ohne Aufgabe ihrer Individualität ... ihr Wille wird gestählt und echte Mannhaftigkeit vorbereitet ... Diese Bewegung bringt uns die Wiedergeburt germanischer Kraft und Schönheit ...« [Gerling 1917, 36].

Derselbe Autor artikulierte diese »Schönheit« wie Hitler mit der biblischen Gottesebenbildlichkeit, die wiederum mit »Natürlichkeit« verknüpft wird. *»Die Natur hat das ,Ebenbild Gottes' schön erschaffen« [ebd., 5].*

Hitler artikuliert mit demselben Topos die Notwendigkeit der Rassenzucht. Unterläßt man diese, so gelte in einigen Generationen: *»Ebenbilder Gottes dürfte man dann nur mehr wenige finden, ohne des Allerhöchsten freveln zu wollen.« [Hitler MK, 280]*

Um die »Schönheit« des Rassekörpers auszudrücken, wird immer auf den nackten Sportler/Krieger-Körper der antiken Standbilderkunst zurückgegriffen. *»Was das griechische Schönheitsideal unsterblich sein läßt, ist die wundervolle Verbindung herrlichster körperlicher Schönheit mit strahlendem Geist und edelster Seele.« [Hitler, 453]*

Zieht man die Phrasen ab, zeigt sich ein strategisches Interesse an der Verknüpfung ideologischer Werte mit Leistungsfähigkeit und Sexualität in der »Schönheit« des Körpers. Diesen Körper sollen die Künstler später dem NS-Staat bauen, als den begehrten Körper der Geführten: den durch- und ausführenden Körper. Der Sinn des Rassismus ist die Dynamisierung dieses gebauten Körper-Vorbilds. Wenn die Rassenlehre den Rassen bestimmte seelische Eigenschaften zuschreibt, so konstituiert sie diese regulativ projektierten Eigenschaften als »Rasse«. Sie zeigt dies, wie wir in meinem Kapitel über den Rassendiskurs sehen konnten *[Haug 1986, Kap. 4]*, gegen den Biologismus des manifesten rassistischen Textes, wo immer sie sich um empirische Anschaulichkeit bemühen muß und dies nicht anders kann als mit Hilfe von Abbildungen aus Kunst, Karikatur und Reklame. Eine Schrift von 1942, »Zucht und Sitte«, bestimmt diese Funktion der bildenden Künste treffend: *»Die Aufgabe ..., das Auslesevorbild, das Ideal des deutschen Menschen artreinen Blutes ... zu gestalten, fällt dabei der bildenden Kunst zu« [zit. n. Hinz 1979, 147].*

Das Kunstbild fungierte dann als normative Instanz, die »nach fotografischer Bestätigung aus der Wirklichkeit suchte« *[Hinz 1979, 138]*. Günther formulierte den gleichen Normierungszusammenhang noch »empirisch«; wie sein Freund Schultze-Naumburg »fand« er die gesuchten Normbilder in der Kunstgeschichte. Die »wirklichen« Künstler, Konrad Lorenz wird es 1943 wiederholen, erkennt man daran, daß sie gar nicht anders können, als das Rassevorbild aus sich herauszuschaffen: *»Will*

ein Zeichner, Maler oder Bildhauer den kühnen, zielbewußten, entschlossenen oder den edlen, vornehmen oder heldischen Menschen, Mann oder Weib, darstellen, so wird er zumeist ein Menschenbild schaffen, das dem Bild der nordischen Rasse mehr oder weniger nahekommt.« [Günther 1933, 59]

Neben Kunst und Karikatur sind das hauptsächliche Anschauungsmaterial »die Werbezeichnungen der Anschlagsäulen, Zeitungen und Zeitschriften« *[ebd.]*.

So spielen die unterschiedlichen Mächte entfremdeter Vergesellschaftung zusammen: Kunst, Werbung, Body-Building, Moral. Der Rassismus veränderte das Muster ihrer Verknüpfung. Erziehung, Alltagsmoral, Körperkultur und Sport, Ästhetik, Medizin und Psychiatrie werden in der Anrufung zur Rasse neuartig geordnet. Das Faschistische ist in der Anordnung; aus ihr dringt es in die angeordneten Instanzen und ihre einzelnen Hervorbringungen. »Körperschönheit« wird konstituiert von den unterschiedlichen Instanzen, die im rassistischen Dispositiv zusammenspielen, und sie gibt diesem Dispositiv zugleich einen Körper. Der Körper, den Breker der Rasse und dem Staat baut, ist das große Vor-Bild, der Körper in den Augen des Großen Subjekts, des Führers, der Körper der Ordnung, den die Männer nachbilden sollen, wollen müssen. Dafür darf Breker 1936 aus der Olympiamannschaft des Deutschen Reiches unter all den jugendlichen Männerkörpern den aussuchen, der ihm am besten gefällt: Gustav Stührk, den »bestproportionierten vollendetsten Sportler« und »herrlichen Körper«[14] *[Breker 1972]*, die »Bestform« *[Kauffmann 1941]*, die ihm Modell stehen und aus der er das Modell des Mannes machen wird, den Körper des faschistischen Subjekts »Mann«. Der ausgesuchte Körper wurde zu Breker abkommandiert und ihm jahrelang zur Verfügung gestellt. Seinen trainierten Bau baut Breker um zum Staatskörper des statuarischen Vorbilds.

So haken Body-Building und Bildhauerei ineinander zur Organisation eines Idols aus idealem Schein, dem sich nicht nur die homosexuellen Männer unterwerfen. Unsere bisherige These, die Nazis hätten nur diverse Anziehungskräfte gebündelt, ist also zu eng. Die Umordnung konstituiert eine neuartige Anziehungskraft. Es war auch voreilig, die Nacktheit nur sexuell zu lesen. Die Ratgeberliteratur hätte uns warnen können, denn sie spricht eine andere Sprache. Der sexualisierende Effekt tritt nur ein bei »mangelnder Gewöhnung an den Anblick des Nackten« *[Fritsch 1905, 1]*. *»Am leichtesten gewöhnen sich Kinder an den harmlosen Anblick des nackten Körpers, wenn sie von frühester Zeit an selber zu Nacktübungen angehalten werden.« [Gerling 1917, 90]* Entsprechend hatte schon 1849 Dr. Demeaux in einer an den Erziehungsminister gerichteten Denkschrift über hygienische Maßnahmen, die an den staatlichen Erziehungsanstalten eingeführt werden sollten, vorgeschlagen, zur

Bekämpfung der Selbstbefriedigung mehrmals jährlich und ohne vorherige Ankündigung eine »Musterung eines jeden Schülers in nacktem Zustand« vorzunehmen, *»denn ich bin zu der Überzeugung gelangt, daß der junge Mensch, der sich der Masturbation hingibt, am meisten die Nacktheit fürchtet.« [Zit. n. Aron/Kempf 1978, 160f.]*[15]

Auch Wyneken hatte vor Gericht damit argumentiert, Nacktheit sei in seiner Schule ein Mittel gegen Unkeuschheit *[vgl. Haug 1986, Kap. 8.4]*. Aber die Richter mag das nicht überzeugt haben. Die Nacktheit bleibt zweideutig. Der Blick, der im Nackten die Sexualität kontrolliert, mag durchs Nackte selber sexualisiert werden. Nackt ist der kontrollierte Körper doppelt, als Körper der Selbstkontrolle, beim faschistischen Breker übertrieben dargestellt durch die Muskulatur, und als von oben und auf Selbstkontrolliertheit hin kontrollierter Körper. Dies ist ein Körper der Unterordnung in der Form strammer Aufrichtung[16]. Es ist der Körper der vom Staat kontrollierten Selbstkontrolle, Körper eines imperialistischen Apparats, subaltern und »supraaltern« zugleich.

Die Brekersche Art von Ästhetisierung des Körpers im Nazismus (nicht notwendig in anderen Perioden) bedeutet dessen Verstaatlichung oder die Verkörperung des Staats im Modell für jedermann. Bevor man sich zu diesem ideologischen Netz äußert, sollte man seine Knüpfung und deren Tragfähigkeit studieren. Es sind nicht viel mehr als hilflose Kraftwörter, wenn man von »stumpf-brutalen Muskelmännern des Meisters« *[Liehr 1981]* spricht. Wären Brekers faschistische Bildwerke damit gefaßt, wäre es unverständlich, wie – demselben Autor zufolge – bei der großen Breker-Ausstellung in Paris 1942 »die Crème der Pariser Kunst-, Theater- und Filmwelt ... offenbar beeindruckt« war, darunter Sacha Guitry, Jean Cocteau, Derain, Vlaminck, Maillol, die Arletty und viele andere mehr. J. M. Campagne schrieb im Ausstellungskatalog: »Es sind neueste Werke eines Künstlers, den man für würdig befunden hat, das Bild der deutschen Jugend zu schmieden.« *[Zit. n. Richard 1982, 186f.]*

Die Schönheit dieses »Bildes der Jugend« ist nur der auf den ersten Blick sich gebende Gehalt eines Vexierbildes. In sie eingeschrieben ist die faschistische Subjektion, die Gehorsam als Glauben und Staatsmacht als individuelle Kraft lebt. »Wie einstmals die Griechen, glaubt diese Jugend an ihre Kraft, weil sie vor allem an die Schönheit glaubt.« *[Campagne, ebd.]*

»Schönheit« war nie unschuldig im System der Herrschaft. Ihre Funktionen und die der Schönen Künste werden im Faschismus einschneidend umgeordnet, direkter und konsistenter mit der Konstitution der Subjektkörper als Staatskörper beauftragt. In diesem Sinn bestimmt eine Abhandlung über »Die neue deutsche Kunst« von 1941 »den menschlichen Leib, die

14 Brekers Sprache ist eine einzige Ansammlung derartiger Platitüden. Zur Individualisierung ist er unfähig. Wo er charakterisieren müßte, greift er zu den Fertigausdrücken, die sein jeweiliges Objekt als anerkannt behaupten. »Frau Goebbels erlebte ich erstmalig in dieser intimen Umgebung als vornehme, in der Konversation gewandte Partnerin ihres Mannes. Ihre Tischnachbarin, Prinzessin Olga, zählte zu den berühmtesten Schönheiten der Welt. Obwohl von bestrickendem Charme, ging von ihr jedoch etwas im besten Sinne des Wortes Hoheitsvolles aus. Ein gigantisches Feuerwerk bildete den Abschluß des gelungenen Sommerfestes. Die Raketen sausten in den sternenübersäten, tiefschwarzen Himmel und verströmten in märchenhaftem Farbenrausch ihr gleißendes Licht über die Insel und ihre Gäste.« Man kann Brekers Sprache nicht besser als mit seinen eignen Worten charakterisieren: »... betont repräsentative Zusammenballung ...« *[Breker 1972, 158]*.

15 Aron und Kempf benützen ihr Material im Rahmen einer Schreibweise, die aus den Akten der Ordnung geradezu lüstern das Imaginäre der sexuellen Unordnung zusammensetzt.

16 Nicht aber Körper eines Lakaien, und Lukács greift verharmlosend daneben, wenn er den faschistischen Subjekteffekt mit dem Begriff der »Bedientenhaftigkeit« bezeichnet, bloß weil Engels so eine massenhafte Haltung charakterisiert, die als Ergebnis des Dreißigjährigen Krieges »in das nationale Bewußtsein gedrungen« ist *[Engels, zit. b. Lukács 1962, 623)*.

Aktdarstellung« in der Kunst: *»Man will in ihm die gesunde körperliche Basis, den biologischen Wert der Person ... vor Augen stellen. Es geht der Kunst um Leiber, so wie sie von Natur sein sollen, um Bestformen, um rein durchgebildeten Gliederbau, um gut durchblutete Haut, um den angeborenen Wohllaut der Bewegung und um sichtbare vitale Reserven, kurz um eine moderne und deshalb fühlbar sportliche Klassizität.« [Kauffmann 1941, zit. n. Richard 1982, 184]*
Diese Leiber, wie sie von Natur sein sollen, sind die Leiber, denen das Sollen als ihre Natur eingebildet ist. Sie sind die Normalgestalt, die den Individuen vor-gestellt wird zur Ausrichtung an ihr. Ihr Ästhetisches sanktioniert sie – positiv oder negativ. *»Staat und Gesellschaftsordnung – faschistisches Natur- und Menschenbild – werden unter der Aura des Kunstwerks sakrosankt, Unästhetisches liquidierbar ...« [Hinz 1979, 146]* ■

Thesen zur West-Berliner Breker-Ausstellung von 1981[1]

I.
Die Antifaschisten zeigen sich in diesem Fall besonders hilflos. Die Initiativen durchkreuzen sich gegenseitig. Die Kräfte sind so verteilt, daß keine zum Zuge kommt. Eine merkwürdige Lähmung breitet sich aus. So war das in der Werkbunddiskussion.
Die breiteste Front bildet sich in der Empörung, »daß ein Nazi wie Breker wieder ausstellen darf«. Eine Gewerkschafterin: »Das Werk interessiert mich überhaupt nicht, nur der Mann.« Er hat mit Hitler kollaboriert, das genügt.
Aber ein Verbot wäre vielleicht ein Akt von Hilflosem Antifaschismus. In gewisser Hinsicht würde es eine Leistung der Faschisten nachträglich von außen zementieren. Die Faschisten hatten nämlich alle möglichen kulturellen und ideologischen Gruppierungen und Tendenzen »eingesammelt« und im Rahmen ihrer Formation »gebündelt«. So erklärt sich die faschistische Faszination.
Die zusammengebündelten Elemente sind als einzelne nicht faschistisch. Es gibt kein »Prädikat faschistisch«, das den Elementen von Hause aus anklebt. Faschistisch ist die gesamte gesellschaftliche Anordnung, nicht das Angeordnete, vielmehr wird dieses faschistisch in der Anordnung, sich einordnend.
Wie gehen wir damit um? Werden wir das Bündel immer wieder zuschnüren und die Elemente auf ihre faschistische Einordnung festlegen? Das wäre die Linie des Verbots. Oder werden wir die Auflösung des Bündels unterstützen, Widersprüche ausmachen, öffentlich das Ringen um die eingebundenen Elemente aufnehmen?

II.
Der menschliche Körper, der Leib, als Objekt der Begierde und als Träger von Bedeutung, der *gezeigte* menschliche Körper, der *zum Gesehenwerden disponierte*, das ist Brekers Objekt.
Zwei Körper gestaltet er vor allem: das *Objekt* des Voyeurismus und das *Voyeurgesicht*.

Auch Gesichter sind eine Art von Körper. Breker gestaltet – mit ganz wenigen Ausnahmen vom Typ Cosima Wagner[2] – fast nie den weiblichen Blick; fast nur als Objekt der Besichtigung kommen Frauen, kommt der weibliche Körper in Brekers Werk vor.

Männer werden in zwei Genres, die unterschiedlichen Klassenpositionen entsprechen, gestaltet: als Kopfkörper und als Leibkörper. Offenkundig bedient Breker in erster Linie die Wünsche derer, die er als Kopfkörper gestaltet. Wer sind sie? Es sind die Repräsentanten der herrschenden Klassen, führende Männer aus Staat, Unternehmerschaft, Ideologie und Kultur. Wir dürfen annehmen, daß sie seine zahlende Kundschaft sind.

Wo die Wirkung auf breitere Volkskreise angezielt wird, geht es um solche Wirkungen, welche jene Kunden für ihre eignen Zwecke benötigen. Dazu gehört der Wunsch, der eigene Blick und sein Körper, nämlich das Haupt und sein Gesicht, möge »bedeutend«, »charaktervoll«, »beeindruckend« aussehen.

Wo es um private, nur auf die eigne Befriedigung bezogenen Wünsche dieser leitenden Herren aus Staat und Gesellschaft geht, da herrscht ein Motiv, vor: die Voyeurslust an jugendlichen Leibern, nicht zuletzt an ihren Geschlechtsteilen. Die Objekte sind beiderlei Geschlechts. Aber das männliche dominiert. Breker arbeitet vor allem für homosexuellen Voyeurismus aus den herrschenden Klassen.

Viele der Statuen Brekers haben zunächst diesen Sinn: dem hochgestellten homosexuellen Voyeur sein Objekt zu präsentieren. Die »Kunst« dient dazu, wie seit Generationen bürgerlicher Moralkompromisse, das gezeigte Lustobjekt durch »veredelnde Darstellung« von »Pornographie« zu unterscheiden *[vgl. dazu Wolbert 1982, 176ff.]*, denn die Konservativen waren immer hin- und hergerissen zwischen Verfolgung der »Unzucht« und dem »Preußischen Stil« eines Kults männlicher Nacktheit[3]. Die Idealisierungsform der Kunst war eine Bewegungsform dieses Widerspruchs. Sie war als Idealisierungszwang buchstäblich von Gerichten in »Pornographieprozessen« verhängt *[dazu Wolbert, ebd.]*. Man muß die Statuenform einen Augenblick lang wegdenken und dafür den dargestellten jungen Mann lebendig vorstellen. Wozu und in welcher Umgebung stünde einer so da? Betrachten wir nach dieser Methode einmal die Statue »Junges Europa 1980«:

Das Objekt, der junge Mann, stellt seinen Körper aus wie ein Dressman ein Kleidungsmodell. Er steht breitbeinig da. Die Hände bilden eine auffällige Geste um sein Glied; die Geste konzentriert die Aufmerksamkeit dorthin und deutet riesiges phallisches Format an. Und doch ist es nicht die Haltung eines selbstbewußt Protzenden, denn der Kopf ist zur Seite gedreht, folgsam, als ob der Voyeur nicht durch den Gegenblick des Betrachteten gestört werden sollte. Dann ist dieser weggedrehte Kopf noch als Vogelkopf gebildet[4], und zwar als Adlerkopf, dadurch einerseits wie durch eine Maske entpersönlicht, andrerseits identifiziert mit dem Emblem, das die Markenbutter mit der Geldmünze und der staatlichen Führungssphäre, aus der einflußreiche Kunden Brekers kommen, gemeinsam überformt.

Der Witz dieser Statue besteht darin, daß sie einen Grenzfall darstellt. Fast ebensogut wie zur Aufgeilung führender Herren kann sie zur öffentlichen, allgemeinen und lachenden Erkenntnis ihres Triebknotens dienen. Sie ist zugleich ein Sinnbild der grausig-komischen Widersprüche eines gewissen Männlichkeitskults. Der junge Mann, der sich hier entblößt, die Beine breit macht, mit den Händen seinen Phallus umrahmt und den Kopf diskret und fügsam wegdreht – er ist ein Wunschbild männlicher Gewalt, und zugleich sieht man, wie der Träger dieses Bilds in der Gewalt des zahlungsfähigen Voyeurs ist, sieht man ihn willfährig tun, was »man« von ihm erwartet, passiver junger Mann, der zum Genuß seiner Herren passiv die Aktivität darstellt.

Das ist Tantalusnahrung auch für

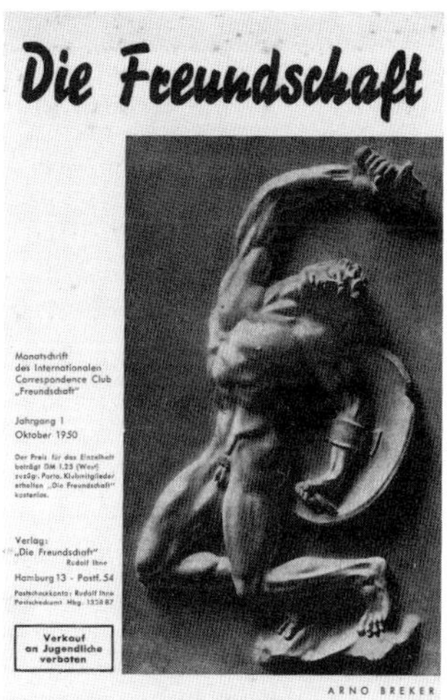

die führenden Köpfe, die ihn betrachten. In der Art, wie sie sich das Lustobjekt bereitstellen lassen, ist es ihnen angeboten und entzogen zugleich. Vielleicht erklärt sich so – zu einem Teil wenigstens – das falsch anmutende Heldische dieser Statuen. Diese Speise ist die Verlängerung eines Hungers, der sich mit Verzicht vollschlägt. Das Heroische ist nur ein Mißverständnis, wenngleich ein folgenschweres, weil es bei diesen führenden Voyeuren die Triebgrundlage von Herrschaft und Krieg dynamisiert.

III.

Breker gestaltet für eine Subkultur, aber nicht für eine Insubordinationskultur, wie die schwule Subkultur es zum Teil ist, sondern für eine Subkultur innerhalb der herrschenden Klassen, eine *Herrenkultur der Überordnung.* Sie rekrutiert sich aus den Schalt-Zentralen von Macht und Reichtum und aus deren »Hof«, und sie ringt darum, »herrschende Subkultur« *[Baldura 1972]* zu werden. Wird sie es, dann wird ihr Geschmack einschmelzen in die Staatsästhetik. Dann verschieben sich Wünsche und Wunscherfüllungen, differenzieren sich. Es bleibt die Nachfrage des privaten Voyeurs, hinzu kommt die Nachfrage nach nackten Leibern, in denen die Staatsmacht sich sexualisiert. In diesen Leibern verdichtet sich der teure Strichjunge mit dem Soldaten und dem Sportler. Diese Leiber repräsentieren die Staatsmannschaft der Staatsmänner. Kiefer und Kinne werden markiert, als wären aufstiegswillige mittlere Angestellte vor ihrem Chef angetreten; das Bodybuilding tritt noch mehr hervor. Diese Markierungen machen das Objekt des herrschenden homosexuellen Voyeurismus staatsfähig. Aber man muß nur die *Berufung* betrachten, um zu erkennen, daß das Weiche, gefügig sich Anbietende im Repertoire bleibt.
Der in eine gehobene homosexuelle Subkultur integrierte Breker arbeitet nun für Hitler und den nazistischen Staat, der Homosexuelle ins KZ wirft und in seine Ausrottungspolitiken einbezieht. Auch diesen Widerspruch sollten wir öffentlich besichtigen und untersuchen. Auf eine zu erklärende Weise sind da extreme Gegensätze – der Homosexuellenmörder und Homosexuelle – eng beisammen. Warum hält dieser Widerspruch? Kann er zum Explodieren gebracht werden? Können wir uns mit dem homosexuellen Verlangen gegen seine schaurige Einknotung in Herrschaft und Krieg verbünden? Oder wäre am Ende die Verknotung in Herrschaft für die hier begegnende Metamorphose homosexuellen Verlangens mehr als nur eine Gefangenschaft? Die Fragen reichen weit über die vorhandenen Antworten hinaus. Ein Stück weit hilft die Sprache der Phänomene.
Zunächst arbeitet Breker für den Herrenblick. Durch die Wendung in die Staatssphäre entsteht die Überlagerung des Lustknaben durch den Soldaten. Damit diese Gebilde aber massenhaft wirken können, muß in ihnen der Blick von unten, aus der Mannschaft, sich mit dem von oben treffen können. Und erst der Blick von unten und seine Einschreibung in die Staatsleiber gibt dem Ganzen seine aggressive Dynamik: Es ist der Blick des guten *Kameraden* (vgl. weiter unten zum gleichnamigen Relief Brekers). Kameradschaft, von der Jugendbewegung angereicherte Beziehungsform, in der Sport und Krieg sich überlagern, ist eine nichtsexuelle Liebe zwischen Männern, die außerhalb dieser Beziehung Konkurrenten sind, egoistische Privatatome, die ihrem Interesse gegen alle anderen nachjagen und von diesem Zustand zugleich profitieren und geschlagen sind. In diese Bindung gehen rauhe wie zärtliche Töne ein, und in ihr wird auch einander geholfen und gegen oben zusammengehalten, also tätige Solidarität gelebt, und diese Verhaltensweisen können im Krieg über Leben und Tod entscheiden. In dem Maße, in dem das Bild des Kameraden in das oberflächlich heroisierte Objekt des voyeuristischen Herren einschmilzt, entsteht eine eigentümliche Massenattraktivität.
Die »Kameraden« reagieren em-

pört, wenn man sie mit der Tatsache konfrontiert, daß ihr Bild von oben artikuliert wurde mit einem homosexuellen Lustobjekt von Herrschenden.
Aber dies muß nicht heißen, daß die Verbindung unauflöslich ist. Sie wird freilich dadurch gestützt, daß die Kameradschaft mit der Ablehnung von Homosexualität verknüpft ist, so daß die Analyse des herrschaftlich artikulierten Kameradschaftsbildes Angst und Wut auslöst, die sich nicht gegen die entfremdende Herrschaftsmacht, sondern gegen die Analyse richtet. Schließlich wird es nötig, das Verhältnis zur Homosexualität zu klären. Am heilsamsten wäre es, wenn sie als Möglichkeit aller Menschen erkannt und anerkannt werden könnte. Ihre symbolisch-ästhetischen Abkömmlinge verlören dann den fesselnden Zauber, mit dem sie regelmäßig in Herrschaftsästhetiken auftauchen.
Gelänge es, den Gegensatz von Verdrängtem und Verdrängung vorzuführen, könnte er ein Stück weit entfesselt werden, würde Faszination aufgelöst und sogar noch als befreiter Zauber genossen werden.
Bereits in Brekers Werk sind unterschiedliche Anziehungskräfte gebündelt. Und dies Werk ist wie vieles andere ins faschistische Bündel eingeschnürt worden, und Breker hat nach dieser Einschnürung gegiert. Finanziell hat sie sich gelohnt. »Hitler sorgte auch dafür, daß sein Jahreseinkommen von 1 Mio. RM nicht um mehr als 15% Steuern ‚geschmälert' wurde (Tischgespräche 12. April 1942, abends).« *[Thomae 1978, 388]*
Könnten vielleicht wir Heutigen das Bündel wieder aufschnüren, auseinandernehmen, die Anziehungskräfte in unsere Kultur aufnehmen und angesichts bestimmter gefesselter Wunscherfüllungen gewisser Herrschaften ein befreiendes Gelächter anstimmen?

IV.

Breker erfüllt Wünsche, die Wünsche seiner Kundschaft. Aber wie erfüllt er sie? Welche Arten von Wünschen erfüllt er hauptsächlich?
Was für Wünsche tragen die Auftraggeber an ihn heran? Gehen wir die drei Hauptwünsche nach den Gruppen der Klienten durch: Herrenkultur, Staat und die kulturelle Korona beider. Die Herrenkultur wünscht junge nackte Leiber. Soweit das mit plastischen und graphischen Mitteln möglich ist und die Zensur es durchgehen läßt, wird dieser Wunsch zuvorkommend bedient. Da sind derbe Wünsche, und sie werden derb befriedigt. Fast immer geht es darum, die Geschlechtsteile vor die Augen zu halten. Keine Verrenkung wird gescheut, um unter allen Umständen, mit zumeist weit aufgerissenen Schenkeln, das Geschlechtsteil dem Betrachter entgegenzurekken. Es kann auch das Hinterteil sein, das wie eine Zielscheibe aufgerichtet und im Zentrum unübersehbar markiert wird.
Bei den männlichen Nackten ist es, als wären sie wie übertriebene Attrappen zusammengesetzt. Die Machart erinnert an die masturbatorischen Phantasien, deren Bildung in Jean Genets erstem Roman (1948) gestaltet wird. Aus einer Serie von Schenkeln wird ein passendes Paar ausgewählt, aus einer Serie von Hüften sodann eine Hüfte, aus einer Serie von Phallen ein Phallus, desgleichen Schultern, Hinterbacken, Haare. Der nackte Körper entsteht so als Montage von Merkmalen, deren jedes seine Serialität bekundet.
Sehr schmale Hüften, ein sehr breiter Brustkorb, sehr muskulöse und dabei geschwungene Schenkel, usw. Die Verbindung zwischen diesen Reizmarkierungen ist hingekitscht, eine Dekoration, die Zusammenhang und Körpereinheit vortäuscht. Viele der Resultate sind ohne weiteres Playboy-fähig, Andere könnten von Schwulenbarbesitzern in Auftrag gegeben sein.
Am anscheinenden Gegenpol, in den Sphären von Staat und Repräsentativität, ist es der individuelle Wunsch nach bedeutendem Ausdruck, der bedient wird. Hier müssen die Gesichter Staat machen. Also macht Breker für die Auftraggeber Staat mit ihrem Gesichtsmaterial[5]. Kinne, Kiefer, Augen-

brauenwülste und Stirnen recken sich gegeneinander, umwogen Nase und Mund. Staatsmännische Fassaden, das Ideologische als Portrait, abstrakte Bedeutendheit sans phrase – der gewohnte Kode dieser Sphäre wird nach allen Regeln der Kunst bedient[6].

Den Künstlerkreisen im kulturellen Hof der Herrschenden, Seinesgleichen also, befriedigt Breker Kultwünsche: Jean Cocteau als Priester der Poesie, dazu Jean Marais, Gegenstand von dessen Kult.

Und immer das Montageprinzip: Wie bei den Sexualwünschen die Körperteile und bei den Staatsgesichtern die Bedeutungsmarken, so werden für den Selbstkult der Künstler die Gesten montiert. Jedes Gestaltelement verblüfft durch seine Serialität (Schenkel als solche, Gesten als solche) und durch seine Abweichung in Richtung des Übertriebenen.

In vielem ist die Nähe zum Surrealismus verblüffend. Doch wenn beim Surrealismus unterm Unmöglichen des manifesten Texts die Wirklichkeit verborgen ist, so ist es hier umgekehrt: Die manifeste Gestalt ist naturähnlich, die latente surreal.

Das Surreale bei Breker entspringt der entgegenkommenden, sich geradezu überstürzenden Erfüllung von Sehwünschen. »Mache alles – kann alles«, könnte seine Werbung lauten. Er macht Imaginäres als solches. Es ist alles gespielt[7]. Es ist der totale Histrionismus.

1 Nachdem ich die Ausstellung gesehen und eine erregte und hoffnungslos verwirrte Diskussion im Deutschen Werkbund mitgemacht hatte, formulierte ich die hier (in überarbeiteter Form) wiedergegebenen Thesen, die in der TAZ und dem antifaschistischen Jahrbuch *Sammlung* (Nr. 4/1981) veröffentlicht wurden und eine kontroverse Diskussion auslösten (vgl. dazu etwa *Sammlung* Nr. 5).

2 In der Großen Deutschen Kunstausstellung von 1944 war eine Büste von Breker ausgestellt, die Gerda Bormann (die Frau des Chefs der Reichskanzlei) darstellte *[Thomae 1978]*.

3 Der »Lichtkämpfer« – älter gewordene und personifizierte Replik auf das »Lichtgebet« von Fidus *[vgl. Haug 1986, 133 ff.]* – stellt den paradoxen Fall dar, wie die Statuenform mit ihrer zensurgerechten Entsinnlichung des Körpers auf den lebenden Körper zurückwirkt. »Wollen wir Vorbild geben mit trainiertem nackten Körper, so muß er wie eine Statue, wie ein Bild wirken ...« *[Surén, zit. n. Wolbert 1982, 180]*. (Im Zirkus Roncalli führen das heute die bronzierten Statuenmänner vor.) Die Nazis verboten die Nacktkultur und machten die Skulptur des nackten männlichen Körpers zum wichtigsten anthropomorphen Element ihrer Staatsästhetik.

4 Und da Vögel seitwärts blicken, ist hier eingewandt worden, der Blick sei also gerade durch die Drehung des Kopfes dem Betrachter zugewandt; zoologisch unwiderlegbar, verkennt der Einwand die spezifisch menschliche Rezeption.

5 Vgl. bei J. Wulf *[1966, Abb. 35]* das Foto, das Breker mit Speer und einer Speer-Büste zeigt. Wulfs Kommentar: »Die Stilisierung des fast weichen, sinnenden Gesichts ins Markig-Trutzige ist unverkennbar.«

6 Wo die Herren ihre Gattinnen portraitieren lassen, da ist das Vorbild, wie Hinz *[1974a, 116]* gesagt hat, die Sektreklame.

7 Damus *[1981, 54]* beschreibt, wie diese »Akte in gekünsteltem Ausdrucksverlangen wie Laienschauspieler, die sich selbst spielen sollen«, erstarren. Er verkennt, daß es sich hier um das routinierteste Ballett handelt, das sich denken läßt, das gewollt manieristisch ist, alles Gewünschte zeigt, und auch noch zeigt, daß es das zeigt.

»Ästhetik der Normalität – Vor-Stellung und Vorbild« und die Thesen sind die gekürzte und umgestellte Fassung des 9. Kapitels aus W. F. Haugs Buch »Die Faschisierung des bürgerlichen Subjekts. Die Ideologie der gesunden Normalität und die Ausrottungspolitiken im deutschen Faschismus«, Berlin 1986 (Argument-Sonderband 80).

AUFGERICHTETE WEIBLICHE KÖRPER

Zur allegorischen Skulptur im deutschen Faschismus

Silke Wenk

Große Einigkeit herrscht in der Kunstgeschichtsschreibung darüber, daß in der NS-Kunst die Frauen nur als »Objekte« dargestellt werden. Spätestens seit der Frankfurter Ausstellung »Kunst im 3. Reich« und der Veröffentlichung von Berthold Hinz *[1974 a]* wird immer wieder von neuem kritisiert: Frauen würden in Malerei und Plastik des deutschen Faschismus auf die Mutterrolle reduziert und böten sich nur dem verfügenden, zeugungslustigen Mann an. Eine eigene Sexualität werde den Frauen verweigert. – Man könnte fast meinen, die Kunstgeschichte sei in der Hand von Feministen.
Aber waren Frauen nicht schon in der Kunst vor 1933 »Objekt« männlichen Unterwerfungsdranges oder zumindest männlicher Schaulust? Darüber wird in der Kunstgeschichtsschreibung kaum gesprochen. Die Vermutung drängt sich mir auf, daß ein heimliches Lernziel mancher Kunsthistoriker ist, die Kunst aus der Zeit vor und nach dem Faschismus zu entlasten.
In den konkreten Beschreibungen der Frauenbilder der NS-Kunst werden häufig zwei weitere Dimensionen benannt. Die Rede ist zum einen von »entsexualisierten«, »unsinnlichen« weiblichen Akten vor allem in der Skulptur und zum anderen von ihrem »prostitutiven Charakter« *[Hinz 1974 a, 87; Wolbert 1982, 42; Fleischmann 1986, 45f.]*. – In einer jüngst erschienenen Publikation heißt es über die weiblichen Plastiken des

Abb. 1
Arno Breker, *Siegerin,* »Große Deutsche Kunstausstellung« 1937
Abb. 2
Josef Thorak, *Kameradschaft* und *Familie,* Figurengruppen für das »Deutsche Haus« auf der Weltausstellung in Paris 1937

1

'Nationalsozialismus': »Die Körper wirken verlockend und geben erotische Versprechungen ab. Das bedeutet jedoch nicht, daß sie tatsächlich lebendig und sinnlich wären. Weiches, Fleischliches wird nicht veranschaulicht.« *[Fleischmann 1986, 46].* – Das ist leicht nachzuvollziehen. Aber welche Skulptur ist denn »tatsächlich sinnlich« oder gar »tatsächlich lebendig«? Pygmalions Traum hat sich nur im Mythos erfüllt. »Weiches, Fleischliches« ist in der Skulptur vor 1933 selten zum Thema gemacht worden; deutlich verdrängt wurde es in der (neo-) klassizistischen Tradition, die gerade in der Plastik am beständigsten fortlebte. In solchen Beschreibungen wie der zitierten wird nichts anderes benannt als das Charakteristische der Skulptur überhaupt, zumindest der letzten 200 Jahre.
Die andere Beschreibung, daß die Körper »erotische Versprechungen« abgäben, scheint etwas Spezifisches der NS-Kunst zu fassen. Die »Darbietung des weiblichen Körpers« wird auch als »eine Form von Prostitution« interpretiert *[ebd.].* Hervorgehoben wird die »Frontalansichtigkeit« der weiblichen Aktskulptur in der NS-Zeit mit der »Betonung 'weiblicher Formen'« *[ebd.].* Die vorliegende Literatur legt nun nahe, in dieser Form der Präsentation werde der »Objektcharakter« der Frau ganz offensichtlich. Die Frage ist jedoch, wieweit eine Kritik trägt, die auf den Gegensatz von »Subjekt« und »Objekt« gegründet ist. Prostituierte bieten ihren Körper als Objekt männlicher Begierde dar, und es geht dabei sicherlich nicht um eine eigenständige weibliche Sexualität. Aber Prostituierte bieten ihren Körper an, sind Verkäuferinnen, oder zumindest Vermieterinnen ihres Körpers. Damit wären sie jedenfalls auch »Subjekt« im Warentausch. »Objekt« wären sie nur, würde man unterstellen, daß Männer »Subjekte« seien, insofern sie frei über die Frau, über deren und ihre eigene Sexualität verfügten.
Was in der Kunstgeschichtsschreibung über den 'Nationalsozialismus' als »immer schon feministischer Standpunkt« der Kritik erscheinen konnte, ist offenbar mit einer bestimmten Auffassung des »Menschlichen« verknüpft. Mit der Kritik am Objekt-Status der Frauen wird nahegelegt, zu denken, daß Männer immer schon als »Subjekte« lebten und auch immer so dargestellt wurden. Vielleicht auch, daß Künstler als »Subjekte«, autonom und selbst bestimmt über die »Objekte« verfügend Bilder entwerfen bzw. entworfen haben. Wenn schließlich aus der Kritik, daß die NS-Kunst aus Frauen »Objekte« mache, der Schluß gezogen wird, es handele sich bei dieser um Nicht-Kunst, wird deutlich, daß hier tradierte humanistische Denkmuster am Werk sind.

Unterstellt wird damit: Kunst ist dadurch definiert, daß sie der »Humanität« verpflichtet ist; sie zeige das Bild der Menschen als »Subjekt« und suche, wo die Selbstverwirklichung in der

sozialen Realität verwehrt sein mag, wenigstens das »Subjekt« im Bild zu seinem Recht kommen zu lassen.
Daß Kunst auch vor dem Faschismus in vielfältige Beziehungen mit der Macht verstrickt war, wird in solchen humanistischen Vorstellungen entnannt. Eine weiterführende Kritik der Kunst des deutschen Faschismus muß auch die Herausforderung annehmen, Fragen an die Geschichte der europäischen Kunst vor 1933 zu stellen. Das heißt auch die humanistischen Denkmuster, die elementarer Bestandteil bürgerlicher Ideologie sind, mit zu hinterfragen *[vgl. dazu auch Althusser 1977]* – gerade auch dort, wo mit ihnen bestimmte Vorstellungen von Männlichkeit bzw. Weiblichkeit verknüpft sind.

2

Zum Verhältnis von Sexualität und Macht

Die Aktskulptur sollte als Vorbild für den »arischen« Menschen dienen. Darüber gibt es in der Literatur kaum Dissens. Umstritten scheint jedoch, ob diese Funktion notwendig bedingte, daß der Körper, bzw. das Bild des Körpers »entsexualisiert« werden mußte. Folgt man kunsthistorischen Beschreibungen der NS-Kunst, so drängt sich bisweilen der Eindruck auf, daß dort, wo Macht so offensichtlich ist, keine Erotik, keine Sexualität im Spiel sein könne, weil es nicht sein dürfe. Sexualität und Macht werden häufig im strikten Gegensatz zueinander gedacht. Wo Macht ist, muß Sexualität notwendig unterdrückt sein: dies scheint noch immer Konsens in der Kunstgeschichtsschreibung zu sein.
Michel Foucault hat diese Repressionshypothese kritisiert und aufgezeigt, wie sie selbst Bestandteil bürgerlicher Strategien der Sexualität ist *[1977]*. Im Anschluß daran hat W. F. Haug gegen die Alternative: Vorbild oder Sexualität in der Kunst des ‚Nationalsozialismus' gefragt, ob nicht »gerade die Verlockung des Sich-Auslebens eingespannt wird in Disziplinierung?« *[1986, 155]*. Für die Männerskulpturen Arno Brekers hat er die Frage positiv beantwortet. Seine These einer »Sexualisierung der Staatsmacht« im deutschen Faschismus macht er vor allem daran fest, wie in Brekers Männerskulpturen homoerotisches Verlangen eingespannt ist.
Von weiblichen Skulpturen spricht Haug nicht. Aber seine Überlegungen lassen sich ein Stück weit auch auf diese übertragen. Auch die weiblichen Akte können als Vor-Bilder begriffen werden und zugleich kann eine gewisse Sexualisierung nicht geleugnet werden. – Ein Blick auf die Einordnung der weiblichen Aktskulptur in der NS-Öffentlichkeit macht jedoch deutlich, daß eine analoge Erklärung so einfach nicht aufgeht.

Weibliche Aktskulptur in der NS-Staatsarchitektur

3

Innerhalb der Aufmarscharchitektur des ‚Nationalsozialismus' findet man eine Reihe weiblicher Aktskulpturen, die als Allegorien ausgezeichnet sind, und zwar vor allem als »Sieg«. Sie bilden das Pendant zu den männlichen Allegorien des NS-Staates (Wehrmacht, Partei, Kameradschaft).

Für die Bekrönung der Haupttribüne des Märzfeldes auf dem Nürnberger Parteitagsgelände konzipiert Josef Thorak eine Gruppe von männlichen Akten, Schwert- und Schildträgern und Rosselenkern, in deren Mitte leicht erhöht eine weibliche Aktskulptur mit einem (Sieges-)Kranz schwebt *[vgl. Förster 1985]*. Zwei weitere überlebensgroße weibliche Aktskulpturen mit dem allegorisierenden Titel »Ehrung« und »Glaube« von Kurt Schmid-Ehmen waren für die Ehrenhalle bei der Zeppelin-Haupttribüne des Parteitagsgeländes vorgesehen. Im Berliner Reichssportfeld stand Brekers »Siegerin« (1936), ebenfalls eine weibliche überlebensgroße Aktskulptur mit einem Lorbeerzweig in der Hand. Durch Attribut oder Haltung als Allegorien ausgezeichnete weibliche Aktskulpturen findet man aber nicht nur in der Aufmarscharchitektur, sondern zum Beispiel auch vor dem Deutschen Haus, mit dem das nazistische Deutschland auf der Weltausstellung 1937 in Paris repräsentiert wurde *[vgl. Wagner 1986]*.

Neben dieser Gruppe weiblicher Allegorien gibt es weitere weibliche Aktskulpturen innerhalb der Staatsarchitektur. Es sind meist alleinstehende Figuren mit Bezeichnungen, die keinen unmittelbaren Bezug zur NS-Ideologie aufweisen. Brekers »Schreitende« und »Anmut« zum Beispiel waren für den Runden Saal der neuen Reichskanzlei vorgesehen. Ein weiblicher Akt von Fritz Klimsch stand im Treppenhaus des Reichsministeriums für Volksaufklärung und Propaganda. Waren diese Skulpturen im geschlossenen Raum von Regierungsgebäuden aufgestellt, so sind sie dennoch öffentliche Skulptur: Sie wurden über die Medien, über Fotoreproduktionen in Büchern, Zeitschriften und Postkarten verbreitet.

Die weibliche Aktskulptur hat in staatlichen Bauprogrammen des ‚Nationalsozialismus' einen relativ eigenständigen Charakter gegenüber den männlichen Allegorien. Es gibt außerdem klare Unterscheidungen zwischen dem, was durch den männlichen Akt repräsentiert werden konnte, und dem, was der weibliche Akt vertreten sollte. Eine weibliche Allegorie der »Partei« oder der »Wehrmacht« wurde nicht produziert, aber auch kaum eine männliche Allegorie des »Sieges«. Der weibliche Akt erfüllt eine Funktion für die Repräsentation des NS-Staates als Allegorie des »Sieges«, aber offenbar auch ohne allegorische Bezeichnung im Sinne der NS-Ideologie, wie etwa die Figuren der Reichskanzlei.

Das Bild des Weiblichen als Bild harmonischer Ordnung

In der NS-Kunst gibt es eine sehr deutliche Polarisierung der Geschlechterrollen. Die geschlechtliche Differenz wird zusätzlich noch durch unterschiedliche Modellierung der Körper unterstrichen. Vergleicht man etwa Brekers fast »kantig« geformte Männerakte mit den weiblichen, so erscheinen diese geradezu »weich« modelliert.

In der vorliegenden Literatur wird dies häufig als unmittelbarer Ausdruck der faschistischen Politik der Aufteilung der gesellschaftlichen Bereiche in eine dominierende »Männerwelt« und eine ihr untergeordnete »Frauenwelt« gesehen. Das Problem scheint mir jedoch, daß man so den Status der weiblichen Allegorien nicht erklären kann. »Der Sieg«, das ist das, wofür der faschistische Staat die Männer in den Krieg schickte. Die Allegorien des Sieges sind weiblich und in den angeführten Figurengruppen stets über den männlichen angeordnet.

Abb. 3
Josef Thorak, Allegorie des Sieges, Mittelfigur der Figurengruppe auf dem Märzfeld in Nürnberg, »Große Deutsche Kunstausstellung« 1938
Abb. 4
Josef Thorak, Figurengruppe zur Bekrönung des Märzfeldes in Nürnberg

4

Die Polarisierung der Geschlechter wird in der »Kunstbetrachtung« des ‚Nationalsozialismus' selbst sehr häufig thematisiert. Dabei geht es darum, was Bilder des »Männlichen« und des »Weiblichen« repräsentieren sollen. Die Überlegungen dazu sind keineswegs einheitlich. Deshalb ist es nützlich, das Assoziationsfeld zu rekonstruieren, in dem die Geschlechterpolarität verankert wird.

Gängig ist die Unterscheidung zwischen dem »Heroischen«, der Darstellung kämpfender bzw. kampfesbereiter Männer und dem »Lyrischen«, den Frauenbildern *[so vor allem bei Rittich 1943]*. Das »Weibliche« wird in Verbindung gebracht mit dem »Letzten eines Lebensgefühls« *[Schorer 1939, 169]* – und

Abb. 5
Arno Breker, *Schreitende*, 1940, Figur für den Runden Raum der Neuen Reichskanzlei
Abb. 6
Arno Breker, *Anmut*, 1939, Figur für den Runden Raum der Neuen Reichskanzlei

7

auch mit »höheren Werten«. So schreibt zum Beispiel Rittich in einer Klimsch-Monografie, dieser sehe zu Recht am weiblichen Körper »viel mehr Möglichkeiten ... Ausdruckswerte differenzierter Art zu gestalten« als am männlichen: »Schönheit, Anmut und Kraft und mit ihnen Lebensfreude, Lebensbejahung und selbstbewußter Stolz sprechen aus seinen weiblichen Figuren so unmittelbar, daß zu ihrem Erfassen und Erfühlen nicht viel Erklärung ... gegeben werden.« Die weiblichen Skulpturen »verkörpern mit ihrer Haltung, ihren Gesten und Gebärden, mit ihren Physiognomien Werte, die über das Körperliche hinausgehen und seelische Ausblicke eröffnen.« *[1941, 3]* Bilder des Weiblichen, so läßt sich folgern, repräsentieren nicht nur das »Leben«, sondern auch »Werte«, die über das hinausweisen, woran das individuelle Leben unweigerlich geknüpft ist: den Körper.

Von Klimschs »Schauender« (1932) heißt es, sie böte eine »unüberbietbare Klarheit des Umrisses«: »Jede Silhouette, von welcher Seite man die Figur auch sieht, und jede einzelne Kurvung des Körpers ist ein melodisches Motiv in einer Harmonie überzeitlicher körperlicher Erscheinung« *[ebd., 4]*. »Harmonie«, »Klarheit des Umrisses« – dies steht im Gegensatz zu Chaos, Unklarheit, Verschwommenheit, Auflösung von Körpergrenzen. Das Bild des Weiblichen wäre somit dazu da, das Harmonische, Überzeitliche und das höhere Ideal zu repräsentieren, nicht einfach nur die Frauen, bzw. ihren Ort in der faschistischen Politik.

Weitere Verknüpfungen lassen sich in den folgenden Beschreibungen finden: In der weiblichen Aktskulptur »Beschaulichkeit« (1939, aufgestellt im Reichsministerium für Volksaufklärung und Propaganda) habe Klimsch »sein Idealbild lebensbejahender Haltung ins Monumentale« gesteigert *[ebd., 5]*. In dessen »Maya« (ebenfalls im Reichsministerium) entdeckt Rittich »mit ihrem hoheitsvollen Ausdruck ebenfalls eine Steigerung ins Majestätische«, ferner »die Erhöhung des Ausdrucks

Abb. 7
Fritz Klimsch, Weiblicher Akt, 1939, Figur für das Treppenhaus des Reichsministeriums für Volksaufklärung und Propaganda
Abb. 8
Fritz Klimsch, *Beschaulichkeit*, 1939, Figur für das Reichsministerium für Volksaufklärung und Propaganda

8

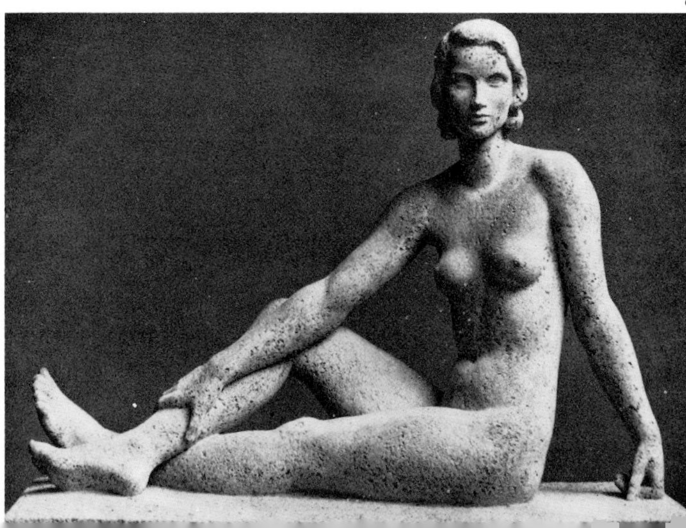

ins Monumentale durch Geschlossenheit der Komposition und durch ungesuchte, selbstverständliche, aber bedeutsame Haltung und Gebärde« *[ebd.]*.
Das »Monumentale« und das »Majestätische« verweisen auf das Bild des Herrschers bzw. des Staates. Das Bild des »geschlossenen«, »harmonischen«, man könnte auch sagen, des »ganzen«, weiblichen Körpers ist offenbar auch als Bild der Macht, als Bild der durch den faschistischen Staat organisierten Ordnung zu verstehen.

9

10

Abb. 9
Fritz Klimsch, *Maja* (Teilansicht), 1940
Abb. 10
George Grosz, *John, der Frauenmörder*, 1918

»Entartete Kunst«: organisierte Faszination der Bilder vom zerstückelten Körper

Um das Bild des »ganzen Körpers« ging es auch in der nazistischen Kampagne gegen die »entartete Kunst«. Dies zeigt bereits ein Blick in den Ausstellungskatalog von 1937. Darin finden sich (bis auf eine Ausnahme) nur Bilder von menschlichen Körpern und Gesichtern – von Beckmann über Grosz und Dix zu Nolde. Was die Faschisten auszugrenzen versuchten, waren Bilder von aufgelösten Körpern, von durchbrochenen Körperpanzern. Es waren Bilder, in denen der Blick, der nach Vereinheitlichung, nach dem Ganzen sucht, in Frage gestellt wurde – was zum ästhetischen Programm der Moderne gehörte *[vgl. dazu auch Schade 1987]*.
Als »entartet« wurden zum einen Kunstobjekte bekämpft, in denen es auch um die Folgen des Krieges ging: Bilder, in denen der Zusammenbruch des soldatischen Mannes thematisiert wurde. Zum anderen waren es Bilder von zerstörten, zerstükkelten weiblichen Körpern. Der Kriegskrüppel, der alte Mann und die Frau als Prostituierte oder als Opfer des »Frauenmörders« – diese Themen hatten gerade Dix und Grosz mit einer ungeheuren Kompromiß- und Schonungslosigkeit ins Bild gesetzt. Sie fehlten in keiner Darstellung der »Entarteten«. – In dem nazistischen Angriff gegen den Kult des sogenannten Primitiven in der Kunst seit der Jahrhundertwende, vor allem der Expressionisten, ging es um die Rettung des überlieferten – westeuropäischen – ganzheitlichen Körperideals.
Der Konflikt, um den es in der Ausgrenzung der Moderne ging, war nicht einfach das »Unverstandene« der Moderne, oder die »Entfremdung« zwischen den kleinbürgerlichen und mittelständischen Schichten und der Kultur *[wie es u.a. Hinz 1977 nahelegt]*. Dies Erklärungsmuster nimmt die nazistische Propaganda zu wörtlich und droht, ihrem manifesten Inhalt aufzusitzen. Gewiß ist nicht von der Hand zu weisen, daß die nationalsozialistische Kulturpropaganda auch den Haß gegen den

auf Autonomie bestehenden Künstler modernen Typs und gegen den »Intellektualismus« als Haß »von unten« mobilisiert. Aber dies ist nur ein Element.

Die Art und Weise, *wie* die Ausgrenzung der Moderne *veranstaltet* wurde, gibt mehr Aufschluß über das Problem, um das diese Politik kreiste. Die Form der Ausgrenzung war die der Veröffentlichung, eine Form, die man vergleichen kann mit dem alten Ritual des An-den-Pranger-Stellens. Die Ausstellung »Entartete Kunst« 1937 war eine der bestbesuchtesten Ausstellungen der NS-Zeit. Sie war vielleicht überhaupt die Ausstellung der Moderne vor 1945 mit den höchsten Besucherzahlen. Das kann man weder erklären mit dem Wunsch, noch ein letztes Mal diese Kunst zu sehen, noch damit, das »Unverständliche« zur Kenntnis nehmen zu wollen.

Die Form der Verfolgung der sogenannten Entarteten arbeitete mit deren Faszination – und produzierte sie auch geradezu mit. Die Ausstellung wurde begleitet durch eine Veröffentlichungskampagne in verschiedenen Medien. Im Jahr der Ausstellungseröffnung erschien W. Willrichs über 200 Seiten starkes Buch »Säuberung des Kunsttempels« mit einer breiten Dokumentation von Bildern und Texten dadaistischer, expressionistischer und anderer Künstler. Ein Jahr später folgte A. Dreslers »Deutsche Kunst und Entartete ‚Kunst'« *[1938]*.

In dessen Vorwort heißt es: »Wer in der Hauptstadt der Bewegung die Ausstellung ‚Entartete Kunst' besuchte, der hat das entschleierte, aller Tarnung bare, ans helle Tageslicht gezogene Antlitz des Judentums und des Bolschewismus gesehen.« *[Ebd., 5]* Suggeriert wird, die moderne Kunst hätte erst durch den NS-Staat ans Licht der Öffentlichkeit gezerrt werden müssen, als hätten die Künstler nicht selbst und oftmals mit spektakulären Aktionen die Öffentlichkeit geradezu gesucht. Die Moderne wird so als etwas Obszönes konstruiert.

In der Ausstellung selbst und dem dazugehörigen Katalog wurde die Kunst der Moderne anti-museal und gewissermaßen anti-auratisch präsentiert. Die Objekte selbst wurden mit denen von »Geisteskranken« und »Juden« gleichgesetzt, von denjenigen also, die kaum eine Chance hatten, der Ausrottungspolitik des Nationalsozialismus zu entkommen. Zugleich werden die Absichten und Taten der »Entarteten« mit einer Ausführlichkeit zitiert und einer Weitschweifigkeit geschildert, die an manche »sexualwissenschaftliche« Literatur des 19. Jahrhunderts denken läßt, wenn sie über die Praktiken der »Perversen« berichtete – ebenso wie an Berichte über Vergewaltigungen in der Boulevardpresse heute.

Exemplarisch möchte ich hier aus Willrichs Kampfschrift *[1937]* zitieren. Es ist aufschlußreich, welche Oppositionen er in der Charakterisierung der »entarteten« Künstler zusammenbringt, so zum Beispiel: sie seien »müde« *und* »überzüchtet, fieberkrank« *[ebd., 29]*; in ihren Taten kämen »gebrochene« *und* »verrohte Instinkte« durch *[ebd.]*; man entdecke »ungelüftete Brunst« *und* »Ekelwollust« *[ebd., 35]*. Gemeinsam ist diesen Beschreibungen zum einen eine Frontstellung gegen den Intellektuellen, der mit dem Kraftlosen und »Unmännlichen« assoziiert wird: »müde«/»feige«/»gebrochener Instinkt«/»Versuchsbolschewist« *[ebd., 32]*/»ungelüftete Brunst«; zum anderen die Konstruktion eines hemmungslosen Mannes: »fieberkrank«/»blutdürstig« *[ebd., 17]*/»Nihilist« *[ebd., 32]*/»wollüstig an dem, was Ekel verursacht«/»Machtbolschewist« *[ebd., 38]*. Die Phantasien werden also gleichzeitig in zwei Richtungen gelenkt: Auflösung jedweder Moral und die Aufrichtung einer Gegenkraft. Diese Ambivalenz bestimmt die Kampagne gegen die »Entartete Kunst« insgesamt. Die Auflösung von Moral und jeder damit verknüpften Form werden nicht nur präsentiert als Bild des Schreckens, sondern zugleich als Gegenstand, an dem sich die Phantasie entfesseln kann, als Objekt von Faszination.

Während 1937 in der Ausstellung »Entartete Kunst« und in Begleitveröffentlichungen Bilder des aufgelösten Körpers der Moderne präsentiert werden, wird in der ersten »Großen Deutschen Kunstausstellung« die »neue« Kunst des ‚Nationalsozialismus' gefeiert.

Phantasien der Auflösung der Form, der »Zerstückelung« der Körper und Phantasien der Vollkommenheit scheinen sich gegenseitig zu bedingen *[vgl. dazu auch Seitter 1984]*. Phantasien und Ängste der Zerstückelung setzen ein, so lassen sich psychoanalytische Erkenntnisse zusammenfassen, wenn die narzistische Identifizierung mit Vor-Bildern verloren geht oder auch nur irritiert wird. Wenn das Körper-Bild in Frage gestellt wird, das »dem Subjekt die erste Form« gab, »das zu situieren, was Ich ist und ... was es nicht ist« *[Lacan 1978, 105]*, dann ist das »Subjekt« selbst in seinem Narzismus gekränkt. Es sieht so aus, als ob mit der Kampagne gegen die »Entartete Kunst« der Schrecken angesichts solcher Kränkung und die damit verknüpfte Faszination in eine staatlich organisierte Bewegung eingespannt worden sind.

Auf der Basis von Theweleits Untersuchungen der »Männerphantasien« läßt sich dies noch historisch konkretisieren. Er hat gezeigt, wie die politische, zentralisierte Ordnung, in der sich der soldatische Mann spiegelte, als funktionsgleich mit dem eigenen Körperpanzer erfahren wurde *[1980, I, 248f.]*. Der drohende Zusammenbruch dieser Ordnung, die politischen Auseinandersetzungen darum seit dem Ende des 1. Weltkrieges provozieren nicht nur die Ängste und Phantasien der Auflösung, des Zerfließens und Verschlungenwerdens – womit Frauen und Kommunisten gleichermaßen identifiziert werden: sie produzierten auch die gewalttätige – phantasierte

und reale – Abwehr. Die Irritation der politischen Ordnung, als Zusammenbruch der eigenen »Ordnung« erlebt, wurde ausgelebt als Revolte gegen die Väter – im Namen »des Vaters«, für den Schutz seiner Form, in der sich seine Ordnung repräsentierte *[vgl. auch ders., II, 360f.]*.
In der Kampagne gegen die »Entarteten« wurden die Zerstükkelungsängste nochmals in ihrer symbolischen Bearbeitung durch die modernen Künstler veröffentlicht und nochmals jedem ganz nahe gebracht. Zugleich wurden diejenigen, die die Ängste ins Bild setzten, der Verfolgung, der (zumindest symbolischen) Zerstückelung aus Not- und Gegenwehr freigegeben.
Die Faszination der »Zerstückelung« wird in Gang gesetzt, zugleich wird zweierlei dagegen gesetzt: zum einen die neue Ordnung des Ganzen, ihr Bild in der Statue, deren Material Dauerhaftigkeit und deren Monumentalität Unbezwingbarkeit garantieren; zum anderen die Drohung der Ausrottung.

Der »Frauenmörder« als Mörder weiblicher Allegorien

Ein Schwerpunkt der Kampagne gegen die »Entartete Kunst« waren Bilder der Frau als Objekt und Opfer von sexuellen und sadistischen Phantasien. Bilder vom »Frauenmörder« – bei Dix, Grosz und Beckmann zu finden – wurden immer wieder veröffentlicht. Verfolgt wurde die »Beschmutzung der Frau« *[Dresler 1938, 44]*. »Die entartete Kunst kannte keine Würde der Frau und Mutter mehr ... Sie verherrlichte die Dirne und beschimpfte die Mutter. Damit war sie Teil des bolschewistischen Großangriffes auf die Familie und die Gesundheit des Volkes.« *[Ebd.]*
Bilder der Moderne, in denen das Bild der »ganzen Frau« irritiert wird, werden so zu unmittelbaren Angriffen gegen die Institution der Familie und damit gegen das »Volk«.
Schlägt man Willrichs »Säuberung des Kunsttempels« auf, so findet man gleich gegenüber dem Titel das erste Bild: eine stehende, blonde Frau in einem langen weiten Gewand, die Hände überm Schoß gefaltet präsentiert sie sich als Schwangere. Es handelt sich um Willrichs Gemälde »Hüterin der Art«. Das Bild der Frau ist hier ohne Umschweife im unmittelbaren Kontext der Rasseerhaltung artikuliert. Das Bild der Frau als Bild des Überlebens der Rasse, das ist es offenbar, was im »gesäuberten« Tempel wiedererrichtet werden soll. So wäre das, was mit dem Bild des »Frauenmörders« verfolgt wird, die Zerstörung des Bildes vom ganzen weiblichen Körper als Repräsentant von etwas anderem. Der »Frauenmörder« würde damit als der Zerstörer allegorisierter Weiblichkeit verfolgt.

Enthüllung der Allegorie

Die wichtigste weibliche Allegorie des Faschismus ist die des »Sieges«. Die Skulptur des ‚Nationalsozialismus' knüpft damit an eine lange Tradition an. »Viktoria« ist aus der Denkmalsplastik des 19. Jahrhunderts nicht wegzudenken. Sie hatte eine Funktion für die Selbstunterstellung der preußischen Männer unter den Staat, für den sie notfalls auch in den Tod zu gehen bereit sein sollten. Das Bild des Weiblichen fungierte als Bild einer »imaginären Gemeinschaftlichkeit«. Es verwies auf Mutter und Braut und war zugleich als versteinerter Idealkörper entrückt, transformiert zu etwas Unzugänglichem. Die Allegorie als in Marmor gehauene Weiblichkeit ist zugleich anziehend und abstoßend, begehrte und unnahbare »Ideal-Mutter«. Das Begehren wird in ein »Jenseits« verschoben und scheint nur über den Tod des »Männlichen« erreichbar *[vgl. dazu Wenk 1986]*.
Diese Tradition wird in der Skulptur des ‚Nationalsozialismus' aufgenommen, aber auch gebrochen. Die Viktoria des 19. Jahrhunderts war bekleidet, wie überhaupt fast alle weiblichen Allegorien dieser Zeit. Die Allegorie des »Sieges« im Faschismus wird als Nackte, als Entkleidete vorgestellt. Damit nimmt die NS-Skulptur auch eine andere Traditionslinie der öffentlichen Skulptur auf: den weiblichen Akt, wie er etwa seit 1900 zunehmend auf öffentliche Plätze gestellt wurde *[vgl. dazu Wenk 1987]*. Die in Stein gehauenen Bilder des nackten Weiblichen haben keine Attribute und keine Bezeichnungen, die sie unmittelbar mit dem Staat in Verbindung setzen. Aber die historische Durchsetzung der Darstellung der nackten Frau in der öffentlichen Skulptur und die Bedeutungszusammenhänge, in denen die öffentliche weibliche Aktskulptur zunächst auftaucht, läßt erschließen, daß es sich dabei auch immer um den Mutter-Körper handelt. Dieser wird präsentiert in einer Weise, die den Schutz des Mannes, die Verantwortung der Männer assoziieren läßt. Die Bilder des nackten Weiblichen in der Aktskulptur sind als Bilder für die männliche Leistung zu lesen, die Reproduktion der Gattung und der Natur zu sichern, und verbinden sich mit vielfältigen Strategien der Bevölkerungspolitik, dem Aufstieg des »Sozialen«. Die weiblichen Aktskulpturen können als Allegorien des »Lebens«, zugespitzter noch als Allegorien des Sozialstaates begriffen werden *[Wenk 1987]*.
Die öffentliche Skulptur im Nationalsozialismus kann auch auf diesen Typus zurückgreifen. Sieg und Fortpflanzung des »deutschen Volkes« werden so miteinander verknüpft.
Die weiblichen Aktskulpturen des deutschen Faschismus unterscheiden sich jedoch auch auf markante Weise von ihren Vorläuferinnen aus der Zeit vor 1933: Sie sind aufgerichtet, häufig stehen sie und ihr Körper wird offen präsentiert.

Die früheren öffentlichen Aktskulpturen liegen oder hocken, nur in seltenen Fällen stehen sie. Ihr Kopf ist häufig gesenkt, oder, wenn sie in aufrechter Haltung vorgestellt werden, zur Seite gewandt. Häufig bedecken sie »schamvoll« ihre Brüste. Anders die allegorischen weiblichen Akte von Thorak, Schmid-Ehmen, Breker oder auch von Klimsch, wie sie für die Staatsarchitektur des ‚Nationalsozialismus' vorgesehen waren: Ihr Körper wird als »ganzer« präsentiert, geöffnet, mit markiertem Schamdreieck und vor allem immer wieder betonten, geradezu erigierten Brüsten[1].

Die weibliche Allegorie der NS-Skulptur verdeckt, umhüllt weibliche Körperlichkeit und Zeichen ihrer Sexualität *nicht*, sondern verspricht, sie »ganz« zu zeigen. Sie mobilisiert die Lust am Schauen – und gibt zugleich vor, sie voll zu befriedigen. Es scheint kein Verbot, gegen das man sich durchsetzen muß, und kein Geheimnis mehr zu geben. Kein Blick durchs Schlüsselloch ist mehr vonnöten[2].

Die weiblichen Aktskulpturen präsentieren sich, und sie zeigen zugleich, *daß* sie sich zeigen. Nicht nur die Einheitlichkeit der Ausrichtung der sekundären Geschlechtsmerkmale auf den Betrachter hin ist von Interesse, sondern auch die Art und Weise, wie diese nochmals markiert werden. Brekers »Schreitende« zeigt ebenso wie Klimschs stehender weiblicher Akt noch den Vorgang der Enthüllung: das Tuch, das sie vom Leib genommen hat, umrahmt ihren Schoß. »Psyche« von Breker faßt mit offener Armhaltung ihren Schoß ein. Thoraks Akte heben durch verschiedenste Armbewegungen ihre Brüste hervor, so auch die Allegorie des Sieges, die über den männlichen Aktskulpturen auf dem Märzfeld angeordnet sein sollte. Sie zeigt ihren Körper unverdeckt und frontal.

Die weibliche Allegorie wird insofern sexualisiert, als die »ganze Wahrheit« versprochen wird, jedes Tabu und jedes Verbot aufgehoben scheint. Das macht den »prostitutiven Charakter« aus, von dem in der Literatur immer wieder die Rede ist. Zu präzisieren wäre allerdings, daß das Prostitutive hier nicht als tabuisierte Form der Sexualität präsentiert wird, sondern eher als öffentliche, staatlich garantierte Form. Jeder kann potentiell an ihr teilhaben. Der Staat präsentiert sich im Bild des Weiblichen, das jedem versprochen wird – unter der Voraussetzung, er unterstellt sich dem Staat, wie die organisierte Masse im Reichsparteitagsgelände vor der Führer-Tribüne, über der die Allegorie des Sieges schweben sollte.

Diese Voraussetzung scheint in Thoraks Figurengruppe für das Märzfeld durch die Anordnung der männlichen Aktskulpturen unterstrichen. Sie präsentieren sich frontal und standhaft, mit Schild und Schwert, neben der höhergestellten weiblichen Allegorie ebenfalls als ganze Körper. Von ihnen kann der Blick zur weiblichen Allegorie gehen.

1 Vielleicht ist es ein solches »Ende der Scham«, das auch Ansatzpunkt sein konnte für eine Faszination von Frauen. Ich muß diese Frage jedoch weiterer Forschung überlassen, die dazu auch neues Material wird erschließen müssen. Ich selbst habe meine Untersuchung der weiblichen Aktskulptur des deutschen Faschismus begonnen mit der Frage nach einem möglichen »weiblichen Blick« auf sie. Um dem allerdings auch nur ansatzweise auf die Spur zu kommen, schien es mir zunächst notwendig, mich mit dem »männlichen Blick« in der NS-Kunst und in der Kunstgeschichtsschreibung zu beschäftigen.

2 Lohnend wäre es in diesem Zusammenhang, die Darstellungen der Diana und der Badenden in der NS-Malerei zu verfolgen: Diana beim Bade zuzuschauen, kostete in der antiken Mythologie das Leben. In vielen Bildern zwischen 1933 und 1945 scheint dieser Blick freigegeben, jedes Risiko gebannt.

Der weibliche Körper ist in zweifacher Hinsicht aufgerichtet: die Frau im Bild des Sieges hat sich aufgerichtet, und sie bietet sich dem männlichen Gegenüber als klare Spiegelungsfläche dar. Der Mann kann sich ihr gegenüber aufrichten und sich darin selbst als Ganzes imaginieren, dem keine Gefahr droht.

Das Bild des ganzen Weiblichen: Ausblick in den Tod

An der Allegorie des Sieges von Thorak können wir verfolgen, wie das Bild des nackten weiblichen Körpers in Blick *über den Körper hinaus* leitet. Es geschieht hier etwas, was sich auch an anderen Skulpturen verfolgen ließe, hier aber besonders konzentriert und verdichtet erscheint. Verschiedene Gestaltungselemente sind hier gebündelt.

Die Gesamtgruppe der männlichen und weiblichen Aktskulpturen ist in der Form einer Pyramide aufgebaut. Vergleichbares finden wir bei den beiden Gruppen »Familie« und »Kameradschaft« vorm Deutschen Haus in Paris. Die Pyramide ist ein Monument des Toten- und Ahnenkultes, eine Form, in der Staatsmacht sakralisiert wurde. Die weibliche Allegorie bildet in dieser Anordnung die Spitze.

Die Bewegung der weiblichen Figur ist eine, die sie ent-rückt. Das Bild des Weiblichen wird präsentiert *und* entschwebt zugleich – und bleibt als Entschwebendes doch auch fest: als Monument, das alles überdauern kann.

Über ihrem klar gegliederten, fast symmetrisch gebauten Körper hält die Siegesallegorie einen Lorbeerkranz, nicht einen Zweig, sondern einen Kranz, also eine ebenfalls geschlossene Form, die die Form des Körpers zu wiederholen scheint. Der Blick wird nicht nur durch ihre Bewegung des Entschwebens, sondern auch durch diesen (versprochenen) Kranz an ihrem Körper hinaufgeführt und endet im Blick durch den Kranz. Er kann Sieges-, aber auch Totenkranz sein.

Der Blick auf den nackten ganzen weiblichen Körper wird damit zum Blick auf ein Jenseits gemacht. Auch hier scheint jede Gefahr, jede Drohung der Auflösung des »Ganzen« gebannt. Der weibliche Körper wird aufgerichtet, überhöht, sein Bild entrückt – und damit wird auch der Blick auf das Bild des Begehrens verschoben – in ein Jenseits, in dem der Tod zum (imaginären) Sieg wird.

Ein solches Bild des »Weiblichen« war es offenbar, was die NS-Kunstkritik gerade in Zeiten des Kriegs neben der Darstellung »heroischer« Männer für unentbehrlich hielt *[so z.B. Rittich 1943, 99ff.]*. K. L. Tank weiß in seiner Besprechung von Klimschs Skulpturen von einem persönlichen Erlebnis an der Front 1939 zu berichten: »Monatelang hatten wir keinen Zivi-

3 Die »Bild-Beschaffung« für die Soldaten an der Front war offenbar eine zentrale kulturpolitische Aufgabe. In der kleinformatigen »Wehrmachtsausgabe« der Zeitschrift »Kunst dem Volke« (passend für den Tornister) mangelt es nicht an weiblichen Akten aus Skulptur und Malerei.

listen, kein weibliches Wesen gesehen.« Es war eine Zeit der Ruhe, des Wartens auf die nächsten Angriffe. »Wir überlegten, wie die Frauen in dieser Zeit ... wohl aussehen würden. Aber kein Bild stand uns bei den nächtlichen Wachen, beim Stollenbau und Kabellegen vor den Augen.« *[1942, 47]* Diesem Mangel an konkreten Bildern sollte *ein* Bild abhelfen: in der Sonntagsbeilage einer Berliner Tageszeitung erschien eine Reproduktion von Klimschs »Maja«[3]: Die meisten seiner Kameraden »verstanden sofort, daß hier nicht nur der unendliche Zauber weiblicher Anmut und Ruhe wiedergegeben war, die wir entbehrten, sondern weit mehr: diese Frauengestalt war uns *Sinnbild all der wartenden zuversichtlich-ernsten deutschen Frauen* daheim. Ein magischer Zauber ging von der ... Wiedergabe aus. Das Bild prägte sich ein. ... Täglich stand es uns mit der gleichen eindringlichen Gewalt vor unseren Augen, ein *Sinnbild des Krieges,* obgleich nicht das Männlich-Kämpferische, sondern das Bewahrend-Frauliche den Schicksalsernst der Zeit und die *deutsche Siegeszuversicht* wiedergab.« *[Ebd., Hervorh. d. d. Verf.]*

Auch eine weibliche Aktskulptur, die nicht allegorisch ausgezeichnet ist, kann offenbar als Bild von Krieg und Sieg fungieren. Der »Sieg« kann allerdings letzten Endes nur der Sieg der Gattung, der »Rasse« und des Staates sein. Dieser soll das Individuum überleben.

Das Bild des weiblichen aufgerichteten Körpers, der »alles verspricht« – ohne Gefahr –, überführt den Blick auf sich in den »Ausblick« auf den Tod. Daß dieser Tod mit dem Sieg, dem Überleben des anderen »Ganzen«, dem faschistischen Staat verknüpft ist, daran erinnerte die weibliche Allegorie des Sieges auf dem Märzfeld: Sie entschwebt, entrückt den Blick und ist zugleich ewig, weil aus Stein ■

Ich danke Patricia Krey für Diskussion und Hilfe bei der Materialbeschaffung.

FRAU NACH MASS

Der Frauentyp der vierziger Jahre im Zeichensystem des Filmkostüms

Karen Ellwanger

Verwechslungskomödien sind ein auffallend beliebtes Filmgenre des Nationalsozialismus; dies trifft durchgängig auf die ganze Zeitspanne zwischen 1933 und 1945 zu: in jedem Jahr werden etwa zehn solcher Spielfilme produziert[1].
Die Verwechslungsfilme der Weimarer Republik beruhten auf der Ästhetisierung in der Angestelltenkultur, auf der expliziten Aufforderung vor allem an Frauen, sich als *Typ* zu verstehen, als ein zu sozialer Herkunft wie derzeitigem Status stimmiges Ensemble zueinander passender Kleider, Accessoires, Körperpräsentationen einerseits sowie entsprechender Verhaltensweisen andererseits: Verwechslungsfähigkeit als Gradmesser der Anpassung an »modernen« Habitus.
Auch die Verwechslungskomödien des Nationalsozialismus visualisieren Anpassung, aber mit einer Akzentverschiebung: gezeigt wird die Distribution von Verhaltensmustern, die von nun an als alltäglich oder natürlich gelten sollen, in alle soziale Schichten.

■ In »Da stimmt was nicht« (1934) wird eine Hochstaplergeschichte (Chauffeur gibt sich als Baron aus) dahingehend aufgelöst, daß der Baron ohnehin denselben Geschmack, dieselben Wünsche und Absichten hat wie der Chauffeur und darum für dessen Handlungen einstehen kann – für die Zuschauer bergen solche Filme außer einem Demokratisierungs-

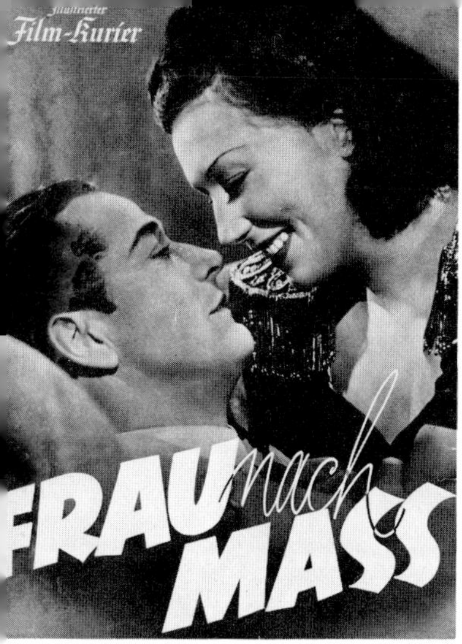

versprechen in bezug auf Verhalten noch die Gratifikation der Visualisierung sozialer Mobilität. Umgekehrt wird in »Kollege kommt gleich« (1943) ein Kellner ohne sein Zutun für etwas ‚Besseres' gehalten – die weibliche Protagonistin muß lernen, daß auch statusniedrigere Männer an einer (Tisch-)Kultur partizipieren, die früher einer bürgerlichen Elite vorbehalten war, und daß sie genausoviel ‚wert' sind wie alle Mitglieder der Gemeinschaft.
Während der in die Sphäre der (imaginären) Oberschichten eindringende Kamerablick eher für die dreißiger Jahre typisch ist, entspricht die durch die Filmhandlung nahegelegte Aufforderung zur Bescheidenheit bei der Partnerwahl der Lage in den vierziger Jahren (nur relativ wenige Männer stehen als Partner zur Verfügung).
Ebenso nehmen Spielfilme, in denen auf die – meist weiblichen – Protagonisten zu Unrecht der Verdacht der Hochstapelei fällt (wie zum Beispiel in »Warum lügst du, Elisabeth?«, 1944) und die damit die permanente Drohung der Denunziation durch aufmerksame Beobachter thematisieren, in der Spätphase des Nationalsozialismus zu.

■ Nationalsozialistische Verwechslungskomödien referieren auf eine klar voneinander geschiedene weibliche und männliche Welt; Frauen werden meist mit anderen *Frauen* verwechselt, Männer mit *Männern.* Außer in einem Blick über den Geschlechter-Zaun besteht die Gratifikation für weibliche Zuschauer darin, daß bislang als privat unter Verschluß gehaltene oder als banal geltende Frauenprobleme nun der Aufmerksamkeit einer (Kino-)Öffentlichkeit wert sind; dies trifft natürlich nicht nur für Verwechslungskomödien zu. Selbst in den Modebeilagen der Tageszeitungen wird etwa das Tragen oder Nicht-Tragen einer Haarschleife zur volkswirtschaftlich bedeutsamen Frage erhöht und dadurch politisiert[2]. Das Interesse des nationalsozialistischen Staates, bislang brachliegende Ressourcen wie bürgerliche Privatheit oder weibliche intime Häuslichkeit durch öffentliche Aufmerksamkeit zu vergesellschaften, nutzt das Bedürfnis traditionell marginalisierter Frauen nach gesellschaftlicher Teilhabe.
Spektakulär erscheint in diesem Zusammenhang die Grenzüberschreitung zwischen den Geschlechterrollen, wie sie in einem halben Dutzend Hosenrollen-Filmen visualisiert wird. Dort ziehen Frauen nicht nur die Kleidung von Männern an, sondern bewegen sich auch in deren Aktionsraum. Verschiedentlich ist darauf hingewiesen worden, daß sich der weibliche Körper in den faschistischen Hosenrollen-Filmen immer unter der Männerkleidung abzeichnet[3] – im Gegensatz zu den Filmen vor 1933. Diese Darstellung weiblicher Körperplastizität, wie sie auch in der Kleidung außerhalb des Films zu jener Zeit üblich

1 Ausgezählt anhand von A. Bauer: Deutscher Spielfilmalmanach 1929–1950. München 1976[2].
2 Beilage zum »Stuttgarter Neuen Tagblatt« vom 5.9.1934. Vgl. in diesem Zusammenhang auch U. Maas: Als der Geist der Gemeinschaft eine Sprache fand. Sprache im Nationalsozialismus. Opladen 1984.
3 K. Gramann und H. Schlüpmann: Unnatürliche Akte. Die Inszenierung des Lesbischen im Film. In: Karola Gramann/Gertrud Koch (Hgg.): Lust und Elend. Das erotische Kino. München/Luzern 1981, S. 70–93; sowie R. Kreische: Lesbische Liebe im Film bis 1950. In: *Ausstellungskatalog* Eldorado. Homosexuelle Frauen und Männer in Berlin 1850–1950. Berlin Museum, Berlin 1984.
4 A. Tröger: Die Frau im wesensgemäßen Einsatz. In: Frauengruppe Faschismusforschung (Hg.): Mutterkreuz und Arbeitsbuch. Frankfurt 1981, S. 246ff.

war (beeinflußt von veränderter Unterwäsche: während in den zwanziger Jahren ein stromlinienförmiger Körper angestrebt und der Busen mit einem Band weggepreßt wurde, trug man in den dreißiger und vierziger Jahren Büstenhalter und Mieder), kann allerdings durchaus als Gratifikation für Frauen gesehen werden.
Bemerkenswerter noch erscheint mir die narrative Rücknahme der Hosenrolle am Ende dieser Filme: die Verkleidung wird aufgedeckt, die fortan wieder (meist anläßlich einer heterosexuellen Liebe) als ‚weiblich' gekleidete Frau glücklich.
Aufschlußreich für die Interpretation dieser Auflösungen ist die Entstehungszeit der Filme: die Mehrzahl ist in der ersten Phase des Nationalsozialismus bis 1937 gedreht worden; ist die Hosenrolle mit der Ausübung von Erwerbstätigkeit verbunden, wie z.B. in »Der Page vom Dalmasse-Hotel« (1933), »Viktor und Viktoria« (1933), »Peter« (1935), trifft dies auf alle Filme zu. Die Differenzierung des Nationalsozialismus in eine erste Phase bis 1937/38 und eine zweite bis 1945 ist in bezug auf die Inszenierung von Weiblichkeit unabdingbar.

■ In der ersten Phase des Nationalsozialismus sollte weibliche Erwerbstätigkeit zurückgedrängt werden; tatsächlich nahm die Zahl der im offiziellen Arbeitsmarkt verzeichneten Frauen zunächst ab. Man versuchte sogar – ohne Erfolg –, weibliche Arbeitskräfte in der Industrie durch männliche zu ersetzen. In diesem Zeitraum ist in den Medien Erwerbstätigkeit eindeutig mit Männlichkeit konnotiert; erwerbstätige Frauen, falls sie nicht Dienstboten darstellen, werden in Männerkleidung gezeigt.
Ab 1937 wurden Frauen wieder vermehrt eingesetzt – meist in dequalifizierten Stellen; es handelt sich dabei, wie Annemarie Tröger[4] gezeigt hat, nicht um einen primär durch Krieg(svorbereitung) bedingten Notbehelf, sondern um eine strukturelle Ausprägung in der ökonomischen Entwicklung des Nationalsozialismus. Zum ersten Mal gibt es Ende der dreißiger Jahre demographisch mehr verheiratete als ledige Frauen. Gleichzeitig ist eine Tendenz zu weniger Kindern zu verzeichnen. Heirat/Mutterschaft und weibliche Berufstätigkeit sollen und können sich nicht länger gegenseitig ausschließen, sondern sind Phasen *eines* Lebenslaufes.

■ Sowohl die Visualisierung häuslicher Tugenden, als auch die spielerische Darstellung einer Übergangs-Berufstätigkeit in den Hosenrollen-Filmen werden ab Ende der dreißiger Jahre tendenziell von Spielfilmen abgelöst, die die neuen Anforderungen an Frauen mit den alten, weiterhin erwünschten, versöhnen sollen. Entscheidend für die Filmhandlung ist dabei, ob

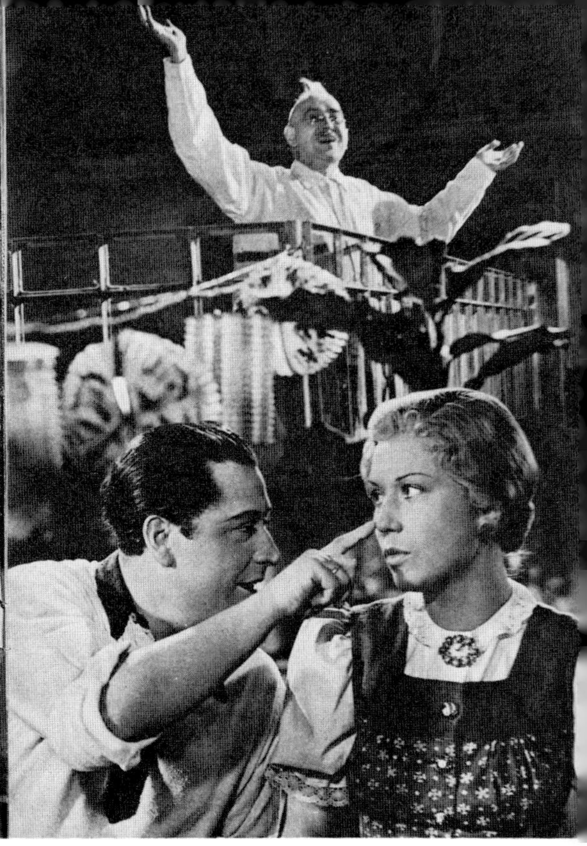

eine Integration von alter und neuer Frauenrolle dargestellt wird. In »Frau am Steuer« (1939) ist dies nicht der Fall; eine einfache Umkehrung der Geschlechterrollen wird in Szene gesetzt: ‚Sie' sitzt hinterm Schreibtisch und verleugnet aus Berufsgründen ihre Ehe, ‚Er' muß zuhause bleiben und kochen. Zum Schluß muß hier die alte Ordnung wiederhergestellt werden; ‚Er' bekommt wieder Arbeit, wird ihr Vorgesetzter und entläßt sie. ‚Sie' wird schwanger und häuslich.

Schon in »Capriolen« (1937) ist der Versuch einer Verbindung von Beruf und Ehe partnerschaftlicher gelöst; beider berufliche Ambitionen drohen die Ehe zu gefährden, beide nehmen die Schuld daran auf sich und geloben Besserung.

Innerhalb des Genres Verwechslungskomödien ist eine weitere Verschiebung zu beobachten: werden vor 1937 Frauen mit anderen Frauen verwechselt, so daß Einstellungen und Verhaltensweisen als festgefügt genug erscheinen, um über soziale und regionale Grenzen hinaus austauschbar zu sein, so fächern einige Filme nach 1937 die Identität einer Frau in verschiedene Richtungen auf – z.B. in »Marguerite: 3« (1939). Distanz zur Geschlossenheit des Frauenideals der frühen und mittleren dreißiger Jahre wird auf diese Weise schon durch die Voraussetzung für die Verwechslung sichtbar.

5 »Frau nach Maß«. Terra-Film 1940 (Regie: Helmut Käutner, Modeberaterin: Gerda Leopold, Darsteller: Leny Marenbach, Hans Söhnker, Fritz Odemar, Hilde Hildebrand, Walter Steinbeck u.a.)

■ Der wenig beachtete Käutner-Film »Frau nach Maß« (1940)[5] demonstriert so ironisch wie pointiert die Substituierung des unzureichend gewordenen Frauenideals des frühen Nationalsozialismus durch einen neuen Typus von Weiblichkeit.
Er soll deshalb – zunächst auf der Handlungsebene – ausführlicher dargestellt werden.
Annemarie (Leny Marenbach) *plant nicht nur ihre Heirat mit dem Schauspieler und Regisseur Christian Bauer* (Hans Söhnker), *sondern auch den Beruf, den sie nach der Hochzeit ausüben will: sie legt heimlich die Schauspielprüfung ab, um Christian als künftige Kollegin auf der Bühne zu überraschen. Der jedoch erträumt sich die Ehe als von der Arbeitswelt ganz abgetrenntes Refugium privater Häuslichkeit; die Verlobung platzt am Polterabend.*
Beide sind unglücklich, Annemarie schreitet zur Tat: unter Einsatz ihrer soeben erworbenen schauspielerischen Fähigkeiten spielt sie Christian die fiktive Version einer in der Realität äußerst effizient in einem modernen landwirtschaftlichen Betrieb tätigen Zwillingsschwester Rosemarie vor, einen Frauentyp, wie Christian ihn sich wünscht: ländlich, häuslich, blond, naiv.
Ihr gemeinsamer Freund Paul Buchmann (Fritz Odemar), *der*

Annemarie mit all ihren Fähigkeiten kennt und schätzt, durchschaut die Maskerade schnell, greift aber in das Verwechslungsspiel zunächst nicht ein. So steht für den ahnungslosen Christian einer Heirat mit »Rosemarie« nichts mehr im Wege. In den Flitterwochen, die die beiden in der unerbetenen Gesellschaft ihrer Theaterkollegen verbringen, zeigt sich Christian jedoch bald von der immer mehr zur Karikatur geratenden »Rosemarie« enerviert.
Ein (von Paul inkognito geschriebenes) Drehbuch bringt die verfahrene Situation wieder in Bewegung: der anonyme Autor verlangt ausdrücklich Annemarie als Hauptdarstellerin, die daraufhin am Urlaubsort wiederersteht. Christian ist aufs Neue fasziniert von ihr. Durch Zufall kommt er endlich hinter ihr doppeltes Spiel, was ihn dazu beflügelt, sie stürmisch (und erfolgreich) zu bedrängen, sich ihm – zum ersten Mal als Annemarie – hinzugeben.
In der Rolle der Rosemarie, durch die sie im Lauf des Spiels schließlich bis unter die Haut geprägt worden ist, verunsichert und eifersüchtig auf die Anteile, die sie als Annemarie verkörpert, macht sie ihm eine Szene, in deren Verlauf die Maskerade und das jeweilige Wissen darum aufgedeckt werden. Bei der Versöhnung gesteht Christian, er liebe beide Ausprägungen

seiner Frau: die der Annemarie und die der Rosemarie. Die Schlußszene zeigt jedoch eindeutig Annemarie in Christians Armen – als seine Partnerin auf der Bühne.

■ Im Nationalsozialismus vollzieht sich hinter einer Neudefinition des Verhältnisses von Weiblichkeit und Männlichkeit eine Umstrukturierung der Beziehung von Reproduktion und Produktion; durch Rationalisierung und den Einsatz von Frauen an modernen Arbeitsplätzen verändern sich Hierarchien im Produktionsprozeß selbst: das Problem von Sein und Schein wird aktualisiert, symbolische Positionsabgrenzung und damit die Verwendung von Kleidung und Mode gewinnen an Bedeutung.
Auffallend ist, wie explizit Kleidung im Nationalsozialismus als Instrument und Indikator der Distribution gesellschaftlicher Wertvorstellungen (insbesondere bei der weiblichen Bevölkerung) gesehen werden. Schon 1933 wird das Institut für deutsche Mode gegründet, das die politische Dimension des Umgangs mit modischer Kleidung immer wieder propagiert. In bezug auf den Unterhaltungsfilm wird die Vorbildfunktion nicht nur der Protagonisten selbst, sondern auch des semantischen Gehalts der von ihnen getragenen Filmkostüme im Hinblick auf die Zuschauer/innen betont; Kostümbildner können und sollen sich vom Institut beraten lassen.
Speziell beim Genre Verwechslungskomödien spielt Kleidung als ein der Narrativik unterlegtes Zeichensystem eine herausragende Rolle. So basiert in »Frau nach Maß« die Inszenierung der Charaktere, das Ausspielen eines neuen gegen das alte Frauenideal vor allem auf der Zuordnung von Kleidung/Frisur zu »Wesen«, Handlungsspielraum und Sprachebene der Protagonistin.
Wie in den meisten Verwechslungskomödien liegt im Umgang mit Kleidung nichts ‚Natürliches'; er dient als Instrument aktiver Selbstinszenierung und unterstreicht so eine gewisse Stärke der Heldin. Im folgenden soll die Präsentation von Kleidung in »Frau nach Maß« detaillierter interpretiert werden.
Die erste Einstellung zeigt einen nackten weiblichen Torso, offen für alle Projektionen, für jede mögliche Interpretation durch Kleidung. Er wird vermessen – und entspricht dabei dem frisch eingeführten deutschen Konfektionsmaß (im Nationalsozialismus verbreitete sich konfektionierte Kleidung sprunghaft).

Annemaries Kleider: Annemarie probiert in letzter Minute (denn: »Ich hatte soviel andere Sachen im Kopf«) Hochzeitskleider an. An den drei vorgeführten Entwürfen ist die sich narrativ langsam entfaltende Auffassung von Ehe schon zu Anfang visuell vorweggenommen:

Abgelehnt werden die jungfräulich herbe (»Ich will doch nicht ins Kloster gehen«) und die weich-frauliche Variante (»Bin ich nicht der Typ dafür«). Zustimmung findet ein Kleid mit schiefem Käppchen – Zitat der herrschenden Hut-Mode, die wiederum Uniform-Kappen vermodet.

Die nächsten beiden Filmkostüme Annemaries führen jedoch erst einmal weit von herkömmlichen Hochzeitsphantasien weg. Ihr strenges Kostüm, das Berufskleid der erwerbstätigen bürgerlichen Frau, konterkariert unmißverständlich Christians verbal geäußerte Sehnsucht nach heimeligem Privatleben; das Abendkleid, das sie anläßlich des in Zerwürfnis endenden Polterabends trägt, ist der optische Gegenpol zu der Kleidung, die ihr als Rosemarie-Maskerade dient:

Es ist schwarz und glänzend, bedrohlich wie die Staffage des *bad girl* in der Schwarzen Serie. Der Anspruch auf Stärke und Dominanz wird durch die breiten, mit Epauletten betonten Schultern angedeutet. Am auffallendsten jedoch ist die unverhohlene, selbst für faschistische Verhältnisse ungewöhnliche Sexualisierung des Kleides: genau über dem Geschlecht ist ein Dreieck appliziert, von dem silberne Fransen herabbaumeln. Es liegt auf der Hand, daß eine solche Visualisierung von Annemaries Wesen der Heirat mit – dem einem traditionellen Frauenbild anhängenden – Christian entgegensteht. Diese nonverbale Aussage wird durch die narrative Ebene unterstützt: Annemarie dringt zu Christians Verlegenheit in dessen Schlafzimmer ein, setzt sich ihm auf den Schoß und küßt ihn – sie ist dabei höher geschnitten als er und schaut auf ihn herab; kein Bild für ein Happy-End.

Nach der gescheiterten Verlobung hat sich Annemarie auf das von Tante und Schwester bewirtschaftete Landgut zurückgezogen. Sie trägt in Frauengesellschaft, also außerhalb des männlichen Blickfeldes, Hose und Weste, Kleidung, die nicht auf unstillbaren Gram, sondern auf praktische Tatkraft hinweist.

Bei ihrem nächsten Auftritt als Annemarie – Christian hat ihr inzwischen in ihrer Verkleidung als Rosemarie einen Heiratsantrag gemacht – schmückt sie sich mit dem Pyjama-Oberteil ihres Verehrers Paul; diese Anmaßung männlicher Sexualität wird dadurch narrativ entschärft, daß sie dazu dient, den zufällig anwesenden Christian eifersüchtig zu machen. Tatsächlich versuchen Paul und Christian abwechselnd und ohne Erfolg, die provozierende Blöße ihrer Beine zu bedecken.

Am Ort der Flitterwochen von Christian und »Rosemarie« zeigt sich Annemarie im eleganten Kostüm-Complet mit Hut; in geschlossener, unangreifbarer, dezent an Öffentlichkeit und Beruf gemahnender Kleidung. Am Tisch in Kollegenrunde trägt sie einen nicht sonderlich strengen Hosenanzug. Diese Zei-

6 Vgl. M. Turim: Frauenentwürfe. Das Aufkommen der New Sweetheart-Linie. In: »Frauen und Film«, Nr. 38/1985.

7 Diesen Hinweis verdanke ich Renate Gervink, Osnabrück.

chen der Arbeit, auch des Praktischen, stehen einer Verliebtheit von Christian nicht im Wege; sie sind offenbar eine akzeptable Ästhetisierung der »Neuen Frau« 1940.

Interessant ist das Nachthemd, in dem Annemarie schließlich von Christian verführt wird, das Kleid akzeptierter Sexualität: Es stellt das Gegenstück zu dem offensiv sexualisierten schwarzen Abendkleid dar – weiß und bodenlang, die Zeichen der Stärke sind in stark entschärfter Form geblieben; statt Epauletten betonen jetzt schwarze Schleifen die Schultern. Die Betonung des Geschlechts jedoch ist verschwunden.

Annemaries letztes Kleid ist das Bühnenkostüm, das sie in der Schlußszene trägt. Vom Schnitt her entspricht es eher »Rosemarie« – es handelt sich um ein Stil-Kleid, eine im nationalsozialistischen Filmkostüm nicht ungewöhnliche Vorwegnahme des New Look[6]. Tatsächlich gleicht der Stoff des Kleides genau dem des letzten Kleides von Rosemarie[7]; das Berufskleid des neuen Frauentypus der vierziger Jahre ist aus dem Stoff des Weiblichkeits-Ideals der Anfangszeit gemacht.

Rosemaries Kleider: Rosemaries Maskerade ist anfangs komplementär zu Annemaries Kostümen entworfen: den Auftakt gibt ein Dirndl, scheinbar am weitesten von Annemaries elegant modischer Garderobe entfernt – tatsächlich werden im Nationalsozialismus traditionelle Trachten in veränderter Form modisch zitiert.

Rosemaries Garderobe umfaßt ein helles, geblümtes, mädchenhaftes Abendkleid im Stil der frühen dreißiger Jahre, bemerkenswert ist die biedermeierliche Form, mit der ihre Kopfbedeckung das Kleid komplettiert, als Christian ihr einen Heiratsantrag macht.

In der Folge wird Rosemaries Kleidung immer dunkler und gleicht sich so allmählich der von Annemarie an, die heller und ‚sachlicher' wird. Zwei Faktoren sind für diese Wandlung verantwortlich: einerseits wird gezeigt, daß weder Annemarie noch Christian in »Rosemarie« das vollendete Glück finden, zum anderen begeht »Rosemarie« immerhin eine Straftat, indem sie unter falschem Namen heiratet. Männlichkeits-Zeichen, die oft mit Hosen konnotiert werden, sind in Rosemaries Kleiderschrank nicht zu finden; die Spielhosen, die sie während der Flitterwochen trägt, mutieren Männlichkeit in Kindlichkeit. Das Kleid, in dem »Rosemarie« ihrem Christian eine Eifersuchtsszene macht, ist Annemaries Kleidung von der Farbe her weitgehend angenähert; es ist beinahe schwarz. Leicht kann es daher zum Material für Annemaries Bühnenkostüm umfunktioniert werden.

8 Zitate nach W. Wiegand: Kunst ist Schmuggelware. In: FAZ, 22.4.1980. Zit. nach DIF/SDK (Hgg.): Verleihkatalog Nr. 1. Frankfurt/Wiesbaden/Berlin 1986, S. 349.

Christians Kleidung: Das Interessante an Christians Kleidung ist sein Aufzug während des Polterabends: über weite Teile des Abends wird er hemdsärmelig und in Hosenträgern gezeigt. Hier findet sein Wunsch nach privater Häuslichkeit Ausdruck und wird gleichzeitig kritisiert: als etwas Unvollständiges, das so nicht bestehen kann, sondern der Ergänzung bedarf. Christians angreifbare, ihm Blößen gebende Bekleidung konterkariert eine männliche Lesart der narrativen Ebene: daß nämlich Annemaries Berufswunsch einzig ein Ausdruck ihrer Liebe zu ihm sei, daß ihre Maskerade – offenbar eine Situation, in der sie meist die mehr wissende, souveräne ist – »die Schande ihres Lebens« (Christian zu Paul) gewesen sei. Die Lesart für das weibliche Publikum – Annemaries Berufswunsch ist genuin (»Ich lasse mein Talent nicht niederknüppeln« – Annemarie zu Christian) und kann schließlich durchgesetzt werden – wird durch die Sprache der Kleidung überzeugender gestützt.

■ »Frau nach Maß« ist kein Film, der sich auf den Entwurf einer unterhaltsamen ‚Gegenwelt' zur sozialen Situation um 1940 beschränkte. Tatsächlich werden Konflikte bearbeitet, die sich aus veränderten Verhaltenszumutungen an Frauen in der zweiten Phase des Nationalsozialismus für Frauen und Männer ergeben. Der Film kann deshalb auch weder als »unpolitische Unterhaltungskunst« noch als Produkt einer »inneren Emigration« des Regisseurs interpretiert werden oder gar als Beleg dafür dienen, daß »Käutner nicht nur die braune Ideologie vermieden [hat], sonder jede«[8]. Aufschlußreich ist gerade im Zusammenhang der Käutner-Rezeption die Botschaft des Films an ein männliches Publikum: Auf das abgeschiedene Glück der Privatheit muß verzichtet werden; Frauen garantieren nicht länger dafür. Arbeit und öffentliches Interesse läßt sich nirgends ausschließen – sie durchdringen selbst Ehe und Urlaub.
Weiblichen Zuschauern hingegen bietet »Frau nach Maß« die Möglichkeit der Identifikation mit einer relativ starken Protagonistin, die ihr Bild selbst inszeniert, über weite Strecken mehr Durchblick hat als ihr männlicher Partner und ihre beruflichen und sexuellen Wünsche schließlich durchsetzt. Lernen müssen sie aber, daß veränderte weibliche Verhaltensmuster der vierziger Jahre nur dann akzeptiert werden, wenn sie noch das Weiblichkeits-Ideal des frühen Nationalsozialismus in sich bergen ■

REORGANISATION DER GESCHLECHTERVERHÄLTNISSE

Familienpolitik im faschistischen Deutschland

Szilvia Horváth

»Ich werde die Familienpolitik als Fundament in die Staats- und Wirtschaftspolitik einbauen.«[1] So Adolf Hitler. Die meisten Historiker sind sich bei der Interpretation nationalsozialistischer Familienpolitik einig, daß eines der Ziele der NS-Politik die Zerstörung der Familie gewesen sei, da sie nicht in das Konzept einer totalen staatlichen Kontrolle des Privatlebens gepaßt hätte. Das »Hineinregieren« in die Familie durch die NS-Machthaber wird als das Familienleben unweigerlich auflösend beschrieben[2]. Die faschistische Familienpolitik intendierte jedoch keineswegs die »Zerschlagung der Familie«, sondern zielte insbesondere bis zum Kriegsbeginn auf die Erhaltung des familialen Raumes als zunächst einzigen Ort der »Produktion des Lebens«. Zwar kann von einem partiellen Kompetenzverlust der Familie durch die konkurrierenden Erziehungsinstitutionen Hitlerjugend und Schule gesprochen werden, nicht aber von einer geplanten generellen Zerstörung der Familie als Sozialisationsinstanz. Die wesentliche Bedeutung der Familie insbesondere in der Vorschulerziehung war unter den NS-Politikern unbestritten. Hier sind die in Reden und Schriften vorgebrachten Versicherungen, der Schutz der Familie sei ein vorrangiges Ziel des Nationalsozialismus, durchaus ernstzunehmen und nicht als vorgeschoben zu betrachten. Ein Beispiel für die häufige Betonung der Bedeutung der Familie ist die Äußerung des Reichsinnenministers Wilhelm Frick im »Völkischen

1 Adolf Hitler, zit. nach Chr. Bergmann: Nationalsozialismus und Familienschutz. Dissertation Düsseldorf 1962, S. 45.

2 Vgl. B. Beuys: Der Mythos der heilen Familie. Reinbek 1980, S. 473ff.; R. Dahrendorf: Gesellschaft und Demokratie in Deutschland. München 1965, S. 439ff.; R. Grunberger: Das zwölfjährige Reich. Der deutsche Alltag unter Hitler. Wien/Zürich/München 1972, S. 243ff.; J. C. Fest: Das Gesicht des Dritten Reiches. München 1963, S. 357f.; Zur Tradition der Zerstörungsthese vgl. M. H. Kater: Die deutsche Elternschaft im nationalsozialistischen Bildungssystem. Ein Beitrag zur Sozialgeschichte der Familie. In: »Vierteljahresschrift für Sozial- und Wirtschaftsgeschichte«, Nr. 67/1980, S. 485f.

Beobachter« vom 15. April 1934: »Die Familie ist die Urzelle des Volkes, darum stellt der nationalsozialistische Staat sie in den Mittelpunkt seiner Staatspolitik.«

In der feministischen Geschichtswissenschaft wird die nationalsozialistische Familienpolitik von einem anderen Gesichtspunkt aus betrachtet: untersucht wird ihre Funktion für die besondere Unterdrückung der Frauen im deutschen Faschismus. Familienpolitik wird hier als ein Mittel verstanden, mit dem Frauen vom Arbeitsmarkt, aus staatlichen Positionen verdrängt und zum Gebären von möglichst vielen Kindern gebracht werden sollten[3]. Die Frauen selbst sind Opfer dieser Politik, sind die Verführten, Betrogenen. Daß Frauen sich aber in vielfältigen Formen aktiv am Nationalsozialismus beteiligt haben, kann dieser Ansatz nur mit dem »falschen Bewußtsein« der Betroffenen erklären.

Um zu begreifen, warum Frauen sich dem NS-Staat unterstellten, reicht es nicht aus, sie zu Opfern der NS-Politik zu machen und ihnen die bewußte Wahrnehmung ihrer Situation abzusprechen. Da auch Frauen keine beliebig manipulierbaren Menschen sind, sollte sich der Blick eher darauf richten, welche Faszinationen an den Ort Familie geknüpft wurden, da Frauen sich doch in ihn einbinden ließen.

Familienpolitik richtete sich – und richtet sich noch heute – in erster Linie an Frauen. Zum einen ist die Familie der zentrale Ort der »Produktion des Lebens«, und in ihr sind es die Frauen, die die notwendige Arbeit verrichten. Zum anderen sind Frauen ein ernstzunehmendes Potential für die Sicherung von Herrschaft. Die maßgeblichen NS-Politiker waren sich dieser doppelten Bedeutung zumindest seit der Reichspräsidentenwahl vom März 1932 bewußt, deren negatives Ergebnis sie auch mit der ablehnenden Haltung der Partei gegenüber der Frauenerwerbstätigkeit erklärten[4]. Die offizielle Frauenpolitik der Faschisten war nach 1932 vor allem Familienpolitik: Bei gleichzeitiger Vermeidung von negativen Äußerungen zur Frauenerwerbstätigkeit fand eine positive Besetzung der Familie als spezifisch weiblicher Arbeitsbereich statt. Die NS-Politiker versuchten mit ihrer Familienpolitik, die Frauen bei dem zu packen, was ihnen traditionell am Herzen lag. So soll in diesem Aufsatz der Frage nachgegangen werden, welche Attraktivität die faschistische Familienpolitik für Frauen enthalten haben könnte. Die ideologischen Elemente, um die es hier vor allem geht, werden dabei nicht als Manipulationsinstrumente zur Unterdrückung der Frauen, sondern als Angebote der Nationalsozialisten an die Frauen zur freiwilligen Integrierung in den NS-Staat und als Aufforderungen zur aktiven Beteiligung am Nationalsozialismus verstanden. Der Vorteil dieser Sichtweise besteht in der Erkenntnis, durch welche Art von Politik Frauen ansprechbar sind, sich für ein System einzusetzen, welches letztlich ihre eigene Unterdrückung manifestiert.

»Die Familie« gibt es im deutschen Faschismus nicht

Faschistische Familienpolitik richtete sich nicht an »die Familie« schlechthin. Gefördert und geschützt wurde nur die »deutsche Familie«, deren Definitionen nicht nur rassische und eugenische Kategorien enthielten, sondern als ein weiteres zentrales Merkmal soziale Ausgrenzungen beinhalteten. Ein wichtiges soziales Kriterium war beispielsweise »Gemeinschaftsunfähigkeit«. »Gemeinschaftsunfähig« war, »wer besonders unwirtschaftlich und hemmungslos ist und aus Mangel an eigenem Verantwortungsbewußtsein weder einen geordneten Haushalt zu führen, noch Kinder zu brauchbaren Volksgenossen zu erziehen vermag ...«[5]
Von finanziellen Zuwendungen, wie Ehestandsdarlehen, Kindergeld und steuerliche Vergünstigungen, waren Familien, die nicht den gesetzten Normen entsprachen, von vornherein ausgeschlossen. Darüber hinaus regelten Gesetze und Verordnungen die Verhinderung von Eheschließungen und Familiengründungen eben jener Menschen, setzten sie der Verfolgung und Vernichtung aus. Ehetauglichkeitszeugnisse, Zwangssterilisationen und Einschränkungen der Heiratsmöglichkeiten durch die »Nürnberger Gesetze« waren die Grundlage der faschistischen Familienpolitik gegenüber Personengruppen wie Juden, Zigeunern und politischen Gegnern[6].
Es geht hier jedoch nicht um diese repressive Seite der NS-Familienpolitik. Auch die finanziellen und gesetzlichen Maßnahmen zur Förderung der »deutschen Familie« stehen nicht im Vordergrund dieses Aufsatzes. Von Interesse ist hier die Anordnung der ideologischen Angebote, die zur Selbstunterstellung unter die faschistische Herrschaft anhielten bei gleichzeitiger Wiederherstellung der Geschlechterverhältnisse, die sich in der Weimarer Republik durch die von Frauen erkämpften neuen Räume verschoben hatten. Im Zentrum dieser ideologischen Anrufungen stand die »deutsche Familie«.

»Männerbünde« contra »nationalsozialistische Familie«

Einer der programmatischen Punkte, mit denen die Faschisten in Deutschland ihre Regierungszeit antraten, war die »Rettung der deutschen Familie«. Diese stand nach propagierter Auffassung in Gefahr, durch Arbeitslosigkeit und Bolschewismus zerstört zu werden. Ansetzend an der bereits seit der Kaiserzeit

3 Vgl. G. Bock: Frauen und ihre Arbeit im Nationalsozialismus. In: A. Kuhn/G. Schneider (Hgg.): Frauen in der Geschichte. Düsseldorf 1979, S. 129 und 136; Frauengruppe Faschismusforschung (Hg.): Mutterkreuz und Arbeitsbuch. Zur Geschichte der Frauen in der Weimarer Republik und im Nationalsozialismus. Frankfurt 1981, S. 10; A. Kuhn/V. Rothe (Hgg.): Frauen im deutschen Faschismus. Bd. 2. Düsseldorf 1982, S. 118; Frauenalltag und Frauenbewegung im 20. Jahrhundert. Bd. 3: Frauen im deutschen Faschismus 1933–1945. Frankfurt 1980, S. 1.

4 Vgl. J. Goebbels: Vom Kaiserhof zur Reichskanzlei. München 1934, Textauszug in: Kuhn/Rothe, a.a.O. (Anm. 3), Bd. 1, S. 60.

5 F. Burgdörfer: Geburtenschwund: Die Kulturkrankheit Europas und ihre Überwindung in Deutschland. Heidelberg 1942, S. 141.

6 Vgl. zu diesem Schwerpunkt der NS-Politik G. Bock: Zwangssterilisation im Nationalsozialismus. Studien zur Rassen- und Frauenpolitik. Opladen 1986.

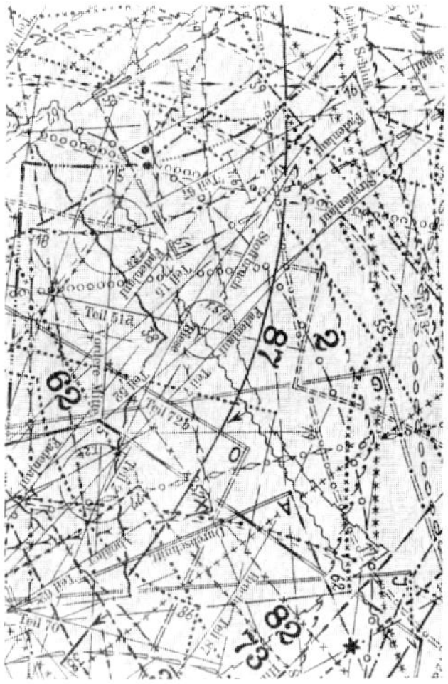

von Sozial- und Bevölkerungspolitikern beklagten »Krise der Familie«, wurde zu Beginn der NS-Herrschaft die Heraufbeschwörung der »Verwüstung des Familienlebens« zur Mobilisierung der Frauen für den deutschen Faschismus eingesetzt. Wie auch der folgende Wahlaufruf zur Reichstagswahl vom März 1933 zeigt, wurde der Schutz dessen, was traditionell der Lebensbereich der meisten Frauen war, gleichgesetzt mit dem Eintreten für den Nationalsozialismus: »Deutsche Frau, Du hast zu wählen zwischen Nationalsozialismus und Bolschewismus. ... Der Nationalsozialismus schützt die Urzelle des Staates: die Familie. Der Bolschewismus zerstört das Familienleben. ... Darum, deutsche Frau, schütze Deine heiligsten Güter.«[7]

In den Anfangsjahren der faschistischen Herrschaft waren sich die führenden NS-Politiker über die Schutzwürdigkeit der »deutschen Familie« einig. Wie allerdings die Stellung der Familie zum Staat, und damit auch die gesellschaftliche Stellung der Frau, aussehen sollte, darüber gab es unterschiedliche Ansichten. Es lassen sich hier zwei Linien erkennen, wobei eine bei der Interpretation der nationalsozialistischen Familienpolitik oft für die einzig bestimmende gehalten wird.

Als Repräsentanten der männerbündischen Position gingen Alfred Rosenberg, Alfred Bäumler und Ernst Krieck von einer Trennung der Gesellschaft in »Geschlechterverbände« und »Männerbünde« aus. »Geschlechterverbände«, gemeint waren damit die Familien, grenzten nach dieser Auffassung immer einen »Kreis privaten Lebens ab«, der Staat hingegen entstünde durch die »Taten und die Vereinigung freier Männer«[8]. Die Familie bliebe dem Staate untergeordnet, eine öffentliche Bedeutung käme ihr nur ganz am Rande zu. Interessant war sie ausschließlich als Ort des Gebärens von möglichst vielen Kindern, also als Adressat nationalsozialistischer Bevölkerungspolitik. Ansonsten stand sie in keinerlei Beziehung zum Staat, war diesem, wie Alfred Bäumler es formulierte, entgegengesetzt.

»Die Familie ist nicht die ‚Keimzelle' des Staates. Der Staat kommt aus einem Prinzip heraus, das dem der Familie ursprünglich entgegengesetzt ist.«[9]

Dagegen stand die Auffassung, die die »deutsche Familie« zur »Keimzelle des Volkes und des Staates« stilisierte. Familie, Volk und Staat waren untrennbar miteinander verbunden. Das »deutsche Volk« wurde als eine »große Familie« artikuliert, welche sich aus vielen Einzelfamilien zusammensetzte: »So lehrt die Familie im Kleinen, was unser Volk im Großen sein soll.«[10] Der »nationalsozialistischen Familie«, als einer Erweiterung der »deutschen Familie«, kam somit die Aufgabe zu, die »Volkswerdung des deutschen Volkes« durch die Erziehung von »gesunden, reinrassigen Volksgenossen« und »Staatsbürgern« zu ermöglichen[11]. Bestanden die »Männerbündler« auf einer strikten Trennung von Familie und Staat und deren Funktionen, so verband beide hier die Aufgabe an dem gemeinsamen Projekt des Aufbaus der nationalsozialistischen »Volksgemeinschaft«.

Die offizielle faschistische Familienpolitik war vor allem in den ersten Jahren keineswegs an den männerbündischen Positionen orientiert, auch wenn dies in der Sekundärliteratur immer wieder nahegelegt wird, um als Ziel der Politik die Zerstörung der Familie zu belegen. In diesem Sinne war auch Alfred Rosenberg nicht der »Chefideologe« der NS-Familienpolitik. Vielmehr bestimmten Pragmatiker wie Wilhelm Frick und Joseph Goebbels die Richtlinien der Familienpolitik: Sie griffen die Formulierung von der »Familie als Keimzelle des Volkes und des Staates« auf. Diese Politiker erkannten die Bedeutung der Familien für die Durchsetzung ihrer Ziele und entschieden sich für eine Politik, die zumindest den »deutschen Familien« staatlichen Schutz sichern sollte. So betonte Reichspropagandaminister Goebbels 1933: »Die Bedeutung der Familie kann gar nicht hoch genug eingeschätzt werden.«[12] Familie als einen vom Staat getrennten Bereich zu artikulieren, war kaum dazu geeignet, die mehrheitlich in Familien lebenden Frauen in die nationalsozialistische »Volksgemeinschaft« und damit in den faschistischen Staat zu integrieren. Wirkungsvoller war es, an der bürgerlichen Formulierung der »Familie als Keimzelle des Volkes« anzuknüpfen. Hier wurden sie auch von den »Führerinnen« der »nationalsozialistischen Frauenbewegung« unterstützt, die diese Auffassung schon vor 1933 vertreten und in ihren Publikationen popularisiert hatten. Ein Beispiel hierzu aus einem Artikel der Faschistin Lydia Gottschewsky zum »Weiblichen Führertum« aus dem Jahre 1933: »Die wesentliche Verpflichtung der Führerinnen ist die Erziehung zur Gemeinschaft, eine Erziehung, die auf der unbedingten freudigen Bejahung des Volkes und seiner Urzelle, der Familie beruht.«[13]

Dennoch bestand auch die männerbündische Position als Politiklinie fort. Die Auseinandersetzungen um die uneheliche Mutterschaft ab 1935 und die projektierten und durchgeführten Versuche zur Steigerung der Kinderzahl in Umgehung der Familie, wie sie beispielsweise der »Lebensborn« darstellte, knüpften an männerbündischen Positionen an. Doch diese Versuche waren im Faschismus selbst umstritten, und besonders die nationalsozialistischen Frauen wendeten sich mit aller Macht gegen solche Angriffe auf die Familie, was zur Folge hatte, daß sich diese Versuche als Politikschwerpunkt letztlich nicht durchsetzen konnten.

7 E. Zander: Frauen an die Front. In: »NS-Frauen-Warte«, 1. Märzheft, 1932/33, S. 385.
8 E. Krieck: Menschenformung. Grundzüge der vergleichenden Erziehungswissenschaft. Leipzig 1935[3], S. 36; A. Bäumler: Männerbund und Wissenschaft. Berlin 1934, S. 42.
9 Ebd.
10 H. Braun: Familie und Volk. In: »NS-Frauen-Warte«, H. 7, 1933/34, S. 182.
11 W. Frick: Bevölkerungs- und Rassenpolitik. Langensalza 1933, S. 10.
12 J. Goebbels: Deutschen Frauentum. In: Ders.: Signale der neuen Zeit. München 1934, S. 124.
13 Lydia Gottschewsky: Weibliches Führertum. Die Eingliederung der Frauen in den neuen Staat. In: »NS-Frauen-Warte«, H. 7, 1933/34, S. 179.

Die »Entmachtung der Väter«

Die ideologische »Neubestimmung« der Familie durch die NS-Politiker beinhaltete jedoch nicht nur deren propagandistische Einbindung ins »Volksganze«. Festgehalten wurde zwar an der traditionellen Arbeitsteilung zwischen Frauen und Männern. Doch anknüpfend an das bürgerliche Familienideal, welches die Familie als Ort vornehmlich von Frauen artikulierte, versuchten die Faschisten eine Umdeutung der innerfamiliären Machtverhältnisse. Nicht nur sollten die Frauen mehr denn je der Mittelpunkt der Familien sein, sondern sie sollten jetzt auch für die Familien nach außen Verantwortung übernehmen. Der Familienbereich war dem Erwerbsbereich nicht länger untergeordnet, beide wurden einander in ihrer gesellschaftlichen Bedeutung gleichgesetzt und ihre Kompetenzen klar verteilt: »Die Stellung der Frau im nationalsozialistischen Staat wird der Verantwortung entsprechen, die ihr durch die dargelegte Neuregelung des Familienlebens übertragen wird. Gleichwertig werden Männer und Frauen als werteschaffende Glieder ihrer Volkes nebeneinander streben, jeder in seinem Bereich Herrscher und unentbehrlich.«[14]

Indem nun die Frauen im familialen Bereich die Bestimmenden wurden, rückten die Männer als Väter in den Hintergrund. Mit der Betonung der Verantwortlichkeit der Frauen sollte der Vater als Autorität abgelöst werden, die »Entmachtung der Väter« eine Autoritätsstärkung der Mütter zur Folge haben. Auch hier engagierten sich die nationalsozialistischen Frauen, wofür das folgende Zitat aus der »NS-Frauen-Warte«, dem offiziellen Publikationsorgan der »NS-Frauenschaft«, ein Beispiel sein soll: »Vorbildung für die Mutterschaft ist nicht nur Vorbildung für die Mutterschaft ..., sondern, vor allem!: Durchbildung zur inneren Sicherheit ihrer Art und Fähigkeit, Autorität zu sein. Eine Mutter, die nicht geistige Autorität ist, wird heute sehr früh aufhören, ihren Kindern Mutter, das heißt eben doch vor allem Führerin ... zu sein. Ohne mütterliche Autorität hört auch die Familie sehr bald auf, Mittelpunkt und Kraftquelle für das Leben ihrer Glieder zu sein.«[15]

Sicher gab es auch Vorstellungen, die den Vater aufgrund seiner Ernährerfunktion als »Führer« seiner »Familiengefolgschaft« betrachteten, aber die sich durchsetzende Auffassung rückte die Tätigkeit der Frauen in den Mittelpunkt. Der Mann trat lediglich als Verbindungsglied zwischen der »Außenwelt« und der »Innenwelt« in Erscheinung. Damit wurde die Arbeit der Frauen in den Familien von Regierung und Staat als gesellschaftlich notwendig anerkannt. Inwieweit die inneren Machtverhältnisse sich dadurch tatsächlich änderten, ist aus der Politik nicht unmittelbar ableitbar. Doch war die Umdeutung der Verantwortlichkeiten ein Angebot besonders an Hausfrauen und Mütter, die über Parteien, Organisationen und Verbände nicht so leicht zu erfassen waren wie ihre Männer, sich über und durch ihre Familien dem »großen Ganzen« zugehörig zu fühlen. Nicht die Männer sollten sich also über die Familie kraft der Identifizierung mit dem »Führer« in die »Volksgemeinschaft« einordnen, wie es von einigen Autoren vertreten wird, sondern die Frauen[16]. Gleichzeitig beinhaltete dieses Angebot eine Beschränkung: Indem es die Lebensperspektiven von Frauen auf den familialen Bereich reduzierte, konnte die traditionelle Form der geschlechtlichen Arbeitsteilung erneut festgeschrieben werden. Obgleich diese Angebote den Ausschluß aus allen politischen und staatlichen Bereichen, in denen wichtige Entscheidungen getroffen wurden, enthielten, ist die Vermutung angebracht, daß die Artikulation von Erwerbs- und Familienbereich als gleichwertig, verbunden mit der Umdeutung der innerfamiliären Machtverhältnisse, für Frauen attraktiv war.

Konstituierung eines »weiblichen Lebensraumes« durch den faschistischen Staat

Die Benennung der Frauen als Verantwortliche für ihre Familien reichte jedoch nicht aus, ihnen einen eigenen Ort in der »Volksgemeinschaft« einzurichten. Denn Frauen allein auf den familialen Bereich zu verpflichten, hieß auch, sie weiterhin zu atomisieren, isolieren und vom gesellschaftlichen Geschehen auszugrenzen. So ließen sich Frauen schwerer kontrollieren, und man befürchtete, daß sie eher an den Familien als am Aufbau der »nationalsozialistischen Volksgemeinschaft« interessiert waren. Darum sorgten sich nicht nur die NS-Spitzenpolitiker, sondern vor allem die nationalsozialistischen Frauen, in deren Interesse es lag, Frauen für den Aufbau des NS-Staates zu mobilisieren. Dazu aus einem Artikel der »NS-Frauen-Warte«: »Die Frau neigt zur Absonderung. Es fällt ihr schwer, ihren Wirkungskreis und ihr Wirken zusammen zu schauen mit dem Ganzen der Volksgemeinschaft und der Volkswerkgemeinschaft. Sie hat einen Hang zwar nicht zum persönlichen, aber zum Familienegoismus ... Solche Absonderung ist heute ein Verbrechen.«[17]

Zur Lösung dieser Probleme hatten insbesondere die Faschistinnen bereits vor der Machtübernahme einen »weiblichen Lebensraum« getrennt von den männlichen propagiert; eine Zweiteilung der Gesellschaft nach Geschlechtern, die als »artgemäße Arbeitsteilung« präsentiert wurde. Anders als bei den Regierungspolitikern umfaßte dieser von Beginn an neben Mutterschaft und Familie auch die Berufstätigkeit der Frauen. Zwar blieb auch hier die Familie das Zentrum des »weiblichen

14 M. Baltzer: Die Frau im nationalsozialistischen Staat. In: »Nationalsozialistische Monatshefte«, Nr. 22/1932, S. 25.
15 Anon.: Mutter, Kind und Staat. In: »NS-Frauen-Warte«, H. 8, 1933/34, S. 450.
16 Vgl. H. Maymann: Zur Frauen- und Familienideologie im Dritten Reich. In: E. Weinzierl/K. H. Stadler (Hgg.): Geschichte der Familiengesetzgebung in Österreich. Wien 1978, S. 58; I. Weber-Kellermann: Die deutsche Familie. Versuch einer Sozialgeschichte. Frankfurt 1974, S. 185ff.
17 M. Tscherning: Die Erziehung unserer weiblichen Jugend. In: »NS-Frauen-Warte«, H. 20, 1934/35, S. 647.

Wirkungsbereiches«, doch sollte sie von verschiedenen Institutionen umgeben sein, in denen Frauen tätig waren: Sozialarbeiterinnen, Krankenschwestern, Fürsorgerinnen hatten Aufgaben, die auch perspektivisch nicht von der Familie übernommen werden konnten. Den Männern sollten die übrigen Lohnarbeitsbereiche, vor allem aber Staat, Politik und Militär vorbehalten bleiben.

Die Repräsentanten der NS-Regierung griffen diese erweiterte Zweiteilung der Gesellschaft nach Geschlechtern ab 1934/35 auf. Wurde in den ersten zwei Jahren der faschistischen Herrschaft von ihnen allein die Familie als Arbeitsbereich für Frauen akzeptiert und Frauenerwerbstätigkeit als ein eher notwendiges Übel toleriert, so bauten sie diese dann in den »weiblichen Lebensraum« ein. Die Polarisierung der Gesellschaft in verschiedene »Lebensräume« bot den Nationalsozialisten auf diese Weise die Möglichkeit, die Konkurrenz zwischen Frauen und Männern auf dem Arbeitsmarkt in eine »Konkurrenz der Lebensräume« zu verschieben und damit unsichtbar zu machen. Indem den Frauen *ein eigener und bedeutender Platz in der Gesellschaft versprochen wurde, lenkte diese Anordnung gleichzeitig von der Restaurierung männlicher Privilegien ab.* Den NS-Politikern ging es nicht um eine generelle Verdrängung der Frauen aus dem Lohnarbeitsbereich, wie oft behauptet wird, sondern um die beliebige Einsetzbarkeit der weiblichen Arbeitskraft im Erwerbs- oder Familienbereich, deren Verdrängung aus qualifizierten Berufen, aus staatlichen und politischen Funktionen[18].

Die hier geschilderte Zweiteilung der Gesellschaft nach Geschlechtern war jedoch nicht originär von den Nationalsozialisten erfunden. Sie knüpfte an bereits vorhandene Denkmuster an: Die Vorstellung von einem »weiblichen Lebensraum« war eine Position, die von Repräsentantinnen des konservativen Teils der bürgerlichen Frauenbewegung seit Mitte des 19. Jahrhunderts vertreten worden war[19]. Die faschistisch-ideologische Arbeit bestand nicht darin, eigene »Frauenbilder« zu schaffen, sondern in der Anordnung traditioneller und neuer Elemente zu einer *staatlich verfaßten Familienpolitik.*

Politisierung der Mutterschaft

Die Polarisierung der Gesellschaft stellte die Grundlage dar für das, was als Inhalt des »weiblichen Lebensraumes« formuliert wurde: die »völkische Mütterlichkeit«. Zwar war eine der Zielsetzungen der Familienpolitik, Frauen, die den NS-Normen entsprachen, zum Gebären von möglichst vielen Kindern anzuhalten, doch nicht die leibliche Mutterschaft war entscheidend, sondern die »seelische Haltung« zum Kind *und* zum Nationalsozialismus. Daran anknüpfend wurde der Begriff der »Mütterlichkeit« weit über die persönliche Mutterschaft hinaus ausgedehnt: Frauen wurden zu Müttern der Nation, zu Erzieherinnen des Volkes.

»Die Frau wird ... nicht nur gewertet als Mutter von Kindern, sondern darüber hinaus in einem geistigen, ideellen Sinn, als Mutter der Nation.«[20] Mit dieser Loslösung der »Mütterlichkeit« von der leiblichen Mutterschaft war ein Grundstein gelegt zur Ausdehnung dieser auch auf die erwerbstätigen Frauen. Wurde die Frauenerwerbstätigkeit von den faschistischen Politikern aus ökonomischen und machtpolitischen Gründen zwar nicht generell abgelehnt, so betrachteten sie diese doch als ein Übergangsstadium, welches mit der Errichtung des zukünftigen Staates verschwinden würde. Doch nach 1935 wurde von den NS-Spitzenpolitikern nicht nur die Berufstätigkeit in »weiblichen Berufsfelder« toleriert. Durch die Aufforderung zu mütterlichem Verhalten auch im Lohnarbeitsbereich wurde der Versuch gestartet, berufstätige Frauen in den NS-Staat zu integrieren, ohne daß grundsätzlich die Haltung zur Frauenerwerbstätigkeit geändert werden mußte. Wilhelm Frick formulierte dies so: »Sie alle, die im Rahmen der Volksgemeinschaft als Arbeiterinnen der Stirn und der Faust ihren Platz ausfüllen, haben Anspruch auf Achtung und Auskommen; denn wir wissen, daß wir ihr mütterliches Empfinden und Wirken in vielen Berufen niemals werden entbehren können.«[21]

Die »geistige, seelische Mütterlichkeit« forderte, unabhängig von der leiblichen, von allen »deutschen Frauen« mütterliches Verhalten. »Mütterlichkeit« wurde zur allgemeinen weiblichen Haltung erklärt und diese auf die Biologie der Frauen zurückgeführt mit Begriffen wie »Instinkt«, »Empfinden« und »Gefühl«. Frauen aller Klassen, ob in den Familien oder in Berufen tätig, sollten sich kraft der »geistigen Mütterlichkeit« an dem Aufbau des »weiblichen Lebensraumes« und damit an der »Volksgemeinschaft« beteiligen.

Auch hier waren wieder faschistische Frauen die Wegbereiter dieser Politik. Bereits vor Beginn der NS-Herrschaft wurde die »völkische Mütterlichkeit« im Zusammenhang mit ihrer Position zur Frauenerwerbstätigkeit von ihnen propagiert. Die Faschistin Paula Siber schrieb 1932 in einem Artikel zur »Frauenfrage und ihre Lösung durch den Nationalsozialismus« zu dieser Problematik: »Im leiblichen Sinne kommt aber nicht jede Frau zu dieser ihrer letzten Artbestimmung. Zu diesen Frauen, die der Nationalsozialismus für seine großen Aufgaben genau so braucht, wie jeden Mann und jede Mutter, führt er ein ganzes Volk – seine Kinder, seine Jugend, seine Kranken, seine vom Leben Zerstörten, seine Verirrten ... kurz alles und alles, was in der großen Volkseinheit Muttersein und Mütterlichkeit im edelsten Sinne gebraucht.«[22]

18 Vgl. z. B. S. Bajohr: Die Hälfte der Fabrik. Geschichte der Frauenarbeit in Deutschland 1914–1945. Marburg 1979, S. 226; D. Schoenbaum: Die braune Revolution. Eine Sozialgeschichte des Dritten Reiches. Köln 1980, S. 229.

19 Vgl. Chr. Wittrock: Weiblichkeitsmythen. Das Frauenbild im Faschismus und seine Vorläufer in der Frauenbewegung der 20er Jahre. Frankfurt 1983, S. 22ff.; I. Stoehr: ‚Organisierte Mütterlichkeit'. Zur Politik der deutschen Frauenbewegung um 1900. In: K. Hausen (Hg.): Frauen suchen ihre Geschichte. München 1983, S. 221–249.

20 W. Groß: Du bist nichts, Dein Volk ist alles! In: »NS-Frauen-Warte«, H. 6, 1933/34, S. 165.

21 W. Frick: Wir deutschen Männer bauen und vertrauen auf unsere Frauen und Mütter. In: »NS-Frauen-Warte«, H. 25, 1934/35, S. 792.

22 P. Siber: Die Frauenfrage und ihre Lösung durch den Nationalsozialismus. In: »NS-Frauen-Warte«, H. 3, 1932/33, S. 69.

Doch auch die Nationalsozialistinnen hatten diese Vorstellungen nicht erdacht, sondern griffen hier auf bereits Vorhandenes zurück. Was von den Frauen der bürgerlichen Frauenbewegung ursprünglich zur Formulierung eines Rechtsanspruches auf Frauenberufstätigkeit eingesetzt worden war, geriet unter den Händen der Nationalsozialisten zum Versuch einer staatlichen Begrenzung des Fraueneinflusses. Mit der klassenübergreifenden Anrufung der Frauen als »Mütter der Nation und des Volkes« machten die Nationalsozialisten ihnen das Angebot, sich trotz des politischen Machtverlustes im NS-Staat einzurichten. Mutterschaft und »mütterliches Verhalten« war hier keine Privatsache mehr. Die Bedeutsamkeit der Mutterschaftsideologie lag daher weniger in deren Verführungskraft durch »Verherrlichung« der Mutterfunktionen, als vielmehr in der Durchbrechung der Trennung zwischen Privatheit und Öffentlichkeit, Familie und Staat. Im Nationalsozialismus wurde das Gebären und Aufziehen von Kindern zu einer »politischen Tat«, zur »Urwurzel aller Politik«. Als Beispiel eine Äußerung des bayerischen Kultusministers Hans Schemm: »Diese Mutterliebe von der Familie auf das ganze Volk übertragen und in alle Herzen gesenkt und den Blick einer Generation nur in die Zukunft gespannt – das ist Politik.«[23]
Die »Politisierung als Mutter« beinhaltete jedoch gleichzeitig eine Beschränkung auf diese: Frauen sollten sich *nicht* als Staatsbürgerinnen, als entscheidungsbefugte Politikerinnen betätigen. Über die staatliche Anerkennung der gesellschaftlichen Bedeutung der »Produktion des Lebens« bot man den Frauen an, sich mit dieser zu begnügen. Indem Mutterschaft und »mütterliches Verhalten« zur Politik der Frauen bestimmt wurde, konnten diese aus den Bereichen der »großen Politik« und des Staates ausgeschlossen werden. Das Angebot einer derartigen Teilhabe am gesellschaftlichen Leben bedeutete zugleichen den Versuch der Reorganisation der Geschlechterverhältnisse.

Zustimmung durch Selbstorganisation im Rahmen vorgesteckter Ziele

Frauen haben den Nationalsozialismus tätig unterstützt: Sie organisierten sich in den Frauenorganisationen der Partei, ließen sich Orden verleihen und nahmen an Massenveranstaltungen teil. Oft steht man dieser Tatsache verständnislos gegenüber, da doch der Nationalsozialismus eines der frauenfeindlichsten Systeme war. Was den Frauen angeboten wurde, bestand jedoch nicht nur in der Artikulation der Frauen als Verantwortliche für die Familien und in der Verpflichtung auf »Müt-

…typistin, 25 Jahre alt, berichtet:
…seit 1933 Gutes widerfahren ist? Vieles: mein Einkommen ist um … gestiegen, meine Stellung im Betrieb sicherer geworden – so konnte … Bruder unterstützen, bis auch er Arbeit gefunden hatte. Jetzt spare ich … für meine Aussteuer. Mein restloses Vertrauen zum Führer ist … Selbstverständlichkeit, daß Sie mich danach nicht zu fragen brauchen."

terlichkeit«. *Unter faschistischer Herrschaft bestand mehr denn je die Möglichkeit, sich auch außerhalb der Familie zu betätigen.*

Staat und Partei schufen verschiedene Organisationen, in denen Frauen sich in kontrollierter Form an der Familienpolitik beteiligen konnten. Die Frauenorganisationen der Partei, die »NS-Frauenschaft« und das »Deutsche Frauenwerk«, richteten als einen ihrer ersten und wichtigsten Arbeitsbereiche den »Reichsmütterdienst« ein, und die »NS-Volkswohlfahrt« baute das »Hilfswerk ‚Mutter und Kind'« auf.

Obwohl die Reichsfrauenführung in ihren Entscheidungen durchaus nicht autonom war, hatten die NS-Frauenorganisationen dennoch einen eigenen Bereich zu organisieren: Ihnen oblag die Betreuung und »Lenkung aller fraulichen Arbeitsgebiete innerhalb eines Volkes«[24]. Der »Reichsmütterdienst« hatte als wichtigste Aufgabe die Mütterschulung durchzuführen. Hier konnten sich Frauen durch praktische Erprobung Fertigkeiten in der Haushaltsführung und Kinderversorgung aneignen. Es wurde nämlich beklagt, daß Frauen ihre Arbeit in der Familie oft nicht zur Zufriedenheit erfüllen konnten, da es ihnen an Qualifikationen fehlte. Dies empfanden auch manche Frauen selbst als Mangel, wie zum Beispiel aus einem Bericht von Gretel B. hervorgeht: »Eines Tages fand ich in der Zeitung den Hinweis, daß sich Frauen im Pestalozzi-Fröbel-Haus ... zur Meisterhausfrau ausbilden lassen könnten. Das war was für mich, denn ich hatte es schon immer als Manko empfunden, ohne Vorbereitung nach meiner Tätigkeit im Kinderheim zu heiraten.«[25]

Hausarbeit und Kindererziehung blieben nicht länger Tätigkeiten, deren Ausübung man dem »gesunden Menschenverstand« überließ. Die Arbeitsbereiche des »Reichsmütterdienstes« wurden in kurzer Zeit weiter ausgedehnt, und bis in die Kriegszeit stieg die Zahl der Schulungskurse ständig an. Bis Mitte 1937 hatten bereits über eine Million Frauen Schulungskurse besucht. Unter der Führung von bezahlten oder ehrenamtlich tätigen Frauen sollte sich über freiwillige Selbstbeteiligung die »Rationalisierung des Alltagslebens« durchsetzen. Dies knüpfte einerseits an die Tradition der Frauenbildung an, andererseits stand sie im Zusammenhang mit der vom NS-Staat verfolgten Senkung der Fürsorgekosten.

In der Literatur zum Frauenleben im Nationalsozialismus wird vielfach hervorgehoben, daß diese Schulungskurse bürgerliche Frauen und Arbeiterinnen nicht erreicht hätten[26]. Dennoch haben viele Frauen an ihnen teilgenommen. Auch das oft angeführte Argument, Frauen hätten diese Kurse sicher nicht als überzeugte Nationalsozialistinnen verlassen, greift zu kurz, um deren Bedeutung fassen zu können. *Zustimmung stellt sich vor allem auch über selbstverantwortliche Tätigkeit her.* Nicht

23 H. Schemm: Der rote Krieg. Mutter oder Genossin. O.O.u.J., S. 61.

24 Vgl. Reichsfrauenführung (Hg.): Nationalsozialistische Frauenschaft. Berlin 1937, S. 17.

25 Meisterhausfrau. Brief von Gretel B. In: G. Szepansky: ‚Blitzmädel', ‚Heldenmutter', ‚Kriegerwitwe'. Frauenleben im Zweiten Weltkrieg. Frankfurt 1986, S. 87.

26 Vgl. J. Stephenson: Nationalsozialistischer Dienstgedanke, bürgerliche Frauen und Frauenorganisationen im Dritten Reich. In: »Geschichte und Gesellschaft«, Nr. 7/1981, S. 558; S. Dammer: Kinder, Küche, Kriegsarbeit. Die Schulung der Frauen durch die NS-Frauenschaft. In: Frauengruppe Faschismusforschung, a.a.O. (Anm. 3), S. 239.

„Ich habe eine komische Tour, ein Junggesellenhaus! Dem einen mußte ich 'n Knopp annähen, dem andern ein Spiegelei machen, und wieder einer bat mich, jeden Morgen zu klingeln, da er sonst die Bürozeit verschläft!"

nur die Folgewirkungen sind entscheidend. *Indem Leiterinnen und Teilnehmerinnen gemeinsam die Schulungskurse bestritten, lebten sie bereits die Vorstellung eines »weiblichen Lebensraumes«.*

Ähnlich verhält es sich auch mit dem »Hilfswerk ‚Mutter und Kind'«, 1934 von der NSV gegründet. Die Ziele des Hilfswerks bestanden in der Erhaltung der Familien, der Senkung der Fürsorgekosten und der Förderung von Geburten. Durch vorrangig ehrenamtliche Mitarbeit vor allem von Frauen sollten diese Ziele in den örtlichen Beratungsstellen durch die »Erziehung zur Selbsthilfe« verwirklicht werden. Besondere Aufmerksamkeit richtete sich auch hier auf die Mütter als zentrale Personen der Familie. Im Mittelpunkt der Arbeit stand die fürsorgerische Betreuung von werdenden Müttern und Wöchnerinnen. Darüber hinaus wurden »Müttererholung« und »Mütterfreizeit« organisiert, Kinderkrippen, -tagesstätten und Horte eingerichtet und »Kinderlandverschickungen« veranstaltet. Es standen hier nicht nur die Frauen, sondern die ganze Familie im Blickpunkt. Die Fürsorgerinnen der NSV griffen dort ein, wo ein Familienzusammenhalt nicht mehr gewährleistet schien. Aber auch hier wandte man sich zuallererst an die Frauen als Verantwortliche der Familien[27].

An dieser Stelle ist die Absicht der Nationalsozialisten von besonderem Interesse, mit diesen Organisationen »der allgemeinen, wesensmäßigen Hilfsbereitschaft der Frauen konkrete Ziel- und Ansatzpunkte zu aktiver Hilfeleistung zu geben«[28]. Denn es waren vor allem Frauen, die durch teils bezahlte, überwiegend aber unbezahlte Arbeit den Aufbau und die Aufrechterhaltung der »Hilfsdienste« ermöglichten. Solche Selbstorganisation im Rahmen vorgesteckter Ziele war eines der Angebote der NS-Politiker, sich als Frau auch im öffentlichen Bereich zu betätigen und für viele Frauen sicher attraktiv. Renate Finckh beschreibt dies beispielsweise für ihre Mutter: »Mama war nach der Machtergreifung der NS-Frauenschaft beigetreten. Dort wollte sie in der Volksgemeinschaft mitarbeiten. ... Sie wollte etwas für die soziale Gerechtigkeit tun. Deshalb wurde sie ehrenamtliche Fürsorgerin. ... Ich hörte oft bei Tisch, wie viele Ämter sie bewegt hatte, um Familien, die nur ein Zimmer bewohnten, eine bessere Bleibe zu verschaffen.«[29]

Da es aber auch kritische oder ablehnende Stimmen zu dieser Organisationsarbeit gegeben hat, ist zu fragen, ob der »weibliche Lebensraum« nicht auch ein von Nationalsozialistinnen erkämpfter »Freiraum« gewesen ist. Ein Indiz für diese Vermutung ist folgende Äußerung aus einem Artikel zum »Hilfswerk ‚Mutter und Kind'«, der anonyme Autor fordert hier die stärkere Beteiligung von Männern am Hilfswerk: »Die Frauen, die von dem Willen zu neuer Volkswerdung durchdrungen und erfüllt sind, wollen diese Verantwortung tragen. Trotzdem bleibt die

Frage: wäre es nicht staatspolitisch wichtig und sachlich gerechtfertigt, auch die Mitverantwortung des Mannes im Programm eines solchen Aufbauwerkes durchklingen zu lassen?«[30]

Faschistische Familienpolitik beinhaltete im Kern den Versuch einer Reorganisation der Geschlechterverhältnisse durch die Organisation von Selbstunterstellung unter den NS-Staat. Hierzu bedienten sich die faschistischen Politiker verschiedener ideologischer Angebote für Frauen. Von staatlicher Seite aus wurden die Frauen zu Verantwortlichen der Familien bestimmt, womit deren Einbindung und die Festschreibung geschlechtlicher Arbeitsteilung einherging. Die Autoritätsvermehrung innerhalb der Familien tauschten sich Frauen mit einem Machtverlust außerhalb des familialen Bereiches ein. Um sie dennoch in gesellschaftliches Geschehen, d.h. in die »Volksgemeinschaft« integrieren zu können, konstituierten die Faschisten den »weiblichen Lebensraum«. Dieser verhieß den Frauen über die Familie hinaus Bedeutung, verpflichtete sie jedoch gleichzeitig auf Tätigkeiten im Bereich der »Produktion des Lebens« und beinhaltete damit wiederum eine Beschränkung. Über die »völkische Mütterlichkeit«, mit der Mutterschaft und mütterliches Verhalten als Politik der Frauen artikuliert wurde, verschloß sich ihnen die »große Politik« und der Staat. Um ihnen dennoch konkrete Betätigungsmöglichkeiten anzubieten und damit den »weiblichen Lebensraum« tatsächlich erfahrbar zu machen, überließen die Nationalsozialisten den Frauen die selbständige Organisation der »Produktion des Lebens«. Dies jedoch im Rahmen vorgefaßter Ziele, was gleichbedeutend war mit dem Versuch einer zunehmenden staatlichen Kontrolle eben jenes Bereiches, der den Frauen traditionsgemäß als von Natur aus zu ihnen gehörig zugesprochen war.

Die Nationalsozialisten griffen bei der Artikulation ihrer ideologischen Anrufungen immer auf Vorhandenes zurück, und dennoch veränderten sie: Die neue Qualität der Familienpolitik bestand zum einen in der Transformation dieser in Staatspolitik. Zum anderen wies sie aber durch ihre rassistische Fundierung über bürgerlich-traditionelle Familienvorstellungen hinaus, obwohl diese aufgegriffen und verarbeitet wurden. Mit der Anerkennung und Hervorhebung der unbezahlten Arbeit von Frauen in den Familien und im sozialen Bereich als gesellschaftlich notwendig, lösten sie auf ihre Weise Forderungen ein, die schon von der bürgerlichen Frauenbewegung in der Weimarer Republik erhoben worden waren. Auch veränderte sich die Politik der Faschisten während ihrer Herrschaftszeit durch die Kämpfe unterschiedlicher Interessengruppen innerhalb der NS-Führung. So versuchten auch die nationalsozialistischen Frauen ihre Vorstellungen durchzusetzen, und dort,

27 Vgl. M. Lück: Die Frau im Männerstaat. Frankfurt 1979, S. 112ff.
28 Ebd.
29 R. Finckh: Mit uns zieht die neue Zeit. Baden-Baden 1979.
30 ‚Mutter und Kind', das Hilfswerk der NSV. In: »Zentralblatt für Jugendrecht und Jugendwohlfahrt«, XXVI/1934, S. 90.

wo es den Pragmatikern aus ökonomischen und machtpolitischen Gründen nützlich schien, wurden sie in die offizielle Politik eingebaut. Festgehalten werden kann, daß es »*die* faschistische Familien- und Frauenpolitik« nicht gegeben hat. Dies und das Aufgreifen von Frauenproblemen mit dem Versprechen, sie zu lösen, sind Ansatzpunkte für das Begreifen der Attraktivität faschistischer Familienpolitik. Mit der gängigen Vorstellung von Indoktrination und Manipulation von Frauen durch die NS-Ideologen kann diese nicht verstanden werden. Dies kann im Gegenteil dazu führen, daß die Chance, die Geschichte der Frauenunterdrückung für den Kampf um Befreiung nutzbar zu machen, vertan wird. Denn geschlechtliche Arbeitsteilung und reaktionäre Familienpolitik dauern an ■

DIE VERDRÄNGUNG DER FEMME FATALE UND IHRER SCHWESTERN

Nachdenken über das Frauenbild des Nationalsozialismus

Gabriele Huster

Die Kontroverse um den angemessenen Umgang mit dem künstlerischen Erbe des Nationalsozialismus wurde kürzlich neu entfacht durch den Vorschlag des Kunstsammlers und Mäzens Peter Ludwig, die Werke eines Breker, Ziegler und Padua in die öffentlichen Schausammlungen der Museen zu integrieren. Die Frage, ob es sich bei diesen Objekten überhaupt um Kunst handle, wurde aus diesem Anlaß erneut aufgeworfen und von Künstlern und Museumsdirektoren mit Hinweis auf die ausschließlich ideologische Funktion und ästhetische Minderwertigkeit der Werke entschieden verneint[1].
Wenn die Kunsthistoriker Abschließendes gesagt zu haben glauben: welchen Sinn kann eine weitergehende Auseinandersetzung mit der NS-Kunst noch haben?
Ich erinnere mich an meine ersten Empfindungen bei der Betrachtung von NS-Bildern, speziell von Darstellungen nackter Körper. Der kunsthistorisch geschulte Blick erfaßt sofort, daß die Künstler sich kräftig bei klassischen Vorbildern der Antike und Renaissance-Kunst bedient haben. Auf dem Körper eines griechischen Gottes sitzt der Kopf eines martialischen »arischen« Kämpfers, »Venus« trägt eine modische Dauerwellenfrisur. Die Art und Weise, wie Elemente der normativen Ästhetik vergangener Epochen mit ästhetischen Idealvorstellungen des Nationalsozialismus verknüpft wurden, läßt die Figuren so peinlich bemüht erscheinen, lieferte sie schon damals tenden-

1

2

ziell der Lächerlichkeit aus, wie der Beiname »Meister des deutschen Schamhaares« zeigt, der dem Maler Adolf Ziegler verpaßt wurde. Ist einer Kunst, die sich so willig zum Instrument faschistischer Politik machen ließ, allein mit Hohn und Spott der Nachgeborenen beizukommen? Lohnt sich ein weitergehendes Bemühen um den Nachweis ihrer Verschränkung mit der faschistischen Ideologie?

Die Bilder lösten bei mir neben dem vernichtenden ästhetischen Werturteil noch etwas anderes aus: Beklommenheit, die sich in Empörung äußerte. Die weiblichen Akte widerspiegelten ein Schema, das ich aus ureigener Körpererfahrung kannte, wiedererkannte: »Brust raus, Bauch rein!«, Luft anhalten, sich einem imaginären taxierenden Blick aussetzen. Die weiblichen Gesichter zeigen das dazugehörige Empfinden, das in seltsamem Widerspruch steht zu den vorgegebenen Szenen der Geschlechterbegegnung in paradiesischen Idyllen: unterwürfige Blicke, keine Spur von Selbstbewußtsein oder Stolz, etwa auf den schönen Körper; sie drücken ein Gefühl aus, als ob sie bestenfalls eine unverdiente Gnade durch den Mann zu erwarten hätten. Die Männer kalt und streng, nahezu verächtlich, mit »dem Blick eines Viehschätzers«, wie Hinz im Hinblick auf den »Paris« von Ivo Saliger treffend formulierte *[1974a, 91]*. Das Bewährteste aller Mittel, den Mann zu »erweichen«, die Schönheit eines weiblichen Körpers, versagt.
Kalt und streng kenne ich meinen Vater, unterwürfig meine Mutter im Verhältnis zu ihm. Sind die Bilder eine Spur zum Verständnis meiner durch den Faschismus beschädigten Eltern? Diese persönlich motivierte Fragestellung war der Ausgangspunkt für mein Interesse an der NS-Sexualpolitik und deren Widerspiegelung in der Kunst.

Wie verhält sich das NS-Frauenbild zum traditionellen, dem in den Gegensatz von »Mutter« und »Hure« aufgespaltenen Frauenbild? Die Frau als Mutter ist zweifellos das ideologische Leitbild schlechthin, dessen Propagierung nicht zuletzt die bildenden Künste betrieben[2]. Die »Hure« erscheint modifiziert in Gestalt der auffallend zahlreichen weiblichen Aktfiguren, die vorgeben, den sexuellen Appetit des Mannes anregen zu wollen, aller diesbezüglichen Anstrengungen zum Trotz aber prüde und asexuell wirken. Darin unterscheiden sie sich von ihren Vorgängerinnen aus der Salonmalerei des 19. Jahrhunderts, die immerhin noch »glaubwürdige« Lustobjekte waren. Ein drittes Frauenbild, das seit der Kunst des Symbolismus als mögliche Alternative zu Mutter und Hure immer populärer geworden war, tritt in der NS-Kunst gar nicht mehr in Erscheinung. Es handelt sich um das Motiv der »Femme fatale«. Wofür stand es und warum wurde es ausgeschaltet?

3

4

»Ja, ich weine, obwohl ich ein Mann bin.
Aber hat ein Mann keine Augen? Hat er nicht
Hände, Glieder, Sinne, Neigungen, Leidenschaften?
Lebt er nicht von der gleichen Nahrung,
wird er nicht von den gleichen Waffen verwundet,
vom gleichen Sommer und Winter gekühlt und erwärmt
wie ein Weib?
Wenn ihr uns stecht, bluten wir nicht?
Wenn ihr uns kitzelt, lachen wir nicht?
Wenn ihr uns vergiftet, sterben wir nicht?
Warum sollte ein Mann nicht klagen,
ein Soldat nicht weinen dürfen?
Weil es unmännlich ist. Warum ist es unmännlich?«[3]

Dieses Zitat aus August Strindbergs Drama »Der Vater« ist ein Eingeständnis männlicher Sehnsucht nach »unmännlichen« Eigenschaften und damit beispielhaft für die Krise des Männlichkeitswahns um 1900, die sich in der Kultur der »Décadence« massenhaft Ausdruck verschaffte.
Ein hybrider, übersteigerter Männlichkeitsbegriff verpflichtete den Mann auf die Werte Ratio, Leistung und Triebbeherrschung, verbot ihm Subjektivität und nährte auf diese Weise sein Selbstverständnis als Heros von Zivilisation, Kultur und Fortschritt. Geistigkeit wurde identisch gesehen mit Männlichkeit; die Frau blieb, was sie während des gesamten Zivilisationsprozesses aus patriarchalischem Blickwinkel gewesen war: Repräsentantin der Natur.
Das Bild der Hure, die dem Mann ein sporadisches Ausleben seiner Triebwünsche nur um den Preis der Selbsterniedrigung gestattete, wie auch das entsexualisierte bürgerliche Frauenbild sind Ausdruck einer gravierenden Abwertung des Sexuellen, spiegeln den Konflikt des »geistigen« Mannes mit seiner Geschlechtlichkeit. Die »Femme fatale« ist eine masochistische Phantasie des Mannes, ein Ausweg aus der Sackgasse, in die die Aufspaltung des Frauenbildes seine Triebwünsche geführt hatte. Als »Belle Dame sans Merci«, als sphingisches »Rätsel Weib«, als eine den Mann quälende, ihn seinen Sinnen ausliefernde Hetäre – Judith, Salome, Delila, Messalina – wird sie zu einem beherrschenden Thema der Kultur des Fin de siécle.
Sie verkörpert den entfesselten Geschlechtstrieb und reagiert damit auf die heimlichen Wünsche ihrer Schöpfer nach triebhafter Regression und Preisgabe heroischer Männlichkeit. Vom Bild der Hure unterscheidet sich die »Femme fatale« dadurch, daß sie den Mann beherrscht.
Erstmals tritt die Frau als Subjekt der Geschlechterbeziehung, als der sexuell fordernde, über-fordernde Teil auf. Indem es die

Abb. 1
Ivo Saliger, *Das Urteil des Paris*, »Große Deutsche Kunstausstellung« 1939
Abb. 2
Adolf Ziegler, *Das Urteil des Paris*
Abb. 3
Ivo Saliger, *Die Rast der Diana*
Abb. 4
Johann Schult, *Erwartung*

5

6

Frau weiterhin mit Natur gleichsetzt, reproduziert das Bild der »Femme fatale« zwar patriarchalische Geschlechtsmetaphysik. Andererseits antizipiert es aber Erscheinungsweisen der Frau jenseits des ihr vom Patriarchat verordneten Kulturcharakters, nämlich ihre Nichtmehrverfügbarkeit als sexuelles Objekt, und trifft sich darin mit den Forderungen der Frauenbewegung nach sexueller Emanzipation.
Vermittelt über das gefährliche Objekt ihrer Begierde, die kastrierende, todbringende, verschlingende Frau, arbeiten sich die Künstler an einem sie selbst zentral betreffenden Thema ab. Es ist die Krise des Männlichkeitswahns, der Ambivalenzkonflikt von Abwehr und Verlangen, Angst und Lust, die Revolte des Lustprinzips gegen die in bürgerlichen Zwängen erstickende Gesellschaft im allgemeinen, gegen die dem Mann aufgezwungene heroische Rolle im besonderen.
Die Krise des übersteigerten Männlichkeitsbegriffs und die Selbstbestimmungsforderungen der Frauenbewegung treffen auf dramatische Weise zusammen: Der Mann will »zurück zur Natur«, zur »Großen Mutter«, die Frauen wollen endlich heraus aus dem Naturgehege, Subjekte werden. Aus diesem Konfliktpotential entsteht um 1900 die »sexuelle Frage«, die zusammen mit der seit der Mitte des Jahrhunderts virulenten »sozialen Frage« die Schwachstelle der bürgerlichen Gesellschaft bezeichnete und als Bedrohung der herrschenden Verhältnisse wahrgenommen wurde. Das Hervorzerren des Tabuisierten in der Kultur der »Décadence« trifft auf die vehemente Ablehnung der Verfechter des männlichen Souveränitätsanspruchs. In der Tradition Nietzsches beschwören sie den Verfall abendländischer Kultur, sollte es nicht gelingen, der »Feminisierung« des Mannes Einhalt zu gebieten und die Frauen an ihre traditionellen Rollen zu binden.
Die Möglichkeit einer sexuellen Emanzipation der Frau wurde nicht als Chance, als Ausweg aus der Krise begriffen, sondern im Gegenteil, als Bedrohung. Statt Abbau der Geschlechterhierarchie und Revision des hybriden Männlichkeitsbegriffs erfolgte dessen nochmalige Übersteigerung in Form von pathologischem Frauenhaß und Sexualangst.
Einen Höhepunkt in dieser Hinsicht bildet das Werk des Juden Otto Weininger, »Geschlecht und Charakter« *[1903]*. Es wurde in sechs Sprachen übersetzt und bis 1920 jährlich neu aufgelegt. »Der tiefststehende Mann steht noch unendlich hoch über dem höchststehenden Weibe« *[ebd., 343]* und: »Das Bedürfnis, selbst koitiert zu werden, ist zwar das heftigste Bedürfnis der Frau, aber es ist nur ein Spezialfall ihres tiefsten, ihres einzigen vitalen Interesses, das nach dem Koitus überhaupt geht; des Wunsches, daß möglichst viel, von wem auch immer, wo immer, wann immer, koitiert werde.« *[Ebd., 349]*
Die Frauen sind für Weininger das nichtwürdige Geschlecht,

7

8

9

Abb. 5
Ernst Liebermann, *Auf einsamer Höhe*
Abb. 6
Max Liebermann, *Simson und Delila,* 1901
Abb. 7
Edvard Munch, *Marats Tod,* 1907
Abb. 8
Edvard Munch, *Asche,* 1894
Abb. 9
Elk Eber, *So war SA,* vor 1937

die Juden die nichtswürdige – weil triebbestimmte, ungeistige – Rasse. Der nicht-jüdische, geistige Mann kann seine Reinheit nur durch völlige sexuelle Enthaltsamkeit wahren. Den Geschlechtsakt verweist Weininger denn auch »in das Reich der Säue« *[ebd., 318].*
Karl Kraus, August Strindberg und andere Autoren huldigten Weininger nach dessen Selbstmord 1903 in der »Fackel«[4]. Der folgende Nachruf von Karl Bleibtreu ist besonders bemerkenswert: »Weininger's Ruhm trotz jugendlicher Überspanntheit des Bogens beruht (...) darauf, daß er das Weib als Pflegerin des Naturtriebs und das Judentum als Hohepriester alles Sexuellen und Anti-Transzendentalen entlarvt und vor diesen Verbündeten, die sich das 19. Jahrhundert unterwarfen, die Zukunft warnt. Hier sehen wir also in Weininger, dem Juden, den echten deutschen Idealisten, von welchem unzählige Urgermanen abgefallen, wieder sein Haupt erheben. (...) Friede und Ehre seinem Andenken!«[5] Kurz vor seinem Tod notierte Weininger in sein Tagebuch: »Der Haß gegen die Frauen ist immer noch nicht überwundener Haß gegen die eigene Sexualität.«[6] Diese als verspäteter Widerruf zu wertende Erkenntnis im Angesicht des Todes hat der Popularität seines Werkes nichts mehr anzuhaben vermocht. Seine zentralen Aussagen zum Geschlechterverhältnis scheinen in der Männerbundideologie des Faschismus wieder auf.
Eingehend widmet sich Alfred Rosenberg, einer der führenden Theoretiker der NS-Weltanschauung, in seinem Hauptwerk »Der Mythus des 20. Jahrhunderts« der geplanten Neuorganisation des Geschlechterverhältnisses: »Das Weibchen ist Weib kraft einer gewissen Fähigkeitslosigkeit (...) sie ist die Folge des auf das Pflanzenhafte und auf das Subjektive gerichteten Wesens. Es fehlt der Frau aller Rassen und Zeiten die Gewalt einer sowohl intuitiven als geistigen Zusammenschau.« *[1930, 483]* Vom ungeistigen weiblichen Geschlecht wird im idealen Männerstaat Unterordnung verlangt. Die männerbündische Position definiert den »arischen« Mann als Kämpfer, die »arische« Frau als Arterhalterin und -vermehrerin. Rosenbergs »Mythus« ist über weite Strecken eine »Abrechnung« mit dem Judentum, dem Marxismus, Liberalismus und der Frauenbewegung. Seine Rassenlehre stützt sich auf frühgeschichtliche Mythen und die antike Geschichte. So konstruiert er eine ideelle und rassische Gemeinsamkeit zwischen den »Ariern« des 20. Jahrhunderts und den Griechen des heroischen Zeitalters *[ebd., 44f.].*
Die dem Überwinder der alten ursprünglichen Götterwelt und Lichtgott Apoll huldigenden Griechen, ein »nordisches, asexuelles, heldenhaftes Geschlecht« seien durch Geschlechtsvermischung mit vorderasiatischen und afrikanischen Eindringlingen aufgeweicht, verunreinigt und schließlich

10

11

überwuchert worden. Diese fremden Stämme hingen dem Gott Dionysos an, auch ein »Vatergott« zwar, aber »Gott der Toten«, dessen Gesetz auf endloser Geschlechtsbefriedigung und Rassenvermischung basierte. Lichtbetonte Männlichkeit des Apoll verbindet sich mit erdhafter, hetärenhafter Ekstatik des Dionysos. Ergebnis ist die Herrschaft des »Bastardtums« über den ganzen Mittelmeerraum. Erbe der »dionysischen« vorderasiatischen Auffassung sind die Juden des 20. Jahrhunderts. Im Verbund mit Marxisten, Demokraten und Frauenrechtlerinnen propagierten sie sexuelle Freizügigkeit und strebten durch Anarchie die Auslöschung des männlich-»arischen« Staates an. Dem »Arier« muß das Schicksal des Griechen erspart bleiben, im Strudel dionysischer Geschlechtlichkeit zugrunde zu gehen.
Ein entscheidendes Instrument zur Sicherung der »Reinheit des Volkskörpers« ist die Kontrolle weiblicher Sexualität. »Die Vermischung mit fremden Rassen muß für die deutsche Frau zur körperlichen und seelischen Unmöglichkeit werden.« *[Gottschewsky 1934, 71]* Die von den Sozialistinnen und vom linken Flügel der bürgerlichen Frauenbewegung vertretene Forderung nach sexueller Selbstbestimmung wird folgerichtig auf das Schärfste attakiert: »(...) Abtreibung (...) gehöre ebenso auch zu den Rechten, zur physischen Freiheit des Weibes (...). Die Wissenschaftler der Frauenentfesselung befinden sich mit ihrem begeisterten Gefolge also wieder in schönster Einheitsfront mit der gesamten auf Zersetzung und Vernichtung unserer Rasse abzielenden Politik der Demokratie und des Marxismus. Aus dem Recht auf absolute persönliche Freiheit folgt notwendig auch die Aberkennung rassischer Schranken. Die ‚Emanzipierte' darf für sich das Recht auf Verkehr mit Niggern, Juden, Chinesen in Anspruch nehmen, und aus der Frau, als der berufenen Erhalterin der Rasse, wäre dank der Emanzipierten die Vernichterin aller Grundlagen des Volkstums geworden.« *[Rosenberg 1930, 505]*
»Gebären die Frauen einer Nation Neger- oder Judenbastarde, geht die Schlammflut von Nigger‚kunst' weiter so ungehindert über Europa hinweg wie heute, darf die jüdische Bordell-Literatur weiterhin noch ins Haus gelangen wie jetzt, wird der Syrier vom Kurfürstendamm auch fernerhin als ehemöglicher Mann betrachtet, dann wird einmal der Zustand eintreten, daß Deutschland (und ganz Europa) in seinen geistigen Zentren nur von Bastarden bevölkert sein wird. Mit der Lehre von der erotischen ‚Wiedergeburt' greift der Jude heute – und zwar auch mit Hilfe der Lehren der Frauenemanzipation – an die Wurzeln unseres ganzen Seins überhaupt.« *[Ebd., 510]*
Auch für die »modernen Empanzipierten« findet Rosenberg einen mythologischen Stammbaum: Sie setzen die Tradition der »durch Geschlechtsenthaltung rasend gewordenen« *[ebd.,*

485] Amazonen fort, die, von den Jasoniten unterworfen, in ein hemmungsloses Hetärentum verfielen, dem Jason durch die Errichtung der Ehe angeblich ein Ende setzte.
Die von Bachofen vertretene Hypothese von der Existenz früher mutterrechtlicher Gesellschaftsformen versucht Rosenberg durch die Behauptung zu entkräften, alle staatlichen Urformen seien auf Männerherrschaft gegründet gewesen. Nicht die Familie, sondern der männerbündische Zusammenschluß sei »Zelle« des Staates *[ebd.]*.
Wenn es den »Emanzipierten« gelingen sollte, ihr Ziel, die Errichtung der Frauenherrschaft zu erreichen, würde, da das Streben der Frauen in Wirklichkeit nicht nach dem Stimmrecht oder dergleichen, sondern nach dem schrankenlosen Ausleben ihrer Brunst ginge, der Untergang der »arischen« Rasse besiegelt: der »geile« Jude wäre an sein Ziel gelangt.
Einen Kausalzusammenhang zwischen Antisemitismus, Frauenhaß, Männlichkeitswahn und Sexualangst vermutete bereits Wilhelm Reich[7]. Das Gefürchtete wird in die fremde Rasse und in das als minderwertig erachtete Geschlecht hineinprojiziert. Sich selbst versteht der Männerbündler als asexuell, als Kämpfer im antik-appollinischen Sinn.
Wo ein männliches Geschlecht heranwachsen soll, »flink wie Windhunde, zäh wie Leder, hart wie Kruppstahl«, sind zärtliche und sinnliche Regungen hinderlich. Die libidonösen Energien sollen nicht mehr auf die Geschlechterliebe gerichtet sein; die nazistische Sexualpolitik versucht, die erotische Spannung aus dem Geschlechterverhältnis zu tilgen, um die Energien für kriegerische Zwecke einzubinden.
Frauen sind zum bloßen Werkzeug der Fortpflanzung abgesunken. Der Tribut des männlich-»arischen« Kämpfertypus an die niederen Sphären des Sexus besteht in seiner Pflicht zur Begattung. Die ihm dazu dienenden Frauen müssen ebenfalls weitgehend vom Makel des Geschlechtlichen befreit sein.
»52jähriger, rein arischer Arzt, Tannenbergkämpfer, mit Siedlungsabsicht, wünscht männliche Nachkommenschaft durch standesamtliche Ehe mit gesundem altarisch, jungfräulich jungem, anspruchslosem, auch für grobe Arbeit geeignetem, wirtschaftlichem Weibe mit breiten Absätzen, ohne Ohrringe, möglichst ohne Vermögen, Vermittler abgelehnt, Verschwiegenheit zugesichert. Briefe unter AEH 151094 an die M. Neueste N.« *[Zit. n. Hinz 1974a, 86]*

Zahlreiche im Faschismus entstandene Gemälde, vor allem die Aktdarstellungen Adolf Zieglers, Ivo Saligers und Ernst Liebermanns kommen dem männerbündischen Verständnis des Geschlechterverhältnisses nahe. Klinisch reine, nordische Schönheiten bieten dem Betrachter in willenloser Ergebenheit ihre »Bestformen«[8] feil. Trotz Hervorzeigens nackter Tat-

12

13

Abb. 10
Arthur Ressel, *Werdende Mutter*
Abb. 11
Georg Siebert, *Das Liebespaar*
Abb. 12
Carlos Schwabe, *Laune und Ideal*, 1896
Abb. 13
Max Klinger, *Opus XIII, Vom Tode II, 3, Philosoph*, 1898

sachen sind es sterile, unerotische Geschöpfe. Sie wenden sich an den »Tannenbergkämpfer« im Mann.

Der Diskurs über Frauenbefreiung und Geschlechterkampf, der die intellektuelle Öffentlichkeit jahrzehntelang in Atem gehalten hatte, reißt mit Machtübernahme der Faschisten ab. »Anarchie« lauerte unten: im Proletariat und im Sexus. Die Sprengsätze der bürgerlichen Gesellschaft, die »soziale« und die »sexuelle Frage« waren von dieser an die neuen Machthaber delegiert worden. Über die faschistische Rassentheorie suchten die Nazis, beide Fragen zu »erledigen«. Mit dem Begriff der »Volksgemeinschaft« suchten sie, die Klassengesellschaft zu leugnen, der sexuellen Not begegneten sie mit Repatriarchalisierung und einer spezifischen, über die Männerbund- und Rassenideologie abgestützten Sexualfeindlichkeit.

Die Bildwelten des Symbolismus und der »Décadence« hatten in ambivalenter Faszination dem dämonischen Geschlechtswesen Frau gehuldigt, das den »apollinischen« Mann von seiner Einseitigkeit erlösen und ihn gleichzeitig im Strudel der Geschlechtlichkeit vernichten konnte. Sie entsprachen damit einer Auffassung vom Liebesakt, nach der die Lust im Mann durch die Frau ausgelöst wurde, ihn in einen Abgrund riß und ihn dem wachen Bewußtsein entzog.

In der Malerei des Nationalsozialismus ist das Motiv der »Femme fatale« eliminiert. Seine mythologischen Personifikationen – die großen Hetären der antiken und biblischen Geschichte – tauchen unter den Themen der jährlich ausgestellten Kunstproduktion nicht mehr auf. Statt dessen wird der Mythos von der uneingeschränkten sexuellen Verfügbarkeit der Frau durch männerdominanzbehauptende Themen der mythologischen Tradition belebt. Die Liebesabenteuer des Zeus und das »Paris-Urteil« sind die beliebtesten Themen. In faschistischer Version liefern sie dem Mann die Frau zwar aus, aber sie verbieten ihm die Lust ■

1 Vgl. z.B. »Die Zeit«, Nr. 40 vom 26. September 1986 und »Süddeutsche Zeitung« vom 25./26. Oktober 1986.

2 Vgl. Chr. Groß/U. Großmann: Die Darstellung der Frau. In: *Ausstellungskatalog* Kunst im 3. Reich. Dokumente der Unterwerfung. Frankfurt 1974, S. 402f.

3 A. Strindberg: Der Vater. Stuttgart 1971, S. 48.

4 Vgl. »Die Fackel«, Nr. 144 (1903) und Nr. 157 (1904).

5 K. Bleibtreu, in: »Die Fackel«, Nr. 157 (1904), S. 19f.

6 Otto Weininger, zit. nach R. Berger: Malerinnen auf dem Weg ins 20. Jahrhundert. Kunstgeschichte als Sozialgeschichte. Köln 1982, S. 76.

7 W. Reich: Die Massenpsychologie des Faschismus. Köln 1971, S. 92; vgl. dazu auch K. Theweleit: Männerphantasien. 2 Bde. Reinbek 1980.

8 Der Ausdruck »Bestformen« ist folgenden Zitaten von A. F. Kauffmann (Die neue deutsche Malerei. Berlin 1941) entnommen: »Der menschliche Leib, die Aktdarstellung, wird eine Sache blutvollen Lebens. Man will in ihm die gesunde körperliche Basis, den biologischen Wert der Person als Voraussetzung jeder völkischen und geistigen Neugeburt vor Augen stellen. Es geht der Kunst um Leiber, so wie sie von Natur aus sein sollen, um Bestformen, um rein durchgebildeten Gliederbau, um gut durchblutete Haut, um den angeborenen Wohllaut der Bewegung und um sichtbare vitale Reserven, kurz, um eine moderne und deshalb fühlbare sportliche Klassizität.« *[Zit. nach Hinz 1974a, 97]*

Inszenierung der Macht: Hitlers »Berghof«

Hitlerhaus - Großes Arbeitszimmer mit Blick auf den Untersberg

Phot. L. Ammon 114

»Hier inmitten dieser großartigen Natur, die ein Sinnbild ist des menschlichen Geschehens, lebt der Führer, wenn er seine großen Reden ausarbeitet, die schon oft nicht nur dem Geschehen in Deutschland, sondern auch in der Politik der Welt einen neuen Anstoß oder eine neue Richtung gegeben haben.«

»Wie hier die Berge im Wandel der Jahrtausende ewig bleiben, so ewig wird auch das hier begonnene Werk des Führers durch Jahrtausende in seinem Volke weiterleben.«

(Der Führer in seinem Privatleben. Von Obergruppenführer Wilhelm Brückner. In: Adolf Hitler. Bilder aus dem Leben des Führers. Herausgegeben vom Cigaretten-Bilderdienst. Altona/Bahrenfeld 1936, S. 41, 43)

Die drei Ausblicke aus der Großen Halle des Berghofs Obersalzberg auf den Untersberg stammen, in der Reihenfolge, von 1938, 1939 und 1946.

CHAGALL AUF DEM HANDWAGEN

Die Vorläufer der Ausstellung »Entartete Kunst«

Karoline Hille

»Was die Deutschen Künstler von der neuen Regierung erwarten! Sie erwarten, daß Materialismus, Marxismus und Kommunismus ... politisch verfolgt, verboten, ausgerottet werden ... Auf dem Gebiete der bildenden Kunst bedeutet das: daß aus den Deutschen Museen und Sammlungen alle Erzeugnisse mit weltbürgerlichen und bolschewistischen Vorzeichen entfernt werden. Man kann sie vorher in einer Häufung der Öffentlichkeit vorführen, kann diese mit den dafür aufgewandten Summen, den Namen der dafür verantwortlichen Galeriebeamten und Kultusminister bekannt machen – worauf die Werke der Unkunst nur noch einen Nutzwert haben können: nämlich als Heizmaterial öffentliche Gebäude zu erwärmen.«[1]
Dieser Aufruf zum Bildersturm erschien bereits im März 1933 in der von der »Deutschen Kunstgesellschaft« unter Federführung von Bettina Feistel-Rohmeder herausgegebenen »Deutschen Kunstkorrespondenz«. Weiter wurde verlangt, daß das neue Regime die in diesem Kampf seit langem erprobten völkischen Kräfte in die vorderste Reihe stellte.
Schon 1920 war diese Gesellschaft in Dresden gegründet worden mit dem Ziel, die alten Schutz- und Kampfbünde zu gemeinsamer Aktion gegen die »Verrottung der Kunst« für eine »rein deutsche«, dem »deutschen Wesen« entsprechende Kunst zusammenzufassen[2]. Aber erst 1926 gelang der Durchbruch. Die »I. Internationale Kunst-Ausstellung« in Dresden rief

solche Empörung in völkischen Kreisen hervor, daß die »Kunstgesellschaft« öffentlich auftreten konnte und auch finanziell unterstützt wurde.

Mit diesen Geldern wurde die Herausgabe eines Kunstnachrichtendienstes ermöglicht, der »Deutschen Kunstkorrespondenz« (später »Deutscher Kunstbericht«) und einer Zeitschrift, der »Deutschen Bildkunst«. Etwa 100 Zeitungen bezogen vom Pressedienst der »Kunstkorrespondenz« ihre Kunstnachrichten, in denen auf übelste Weise zum Kampf gegen den »Terror des Kunstbolschewismus« aufgerufen wurde. Ihre volle Schlagkraft erhielt diese völkische Sturmtruppe 1930 durch den unter Führung der »Deutschen Kunstgesellschaft« in Weimar gegründeten »Führer-Rat der Vereinigten Deutschen Kunst- und Kulturverbände«, dem bald 17 Organisationen mit ca. 250000 Mitgliedern angehörten, u.a. die Ortsgruppen Dresden und Karlsruhe des »Kampfbundes für nationalsozialistische Kultur« und dessen Organ die erweiterte »Deutsche Bildkunst« wurde. Wichtige Mitarbeiter und Mitglieder waren der Rasseforscher Dr. Hans Günther, der Industrielle Kirdorf (beide ab 1929), und schon seit 1928 Alfred Rosenberg, der Vorsitzende des im selben Jahr gegründeten »Kampfbundes für nationalsozialistische Kultur«[3], und Paul Schultze-Naumburg. Hinzu kam 1930 der Karlsruher Akademie-Professor Hans Adolf Bühler, ab 1932 künstlerischer Leiter der »Deutschen Kunstgesellschaft«. Die Verflechtungen zwischen dem »Kampfbund« als (wenn auch verdeckter) nationalsozialistischer Kulturorganisation und der »Kunstgesellschaft« als wichtigstem Sammelbecken der völkischen Reaktion sind offensichtlich, zumal letztere 1929 ihren Beitritt zum »Kampfbund« öffentlich erklärte.

In Zwickau gelang den beiden Organisationen 1930 der erste spektakuläre Erfolg. Durch eine beispiellose Hetzkampagne erreichten sie die Entlassung des Museumsdirektors Dr. Hildebrand Gurlitt. Auch die erste Aktion gegen die moderne Abteilung eines Museums fand in diesem Jahr statt, drei Jahre vor der »Machtergreifung« der Nazis also. Im Weimarer Schloßmuseum ließ der nationalsozialistische thüringische Innen- und Volksbildungsminister Wilhelm Frick die gesamte Moderne magazinieren, unter ihnen Bilder von Klee, Kokoschka, Nolde, Kandinsky, Feininger, Schlemmer, Marc, Heckel, Barlach und Schmidt-Rottluff.

Unter der Überschrift »Säuberung des Weimarer Museums vom Kunstbolschewismus« schrieb der »Völkische Beobachter« am 1./2. 12. 1930: »Der Nationalsozialismus aber wird nicht ruhen, bis er seine Weihestätten wieder zu dem gemacht hat, was ihr Name bedeutet. Das Weimarer Museum hat in dankenswerter Weise den Anfang gemacht und die Bresche geschlagen, in die bald weitere Galerien einrücken werden.« Drei

1 Zit. nach B. Feistel-Rohmeder: Im Terror des Kunstbolschewismus. Urkundensammlung des ‚Deutschen Kunstberichtes' aus den Jahren 1927–33. Karlsruhe 1938, S. 181ff.

2 Die Angaben zur Geschichte der »Deutschen Kunstgesellschaft« sind dem in Anm. 1 zit. Buch entnommen; vgl. dort S. 211–217.

3 Zur Geschichte des »Kampfbundes« vgl. bes. die ausführlichen Angaben bei H. Brenner: Die Kunstpolitik des Nationalsozialismus. Reinbek 1963, S. 7–21. Dieser Arbeit verdankt die Verfasserin auch sonst viele Hinweise und Einsichten.

4 Vgl. zu den Ereignissen in Thüringen von der Verfasserin: Beispiel Thüringen. Die ‚Machtergreifung' auf der Probebühne, 1930. In: *Ausstellungskatalog* 1933 – Wege zur Diktatur. Staatliche Kunsthalle Berlin 1983, S. 187–217.

5 »Mitteilungen des Kampfbundes für Deutsche Kultur«, Jg. 3, Januar/Februar 1931, S. 13; vgl. dazu auch »Deutsche Kunstkorrespondenz«, Hornung 1931, S. 3ff.; ebd., Ostermond 1931, S. 1.; ebd., Lenzing 1931, S. 4f.

6 P. Schultze-Naumburg: Kampf um die Kunst. München 1932, S. 10.

7 »Mitteilungen des Kampfbundes für Deutsche Kultur«, a. a. O. (Anm. 5).

Jahre später sollte sich diese Feststellung bewahrheiten. Ein weiterer Akt des Vandalismus fand fast gleichzeitig und ebenfalls in Weimar statt. Der gerade von Frick zum neuen Leiter des schon 1925 aus Weimar vertriebenen Bauhauses ernannte nationalsozialistisch-völkische Kunst-Ideologe Paul Schultze-Naumburg ließ noch in den Semesterferien die von Oskar Schlemmer 1923 im Vestibül des van-de-Velde-Baues geschaffenen Wandfresken und Reliefs vernichten[4].

Zusammengesehen weisen alle diese Ereignisse bereits deutlich den Weg bis 1937, dem Höhepunkt des nationalsozialistischen Bildersturms, zu dem das Vorspiel lange vor der realen Machtübernahme 1933 begonnen hatte.

Am 30. Januar 1931 hielt Paul Schultze-Naumburg, Ehrenmitglied der »Deutschen Kunstgesellschaft« und öffentlicher Förderer des »Kampfbundes für nationalsozialistische Kultur«, in der Münchener Technischen Universität zum ersten Mal seinen spektakulären Lichtbildervortrag mit dem Titel »Der Kampf um die Kunst«. Es folgte wegen des großen Interesses eine ganze Vortragsreihe; die begeisterten Anhänger lieferten sich Saalschlachten mit den Gegnern. Die Aggressionen wurden durch Bildvergleiche und eingängige Schlagworte angeheizt. Schultze-Naumburg zeigte in Dias, »wie in den Bildern der sogenannten Moderne die Hoheit des Menschentums niedergezogen wird, wie in zeichnerisch roher Andeutung vertiertes Untermenschentum dargestellt wird«[5], die Bilder wiederum verglich er mit Fotos von körperlichen Mißbildungen und stellte beide dem Typus des nordisch-heldischen Menschen, z. B. dem Bamberger Reiter gegenüber. In dem gleichlautenden Buch, ein Jahr später erschienen, geht Schultze-Naumburg noch einen Schritt weiter. Beim Anblick dieser Bilder könne man keine anderen Vorstellungen haben, so schreibt er dort, »als von grausam entstellten Menschen, wie wir sie in Kliniken, in Idiotenanstalten oder an Orten finden, wo sich Krankes und Verkommenes unseres Menschengeschlechts sammelt«[6].

Auch Barlach und Nolde fallen unter dieses Verdikt. Von hier aus ist es nur ein ganz kleiner Schritt zum direkten Vergleich moderner Kunst mit Bildern von Geisteskranken, wie es 1937 im Katalog der Ausstellung »Entartete Kunst« geschieht.

Es steht außer Frage, daß dieses Auftreten gegen die moderne Kunst massenwirksam gewesen ist: »In jeder echten Kunst spiegelt das Volk sich wider« und »Erkennen wir uns als Volk in dem, was man heute als Kunst uns anpreist?«[7] Man braucht diese eingängigen Sätze nur oft genug wiederholen, um der Zustimmung sicher zu sein. Schon 1923 hatte Hitler in seinem Buch »Mein Kampf« über Massenpsychologie und Propaganda geschrieben: »Die Aufnahmefähigkeit der großen Masse ist nur sehr beschränkt, das Verständnis klein, dafür jedoch die Vergeßlichkeit groß. Aus diesen Tatsachen heraus hat sich jede

Propaganda wirkungsvoll auf nur sehr wenige Punkte zu beschränken und diese schlagwortartig solange zu verwenden, bis auch bestimmt der Letzte unter einem solchen Wort das Gewollte sich vorzustellen vermag.«[8] Diese wirkungsvolle Art der Propaganda durch die rücksichtsloseste Diffamierung der Gegner half mit, auch auf kulturellem Gebiet jene Pogromstimmung zu schaffen, die das erste Jahr des Hitler-Faschismus mit seinen Machtkämpfen und Auseinandersetzungen bis zur endgültigen Konsolidierung kennzeichnen sollte.

Am 30. Januar 1933 ist es endlich soweit. Reichspräsident von Hindenburg beauftragt Hitler mit der Regierungsbildung. Von jetzt ab wird vom Terror nicht mehr nur geredet, es wird gehandelt. Schon am 4. Februar 1933 gibt es eine Presse-Notverordnung, die jede Kritik an der Regierung verbietet. SS, SA und Stahlhelm werden zur Hilfspolizei. Mitte des Monats zwingt man Käthe Kollwitz und Heinrich Mann, die beiden Mitunterzeichner des öffentlichen »Dringenden Appells« zur Aktionseinheit der Arbeiterklasse gegen den Faschismus, zum Austritt aus der Preußischen Akademie der Künste. Am 27. Februar brennt dann der Reichstag und liefert den Vorwand für die erste große Verhaftungswelle und für die Notverordnung »zum Schutze von Volk und Staat«, mit der das Grundrecht der persönlichen Freiheit, der freien Meinungsäußerung, die Pressefreiheit, Vereins- und Versammlungsrecht aufgehoben werden.

Noch bevor sich die faschistische Regierung mit dem »Ermächtigungsgesetz« vom 23. März selbst die Möglichkeit gegeben hatte, unter Ausschaltung von Reichstag und Verfassung zu handeln, und dem am 7. April verabschiedeten Gesetz »zur Wiederherstellung des Berufsbeamtentums«, das die »Entlassung von politisch-unzuverlässigen« und »nicht-arischen« Beamten sanktioniert, erlebte der »Terror gegen den Kulturbolschewismus« in Baden seinen ersten Höhepunkt. Der Direktor der Mannheimer Kunsthalle, G. F. Hartlaub, und Lilli Fischel von der Karlsruher Kunsthalle wurden gezwungen, ihre Ämter niederzulegen. Schon am 14. März hatte der zum Reichskommissar für Baden ernannte Gauleiter der NSDAP, Robert Wagner über die bereits geschehenen und zu erwartenden Aktionen in seinem Grundsatzreferat auf der ersten Sitzung der neuen Regierung gesagt: »Im Laufe der nächsten Wochen und Monate werden sich noch Dinge abspielen, die man nicht als gesetzmäßig ansehen kann, die nur im Zeichen der Revolution zu betrachten sind. ... Die nationale Bewegung muß im Fluß bleiben durch Demonstrationen, Kundgebungen ...«[9] Wie das auf kulturellem Gebiet aussehen sollte, hatte der »Führer-Rat« ja in aller Deutlichkeit in seinem eingangs zitierten Fünf-Punkte-Programm bereits vorgezeichnet. Nach einem Rundgang durch die Kunsthalle in Karlruhe am 16. März unter Führung des neuen Amtsinhabers Adolf Bühler und des Staatskommissars für Kultus und Unterricht, Dr. Otto Wacker, wurde einen Tag später im »Führer«, dem Gaublatt der NSDAP, eine Ausstellung über die »Kulturepoche von 1918–1933« angekündigt unter der Überschrift »Der Kulturbolschewismus wird beseitigt. Mißwirtschaft in der Kunsthalle. Die Bevölkerung selbst soll prüfen.«

Diese und die weiteren kurz aufeinander folgenden »Entarteten-Ausstellungen«, um deren wirkungsvollste Präsentation ein regelrechter Wettstreit stattfand, entsprachen dem offenen Straßenterror der SA, der der Einschüchterung der politischen Gegner diente und Mittel nationalsozialistischer Machtergreifungsstrategie war.

Sie wurden nicht zentral gesteuert, sondern gingen auf das Konto der auf kulturellem Gebiet schon jahrelang erfolgreich tätigen völkisch-nationalen Kräfte, repräsentiert durch die »Deutsche Kunstgesellschaft«, und der mit ihnen eng verflochtenen nationalsozialistischen Ortsgruppen des »Kampfbundes für nationalsozialistische Kultur«, auf dessen Schützenhilfe das nationalsozialistische System zu diesem frühen Zeitpunkt noch nicht verzichten konnte und derer sich Hitler erst nach Festigung der Macht entledigte.

Bühler und Wacker, die beiden maßgeblichen Initiatoren der Karlsruher Ausstellung, hatten im Frühjahr 1930 die Ortsgruppe des »Kampfbundes« gegründet. Bühler wurde Vorsitzender, Wacker Erster Schriftführer.

Durch die geschickte Einbeziehung der Bevölkerung, die zum Richter der ihr angeblich artfremden Kunst der Weimarer Republik, ganz im Sinne der oben erwähnten Vorträge von Schultze-Naumburg, ernannt wurde, konnte dem Unternehmen der Stempel plebiszitärer Herrschaft gegeben werden, der der Machtergreifung den Scheincharakter einer nationalsozialistischen Revolution verlieh.

Die Ausstellung mit dem Titel »Regierungskunst 1919–1933« wurde am 8. April eröffnet. Der Schwerpunkt dieser »Schreckenskammer der Kunst« lag dem Bestand der Kunsthalle entsprechend auf dem deutschen Impressionismus. Bühler hatte bei wichtigen Bildern Datum und Preis anbringen lassen und die Umrechnung der Inflationssummen bewußt unterschlagen. Diese wirkungsvolle Praxis, die die Verschwendung von Steuergeldern belegen sollte, wurde in der großen »Entarteten-Ausstellung« von 1937 wieder aufgenommen. Um die Sensationslust der Besucher weiter anzuheizen, richtete man ein »erotisches Kabinett« ein, in dem sich die Besucher auf Verlangen »obszöne« Blätter zeigen lassen konnten.

Den spektakulären Mittelpunkt bildete das »Familienbild« von Hans von Marées, dessen Ankauf 1932 zu heftigen Angriffen auf die Museumsleitung geführt hatte.

8 Zit. nach H. Hinkel: Zur Funktion des Bildes im deutschen Faschismus. Gießen 1975, S. 5f.

9 Zit. nach M. Koch: Kulturkampf in Karlsruhe. Zur Ausstellung Regierungskunst 1919–1933. In: *Ausstellungskatalog* Kunst in Karlsruhe. Badischer Kunstverein, Karlsruhe 1981, S. 102–128; das Zitat findet sich auf S. 104. Alle weiteren Angaben zur Karlsruher Ausstellung sind diesem sehr materialreichen Aufsatz entnommen.

10 Die These vom Vorbildcharakter findet sich zuerst bei P. O. Rave: Kunstdiktatur im Dritten Reich. Hamburg 1949, S. 24f.; vgl. dazu auch Brenner, a.a.O. (Anm. 3), S. 38.

11 Vgl. z.B. »Völkischer Beobachter«, 1. April 1933; die Ausstellung wurde vom Polizeipräsidenten aufgrund der »Verordnung zum Schutze von Volk und Staat« geschlossen.

12 Die Verselbständigungstendenzen der einzelnen Ortsgruppen des »Kampfbundes« sind beschrieben bei R. Bollmus: Das Amt Rosenberg und seine Gegner. Zum Machtkampf im nationalsozialistischen Herrschaftssystem. Stuttgart 1970, S. 34.

13 Vgl. Feistel-Rohmeder, a.a.O. (Anm. 1), S. 179ff.; und insbesondere das Sonderheft zur Ausstellung, »Deutsche Bildkunst«, H. 9/10, Mai-Brachet 1933.

Gegen diese These einer zentralen Lenkung und Organisation der folgenden Ausstellungen in Nürnberg, Dessau, Stuttgart, Chemnitz, und die These vom Vorbild der Karlsruher für diese weiteren »Schreckenskammern«[10] spricht nicht nur die rasche Aufeinanderfolge, deren vorläufigen Schlußpunkt die am 23. September in Dresden eröffnete Schau »Spiegelbilder des Verfalls« setzte, sondern auch die bei aller ideologischer Gemeinsamkeit unterschiedliche Akzentsetzung, die sich schon in den Titeln ausdrückte.

So nannte z.B. Graf Baudissin seine im Juni im Stuttgarter Kronprinzenpalais gezeigte Ausstellung »Novembergeist – Kunst im Dienste der Zersetzung«, mit der er allein schon durch die Auswahl der Bilder (Dix, Grosz, Beckmann, Felixmüller) den politischen Realismus der Weimarer Republik angreifen wollte.

Auch die späte Dresdner Ausstellung geht auf Beschlagnahmungen zurück, die bereits von März bis Mai 1933 in der Skulpturensammlung, der Neuen Galerie und im Stadtmuseum durchgeführt wurden.

Für die These, daß es sich bei diesen Ausstellungen und den anderen kulturpolitischen Aktionen – erinnert sei auch an die Schließung der Hamburger Sezessionsausstellung am 30. März wegen »Förderung des Kunstbolschewismus«[11] – um lokale Mobilisierungskampagnen handelte, die miteinander in keinem organisatorischen Zusammenhang standen[12], spricht auch die auffallende Zurückhaltung der überregionalen Presse. Selbst der »Völkische Beobachter«, in dem die kulturpolitischen Abrechnungen mit der verhaßten Systemzeit sonst einen breiten Raum einnehmen, erwähnt diese Ausstellungen nur am Rande. Diese Beobachtung steht in auffälligem Gegensatz zu der ausführlichen Berichterstattung in der Regionalpresse.

Wichtiger als die Karlsruher Schau, sowohl was die politische Stoßrichtung als auch die Präsentation und die propagandistische Stringenz betraf, war die vier Tage vor dieser, am 4. April eröffnete Ausstellung »Kulturbolschewismus« in der Mannheimer Kunsthalle, besonders auch deshalb, weil sie das unmittelbare Vorbild für die Münchener Ausstellung 1937 gewesen zu sein scheint.

Adolf Bühler, der für die Karlsruher Aktion verantwortlich zeichnete, die eher die Merkmale der völkischen Kampfbundtradition trug, war dann auch im Auftrag der »Deutschen Kunstgesellschaft Dresden« der Organisator der »I. Wanderausstellung rein Deutscher Kunst«, die Ostern 1933 in der Burg Dankwarderode bei Braunschweig eröffnet wurde[13].

Die »Schreckenskammer« in Mannheim, die vom kommissarischen Hilfsreferenten der Kunsthalle, dem Obertelegraphensekretär Pg. Gebele von Waldstein zusammengestellt wur-

de[14], sollte genau wie die Karlsruher bezwecken, »dem Volke gegenüber die Augen zu öffnen, wie mit seinen seelischen Werten Schindluder getrieben wurde. Die Bevölkerung hat hier Gelegenheit, selbst ein Urteil zu fällen.«

Unter Mitarbeit von Professor Beringer, dem Maler Karl Stohner und Dr. Gustaf Jacob war eine »Ausstellung von Bildern und Graphiken mit ausgesprochenem kulturbolschewistischem Charakter« zu sehen, die »mit erschreckender Deutlichkeit die steile Abwärtsbewegung in der Entwicklung der Kunst, hervorgerufen durch das maßgebliche Eindringen des Marxismus« zeigte, und die »an die niedrigsten Instinkte des Menschen« appellierte.

In beiden Ausstellungen sollte durch die Veröffentlichung der Ankaufspreise dokumentiert werden, »wie mit dem Gelde der Steuerzahler umgegangen wurde«, während die wahren deutschen Künstler leer ausgingen. »Angefangen bei der übelsten Rinnstein-Erotik eines George Grosz bis zum Kubismus eines Klee fand man so ziemlich alle Nuancen des Kulturbolschewismus vertreten, der es verdient, daß er mit aller nur denkbaren Brutalität ausgerottet wird.« Und weiter: »Beim Durchgehen der Schau wird dem deutschen Menschen erst so recht bewußt, daß es J u d e n und j ü d i s c h e K u n s t h a n d l u n g e n (Flechtheim, Cassirer, Dr. Tannenbaum) waren, die einem nach solchen Leistungen für die Kunsthalle als ungeeignet zu bezeichnenden Dr. Hartlaub ‚Werke' aufschwatzten, die Afterkunst darstellen und die Ästhetik eines gesunden Menschen in Harnisch bringen müssen.«[15]

Die ideologische und politische Stoßrichtung ist komplex. Der Angriff richtet sich nicht nur gegen den mit allen Mitteln bekämpften Marxismus, sondern auch ganz deutlich gegen die Juden und die bürgerlichen Vertreter und Sammler moderner Kunst – und gegen die Künstler natürlich. Der Vergleich von Bildern moderner Künstler mit denen Geistesgestörter wird in diesem Vorbericht des »Hackenkreuzbanner« offen diskutiert[16]. Die deutlich terroristische Forderung nach Ausrottung des »Kulturbolschewismus«, wie sie kurz vorher im Manifest der »Deutsch-Schaffenden« formuliert worden war, wird fast wörtlich aufgegriffen und zur Mobilisierung und Aufstachelung des »gesunden Volksempfindens« benutzt. Auf dem Höhepunkt dieser Hetzkampagne wurde Chagalls Gemälde »Rabbiner« im Triumph auf einem Handwagen durch die Stadt gezogen und in der Redaktion des »Völkischen Beobachters« als »Machwerk des Moskauer Juden« zur Schau gestellt[17]. Das Bildmaterial, das für diese Ausstellung zur Verfügung stand, war als Agitationsmaterial für diese Zwecke bestens geeignet, hatte doch Gustav Hartlaub jahrelang systematisch Werke fast aller Richtungen der modernen Malerei gesammelt. 64 Gemälde von so bekannten Künstlern wie Beckmann, Chagall, Dix, Grosz,

14 Daß es zu internen Auseinandersetzungen in der Mannheimer Kunsthalle über diese Ausstellung gekommen ist, belegen zwei Briefe aus den Akten der Kunsthalle. Der nach der Beurlaubung Hartlaubs zu seinem Vertreter ernannte Dr. Strübing verwahrt sich ausdrücklich dagegen, mit der Schau in Zusammenhang gebracht zu werden: »Ich möchte ausdrücklich betonen, daß die Ausstellung entgegen meiner Warnung und meinem wiederholten Einspruch ohne meine Beteiligung unter voller Verantwortung des der Kunsthalle beigegebenen Kommissars, Herrn Gebele von Waldstein, veranstaltet worden ist (...) Die Ausstellung macht keinen Unterschied zwischen Ankäufen der Kunsthalle und sogen. Unterstützungsankäufen, die lediglich zur Unterstützung unbemittelter Mannheimer Künstler aus einem besonderen Fonds gemacht wurden und die dazu bestimmt waren, in der Kunsthalle ausgestellt zu werden. Sie enthält ferner entgegen meinem Einspruch Blätter aus dem Ecce homo von George Grosz, der bisher unter Verschluß gehalten wurde (...)«.

15 Alle Zitate sind dem »Hackenkreuzbanner« vom 3. April 1933 entnommen.

16 Vgl. z. B. das »Hackenkreuzbanner« vom 20. April 1933: »Wer solche Kunst gestaltet, wer sie liebt, ist selbst verwirrten Wesens. Aber unsere Sammlungen sollen weder Krankenhäuser, noch Irrenanstalten sein (...)«.

17 Dieser Hinweis findet sich bei P. Sager: Comeback der Nazikunst? In: »Zeitmagazin«, Nr. 44, 24. Oktober 1986, S. 64.

Jankel Adler, Davringhausen, Ensor, Heckel, Hofer, Jawlensky, Kanoldt, Nolde, Modersohn-Becker, Pechstein, Rohlfs, Schlichter, Schlemmer u.a., zwei Plastiken und 20 Graphiken sind im Ausstellungsverzeichnis aufgeführt.

Weitere Merkmale der Ausstellungsgestaltung findet man 1937 wieder. »Man hat«, wie das »Mannheimer Volksblatt« vom 5. April vorsichtig kritisch bemerkt, »die Bilder in rücksichtslosem Durcheinander dicht aufeinandergehängt, nachdem man sie aus den Rahmen genommen hat!« Von Waldstein richtete weiter ein sogenanntes Musterkabinett ein, in dem Bilder von Mannheimer Künstlern als Beispiele guter deutscher Kunst gezeigt wurden. Im Münchner Kunstverein, in dem ein Teil der Mannheimer Schau (32 Gemälde) ab 25. Juni 1933 ausgestellt wurde, zeigte man sie übrigens zusammen mit Werken »des Malers und Prof. Edmund Steppes«: »Die Verbindung der Arbeiten eines eng mit der Heimat verwurzelten deutschen Malers mit den Erzeugnissen der Modegrößen internationalen Gepräges geschieht in dieser Schau bewußt und soll dem Betrachter die Möglichkeit zum Vergleichen bieten.«[18]

Diese Praxis nehmen die Organisatoren 1937 in großem Stil wieder auf.

Die ab 19. Juni in München in den Räumen des Antikenmuseums im Hofgarten zu besichtigende Ausstellung »Entartete Kunst« wird zum Bestandteil der Inszenierung der »Großen Deutschen Kunstausstellung«, die einen Tag vorher von Hitler selbst im »Haus der Deutschen Kunst« feierlich eröffnet wurde. Durch den größtmöglichen Kontrast sollte die »neue« deutsche Kunst gegenüber dem »grauenhafte(n) Schlußkapitel des Kulturzerfalls der letzten Jahrzehnte vor der großen Wende«[19] um so glanzvoller erscheinen.

Zum Schluß sei noch auf ein weiteres Charakteristikum hingewiesen, das die öffentlichen und internen Diskussionen um die Mannheimer Ausstellung mitbestimmte und die Kunstpolitik der nächsten anderthalb Jahre prägte. Die Kritik kam aus den eigenen Reihen. Man müsse den Mut aufbringen, »nicht nur von vorn anzufangen, sondern auch sorgsam auszuwählen, was unter den Beständen der Deutschen Kunst der letzten zwei Jahrzehnte bleibenden oder mindestens geschichtlichen Wert hat. Bedenklich aber ist es, wenn man alle Äußerungen der Malerei aus dieser Zeit... ausnahmslos als bolschewistisch boykottiert.«[20] Wer war hier gemeint? Barlach und Nolde als »urgermanische« Künstler und andere Expressionisten, deren Werk es für den Nationalsozialismus als Beispiel spezifisch deutscher Kunst zu retten galt.

Dieser Kampf für den Expressionismus, der auch die internen Machtkämpfe in der Führungsspitze der Partei um den zukünftigen kulturpolitischen Kurs, vor allem zwischen den Kontrahenten Rosenberg, als Vertreter eines völkischen Traditionalis-

mus, und dem Pragmatiker Goebbels widerspiegelte, ging in Berlin vom NSD-Studentenbund aus. Die Auseinandersetzungen erreichten Ende Juni 1933 ihren ersten Höhepunkt mit einer öffentlichen Kundgebung im Audimax der Universität unter der Parole »Jugend kämpft für deutsche Kunst«[21].
Politisch beendete Hitler selbst diese Phase, die er zur innenpolitischen Machtfestigung benötigte. Auf die Forderungen vor allem aus den Reihen der SA nach einer antikapitalistischen »Zweiten Revolution« reagierte er mit den Morden an Röhm und anderen rechten Gegnern am 30. Juli 1934.
Auf kulturpolitischem Gebiet erteilte er auf dem Nürnberger Parteitag im Herbst 1934 der modernen Kunst und allen ‚Liberalisierungsversuchen' im Kunstbereich eine scharfe Absage, als er die beiden rivalisierenden kunstpolitischen Gruppierungen als »Gefahren für den Nationalsozialismus« bezeichnete ■

18 »Bayrischer Kurier« vom 21. Juni 1933; vgl. auch den »Völkischen Beobachter« vom 29. Juni 1933.
19 Entartete Kunst. Führer durch die Ausstellung. Berlin 1937 [Reprint 1969], S. 2.
20 Aus einem Brief des im Zusammenhang mit der Organisation der Ausstellung Dr. Jacob an G. v. Waldstein (Akten der Kunsthalle).
21 Vgl. bes. Brenner, a.a.O. (Anm. 3), S. 63–86; den Artikel von Feistel-Rohmeder: Die ‚Deutsche Kunstgesellschaft, Sitz Dresden', und der Kampf um die Deutsche Kunst. A.a.O. (Anm. 1), S. 187–199. Hier wird ähnlich dem Rosenberg-Artikel im »Völkischen Beobachter« vom 7. Juli 1933, Titel »Revolution in der bildenden Kunst«, noch einmal das völkische Kunstverständnis eindeutig formuliert und alle Forderungen und Aktionen der ‚Kunst-Opposition' in den eigenen Reihen scharf abgelehnt.

GOTTFRIED BENN ALI GREIFT NACH DER KRONE

Klaus Theweleit

Am 29. Januar 1932 wird Gottfried Benn in die Sektion für Dichtkunst an der Preußischen Akademie der Künste gewählt. Was hatte er damit im Sinn? Noch im Sinn? Mit den Tätigkeiten der Akademie hatte er doch nichts am Hut. Reden halten zu Geburtstagsjubiläen, Todestagen etc., das konnte er – und tat es – zur Not auch außerhalb und von außerhalb der Akademie. Was sollte er denn da drin, warum freute er sich so über die Zuwahl? Er hat, scheint es, ein Mittel in ihr gesehen, seine Unabhängigkeit zwischen den Polit-Polen zu wahren – »Akademie« ist etwas Staatliches, ist »Oben«, ist ein öffentlich akzeptierter Ort von Geist- bzw. Kunstrepräsentanz und wertet zunächst einmal im öffentlichen Raum ganz schlicht den Namen dessen auf (was sein »GEWICHT« angeht – was immer für ein Quatsch dies »Gewicht« auch sei), der da drin ist und in Briefen an den Rundfunk etc. »Mitgl. d. preuß. Dichterakademie« unter die Vortragsskripte schreiben kann. Noch 1936, kann man bei Schröder lesen, fügt GB seinem Namen und seinen Daten, die ein in England erscheinendes »Who is Who« von ihm verlangt, dies »Mitgl. d. preuß. Dicht. Akad.« zu. Das war nicht weniger, als Aufnahme unter die Heavy weights, Aufstieg in die Schwergewichtsklasse – wie in Krisenzeiten des Boxsports immer, viel zu schneller Zugang zum Spitzenkampf –, bald sehen wir ihn involviert im Fight um den Titel des Meisters

aller Klassen, Champ – Gottfried Ben Ali greift nach der Krone.
(– nach den Gesetzen des Profiboxens läuft vieles nun ab, den bekannten des »Dschungels« – der Schauplatz aber – das ist entscheidend – ist nicht die Arena der Macht –, es ist ein Jahrmarktszelt, Zelt auf dem Buchmarkt, Akademiezirkus. – Wer ist überhaupt noch in der Arena der Macht ab Ende 1932? Papen/die jungkoservative Revolution/Industriefraktionen/Militär/die Nazis/Hitler/andere Industriefraktionen. Sowohl die KP wie auch die SPD haben die Arena geräumt und werden sich auch nicht mehr in ihr blicken lassen.)
Die Dichter der Kunstakademie waren nie in ihr und gehen auch jetzt nicht hinein; die Macht kommt von außen zu ihnen (in Gestalt des »Kampfbundes für Nationalsozialistische (/Deutsche) Kultur«, wie zu sehen sein wird; Vorsitzender: Alfred Rosenberg) und ein bißchen auch in Gestalt eines Buches, an dem eine Marktmacht hängt. Macht eines großen Buchklubs, der die (völkische) Literaturgeschichte von Paul Fechter, gerade geschrieben, in Millionenauflage unter die Deutschen zu bringen gedenkt. Um dieses Buch – und um sonst gar nichts – wird in der Preußischen Akademie, Sektion für Dichtkunst, gestritten im Dezember 1932, im Januar 1933, bis zum 15. Februar 1933.
Daß währenddessen, am 30. Januar, Hitler Reichskanzler wird, schlägt sich in den Protokollen der Akademie nicht nieder. Als *Akademiemitglieder* bemühen sich die versammelten Dichter – (unberührt davon, was sie vielleicht außerhalb der Akademie bewegt) –, sich streng nur um Geschriebenes, mit Literatur Zusammenhängendes zu kümmern – dennoch wollen sie, wollen einige von ihnen, auch als politisch Denkende nicht einfach schweigen zu dem, was »außen« abläuft – es braucht dazu einen angemessenen Gegenstand; als solcher stellt sich heraus die Literaturgeschichte Paul Fechters, die zu dem merkwürdigen Ruhm gelangt, der Gegenstand zu sein, an dem die in der Preußischen Dichterakademie versammelten Damen und Herren die »Machtergreifung« abhandeln werden. Heinrich Mann, der ihr zum Opfer fallen wird, leitet die Abhandlung ein – er setzt die Stellungnahmen zu Fechters Literaturgeschichte in Gang; *er* hat sie als passenden Gegenstand ausgesucht zur Abhandlung des in der Politik Geschehenen, und das ist – sehr interessant – nicht die befürchtete *bevorstehende* Machtergreifung, es ist die *geschehene*. Ende 1932 kann man in einem Artikel Heinrich Manns unter der Überschrift »Unfall einer Republik« über die republikanischen Regierenden die Sätze lesen:
Die waren als Inhaber des Staates nur schwach überzeugt von sich selbst, waren ohne republikanische Ideologie, und daher fürchteten sie die der anderen, den Nationalsozialismus. Nur

darin nicht zurückbleiben! Infolge ihrer angstvollen Hochachtung vor dem Nationalsozialismus regierten die Republikaner fast immer zusammen mit Reaktionären oder abwechselnd mit ihnen und voll Rücksicht auf sie. Gerade deshalb haben die Reaktionäre sich endlich alle Macht genommen und dulden im Staat nur noch die Ihren, das ändert nichts. (– das war Normalzustand der »Republik« all die Jahre, neu ist:) *Alle republikanischen Reden haben aufgehört, das ist der bemerkenswerte Unterschied.*

Ein bemerkenswerter Satz, ein äußerst genauer Satz Ende 1932. Und genaueste Bestätigung des von Jean Pierre Faye nach dem Kriege ausgestellten Befunds, daß Hitler in den öffentlich gesprochenen/gedruckten Wörtern a n n e h m b a r gemacht wurde, bevor er die Macht dann bekam, in der Sprache Fayes: daß alle, die mehr oder weniger (un)deutlich um den Republik-Pol ihre Wörter angeordnet hatten, sie mehr und mehr zum Hitler-Pol hinüberwandern ließen eben schon v o r der »Machtergreifung«, daß die republikanische Öffentlichkeit eben v o r h e r schon verschwunden war, sich verwandelt hatte in die den Faschismus erwartende (oder verstummt war) – daß im mächtig aufflackernden Hitler-Pol schon des Jahres 1932 die Kraft, das Selbstvertrauen des kommunistischen Pols mehr und mehr erloschen war, sich verloren gab, sich schon einzustellen begann auf die Zeit n a c h dem Zusammenbruch des Hitler-Pols (die so fern ja nicht sein konnte: der würde den Staat/das Land doch binnen Monaten ruinieren, und d a n n ---)

–was also jetzt in der Dichterakademie abläuft, m u ß gesehen werden auf dem Hintergrund eines p o l i t i s c h zunächst verloren gegebenen Kampfes (von der Linken aus) – eben deshalb, weil der Kampf verloren gegeben ist (und wie sehr er verloren gegeben ist, sieht man am Stillhalten der SPD wie KPD zum Einzug Hitlers in die Staatsmacht), ist es eine Zeit der R e s o l u t i o n e n, die immer dann ihre bescheuerten Blüten treiben, wenn nichts zu m a c h e n mehr ist, wenn man nichts zu sagen hat. Der Machtlose resolutioniert, genauer: der Machtlose, der es mit der Macht hat; der sich vom Machtpol nicht ausklinkt, weil er selbst einen Anspruch auf ihn hegt.

Und jetzt ein bißchen Resolutionsgeschichte.

Heinrich Mann läßt im Dezember 1932 in der Akademie einen Entwurf kursieren, der die Literaturgeschichte Fechters öffentlich verurteilen soll. Er beginnt: *Die Abteilung für Dichtung hat die ehrenvolle Pflicht übernommen, die geistige Freiheit zu verteidigen, wo immer sie bedroht ist.* (– wie Else Lasker-Schüler sagte: korrekt im Ton eines Dichtervorstehers.) Und taktische Rede selbstverständlich; gemeint ist die politische, gesprochen werden darf, da man ja als Akademie resolutionieren will, nur von der »geistigen«. Zu Fechters Arbeit: *Sie ist auf 800 Seiten ein einziger, umfassender Angriff auf die Literatur selbst, die Literatur als geistige Erscheinung, als Darstellung der erlebten Welt, als Kritik an Zeit und Menschen, als Trägerin und Bekennerin des Menschlichen und des Idealen.* (–fehlt, was für GB, der als Überarbeiter des Entwurfs in Erscheinung treten wird, das wichtigste wäre: die Literatur als Erzeugerin künstlicher Realitäten, die den vorhandenen gesellschaftlichen Realitäten überlegen sind durch Vollkommenheit, d.h. auch überlegen an Menschlichkeit.) Heinrich Mann fährt fort – und es ist witzig zu sehen, wie der im Verlauf des Jahres 1932 in zig Artikeln geehrte Große den großen deutschen Dichterfürsten ins Zentrum der Argumentation rückt, wo es gilt, vom Standpunkt deutscher Kultur aus eine völkische Literaturgeschichte zu kritisieren –empört geradezu platzt Heinrich Mann heraus: *Goethe soll, diesem Pamphlet zufolge, kein »starkes und vitales Zentral-Ich« gehabt haben. Er so wenig wie die anderen humanistischen Dichter sollen der »großen Gemeinsamkeit des Volksganzen« sich gewachsen gezeigt haben.* (–zwei Anwürfe, über die Goethe vermutlich nicht besonders empört gewesen wäre) *Über den volksthümlichsten aller Deutschen, Schiller, wird gesagt, hier sei »eine Welt, fremd dem allgemeinen Leben der Nation«.* (–das, im Schillerschen Verlangen sich dem in seinem Werk erscheinenden Bild des Lebens durchaus angleichen sollte, ihm folgen) *Die epochemachende Gestalt Nietzsches wird absichtsvoll bagatellisiert* (Fechter demnach gar nicht überall im Trend?) *und einem Meister wie Gerhart Hauptmann »fehlt« vorgeblich »die Grundvoraussetzung, von der aus eine Dichtung für alle überhaupt erst möglich ist.«* (–was immer das heißen mag; eine »Grundvoraussetzung«, von der aus eine Dichtung für alle möglich ist, gibt es nicht; kann es nicht geben, was Heinrich Mann bestens wissen müßte, wäre er nicht angesteckt von dem in der politischen Sphäre umlaufenden Forderung, daß alles für »das Volk« gut und da sein müsse etc.)

Dann der allgemeinere, genauere Teil von Heinrich Manns Resolution: *Fortwährend wird der Geist in einen falschen und gehässigen Gegensatz gebracht zur Natur, das Christentum zur »germanischen« Art, die Bildung zum Volk, die Literatur zum Leben. Als Irrthum eines Einzelnen wäre dies ohne Belang. Indessen verraten Hunderte von Stellen des Buches die parteiische Absicht, der Freiheit des Geistes und überhaupt der Freiheit* (Klartext) *ihre sicherste Stütze zu entziehen. Die hat sie auch während vorübergehender Störungen des öffentlichen Bewußtseins in der allgemeinen Achtung vor der Dichtung aller Zeitalter und ihrer lange lebenden Schöpfungen.*

(–letzten Satz hätte er auf einer KP-Versammlung nicht vorlesen dürfen. Derart das Verhältnis von Über- und Unterbau zu

verwechseln. Grundkurs wiederholen bei Johannes R. Becher.)
Er schließt: *Die Geistespflege oder Kultur erleidet wahrhaftig in den Jahren, die jetzt vergehen, zu viele Schläge infolge des Zustandes der Welt und der Wirtschaft, als daß es erlaubt wäre, ihr auch noch muthwillige Beleidigungen zuzufügen. In diesem Falle würde die Abteilung für Dichtung ihre Bestimmung verfehlen, wenn sie nicht eingriffe. Daher unser ausdrücklicher Protest und unsere dringende Warnung.*
–die Wörter »völkisch« und »parteiisch«, die Paul Fechter entgegengehalten werden, machen klar, es geht um ein Stück NSDAP-Abwehr – formuliert auf eine Weise, die für eine Dichterakademie, die sich ums Literarische nur zu kümmern (vor)-hat, durchgehen kann.
Erste Reaktionen vom 21. Dezember 1932:
... Der von Heinrich Mann entworfenen Protestkundgebung gebe ich meine volle Zustimmung. (...) (Alfons Paquet)
Mit den Worten meines Bruders gegen jene »Literaturgeschichte« erkläre ich mich rückhaltlos einverstanden und würde mich freuen, wenn die Akademie sie sich zu eigen machte. (Thomas Mann)
Am 29. Dezember Jakob Wassermann: *... finde ich die Tongebung bei weitem zu mild. (...) Die skandalöse Haltung, die sich Herr Fechter gegen Goethe herausnimmt, verdient meiner Meinung nach eine ganz andere Züchtigung, als ihr in der vornehmen und etwas zu schüchternen Abfertigung Heinrich Manns widerfährt.*
Soweit die generellen Zustimmungen. Ablehnungen des Heinrich-Mann-Entwurfs gibt es eigentlich keine, aber eine Menge Einwendungen – man wünscht Modifikationen; eine Reihe auch längerer Briefe von Mitgliedern gehen ein beim Akademiesekretariat; der Sache wird Bedeutung beigemessen, man wendet Zeit auf. Will ich nicht alles referieren, nur den Haupteinwand, der sich auch durchsetzt und der bei allen in irgendeiner Form vorkommt:
... Es fragt sich nur, ob ein derart ungewöhnliches öffentliches Hervortreten der Akademie im Verhältnis zu der relativ geringen Wichtigkeit der Meinungen von Paul Fechter steht, und ob die Abteilung für Dichtung sich nicht ihrerseits in die Gefahr begibt, parteipolitische Beweggründe untergeschoben zu bekommen (...) die Akademie würde einen Anlaß für ein Presse-Parteigezänk bieten und für das Buch von Paul Fechter wäre es eine große Propaganda, die es nicht verdient. (Ina Seidel, 29. Dezember)
... scheint mir die Bekämpfung eines einzelnen wertlosen Buches bedenklich. Die Lage der Abwehr (er meint »Haltung«) *paßt nicht da, wo höchste Güter nicht nur zu verteidigen, sondern darzustellen sind. Sie genügt auch als Haltung nicht gegenüber einer furchtbaren Zeitwoge und wo es um alle Zukunft*

geht. Eine selbständige Handlung, ohne jeden äußeren Bezug, ja ohne jede Erwähnung des Literatur-Pamphlets, würde mir das Bessere scheinen. (...) (Rudolf Pannwitz, Dezember)
Ein feierlicher Protest unserer Sektion könnte Herrn Fechter und seinen Hintermännern nur willkommen sein. Er würde sich als einen Luther der Literatur bestätigt sehen. (René Schickele, 23. Dezember) Schlägt Einzelaktionen vor; für sich selbst, in der NEUEN RUNDSCHAU zu besprechen.
... immer mehr in Tagesstreitigkeiten gezogen werden, und solchen Sumpf zu durchwaten ist meines Erachtens nicht ihre [der Akademie] *Aufgabe. (Julius Petersen, 21. Dezember)*
... Es empfiehlt sich nicht, wegen der Bagatelle einer mißlungenen Lit.Gesch. uns erneut vielleicht die Gegnerschaft eines Teils der Presse zuzuziehen, was wieder unsere positiven Aufgaben in ihrer Durchführung behindern und erschweren könnte. (Wilhelm v. Scholz, 23. Dezember)
... Der Verfasser und sein politischer Anhang würden den Spieß selbstverständlich sofort umkehren und tagtäglich mit zynischem Hohn die Akademie als die Gefährderin der Freiheit, der freien Kritik, anprangern, unter Assistenz eines großen Teils der übrigen Kritiker. (Alfred Mombert, 26. Dezember)
... ob wir nicht zuviel Ehre einem Buch antun, wenn wir uns ausschließlich gegen dieses Buch wenden (...) Soviel ich mich entsinnen kann, besprachen wir in der letzten Sitzung eine Kundgebung überhaupt, denn das Buch von Fechter ist nur ein Symptom, und als solches sollte es nur gewertet werden. – Ich würde doch sehr raten, Herrn Mann zu bitten, ob er seine Kundgebung nicht in der vorstehend gekennzeichneten Art umbauen möchte. (...) (Walter v. Molo, 21. Dezember)
... Die Literaturgeschichte von Paul Fechter ist mir nicht bekannt, und da sie 800 Seiten stark ist, wird sie mir einstweilen auch unbekannt bleiben. –der Vorschlag, der in diesem Satz Ricarda Huchs vorhanden ist, die Sache doch besser fallen zu lassen und zu vergessen – wer liest schon eine 800-seitige Literaturgeschichte? Doch nicht einmal Sie, meine Herren, die eine Resolution unterschreiben wollen gegen sie –, wurde nicht aufgenommen. Schlußsatz von Ricarda Huch: *Gerade vom Standpunkt der Geistesfreiheit aus scheint es mir nicht richtig zu sein, daß man irgendeine Richtung gewissermaßen offiziell verfemt. (1. Januar 1933)*
Doch, eine Ablehnung des Entwurfs, eine Verwerfung insgesamt, gibt es doch. Rudolf Binding am 27. Dezember:
... daß ich einer Ausführung eines solchen Beschlusses und diesem Beschlusse selbst aufs aller entschiedenste widerspreche und mich ihm geradezu widersetze. Die Akademie, die Kunst, die Dichter, wir – haben gegenüber einer Literaturgeschichte des beschriebenen Charakters weiter nichts zu tun, als ihr durch Werke zu antworten, die vor der Welt bestehen.

Erstaunlich einheitlich strukturierte Leute, diese Poeten. Pressegezänk vermeiden (anständig, kann man verstehen), und wenn man etwas kritisiert, bloß keinen Namen nennen, das macht Reklame (Reklame für Konkurrenten) und das soll man nicht (ein Gedanke, den sie nicht auf der Dichterschule gelernt haben, aber aus der Zeitung.)
Benn scheint die Angelegenheit zunächst nicht interessiert zu haben; Stellungnahme liegt nicht vor.
Dem allgemeinen Tenor folgend entwerfen Walter v. Molo und Ludwig Fulda eine neue Resolution (Heinrich scheint an der Überarbeitung der seinen nicht interessiert gewesen zu sein). Setzt an:
Die Abteilung für Dichtung an der Preußischen Akademie der Künste hält es für ihre Gewissenspflicht, ihre warnende Stimme zu erheben gegen die ansteigende Woge der Kulturreaktion, die, wenn ihr kein Einhalt geboten wird, das deutsche Geistesleben auf einen längst überwundenen Stand zurückzuwerfen droht. (–wie es aus dem trockenen Festland von Institutionen, immer umspült von den Fluten des Lebens, eben herausschallt; Dammbauerphantasien.)
Diese Kulturreaktion, das sei ausdrücklich betont, ist keineswegs identisch mit dem, was man politische Reaktion zu nennen pflegt, (»keineswegs«, man sieht schon, wogegen Dammbau so nötig, gegen die eigenen Schweißausbrüche) *denn sie hat in den verschiedensten politischen Lagern ihre Anhänger und es ist deshalb auch durchaus keine Parteiangelegenheit, sie zu bekämpfen. In unseren eigenen Reihen befinden sich Vertreter von sehr entgegengesetzten Weltanschauungen* ... usw. im Jargon des Etiketts, das sie sich selbst umgehängt haben zu diesem Zwecke: Vertreter zu sein einer Versammlung aus Weltanschauungs-Vertretern – überparteiliche Leuchter ...
Kann ein Volk denn gedeihen, wenn die Leuchte, die seinen Weg in die Zukunft erhellen muß, (gemeint ist »der Geist«) *verdunkelt wird? Kann eine Nation sich als einig empfinden, wenn ein so wesentlicher Inhalt dieser Einheit wie Kultur und Bildung in Stickluft verkümmert?*
Wir betrachten es daher als eine vaterländische Aufgabe ersten Ranges, die freie Geistigkeit, die den deutschen Namen in der Welt groß und geehrt gemacht hat, vor ihren Verfolgern und Verächtern zu schützen.
(Das muß für sie wohl der Inhalt des Politischen sein: sich in den Brustton der Überzeugungen zu werfen und gegnerische Welten daran abprallen zu lassen, sobald vom Schreibpult aus die imaginären Redepodeste in die Vorstellung rücken – auf den realen dann nur noch Brust, Linksbrust, Rechtsbrust, Grün-, Rot- oder Schwarzbrust, gib ihnen ein Podest und den amplyfier einer Institution und die Kämme schwellen, die Wellen stöhnen.)

Hat kein Datum, der Entwurf. Reaktionen auf ihn vom 20. bis 22. Januar 1933 (Scholz, Th. Mann, Schickele, Huch):

Scholz: *... nur das eine Bedenken zu äußern, daß er mir nun zu allgemein und etwas in der Luft schwebend erscheint...* (wofür alles man das schöne Wort »schwebend« mißbrauchen kann)

Thomas Mann, 20. Januar: *»In Sachen der Kundgebung der Akademie gegen die Kulturreaktion: Den Einwand, daß eine Kundgebung speziell gegen die Literaturgeschichte von Fechter die Nebenwirkung einer uns sehr unwillkommenen Reklame haben werde, hatte ich mir im Stillen selbst gemacht* (»rückhaltlos« war das Wort für die Unterstützung des Bruderantrags 4 Wochen zuvor) *und muß dieses von verschiedenen Seiten gleichfalls gemachte Argument anerkennen, so sehr ich im Übrigen die Veröffentlichung der Worte meines Bruders begrüßt hätte. (...) Eine Stellungnahme der Akademie gegen die herrschende Reaktion wäre schon gut, aber die große Schwierigkeit besteht eben darin, die Vielheit dessen, was da zu sagen wäre, mit der für ein solches Manifest gebotenen Knappheit zu vereinigen. Der Entwurf der Herrn Kollegen Fulda und Molo stellt einen sehr schönen Versuch dazu dar, ob er schon der denkbar gelungenste ist, scheint mir noch einmal zu prüfen.«*

(»Knapp« war der Fulda/Molo-Entwurf in der Tat.)

René Schickele, 21. Januar 1933: *»Ich meine: entweder eine scharfe Erklärung oder gar keine! Lieber schweigen als den Eindruck änglicher Rücksichtnahme erwecken.« (...)*

Ricarda Huch (zu allgemein) stimmt nicht zu. *(...) zerfließt die Kundgebung in Zeitungsgerede, wie es dergleichen nur zu viel gibt. (22. Januar)*

Binding läßt sich einen Tag länger Zeit mit der Antwort und kommt dann mit einem eigenen Entwurf hervor. Die Spirale der Überbietungen eröffnet --:

»Was den übermittelten Entwurf der Herrn von Molo und Fulda anlangt, so halte ich ihn nach Richtung und Inhalt für ausgezeichnet. Wenn ich gleichwohl einige Änderungsvorschläge mache, so werden die beiden Kollegen sicher sein können und mich auch genügend kennen, um zu wissen, daß diese Vorschläge nicht stilistische Verbesserungen sein sollen (obwohl – wir wollen Humor genug haben um es zu bekennen – schon der Ausdruck »ihre warnende Stimme zu erheben« reichlich literarisch ist und vielleicht besser durch einen anderen ersetzt wird, den vorzuschlagen ich unterlasse). (...) schlage ich folgenden Wortlaut des Entwurfs vor:

Die Abteilung für Dichtung an der Preußischen Akademie für Künste hält es für angezeigt ihre warnende Stimme zu erheben (? – er hat also ein Komma entfernt und für »Gewissenspflicht« »hält es für angezeigt« eingesetzt) *gegen die ansteigende Woge der Kulturreaktion, die ... (...) Diese Kulturreaktion ist*

keineswegs identisch mit dem was man politische Reaktion zu nennen pflegt. (–dies »keineswegs« hat es ihnen angetan, noch am 23. Januar 1933.)
Auch die Fulda/von Moloschen »Vertreter« von Anschauungen werden beibehalten und die »vaterländische Aufgabe ersten Ranges« am Schluß. Vielleicht hat er geahnt, daß mögliche Leser einer solchen Resolution, übliche flüchtige Leser nicht ganz sicher würden sein können, aus welcher Etage des Kulturbeamtentums der ansteigenden Woge der Kulturreaktion hier resolutionistisch Einhalt geboten werden solle und mit welcher Kompetenz, so daß er noch einen Satz hinzugefügt hat, der irgendwie klarer macht, von welcher Warte aus gesprochen wird, von der höchsten wahrscheinlich –
Geist muß frei sein im Kampf mit Geist und Ungeist. Anders ist kein Geist.
–heißt der Satz, mit dem Binding, sozusagen in letzter Minute, rechtzeitig eine Woche vor dem 30. Januar den Nazi-Zentralbegriff vom »Ungeist« in der Dichterakademie hoffähig macht – indem er ihn niederschreibt/ausspricht.

Nun erst – vermutlich abgestoßen und aufgeregt von diesem kraftlosen Genuschel einer Vertreterbranche – tritt Benn auf den Plan und schnappt sich den Entwurf, den müde umherflatternden Bekennerzeilen einen Körper einzuziehn; keinen Nazikörper, beileibe noch nicht. Er startet einen letzten Versuch, den Kunst-Pol zu stärken, ihn zu erhalten, ihn abzugrenzen von den Polit-Polen. Er spielt dabei mit nicht geringem Einsatz, wie man feststellen kann, wenn man sich das Datum vor Augen führt. Bindings Entwurf datierte vom 23. Januar – Benns Entwurf trägt kein Datum – aber der auf den Bennschen folgende Entwurf Alfred Döblins wird am 6. Februar in der Akademie diskutiert; Benns liegt also genau dazwischen – ist also geschrieben genau parallel zur »Machtergreifung«, zur Ausrufung des »3. Reiches« durch den Reichskanzler Adolf Hitler am 30. Januar. So lesend, fällt auf einige Formulierungen des Entwurfs ein ganz besonderes Licht. Benns Entwurf beginnt mit leichten Abwandlungen seiner Vorläufer, die schnell zu erheblichen Abwandlungen werden:
... hält es für ihre Gewissenspflicht, ihre warnende Stimme zu erheben gegen die ansteigende Woge von Versuchen (–so eine Woge ist nicht wieder zu besänftigen, hat sie sich einmal in einem Resolutionstext erhoben; der »Dammcharakter« der Resolution selbst würde sonst hinfällig. Immerhin schwächt er sie ab zur Woge von *Versuchen* – was sie ein wenig schrumpfen läßt; er nimmt dafür die »Kulturreaktion« raus und ersetzt durch:) *Versuchen, den schöpferischen Geist der deutschen Nation in die Richtung ganz bestimmt festgelegter Normen, Inhalte und Gesinnungen drängen zu wollen, die für allein wün-*

schenswert und allein zukunftsfähig zu halten vielleicht einer politischen Partei anstehen mag, (vielleicht!) *die aber, der Nation aufgezwungen, sie fortdrängte aus dem Raum reiner geistiger Entfaltung und sie ausschaltete aus der Achtung der freien mündigen Völker. –*

Die Abteilung für Dichtung an der Preußischen Akademie der Künste, die Angehörige der verschiedensten politischen Gesinnung und der entgegengesetztesten weltanschaulichen Empfindungen in sich vereint (die »Vertreter« sind eliminiert; Weltanschauung wird zu einer »Empfindung« erhoben/erniedrigt?) *stellt sich ausnahmslos hinter die Erklärung, daß keine Partei, keine Clique, keine wie immer mit Programmen und Maximen ausgestattete Gruppe den Anspruch auf Allgemeingültigkeit ihrer Gesinnung erheben darf, keine das Recht hat, die übrigen als ketzerisch zu brandmarken, keine, die Arbeiten der anderen aus dem niedrigen Standpunkt von Parteiformeln heraus verleumderisch herabzuwürdigen. Je freier, je ritterlicher, je weitherziger die Gegensätze der Gesinnung mit einander um Ausgleich ringen,* (weitherzig ist ganz schön; »ringen« ein Zugeständnis an den »Geist«, der grade im Radio die Macht ergreift) *umso größer wird der Ruhm des Volkes sein, in dessen Namen und um dessen Geltung sie doch alle mit den Mitteln ihrer Gaben arbeiten und kämpfen. – Wer es also unternimmt, den denkenden, den forschenden, den gestaltenden Geist von irgendeinem machtpolitisch beschränkenden Gesichtswinkel aus einzuengen, in dem werden wir unseren Gegner sehen. Wer es gar wagen sollte, sich offen zu solcher Gegnerschaft zu bekennen und Geisteswerte wie etwas Nebensächliches oder gar Unnützes abzutun, oder sie als reine Tendenzwerte den aufgebauschten und nebelhaften Begriffen der Nationalität,* (klar Anti-Nazi) *allerdings nicht weniger der Internationalität,* (klar Anti-KP) *unterzuordnen, dem werden wir geschlossen u n s e r e Vorstellung von vaterländischer Gesinnung entgegensetzen, die davon ausgeht, daß ein Volk sich nicht durch Aufbringung von Macht und Waffen, nicht durch Klassendiktatur, auch nicht durch züchterische Rassenmaßnahmen entwickelt und trägt, sondern ausschließlich durch die immanente geistige Kraft, durch die produktive seelische Substanz, deren durch Freiheit wie Notwendigkeit gleichermaßen geprägte Werke noch lange nach dem Verfall und Untergang des Politisch-Nationalen* (blasphemisch gegen den Hitler-Gott) *die Arbeit und den Besitz, die Fülle und die Zucht eines Volkes in die weiten Räume der menschlichen Geschichte tragen. Dieser weite Raum der menschlichen Geschichte, an deren Aufgang und Erschließung für die deutsche Dichtung die Namen Herder und Schiller stehen –: das ist u n s e r drittes Reich.*

Ich weiß nicht, warum die – soweit ich sehe – g e s a m t e Benn-Literatur, aus welcher Ecke auch immer, versäumt hat festzustellen, was GB hier macht: e r k l a u t den Nazis, um den 30. Januar 1933, zugespitzt a m 30. Januar 1933, den Begriff des »Dritten Reiches« um ihn zu reklamieren für den KUNST-/GEIST-POL -- u n s e r 3. Reich, klar und sogar antithetisch abgegrenzt vom »Politisch-Nationalen« 3. Reich. (Für die, die es nicht wissen oder im Kopf präsent haben: genau dieser Versuch, der NSDAP – ihrem Hitler/SS-Kern – den Begriff des 3. Reiches in irgendeiner Form des »unser« 3. Reich abspenstig zu machen, hat eine Reihe von Leuten aus dem jungkonservativen Lager, aus der SA und auch andere verstreute Völkische im Lauf der nächsten anderthalb Jahre vor Karabiner- oder Pistolenmündungen von SS-Leuten geführt; 3. Reich von i r g e n d - e i n e r Position aus für »sich« zu reklamieren, wurde nach dem 30. Januar 1933 l e b e n s g e f ä h r l i c h.

(Wenn ich recht erinnere, ist das die Blochsche Forderung aus »Erbschaft dieser Zeit« die zwanziger Jahre hindurch, den Nazis den Begriff des 3. Reiches wegzunehmen und ihn an seine historische Herkunft zu binden, seine theologische Herkunft, theologisch/weltliche Herkunft: Erwartung des kommenden Reiches der Erlösung im Diesseits – Bloch bindet ihn an die Erlösungssehnsucht der Menschen – eben Hoffnungs-/Utopiebegriff, Wunsch nach der Revolution aus religiösen Gefühlen; für Benn: revolutionierte Welt, 3. Reich der Erlösung, aus der Kunst – schöpferische Gebilde, die erfunden werden müssen – in terms der Natur/Geschichte: wenn diese erfinden, sind es Mutationen; Mutation ist ein anderes Wort für Gedicht und sonst gar nichts. Der »Neue Mensch« ein Gedicht der »Natur«, Gedicht der Katastrophenbiologie. Eine sich umwälzende Erde soll diesmal nicht Gebirge aufwerfen, auswerfen, auch keinen Wege zeigenden, Gesetze bringenden Moses, auch nicht den Homunculus des »Ich-mache-den-Menschen-selber«, aus Leichenteilen, -Frankensteindoktors, also nicht mehr den Schöpfergott-Wissenschaftler des 19. Jahrhunderts, sie soll Kunstwerke auswerfen, und die, die sie machen kann, seien eben nicht die des ergriffenen Naturbeschauers, der sagt, das Meer sei die Kunst und die Musik im Waldesrauschen, nein, Geschöpfe soll sie auswerfen und bitte in größeren Mengen – volksweise sozusagen–, die der Kunst fähig sind, fähig, sie zu machen, fähig, sie zu genießen – vorher, das läßt dieser ziemlich allein am Kunst-Pol noch herumgeisternde Mensch, wo alle andern sich zu ihrem Polit-Pol längst entschieden haben, durchblicken um den 30. Januar 1933 herum, vorher wird Humanität unter den Menschen nicht sein. Benn = politischer Faschist am 30. 1. 33 noch nicht; aber Benn = schöpferischer Übermann. Der neue Mensch kommt aus der Kunst der Erde direkt, sagen wir aus der Ehe der Erde mit dem schöpferischen Mann direkt, eine Abart der Geburt ohne Frauen; darin ist ihr antizivilisatorischer Zug.)

Die politische Änderung, die Benn an der Resolution vornimmt: nicht eine »Kulturreaktion« bloß (was im Kontext hieß: von rechts) soll angegriffen werden, sondern jeder politische Zugriff auf den Kunst-Pol, d.h. jeder politische Eingriff in den Schöpfungsvorgang.

Stellungnahmen zum Benn-Entwurf enthält der Inge Jens-Band *[1971]* leider nicht; bei Brenner *[1963]* ebenfalls keine. Gab es keine? Wurde einfach mit einem empört-schockierten Lufteinziehen – der spinnt ja: Drittes Reich der Kunst!! – das Papier beiseitegelegt und schnell ein neues produziert? (Nachprüfen, wie die Aktenlage ist.) Wer produziert das neue Papier? Benn ist nicht ungewichtig in diesem Moment – es kann nicht irgendwer sein, die Ebene der Schwergewichte ist gefragt, da Heinrich Mann nicht mehr in Frage kommt, auch nicht Thomas, bleibt jetzt Döblin übrig; am 6. Februar diskutiert die Akademie seinen Entwurf. Er unterscheidet sich vom Bennschen vor allem am Anfang und am Schluß. Besonders im Anfang unterscheidet er sich von allen vorgebrachten Entwürfen; statt allgemeinen Geredes von Kulturreaktion ein paar Konkretheiten:

Angesichts der politischen Festlegung des deutschen Rundfunks (seit Mitte 1932 in Nazi-Hand), *der Boykottaufforderung gegen eine Anzahl Verlage, der politischen Zersetzung der Kritik, der wachsenden antisemitischen Welle, des verwüstenden Eindringens von platten Parteibegriffen in literarische Werke und Literaturgeschichten* (kleine Verbeugung in Richtung H. Mann, dessen Anstoß am Fechterschen Buch der Auslöser der Resolutionsspirale war) *nimmt die Abteilung für Dichtung an der Preußischen Akademie der Künste geschlossen Stellung gegen die kulturfeindliche Bewegung im Lande, die den schöpferischen Geist der deutschen Nation ...* (ab hier weiter wie der Benn-Entwurf mit geringfügigen Miniänderungen.)

Döblin setzt also an erheblich weiter links einfach durch Nennen von ein paar Tatsachen – behandelt sie aber etwas wie Kraut und Rüben und zwar, um soetwas wie eine fiktive Anti-Rechts, Anti-Links-Ausgewogenheit vorzuspiegeln. Die Dinge, die aufs Konto der Rechten gehen, der Faschisten: die Rundfunkvereinnahmung, Antisemitismus, Boykottaufforderungen gegen (jüdische) Verlage sind ungleich gewichtiger und für viele lebensbedrohender als das »verwüstende Eindringen von platten Parteibegriffen in literarische Werke ...« (das mehr gegen Links gesprochen ist) – daß gerade diesem Vorgang das Adjektiv »verwüstend« vorbehalten wird, ist schon ausgesprochen ungerecht. Döblin verfolgt also die Absicht, nicht als »Von-Links-Nur«-Sprechender aufgefaßt werden zu können. Behält so auch den Bennschen Satz bei: *daß nämlich ein Volk sich nicht durch Aufbringung von Macht und Waffen, nicht durch Klassendiktatur, auch nicht durch züchterische Rassen-*

maßnahmen entwickelt und trägt, (lediglich das »nämlich« hat er hinzugefügt) *sondern ausschließlich durch die ihr innewohnende seelisch geistige Kraft, deren Werke noch lange nach dem Verfall und Untergang des Politisch-Nationalen* ... etc. – die »seelisch geistige Kraft« hatte bei Benn, etwas weniger verwaschen, »immanente geistige Kraft« und »produktive seelische Substanz« geheißen – aber egal vor der Hauptsache: Haltbarkeit von Geist-Seelischem stellen beide dem Verfall von Politisch-Nationalem entgegen (und durchaus unangemessen: es hinterläßt den jeweils Folgenden keineswegs einfach Verfall/Verfallenes, es hinterläßt seine meist üblen Realitäten, hinterläßt sie nur nicht in Form von Kunstgebilden; die »Geschichte« macht keine Gedichte bzw. keine Romane, deswegen ist sie blöd, deswegen heißt sie Verfall mit Nachnamen – dies die Sprache beider, Benns wie Döblins, gegenüber der »Macht« Anfang Februar 1933. Bloß fehlt Döblin die dafür notwendige Konsequenz, die Bennsche Frechheit von »unserem« 3. Reich mitzutragen (der einzige polemische Schlenker in den Entwürfen, der solchen Resolutionen überhaupt eine gewisse Gewichtigkeit oder eine Daseinsberechtigung geben kann: was soll eine Resolution von relativ Machtlosen sonst, wenn nicht polemisch sein oder Witze reißen oder sich mit dem Aufschrei der Getretenen den Mächtigen vor die Füße werfen; letzteres bringen die Dichtervorsteher nicht auf; okay. Das einzige, was einen radikalen Gestus wenigstens hatte, fliegt raus – Döblin streicht den Bennschen Schluß ersatzlos – mit den *weiten Räumen der menschlichen Geschichte,* in die die Werke der Geistigen die Fülle und Kraft eines Volkes tragen, läßt er seinen Entwurf enden, der so – am Schluß – bei kraftmeierischen Obertönen den Unterton hervorbringt: laßt uns in Ruhe (Parteien aller Seiten). In unserem Bereich seid ihr Dilettanten, laßt die Finger davon. Das ist ein zu schwacher Pol in der Situation der vollzogenen Polarisierung im Politischen Anfang Februar 1933 – solch ein vager Ausgleich zwischen Literatur-Pol und den Polit-Polen bedeutete nur noch Rückzug. Die Bennsche Formulierung war aggressiv gewesen: den Kunst-Pol verteidigend bis zum Äußersten, aber da steht er nun allein. Gut zu hören, der Einwand, überlaut: was denn das überhaupt für eine Rolle spiele, ob da jemand – mehr oder weniger abstrakt – einen sog. »Kunst-Pol« unter Spannung zu halten in der Lage oder willens sei in einer Situation wie um den 30. Januar 1933 herum. Spielt natürlich keine Rolle, spielt überhaupt keine Rolle im Land der Dämmerung, bloß wo kriegen wir das Land der Dämmerung her, wenn niemand einen Kunst-Pol aufrecht erhält (wo hätten es die Kinder her ohne Astrid Lindgren?). Will sagen: die Art des Angriffs aus der »Überlegenheit« des Politischen heraus wie er auf die Kunst, den Kunst-Pol in den sechziger Jahren geführt wurde (mit meiner weitgehenden Billigung),

sie wäre so nicht denkbar und auch nicht notwendig gewesen ohne dies Wissen davon, wie die Artifiziertesten unter den westlichen Künstlern, zu nennen Benn wie Ezra Pound, Céline, Hamsun, D. H. Lawrence, d'Annuncio, in Deutschland, England, Frankreich, Italien wie Amerika und Norwegen (stellvertretend für das liberale Skandinavien) im Moment, wo der Kunst-Pol im öffentlichen Leben durch politische Kräfte ab- oder massiv umgeschaltet wird, sich Strom beim Macht-Pol holen – gerade die Artisten der extremsten Lage, die in ihren Gebilden am stärksten einen Ausgleich zwischen Rausch-Pol und Rationalitäts-Pol suchen – zum Macht-Pol nicht einfach zum Faschismus-Pol (dahin werden die gezogen, die die stärksten Entzugserscheinungen haben bzw. »machtlos« zusehen müssen, wie andere sich bedröhnen – das sind die »französischen Badeorte« –, während die rationaleren unter ihnen, die Becher wie Brecht und viele andere zum Sowjet- und später Stalin-Pol fliegen, mit abstrakt weit größerem historischem »Recht«, aber im Blut der Opfer sich auch da haben wiederfinden müssen – und, entscheidend: den Kunst-Pol genauso verlassen haben, wie die nach »rechts« abgesaugten, womöglich massiver).
Was Benn von ihnen allen unterscheidet: er läßt auch 1933 und im folgenden Jahr den Kunst-Pol nicht ganz fallen (versucht, ihn mit vom Hitler-Pol geliehenen, abgezweigten Strom weiter zu füttern – stößt schließlich, gegen Ende 1934 – als der Versuch sich als gescheitert erweist, die eine Seite seines Schreibens, mit der er schon von selber angefangen hatte, den Kunst-Pol zu ruinieren – den Journalismus, das Essaygeschwätz, ab und beginnt ab 1935, den Kunst-Pol mit aller Kraft in alter Stärke zu beleben und hält ihn am Brennen bis zu seinem Tod 1956.
Ist das nicht etwas, was vielleicht eine »Aufmerksamkeit« verdient, 1985 – siebzehn Jahre nach der »Ermordung« der »Kunst« durch die »subversive« Linke (wenigstens hatte sie etwas Rockmusik und Reichsche Drogen) und bei nun neu eingesetzter Wendung grüner + Scene-Spektren zur »Kultur«, Stadttheaterkultur, Kultur mit Linie, Wiederbelebung des Kabaretts (vor 10 Jahren war ich sicher, das nicht wiedererleben zu brauchen; was für eine Täuschung) und ähnlichem Schrott, keineswegs aber Wiederbelebung, Wendung zur Kunst; Wendung zur Therapie statt dessen, Einzel-, Gruppen-, approbierte Gesellschaften – oder Sektentherapien, egal: ihnen gemeinsam ist eine Tätigkeit, die sich an Stelle der Kunst gesetzt hat; Psychoanalyse, nicht umsonst so bekämpft von Benn (und in seinem Denken so vorhanden), bringt nicht nur nicht Gedichte hervor, sie bekämpft sogar ihre Möglichkeit. Psychoanalyse ist Konkurrent der Kunst (wie Politik und Kabarett und Skilaufen auch); Sanyassins, die Gedichte schrieben? Ebensowenig. In all solchen Gebilden läuft das Gemurmel des obersten Therapeuten als die »Kunst«.

Alfred Döblins Entwurf fand auch keine Mehrheit am 6. Februar 1933 in der Akademie, und die Angelegenheit wurde weiter vertagt. Damit war die Zeit, die die immer mächtiger um sich greifende Kulturreaktions-Woge ihnen noch gelassen hatte, abgelaufen. Die Resolution wurde nie beendet, wurde nie publiziert; Benns Formulierungen von »unserem 3. Reich« der Kunst (datierend von Herder und Schiller) blieb Akademie-intern; im Hinblick auf den 30. Juni 1934, den Startschuß zur »Säuberung« des völkischen Lagers von allen potentiellen Hitlerkonkurrenten, der viele von denen, die zwar »3. Reich« geschrieen hatten, aber das »Heil Hitler« dazu vergessen, das Leben kostete, mag dies Unterbleiben der Publikation für GB lebensrettend gewesen sein. Zumindest auf den Haussuchungslisten würde er andernfalls gestanden haben, die jeden trafen, der in jüngerer Zeit als Okkupant des 3. Reich-Begriffs öffentlich in Erscheinung getreten war ohne die Verbindung dieses Begriffs mit dem »Führer«.

Ein anderes Ereignis – ebenfalls ein Schriftstück – eins, das an einer Litfaßsäule klebt – erhitzt die Akademiegemüter und läßt die »Resolution« als ungeborenes Kind verenden. Ab 11. oder 12. Februar 1933 hängt ein Plakat des »Internationalen Sozialistischen Kampfbundes« (eine Intellektuellenvereinigung ohne festgelegte Parteizugehörigkeit) an den Litfaßsäulen, überschrieben: »Dringender Appell!«, das neben 14 anderen die Unterschriften von Heinrich Mann und Käthe Kollwitz trägt, zwei Mitgliedern der Preußischen Akademie der Künste. Dies Plakat wird Anlaß zur »Zerschlagung« der Dichterakademie in ihrer bisherigen Form und Zusammensetzung. Es lautet:
Die Vernichtung aller persönlichen und politischen Freiheit in Deutschland steht unmittelbar bevor, wenn es nicht in letzter Minute gelingt, unbeschadet von Prinzipiengegensätzen alle Kräfte zusammenzufassen, die in der Ablehnung des Faschismus einig sind. Die nächste Gelegenheit dazu ist der 5. März. Es gilt, diese Gelegenheit zu nutzen und endlich einen Schritt zu tun zum Aufbau einer einheitlichen Arbeiterfront, die nicht nur für die parlamentarische, sondern auch für die weitere Abwehr notwendig sein wird. (–»weitere«? –Hinweis auf die Möglichkeit eines bewaffneten Widerstands?) *Wir richten an jeden, der diese Überzeugung mit uns teilt, den dringenden Appell, zu helfen, daß ein Zusammengehn der SPD und KPD für diesen Wahlkampf zustande kommt, am besten in der Form gemeinsamer Kandidatenlisten, mindestens jedoch in der Form von Listenverbindung. Insbesondere in den großen Arbeiterorganisationen, nicht nur in den Parteien, kommt es darauf an, hierzu allen erdenklichen Einfluß aufzubieten. Sorgen wir dafür, daß nicht Trägheit der Natur und Feigheit des Herzens uns in die Barbarei versinken lassen!*

(folgen die Unterschriften; außer H. M. und K. K. kenne ich noch E. J. Gumbel und Robert Kuczynski). Darunter noch:
Setzt die Verantwortlichen unter Druck!
Es ist etwas Tragisches um diesen Aufruf; tragisch, weil er auf einfache Weise das Angemessene, das Notwendige auszudrücken scheint, aber das Angemessene und Notwendige eben nur für Leute, die irgendwie klug und irgendwie links sind; eben nur einfach klug und links und nicht parteiklug und parteilinks; für die linken großen Parteien war es längst ausgemacht, daß man nicht zusammengehen würde, weder für die Wahl noch zu sonst einem Akt; daß man sich gegen die Faschisten nicht besonders wehren werde, weder bewaffnet noch mit Streiks, sondern ihren Zusammenbruch abwarten (und dann würde der Krieg zwischen Sozialdemokraten und Kommunisten erst richtig losgehen um die Nachfolge der zusammengebrochenen Naziherrschaft).
Am 15. Februar, dem Tag, an dem dieser Aufruf zum Eklat in der Akademie führt, ist er – in Richtung der Arbeiterparteien – vollkommen ins Leere gesprochen, desolat, ein Dokument der Ahnungslosigkeit der Unterzeichner, was die Kenntnis des Politkulissenkampfes betrifft – sie ahnen, scheint es, gar nicht, wie allein sie an den Litfaßsäulen hängen – für die Parolengeber der Polit-Pole nichts als ein »Anlaß« zu was – Anlaß zur Zerschlagung, Anlaß zum Protest.

Am 15. Februar spricht der kommissarische Kultusminister für Preußen (der reguläre, Becker, ist gerade verstorben), »Reichskommissar Rust«, ein Nationalsozialist in der Akademie vor und verlangt von ihrem Präsidenten, Max v. Schillings, das Ausscheiden der Akademiemitglieder Heinrich Mann und Käthe Kollwitz durchzusetzen, andernfalls würde er, Rust, die Akademie schließen lassen.
Daß dieser Vorgang nicht einfach durch das Litfaßsäulenplakat ausgelöst wurde, sondern dies bloß ein willkommener Anlaß war für die Durchführung nationalsozialistischer Kulturpolitik, hätten die Akademiemitglieder, wären sie Zeitungsleser gewesen, am Tage zuvor schon, am 14. Februar, in der *Deutschen Allgemeinen Zeitung* lesen können. Unter der Überschrift: *Der Kulturwille der Nationalsozialisten – Dr. Rust spricht vor Studenten* heißt es:
Unter dem Vorsitz des Rektors der Universität, Prof. Dr. Kohlrausch, fand ein Vortragsabend des nationalsozialistischen deutschen Studentenbundes statt, in dem der kommissarische Kultusminister für Preußen, Dr. Rust, über »Nationalsozialistischen Kulturwillen« sprach. Es folgen Ausführungen über geplante Eingriffe in Universitäten, Schulen, Theater etc., die Aufforderung an die Studenten, daran mitzuarbeiten, da dies jetzt ihr Staat sei – *Der Staat ruht auf Ihren Schultern!,* ruft Dr. Rust

aus, beruhigt einige Ängstliche, die um den Bestand des humanistischen Gymnasiums fürchten: *Im Hellenismus, in der Antike spüren und verehren wir die Auswirkung des nordischen Geistes.* – und kommt auf die schwierige Lage der geistigen Berufe; schließlich, Taten sind gewünscht, dies:
Lassen Sie mich ein Beispiel auswählen, an dem ich zeigen kann, was ich zu tun gedenke: Es gibt da z. B. eine Dichterakademie. Die hat auch einen Leiter. In den letzten Tagen hat man den Namen dieses Mannes von den Litfaßsäulen prangen sehen, der die Sozialdemokraten und Kommunisten aufforderte, die »gemeinsame Abwehrfront« zu formieren.
Mir scheint, es sei nicht nur jener Leiter schuldig, sondern ebenso schuldig alle jene, die diesen Mann, Heinrich Mann, zum Leiter der Akademie erkoren. Seien Sie unbesorgt! Ich werde dem Skandal an der Akademie ein Ende bereiten! Aber seien Sie auch geduldig. (... etc.)
Deutlicher ist kaum zu belegen, daß es von niemandem innerhalb der Akademie mehr abhing, was in den nächsten Monaten mit ihr geschah – im Plan zur Durchsetzung »nationalsozialistischen Kulturwillens« spielte sie eine Rolle, war sie ein »z. B.« unter anderen – lediglich, ob sie überhaupt weiterbestehen oder ganz aufgelöst würde, wie es Rosenberg einen Monat später aus dem »Kampfbund für Deutsche Kultur« in einem Brief an Reichsinnenminister Frick forderte, hing bis zu einem gewissen Grade vom (Wohl)Verhalten der Akademiemitglieder ab. (Der Brief und die andern Dokumente bei Hildegard Brenner, aus deren Buch der Ablauf der politischen Ereignisse erheblich deutlicher wird als aus dem Buch von Inge Jens, dessen Vorteil in umfangreicheren Aktenauszügen aus der Arbeit der Dichter in der Akademie liegt.)
Standpunkte also, von denen aus gesagt wird, um es auf den Fall, der hier am meisten interessiert, zuzuspitzen: Benn ließ zu oder half mit, Heinrich Mann aus der Akademie zu werfen, sind etwas bodenlos. Dazu bedurfte es keiner Hilfe von Akademiemitgliedern, dazu wurden sie gar nicht gefragt, das war eine beschlossene Sache, bevor sie überhaupt darüber berieten.
Was Benn tat, ist etwas anderes: vor die Alternative gestellt, ob man die Akademie vor der drohenden Auflösung bewahren solle, wenn man könne oder sich mit dem gemaßregelten Heinrich Mann solidarisieren, entschied er sich für den Erhalt der Akademie und ließ die Solidarität mit Heinrich Mann fallen. Das tat er – aus Gründen, die aus dem vorstehenden nicht unschwer zu entnehmen sind: das Radio und die Akademie waren seine einzigen »Stützpunkte« geblieben im Versuch, in Deutschland eine öffentliche Stimme zu werden und vom Erheben dieser öffentlichen Stimme soweit leben zu können, daß die Arztpraxis des underdoc doch bitte geschlossen würde werden können: some day, some time – ein Austritt solidarisch

an der Seite Heinrich Manns hätte das Abschalten dieser Stimme im öffentlichen Raum bedeutet mit zweierlei Alternative: nur Arzt zu sein und die Klappe zu halten (das also, was er seit sechs Jahren so vehement eben gerade nicht gewollt hatte) oder an der Schwelle zur notwendigen Emigration sich zu finden. Auch das wollte er auf keinen Fall (wollte es schon gar nicht zu einem Anlaß, mit dem er nicht zu tun hatte – wegen der Unterschrift Heinrich Manns unter ein Plakat, dessen Text, man kann nicht einmal sagen: er ablehnte, nein, dessen politischer Inhalt ihm relativ egal war – was ihm nicht egal war: dies Plakat, vielmehr Heinrich Manns Unterschrift als Vorsitzender der Dichterabteilung in der Akademie war geeignet, einen der Polit-Pole noch stärker den Kunst-Pol besetzen zu lassen, zu okkupieren und weil das seinem immer noch laufenden Versuch, den Kunst-Pol von den Polit-Polen freizuhalten, genau entgegenstand, ergibt sich eine tatsächliche Gegnerschaft zu Heinrich Mann (nicht in erster Linie wegen des Inhalts des Aufrufs – GB hat nie gesagt, man solle keine linken Ansichten haben und vertreten; nur für das Machen von Kunst seien sie belanglos –, sondern weil Heinrich Mann, der als Präsident der Dichterabteilung der Akademie ein Gehalt bezieht, den Kunst-Pol schwächt – die Politisierung in die Akademie schleppt, die Benn mit allen Mitteln draußen halten wollte).

Heinrich Mann hat es übrigens allen, die in der Akademie bleiben wollten, leicht gemacht; merkwürdig leicht; Solidaritäten wurden nicht verlangt, nicht einmal ein Gespräch. Wirklich merkwürdig. Der Ablauf:

Die Gesamtakademie ist abends acht Uhr versammelt; ein neues Mitglied wird eingeführt. Dann der Anlaß zur außerordentlichen Sitzung: Präsident v. Schillings unterrichtet die Versammlung von der Drohung Rusts, die Akademie aufzulösen, zumindest aber die Dichterabteilung, wenn H. Mann und K. Kollwitz die Akademie nicht verließen. Er, Schillings, habe darauf seine eigene Demission angeboten – den Reichskommissar damit zunächst gestoppt –, aber Zusage zu einer Gesamtsitzung mit größter Beschleunigung geben müssen. Frau Kollwitz habe schon im Laufe des Tages »in Erkenntnis des Unrichtigen ihres Verhaltens« ihren Austritt aus der Akademie erklärt. Protokoll:

Dr. Benn fragt, ob Heinrich Mann über den Gegenstand der heutigen Beratung unterrichtet sei und weshalb der Herr Reichskommissar gerade die Abteilung für Dichtung auflösen wolle, nicht auch die für bildende Künste. Der Präsident erwidert: weil von der Dichterabteilung der Vorsitzende beteiligt ist. – Er betont, daß er die Alternative stellen müsse, entweder Heinrich Mann scheide aus der Akademie aus oder er selbst (der Präsident) werde sein Amt niederlegen. Dr. Fulda fragt ebenfalls, ob Heinrich Mann unterrichtet sei. Nachdem der Präsident dies verneint, wird die Sitzung auf längere Zeit ausgesetzt und Herr Loerke übernimmt es, Heinrich Mann telefonisch herbeizurufen.

Akademiepräsident v. Schillings hat also gedacht, er würde von der Gesamtakademie ein Votum bekommen, Heinrich Mann hinauszuwerfen, ohne daß jener nicht nur nicht anwesend, sondern nicht einmal unterrichtet worden sei. Solch ein Vorgehen kann nur auf der sicheren Annahme einer massiven Anti-Heinrich-Mann-Mehrheit in der Gesamtakademie basieren; andernfalls hätten sie ihn vom Stuhl geblasen.

Heinrich Mann muß sich über die Haltung der Gesamtakademie zu ihm im klaren gewesen sein; Protokoll:

Um dreiviertel 10 Uhr trifft Herr Heinrich Mann ein. Der Präsident spricht zunächst in seinem Dienstzimmer mit ihm, nur in Gegenwart des Herrn Loerke. Nach einer kurzen persönlichen Aussprache eröffnet der Präsident die Sitzung wieder und gibt bekannt, daß Herr Heinrich Mann sein Amt als Vorsitzender der Dichterabteilung niederlegt und auf seine Mitgliedschaft verzichtet.

–Heinrich Mann erkennt an, daß der Präsident nicht anders handeln konnte, da er an das Wohl und Bestehen des Ganzen denken müsse. (–das ein Grund, ihn nicht zu informieren? Zumindest, hätte Heinrich Mann eine politische Entscheidung der Akademie herbeiführen wollen, hätte er dem Präsidenten für diese Art Hintergehungsversuch seine öffentliche Verachtung aussprechen müssen. Wollte er aber offenbar nicht.)

Man könnte denken, hier wäre Hildegard Brenners Hinweis zu berücksichtigen: *Die Sitzungsprotokolle der Literaturabteilung geben die Vorgänge nur annäherungsweise richtig wieder, in entscheidenden Punkten sind sie unpräzise und beschwichtigend* – das ist im Sinn zu behalten, aber in diesem Punkt scheinbar nicht. In einem Zeitungsinterview am nächsten Tag (ebenfalls bei Brenner) sagt Heinrich Mann: *Schillings bemühte sich, seinen Standpunkt zu rechtfertigen; ich sagte ihm, daß das nicht nötig sei: es sei seine Pflicht, die Akademie zu erhalten – und es sei die meine, ihn dabei zu unterstützen. Ich äußerte ihm gegenüber noch, daß ich gar nicht Kommunist bin, sondern daß ich diesen Aufruf zur Einigung der Linken als Republikaner unterschrieben hätte. Ich würde austreten.«* – Heinrich Mann im »Tempo«, Berlin, am 16. Februar 1933. Da steht auch noch was: *»Den Aufruf zur Einigung der Arbeiter hatte ich längst vergessen, ich weiß auch nicht, wer ihn außer mir noch unterschrieb, ich unterzeichnete ihn auch noch zur Zeit der Kanzlerschaft Schleichers. Durch eine falsche Adressenangabe erhielt ich den Rohrpostbrief der Akademie, der mich zu einer um 8 Uhr beginnenden Sitzung rief, erst um halb zehn Uhr abends; ich hatte keine Ahnung, um was es sich handeln könnte. (...)«*

Kein Wunder, daß er sich Schillings Frechheiten gefallen ließ; er hatte ein schlechtes Gewissen – wußte nichts mehr von der Unterschrift – die Adresse falsch – alles in heller Aufregung wegen ihm – »Akademieauflösung!« – und hat als einziger keine Ahnung, was überhaupt abläuft. Hat demnach auch nicht einmal *gewußt*, daß momentan seine Unterschrift auf einem Litfaßsäulenplakat prangt – Schleicher ist seit dem 28. Januar nicht mehr Kanzler – die Unterschrift also 3 Wochen alt oder älter; noch irrer: der Text des Plakats bezog sich also gar nicht, als Heinrich Mann ihn unterschrieb, als er geschrieben und unterschrieben wurde, auf die Abwehr der Nazis/Hitlers in der Regierung, weil sie noch gar nicht drin waren in ihr; was jetzt – und das spielt in der folgenden Debatte der Akademiemitglieder eine erhebliche Rolle – als Aufruf zum womöglich sogar bewaffneten Kampf gegen eine legal/parlamentarisch ins Amt gekommene deutsche Regierung gelesen werden kann (und eben das werfen die Akademieleute H. Mann besonders vor: Geld zu beziehen von dieser Regierung und so etwas zu unterschreiben gleichzeitig), das hat – wie immer man auch dazu stehen würde – Heinrich Mann tatsächlich gar nicht unterschrieben; *vor* dem 28. Januar, mit Schleicher als Kanzler, *konnte* der Text diese Bedeutung gar nicht haben; jetzt *wurde* er so gelesen; dokumentiert u.a. in einem Brief Loerkes an Thomas Mann, der seine Haltung als Akademiesekretär Heinrich gegenüber vor Bruder Thomas mit vor allem dieser Wendung der »weiteren Abwehr« im Plakat zu begründen sucht, die er als Aufforderung zum Bürgerkrieg liest; das kann man auch, liest man den Text als gegen eine Regierung gerichtet – das braucht man aber keineswegs, liest man das Plakat als allgemeinen Aufruf zur Faschismusabwehr (als das es unterschrieben wurde und auch *ge*schrieben; dann kann sich »weitere Abwehr« im Zusammenhang eines Linkszusammenschlusses auf gemeinsame Aktionen in Betrieben, Vereinigung der Arbeiterorganisationen dort und vieles andere mehr, was außerhalb der »parlamentarischen Ebene« läuft, beziehen). Das wirft nun kein sehr schönes aber auch kein unbekanntes, oder soll man gleich sagen, das übliche Licht auf den Umgang eines solchen Linksvereins wie des »Internationalen Sozialistischen Kampfbundes« mit den irgendwann eingeheimsten Unterschriften seiner Mitglieder oder Sympathisanten: so dumm konnte ja niemand sein, nicht zu sehen, daß dies Plakat *jetzt* zum Widerstand gegen eine Regierung aufrief, während es drei Wochen vorher ein allgemein gehaltenes zur Faschismusabwehr war – d.h., seine Veröffentlichung zum jetzigen Zeitpunkt barg ganz andere Risiken – jeder gutwillige Mensch fragt in einem solchen Fall die Betroffenen, ob sie damit einverstanden sind.

Heinrich Mann wurde nicht gefragt. Käthe Kollwitz ebensowenig. Auch sie fiel aus allen Wolken, als sie vom drohenden

Rausschmiß erfuhr; und auch in ihrem Fall hatte Akademiepräsient v. Schillings die Versammelten belogen, zumindest was seine Formel von Frau Kollwitz' »Erkenntnis der Unrichtigkeit ihres Handelns« betrifft – jedenfalls wenn man dem gleichen Artikel im »Tempo« glauben darf:

Von seiten der Frau Käthe Kollwitz erfahren wir, daß sie gestern abend völlig ahnungslos auf die Akademie kam, da sie zu einer Sitzung gerufen worden war. Dort erfuhr sie in einer Unterredung mit Professor v. Schillings ... (...) Auflösung der Akademie gedroht, für den Fall, daß ... (...) Da viele Mitglieder von anerkanntem Ruf persönlich durch eine solche Maßnahme auf das schwerste geschädigt würden, entschloß sich Frau Kollwitz sofort zum Rücktritt. Daraufhin trat auch der Berliner Stadtbaurat Wagner freiwillig aus.

Schillings hat also die Politik verfolgt, die Betroffenen gar nicht erst mit der Versammlung zu konfrontieren, was heißt konfrontieren: sie in die Versammlung hineinzulassen (da hätte sich womöglich dies und das ja klären lassen), er hat auch Frau Kollwitz abgepaßt und sich gleich geschnappt, als sie abends ahnungslos dort angehastet kam, und sie in seinem Büro, unter vier Augen, unter Ausmalung der schrecklichen Folgen, zum Rücktritt bewegt. Durchaus möglich, daß sie ihm gesagt hat, von w a n n ihre Unterschrift datiert und Schillings die Versammlung so etwas durchaus nicht wissen lassen wollte; er hatte die Käthe gedreht, das war der Präzedenzfall für Heinrich; was sollte er groß machen, als er viertel vor zehn eintraf und sich auf dem Weg zur Akademie die Geschichte hatte durch den Kopf gehen lassen: sollte er vor die Versammlung treten und den Leuten sagen: »Hört mal, ich wußte gar nicht, daß ich da draußen mit Namen hänge – das ist ein altes Plakat, etc.« – Was hätte er wohl zu hören bekommen? »Dann mußt du wegen Blödheit ausgeschlossen werden«, wäre das Votum gewesen, »oder wegen Blödheit deiner Genossen«.

Ich nahm dann später auch nicht mehr an der Sitzung teil – sagt Heinrich im Interview; er hat den Sitzungssaal tatsächlich nicht betreten; die ganze Zeit hatte ich mich gefragt, wie ein solcher Abtritt für einen politisch agierenden Menschen möglich gewesen/zustandegekommen sein könnte; nun ist es klar, er hat sich geschämt – in seiner Bewegungsfreiheit paralysiert von den eigenen Leuten.

Der Rest ist geschickte Regie Max v. Schillings, dem es gelingt, alle einzeln zu behandeln und mögliche Aufklärungen zu verhindern; er hatte sich – das ist überoffensichtlich – nach dem Ultimatum Rusts entschlossen, die beiden loszuwerden. Rücktritt oder Ausschluß – wie man es nennen will – sind also, das ist ganz eindeutig – gelaufen und abgehakt, b e v o r die Akademiemitglieder überhaupt zu diskutieren anfangen über den Vorgang. W a s sie da diskutieren, ist nur noch für andere Zu-

Sitzung der *Sektion für Dichtkunst der Akademie der Künste,* Berlin, 1930: Stehend von links, Bernhard Kellermann, Alfred Döblin, Thomas Mann, Max Halbe; sitzend von links, Hermann Stehr, Alfred Mombert, Eduard Stucken, Wilhelm von Scholz, Oskar Loerke, Walter von Molo, Ludwig Fulda, Heinrich Mann

Paul Cézanne, *Mardi-Gras* (Pierrot und Harlekin), 1888

sammenhänge interessant. (Soweit gekommen, spricht übrigens auch nicht sehr viel gegen die Annahme, die falsche Adresse auf Heinrich Manns Rohrpostbrief war nicht zufällig, sondern das Werk v. Schillings, der nicht wollte, daß Heinrich, rechtzeitig informiert, Zeit zu strategischen Überlegungen, Telefonkontakten etc. haben würde.)
Man soll eben keine Resolutionen unterschreiben (und auch keine schreiben), es kommt nur Scheiße dabei raus ... oder?
Aus der Diskussion. Protokoll:
Dr. Döblin spricht sein Bedauern darüber aus, daß aus der Versammlung heraus kein Einspruch dagegen erhoben wurde, daß Heinrich Mann in dieser Weise zu seinem Entschluß beeinflußt wurde. Er hält auch das Verhalten des Präsidenten nicht für richtig. Heinrich Mann hätte hier vor dem Plenum der Akademie frei seine Meinung sagen müssen. (...) Der Präsident entgegnet, daß er, um Heinrich Mann eine unangenehme Situation zu ersparen, (und hat nicht einmal Unrecht, der Lügner) *mit ihm persönlich gesprochen habe. (...) Im übrigen sei Herr Heinrich Mann augenblicklich noch im Präsidentenzimmer zugegen. Dr. Döblin verlangte nochmalige Befragung des Herrn Heinrich Mann. Dies wurde von der Versammlung* (es ist die Gesamtversammlung; nicht nur die Dichterabteilung; da wäre es anders gelaufen) *abgelehnt. – Der Präsident betont, daß es bei der klaren Antwort von Heinrich Mann, wie er sie soeben mitgeteilt habe, sein Bewenden behalten müsse.*
(–so die Mehrheit der Versammelten. Daß es in der Akademie um die Kunst zu gehen habe, ist der Tenor; nicht um Politik – deutlich zu spüren, daß sie mehr von Antipathie gegen Heinrich Mann erfüllt sind, als von künstlerischen Gluten; aber bei Bedarf – bei politischem Bedarf – findet der »Nur-die-Kunst«-Standpunkt in solchen Zusammenhängen immer seine opportunistische Mehrheit. Sie haben auch am Vortag nicht in der Zeitung gelesen – oder sind so frei, so zu tun –, daß der Minister Rust die Akademie auf Vordermann zu bringen öffentlich angekündigt hat – bleiben also bei der Kunst, die im Moment praktiziert wird als diejenige, politisch mißliebige Gegner kaltzustellen.)
Auch als ein Stückchen Institutionen/Resolutionen/Intellektuelle-machen-Politik-Geschichte finde ich das interessant. Die Darstellungen, die ich bisher darüber gelesen habe, soweit sie mit Wertungen ins Geschehen greifen, sind sehr schnell entschlossen in ihrer Parteinahme (nach irgendeinem Links-/Rechts-Schema, aufgezogen am Liebsten, eben an den »Kontrahenten« Heinrich Mann/Benn, und dann werden die Stellungen bezogen). Bei genauerem Hinsehen wird man aber feststellen müssen, dies ist keine Geschichte Benn/Mann – natürlich agieren sie nicht als Freunde, aber das schon seit zwei Jahren nicht mehr richtig – und Loerke z.B., mit dem Heinrich Mann

eher noch befreundet ist (jedenfalls sind sie, Loerkes Tagebüchern nach, öfter mal zusammen), findet sich in den folgenden Wochen – es geht um eine bestimmte Art der »Erhaltung« der Akademie – klar auf seiten Benns, ohne eine Position »gegen« Heinrich Mann zu haben (er mißbilligt die Tatsache, daß die Unterschrift von irgend jemand unter irgendein Plakat, mit dem er selber nichts zu tun hatte, ihn womöglich zu einem Rücktritt bewegen solle, den er nicht wünscht). Richtig: Handlungen in Begriffen politischer Solidaritäten sind das nicht: hat aber auch niemand erwartet/konnte auch niemand von Benn oder Loerke erwarten. Dies ist noch nicht der Moment, wo der »Faschist Benn« seinen Kopf aus dem Maulwurfsloch schnellen läßt; dies ist ein politisch/institutionell geplanter und dann durchgezogener Personen- und Führungswechsel in einer staatlichen Institution, deren relative Autonomie beseitigt werden soll. Von niemandem in der Akademie geht er aus – er kommt von außen; und er bedient sich – das ist selbstverständlich: die faschistischen Institutionenknacker sind nicht doof; im Gegenteil: Profis in sowas – der in der Akademie vorhandenen Personen. *»Die Akademiemitglieder fast insgesamt geben dem Internationalen sozialistischen Kampfbund, der das Plakat herausgegeben hat, nicht das Recht, die Akademie zu sprengen.«* – Satz Loerkes aus dem Brief an Thomas Mann, in dem er ihm (auf Anraten des S. Fischer-Verlags, in dem er Lektor ist, in dem Thomas Manns Bücher erscheinen) seine Gründe für die Nicht-Solidarität mit Heinrich Mann darlegt. Der Satz spricht die Basis aus, auf der die in der Akademie Verbleibenden, Heinrich Mann sonst nicht feindlich gesinnten Leute, weitermachen. Der Anlaß für die »Sprengung« der Akademie – das Plakat von links – ist bestens ausgewählt von Rust für diese Aktion: es sieht jetzt so aus, als wollten die Linken die Akademie in die Luft jagen (was doch erklärtermaßen die Absicht der nationalsozialistischen Kulturpolitiker war). Durch diesen Dreh arbeiten jetzt alle, die weiter in der Akademie sind, für die Nazis, ob sie wollen oder nicht: sie verzichten auf die exponiertesten Linken in der Akademie und legitimieren, was faktisch ein Rauswurf durch den preußischen Kulturkommissar war, als einen für die Selbst- und Rein-Erhaltung der Akademie notwendigen Akt: der mehrfach geübte Trick mit der »Legalität« funktioniert auch hier. Und Benn macht sich, in der darauffolgenden Sitzung der Dichterabteilung, zu seinem Anwalt. Das ist nun nicht mehr selbstverantwortete und insofern unschuldsvolle Kunst-Pol-Politik – kann es nicht sein auf Grund der PRESSE. Die bei Hildegard Brenner wiedergegebenen Reaktionen der Berliner Tagespresse bejubeln in einem 9:4 Verhältnis die Austritte als längst fälligen Rausschmiß der »Rotfront«-Leute aus einer deutschen Kulturinstitution: *Beide lehnen eine deutsche Kultur ab. Heinrich Mann glaubt immer noch an die französische*

Revolution und Stadtbaurat Wagner an die russische. Wir wollen aber, daß in der Akademie endlich deutscher Geist herrsche und daß in ihr Männer wirken, die sich dem deutschen Volk und seinem Ringen um eine Erneuerung des deutschen Lebens zuinnerst verbunden fühlen. (...) Wir können ein Gefühl der Genugtuung darüber nicht unterdrücken, daß unseren monatelangen Kämpfen gegen Heinrich Mann und den von ihm vertretenen Geist endlich Erfolg beschieden ist. (Berliner Börsenzeitung, 16. 2. 1933)
Dies etwa – und zwar in mittlerer Tonlage – der Tenor der Bejubler (etliche Äußerungen sind erheblich fieser und triumphaler). Die nun in der Akademie Verbliebenen, die sich vier Tage später treffen, um ihren Standpunkt zu dem Vorgang zu finden und eine Erklärung abzugeben, können demnach eigentlich nicht mehr so tun, als ginge es etwa um einen »Fehler« Heinrich Manns bloß, den er womöglich gemacht haben könnte. Die Presse macht kein Hehl daraus, daß dies der Endpunkt einer längeren Kampagne gegen eine bestimmte Art Geist war – wer jetzt weiter auf dem »Fehler«-Standpunkt beharrt, tut das mit dieser Presse im Rücken; mit dem Jubelschrei der offenen Nazis.
Der einzige, der auf der Sitzung auf diese Presse hinweist, ist der Akademiepräsident v. Schillings, der bei den Dichtern erschienen ist: »*... er habe es bei der fortdauernd äußerst schwierigen Lage für seine Pflicht gehalten zu erscheinen*« – mit der fortdauernd äußerst schwierigen Lage bezieht er sich auf die Töne der Rechtspresse, der der Hinauswurf Heinrich Manns aus der Dichterabteilung nicht reicht, die die Dichterakademie geschlossen haben oder sofort in eine völkische Institution umgewandelt sehen möchte. Sein Appell von daher: bitte eine einheitliche Erklärung seitens der Herren Dichter, damit nicht von außen das Spaltbeil angesetzt werden könne. Die Linie, die danach nur eingeschlagen werden kann, ist klar: kein Protest (der käme als einheitlicher nie zustande); zudem hat die Mehrzahl der auswärtigen Mitglieder – (möchten bitte erst näher informiert werden) – brieflich von Protesten abgeraten. Döblin und Fulda, die einen Protest wünschen, sind von vornherein chancenlos (eben um dies sicherzustellen, ist v. Schillings, dessen Präventivtaktiken wir am 15. schon bewundern konnten, da hingegangen). Man stellt sich also tot gegenüber den offenen Zerschlagungsdrohungen der Nazis und tut weiter, als wäre die Bedrohung der Akademie von Heinrich Mann ausgegangen. Das kann man nur tun, indem man sich in Beamte verwandelt, Beamte, die immer nur streng eines im Sinn haben, das Legalitätsprinzip und das der Loyalität gegenüber ihrem Oberarsch. Das erste, was einem dabei abfällt, sind die Ohren, dann die Augen wohl auch. Das Protokoll vom letzten Mal wird verlesen und der Litfaßaufruf auch noch einmal.
Protokoll 20. 2. 1933:

Dieser hat als Plakat an allen Litfaßsäulen Berlins und der Provinz mehrere Tage lang gehangen und fordert dringend den Zusammenschluß der KPD und SPD, um die hereinbrechende Barbarei in Deutschland zu bekämpfen; der Aufruf enthält den Satz: »Setzt die Verantwortlichen unter Druck«. (–wie furchtbar) *Unter diesem Aufruf stand der Name Heinrich Manns.*
Hier hat Hildegard Brenner eine Anmerkung gemacht, lautend: *Die Ausführungen von Amersdorffer sind in einem Punkt zu berichtigen: Die Aufforderung »Setzt die Verantwortlichen unter Druck!« ist nicht Teil des Appells, den Heinrich Mann unterschrieben hatte. Die Aufforderung ist ein Zusatz, den der Veranstalter, der Internationale sozialistische Kampfbund, unter Text und Unterschriften des Appells gesetzt hatte.*
–das ist wahr, aber erst die halbe Wahrheit; kann denn kein Mensch lesen? Dies »Setzt die Verantwortlichen unter Druck!« bezieht sich doch ganz klar auf die Verantwortlichen in den A r b e i t e r p a r t e i e n, die unter Druck gesetzt werden sollen von ihren M i t g l i e d e r n, damit sie sich endlich zusammenschließen. Aber was denken Beamte, wenn sie etwas von »Verantwortlichen« hören? Ziehen die Backen zusammen und wissen, nur der Staat kann gemeint sein. Verantwortliche des Sozialismus-/Kommunismus – wer hätte denn davon je gehört; die heißen doch Rädelsführer –– nicht also nur, daß der Plakattext durch den Zeitpunkt seines Aufgehängtwerdens einen andern Sinn bekommen hatte, er wird mit dem Sinn, den er bekam, auch noch falsch gelesen von den Herrn Dichtern, die ohne ihren Vorsteher etwas kopflos nun sind und also gleich Staatsbeamte. Wahrnehmungsvermögen aus –, Legalitäts-/Verpflichtungsprinzip eingeschaltet. Niemand – auch Döblin nicht – weist auf das Heinrich Mann-Interview im »Tempo« hin (also auf den Zeitpunkt von Heinrich Manns Unterschrift). Nicht gelesen? Unwahrscheinlich. Es paßt nicht in die vollzogene Lage; d e r Zug ist abgefahren. Protokoll: *Döblin erkennt an, daß sowohl der Präsident wie Heinrich Mann sich um die Erhaltung der Akademie bemüht hätten.* Fügt zwar hinzu: *Aber es gäbe ein Erhalten und ein würdiges Erhalten. Er glaube in bezug auf Würde habe die Akademie eine Schlappe erlitten.* So etwas sagt man am Anfang von Sitzungen; bis es zur Resolution kommt, hat die »Würde« sich verflüchtigt. Das hat sie an sich, jeder weiß es, am Ende triumphieren Realitäten, die beliebten schäbigen, die man bitter beklagt, um sich dann – zum Trost; weil beide so einsam sind – von ihnen umarmen zu lassen. Schlappe in Bezug auf Würde –? Einen Tritt hat sie erhalten, die Akademie, nicht in den Sitz ihrer Empfindlichkeiten, nein, den entscheidenden in ihre tragenden Säulen; das Gebäude kracht, die Brocken taumeln zusammen über den versammelten Resolutionsdichtern – sie sitzen im Keller, Maulwurfsloch, ziehen den Nacken ein, checken die Lage und sagen, es don-

nert etwas doll, wir müssen einen Blitzableiter aufziehn. Döblin weicht mehr und mehr zurück und gesellt sich zu denen, die eine zerbrochene Akademie erhalten möchten. Protokoll: *Benn fragt Döblin, ob er es für richtig halte, das H. Mann, der als Senator der Akademie laut § 8 der Satzung »als Inhaber eines bestimmten Amtes berufen« sei, für das er eine jährliche Aufwandsentschädigung erhalte, und der laut § 10 der Satzung »als Sachverständiger des Ministers für Wissenschaft, Kunst und Volksbildung« durch Handschlag verpflichtet sei, in einem Litfaßsäulenplakat die KPD zur Bekämpfung der Barbarei eben dieses Ministers und seiner Partei aufrufe? Döblin gibt zu, daß dies nach den formalen Bestimmungen der Satzung nicht richtig sei. Indessen müsse er nochmals den Gedanken an die freie Selbstverwaltung der Akademie wiederholen. Nach seiner Meinung habe Heinrich Mann einen Fehler gemacht, aber keinen überaus großen. Döblin selbst hätte diesen Taktfehler nicht gemacht.* (–denkt er. Hätte Döblin eine Resolution unterschrieben, hätte er genausowenig kontrollieren können wie Heinrich Mann, was mit diesem Papier angestellt würde.) *Wir ständen der Staatsmacht gegenüber, und wir ständen vor der schwierigen Frage: wieweit wollen wir auch Macht sein?* (–letzter Punkt geht unter; nähme man ihn auf, würde man das Bersten der zusammenkrachenden Akademie nicht überhören können.) Wichtig: Benn streng legal. Hat sich die Satzung geholt. Zitiert §§§! Zum Journalisten kommt ein Verwaltungsjurist in Staatsbeamtenpose – zweitschrecklichste Allianz: da ist der Putschist nicht weit, Napoleon-Pol winkt (fehlt noch etwas Armeeähnliches, um den Putschisten entstehen zu lassen); womöglich in diesen Momenten, vielleicht auch in den vorangegangenen Tagen schon, ist ein Putschist in Benn gekeimt, dem aufgegangen ist – da der Stuhl des Dichtervorsitzenden so merkwürdig vakant dasteht –, daß man die Bedeutung der Akademie, ihre Macht in der Öffentlichkeit, vielleicht am besten wird ins Spiel bringen können von diesem Stuhl aus. Daher die Empfindlichkeiten um das Wort »Verantwortliche« auf dem Plakat; die Empörung über das »unter Druck setzen«. Natürlich sind Loerke wie er in den vergangenen vier Tagen erheblich unter Druck gesetzt worden – von liberalen, linken, kunstmachenden Freunden und Bekannten, nicht in der Akademie zu bleiben; hier ein Zeichen zu setzen in Solidarität mit Heinrich Mann für die Unabhängigkeit des deutschen Künstlergeistes – was eben alles ein »Aufgeben« der Akademie bedeutet hätte (»Das wollen die ja grade«), bzw. für Loerke eine empfindliche Minderung seines Einkommens. Die üblichen Beschimpfungen werden nicht ausgeblieben sein (»Wenn Ihr das hinnehmt, dann geht doch gleich in die NSDAP« etc.) – mit Heinrich Mann selber ist offenbar nicht gesprochen worden – zwischen all dem muß der Gedanke gekeimt sein, daß viele der

Anwürfe doch hinfällig würden, wenn es gelänge, da selber den Vorsitz zu übernehmen und die richtige Position zu verkünden: Autonomie der Kunst, fort mit dem Eingriff der Parteien -- wer kann das nur garantieren? Die Staatsmacht selber. Von Führer zu Führer (Führer der Akademie und Führer im Deutschen Reich) wird sich die Angelegenheit regeln lassen (alle andern denken doch mehr oder weniger Scheiße) – typisches Denken alleingelassener Verwundeter, die »aus eigener Kraft« sich helfen – Putschist wird man aus Mangel an menschlichen Berührungen. Eine der mangelhaften Formen, das Zerfallende, zerfallendes Selbst, zusammenzuhalten: Aufstieg in Leader-Positions, der notwendig mit sich bringt, daß nicht nach den Gesetzen des Spannungsausgleichs mehr verfahren werden kann, sondern nach denen von Hierarchisierung, Verleugnung, Ausschluß, Unterdrückung; daß alle möglichen Züge der Person als Partialitäten vorliegen, das ändert sich nicht; »Subjekt«, das seine Ströme etwa um die acht Pole laufen läßt (s. o.), ist als Stoff, Ausgangsbasis von Handlungen nach wie vor vorhanden – aber die Lösungen der Spannung/die Wege der Ströme, sie ändern sich entschieden – Führer werden, heißt die Kunst aufgeben; entschiedener kann man sie gar nicht aufgeben; a l l e Pole unter Strom zu halten, daraus kamen Gedichte, die Möglichkeit einer schwebenden Welt. Führer werden heißt den Kreislauf ändern und die Form – von der Kugel zur Rakete; vom Strom zur Fontäne – sechs Pole abschalten und alle Kraft auf den Antriebspol legen: Überwindung der Schwerkraft (Durchbruch mit Gewalt) – GB steuert auf die »Spitzen« zu, Sendeturmspitzen: in den nächsten drei Monaten seine fürchterlichsten Radioreden; Konzentration des Denkens, seine Einkreisung, Verengerung unter Hochspannungserzeugung auf die zwei verbleibenden Pole: Kunst und Macht. Das Zusammenschrumpfen auf diese zwei kommt zustande durch die Einschaltung des Poles »Macht«, die bis hier vermieden worden war (mit dem Brennen des Pols »Kunst« konnten noch eine Reihe der andern mitflackern; obwohl, wie zu sehen war, der Pol Kunst mehr als Gerede flackerte, denn als Gedichtproduzent); jetzt werden sie ausgeschaltet; der Pol »Macht« – will er überhaupt stark genug werden, auffällig genug flackern, um mit dem gerade im Land zur Herrschaft gelangenden Macht-Pol in Verbindung zu treten. Berührung, Stromkontakt – muß sehr stark sein, kräftig glühen, sonst fällt er gar nicht auf; er frißt den andern Polen den Strom weg im Nu; richtig eingeschaltet wird er – denke ich – hier: der Blick auf den leeren Stuhl des Präsidenten schaltet ihn ein. (Ist vielleicht sogar mehr drin? Max v. Schillings, Präsident der Gesamtakademie, ist alt und krank. Ein paar Monate später hält Dr. Benn ihm die Totenrede. Spitzen über der Spitze, begehbar: wer im Macht-Pol glüht, kann soetwas nicht übersehen. Also.)

Diese Sitzung zeigt sie als keimende F r e u n d e, v. Schillings und Benn; im übrigen Benn als den, als der er eine Weile jetzt vor unseren Augen herumkreucht oder donnert, als Partialidioten, der darauf pfeift, einen Ausgleich unter seinen Teilen herzustellen.
Partialidiot, »als Künstler habe ich immer ...«:
Benn weist darauf hin, wie oft er seine große Verehrung für den Künstler Heinrich Mann öffentlich bekundet habe. Er werde dafür von links und rechts angegriffen. Er brauche also nicht zu wiederholen, wie er zu dem Dichter Heinrich Mann stehe. Indessen Heinrich Mann eröffne den Kampf gegen die legal und verfassungsmäßig gebildete Regierung und sage, bei dieser Regierung sei die Barbarei. Daraufhin habe sich die Regierungsmacht zur Wehr gesetzt. (–der Staat kann sich nicht anspucken lassen. Ein Tropfen Rotz auf dem Kragen und all die Orden auf der Brust sind witzlos) *Er müsse scharf betonen,* (–Einschalten der verhaßten Politiker-/Gewerkschafter-Knallzündungen) *wir seien nicht angegriffen worden, sondern Heinrich Mann habe den Angriff eröffnet.* (Fehlzündungen) *Die Weimarer Verfassung als Grundlage unserer staatsbürgerlichen Rechte tastet niemand an.* (... Jeder Blick in Berliner Zeitungen, jedes Gespräch mit Freunden, würde den Satz lächerlich erscheinen lassen; – hat aber keine Freunde mehr, nur noch eine Art Kumpel – Loerke –, zu ihm gleich.)
Lauter Männer da, in dieser Versammlung, die den Rauswurf Heinrich Manns widerspruchslos hinnehmen wird. Binding, v. Schillings, Amersdorffer, Benn, Döblin, Frank, Fulda, Loerke, Stucken. Döblin, Frank, Fulda sind zunächst für Protest; wären Benn/Loerke es auch, wären sie die Mehrheit. Die meisten Auswärtigen sind nicht recht entschlossen (wie sollen sie auch, wissen alles nur aus der Presse oder vom Telefon). Eine Flaschenpost ist auch hier durchgeschwommen, durch den Männerverein. Frau Ricarda Huch schreibt aus Heidelberg: *Vielleicht erinnern Sie sich, daß ich immer der Ansicht war, Dichter sollten nicht Mitglieder einer staatlichen Akademie sein. Regierungen haben immer die Neigung, wo sie können ihre Richtung zu oktroyieren; auch die vorige hatte es. Ich habe von jeher beschlossen gehabt, auszutreten, wenn es sich zeigen sollte, daß die Akademie von der Regierung als an eine bestimmte politische Richtung gebunden betrachtet werden sollte. (...)* Das wurde laut vorgelesen in der Versammlung; Reaktion zuhörender Herren im Protokoll nicht verzeichnet. Ein paar Wochen später tritt sie aus.
Benn kurbelt mächtig am Höhenruder und bläst sie auf, die gestorbene Akademie, auf Ochsenfroschgröße:
Benn hält eine Erklärung außer einem Dank an Heinrich Mann überhaupt nicht für nötig, sofern sie den Bestand der Akademie gefährdet. Er wendet sich gegen die Einstellung aller derjenigen

Mitglieder, die immer und ohne weiteres geneigt sind, alles, was die Akademie und ihr eigenes Wesen betrifft, zu bagatellisieren. Alles sei nach deren Meinung weit wichtiger: die Weimarer Verfassung, der Zusammenschluß der Arbeiterparteien, hemmungslose politische Agitation, als gerade die Akademie. (Partialidiot Vereinsmeier, hebt nun ab) *Die Akademie aber sei nach ihrer jahrhundertelangen Tradition* (Abt. f. Dichtung, gegr. 1926) *und nach ihrer Funktion eine glanzvolle Angelegenheit* (bei Geburtstagstees zu Hauptmänners 70sten; wo noch?), *sie könne es jedenfalls sein als die einzige Stätte zur literarischen Traditionsbildung und zur künstlerischen Repräsentation, die Deutschland hat. Daß die Akademie eine hohe innere Aufgabe habe, habe ja gerade Heinrich Mann wiederholt ausgesprochen. Z.B. in seiner Rede, die er an seinem 60. Geburtstag hier gehalten habe. Der Präsident gibt seiner großen Befriedigung darüber Ausdruck, daß Benn den Gedanken der Akademie hochhalte. (...)* Narc* mit Entzugserscheinungen, dem langsam jeder Trip recht ist und sei es der übelste (die gehaßte »Repräsentativfunktion« der Kunst darf im Königsgewand ihren Platz einnehmen unter den zu preisenden Erscheinungen) – es spricht sich wie von Präsident zu Präsident – zwei, die was »hochhalten«. Narc mausert sich zu Nap; Napoleon-Pol. Wohin sonst hätte er sich mausern können? Joseph Wulf, einer der schärfsten Kritiker des Benn von 33, schreibt im Vorwort zum 1. Kapitel seines Buchs »Literatur und Dichtung im Dritten Reich« den Satz: *»Es ist immer ein Vorrecht anständiger Leute gewesen«, schrieb Wilhelm Raabe, »in bedenklichen Zeiten lieber für sich den Narren zu spielen, als in großer Gesellschaft unter den Lumpen mit Lump zu sein.«*
Viele waren damals wohl anderer Ansicht.
Zu den Vielen, die lieber Lump unter Lumpen waren, zählt er – und sogar vor allem: Benn; das ist nicht richtig; als Lump unter Lumpen (unter den Kolbenheyer, Schäfer, Vesper etc.) tat er sich äußerst schwer, wie wir sehen werden; angeekelt wäre ein passendes Wort. Nicht Lump, nein Führer – von Führer zu Führer zu agieren, endlich einmal, ist eine andere Geschichte. GESCHICHTE! Was heißt hier *»in bedenklichen Zeiten«*? Die Erde mutiert und die Weiße Rasse geht in ihr »letztes Jahrhundert« – und wer bemerkt es? (Jawohl: ---; und niemand sonst, außer den Besatzern des Macht-Pols, die liegen scheint's richtig.) Trotzdem bin ich Wulf dankbar für dies Zitat. Es führt im richtigen Moment und an der richtigen Stelle den *Narren* ein; Narc und Narzi könnten auch Narr werden, den Gegen-Pol besetzen zu Nap im Moment, in dem sie aus dem Paradies einer relativen Stabilisierung (= ein Teil der Welt/Teile der Welt schweben mit ihnen) vertrieben worden sind/werden. Wulf möchte auf diesem Pol des »Narr« (Nicht-Lump) gerne Ernst Jünger ansiedeln (zu Unrecht, denke ich); wir kommen darauf

* Kurzform von *narcotic*, Drogenesser; gemischt mit dem *narc* von *narcissist*, Narziß.

zurück (an der Stelle, wo es darum geht, Jüngers »Weigerung«, der Dichterakademie beizutreten, etwas näher zu betrachten; dazu aufgefordert wird er am 7. Juni) – wir sind erst am 20. Februar; die Akademieinsassen sitzen noch an dieser Erklärung zum »Austritt« Heinrich Manns. Im Verebben des Geredes erscheinen die Tatsachen: die Herren wollen die Akademie erhalten (also: kein Protest); zweitens wollen auch die auswärtigen Mitglieder (durch Briefe vertreten; uninformiert) keinen Protest, bzw. bessere Informationen; 3. will nur Herr Alfons Paquet einen scharfen Protest, anderfalls er auszutreten ankündigt. Der von den Anwesenden (auch Döblin, Frank und Fulda, den Parteigängern von Heinrich Manns politischer Position) einstimmig gebilligte Entwurf (der von v. Schillings, der früher von der Sitzung weg mußte, erst noch zu billigen sein wird, ehe ihn die Presseleute bekommen, die schon an den Telefonen sitzen und auf die story aus der Akademie lauern), lautet:

»Die Abteilung für Dichtung bedauert tief den Austritt des großen Künstlers Heinrich Mann aus ihren Reihen und dankt ihm, daß er jahrelang seinen Namen und seine Kraft der Abteilung als Vorsitzender zur Verfügung gestellt hat.

Die Abteilung ist entschlossen, auch in erregter Zeit sich keinen Schritt von ihrer Pflicht abdrängen zu lassen, die Freiheit des künstlerischen Schaffens zu schützen. (»keinen Schritt« – spielen Verdun; liegen überhaupt im falschen Graben) *Sie sieht sich zu dieser Erklärung genötigt, da sie sich klar bewußt ist, daß der Reichtum der deutschen Kunst zu allen Zeiten aus der Mannigfaltigkeit der Weltanschauung erwachsen ist.*

Preußische Akademie der Künste

Abteilung für Dichtung«

– womit sie immerhin geschafft haben, dem Wort einen neuen Sinn zu geben – – gut dicht gemacht die Schotten gegen mögliche Wahrnehmung äußerer Realitäten: noch einmal einen Gummiring eingelegt gegen's Einsickern brauner Fluten (was heißt hier Rohrbruch, Mann, das Grundwasser steigt). Dagegen ist auch eine Abteilung für Dichtung machtlos.

Die Erklärung wird nie offiziell veröffentlicht, weil sie inoffiziell publiziert wird, das geht folgendermaßen: einer derer aus der Abteilung hält nicht dicht und gibt am Telefon den Wortlaut der Erklärung an die Vossische oder so; dort erscheint sie am nächsten Tag in vollem Wortlaut; der Präsident v. Schillings hat sie aber noch nicht genehmigt, somit gilt sie nicht. Und da sie jetzt ausgeplaudert ist, genehmigt er sie auch nicht; sie wird von der Abteilung für Dichtung einbehalten und ist also nie abgegeben worden (offiziell). Kein Schaden, am 22. Februar konnte dennoch den Zeitungen die Nachricht entnommen werden, daß die Abteilung auch in erregter Zeit die Freiheit des künstlerischen Schaffens schützen würde. (Große Aufregung in der Akademie, wer der Indiskretionist diesmal denn war; seit Wochen werden alle Sitzungen unter dem Vermerk »Streng vertraulich« abgehandelt, und alle Protokolle tragen diesen Vermerk. Frank und Döblin gelten als besonders schwatzhaft »der Presse« gegenüber; jeder wird einzeln antelefoniert und muß ehrenwörtlich erklären, e r n i c h t -- aus dem Handbuch, wie man Informanten fängt.) Döblin ist verreist. Anlaß zu Briefwechsel. Döblin schreibt zurück am 4. März aus Kreuzlingen/Schweiz, Schweizerhof:

Lieber Loerke,

ich habe wegen der schlechten Witterung in Norddeutschland für eine kleine Zeit Berlin verlassen, höre von meiner Frau, von Schillings und Ihrer Unterhaltung mit meiner Frau.

Ich muß noch einmal (u n d z w a r a u f m e i n W o r t) zur Sache bemerken, daß ich mein Telefonat mit Schillings nach einem völlig oberflächlichen Blick in eine einzige Zeitung (Voß) führte, daß ich erst nachträglich unterwegs die Zeitungen, besonders (?) das Berliner Tagblatt wirklich las, und erkläre f e i e r l i c h, daß diese Informationen, die wirklich den wesentlichen Inhalt unserer Sache wiedergeben, n i c h t v o n m i r stammen. Wollen Sie das der Abteilung zur Kenntnis geben?

Schöne Grüße

Dr. Döblin

(– das »für Dichtung« hat er diesmal weggelassen.) Drei Unterstreichungen desselben Sinns und im Nebensatz das Gelächter: *die wirklich den wesentlichen Inhalt unserer Sache wiedergeben* – was wollt ihr denn? Wolltet ihr das nicht erklären? – Döblin jedenfalls kämpft nicht um »die Macht« in der Akademie. Binding nutzt die Gelegenheit, in einem Brief aus Buchschlag (Hessen) – wo er wohnt (?), (oder wohnt er in Breslau?, woher sein nächster Brief kommt; in Berlin wohnt er immer im Hotel Adlon) – sich dem Präsidenten v. Schillings als jemand der weiß, wie preußische Akademiker sich der Öffentlichkeit gegenüber zu verhalten haben, ins Gedächtnis zu bringen: er macht Andeutungen, daß er, würde er gefragt, die Nachfolge Heinrich Manns anzutreten, wohl bereit wäre.

v. Schillings antwortet am 28. Februar, er wolle kein Provisorium schaffen und so schnell wie möglich, eine richtige Wahl: *Wenn Sie Ihren Wohnsitz in Berlin hätten, wüßte ich, wer nach meinem Wunsch Vorsitzender werden müßte! Wie denken Sie aber über Dr. Benn?*

Dr. Binding dachte nicht günstig über Dr. Benn; jedenfalls ist aus den folgenden Protokollen nicht zu ersehen, daß er irgendwo die Stimme für dessen Be-Amtung erhoben hätte. Das ist auch uninteressant. Interessant ist, wie v. Schillings dazu kommt, am 28. Februar an Benn als möglichen Vorsitzenden auf Heinrich Manns leerem Stuhl zu denken. Bloße Anfrage ins Blaue anläßlich eines Kandidaten, der ihm grad so in den Sinn kommt? Gewiß nicht; zumindest setzt eine derartige Anfrage (und zwar bei jemandem, der selber gern Vorsitzender würde) voraus, daß man die Bereitschaft dessen, den man da ins Spiel bringt, das Amt gegebenenfalls zu übernehmen, tatsächlich kennt (sonst machte man sich lächerlich; und das fürchten diese Herrn immer am meisten). D.h., v. Schillings hat mit Benn oder Benn mit v. Schillings zwischen dem 20. und 28. Februar – für jeden, der solch Hinter-den-Kulissen-Gemauschel auch nur minimalst kennt, augenscheinlich – über Benns mögliche Vorsitzübernahme gesprochen, und Benn hat seine Bereitschaft erklärt/bzw. vorgebracht. (–daß GB den Akademiegedanken so erfreulich hochhalte, hatte v. Schillings am 20. Februar zu Protokoll gegeben; offenes Ohr für GB bei ihm war also vorhanden). Mehr noch. Zu der merkwürdigen »Freundschaft« zwischen diesen beiden, die dazu führte, daß GB ihm im Juli die Totenrede hält (v. Schillings Witwe hätte ihn dazu gebeten, schreibt Benn im Brief an Käthe v. Porada vom 27. 7. 1933; er war demnach im Hause v. Schillings soweit ein Bekannter geworden, daß eine solche Bitte seitens Frau v. Schillings möglich wurde), hat GB noch eine Bemerkung hinterlassen, ebenfalls an Frau v. Porada, einen Brief früher, 24. 7.:

Heute nacht ist Prof. v. Schillings gestorben, Embolie nach sehr schwerer Operation. Ich hatte mich mit ihm, eher: er mit mir, im Laufe dieses Frühjahrs geradezu angefreundet, ich war am Tage vor der Operation auf seinen Wunsch noch eine Stunde bei ihm. Es geht mir sehr nahe. Für ihn das Beste, war hoffnungslos.

(–auch dem war Benns Affinität zu Gräbern/Grabgeweihten nicht entgangen; das, um einen Pol anklingen/nicht in Vergessenheit geraten zu lassen, der bald wieder stärker in den Blick kommen wird; im Moment ist das GB's Interesse nicht.) Er möchte, nicht einmal anläßlich eines solchen Anlasses, den Verdacht aufkommen lassen, er hätte sich, von sich aus, mit dem alten Akademieschimmel auf eine Freundschaft einlassen können. Andererseits war er nicht der Typ (auch in diesem Moment nicht), mit dem irgendwer »sich anfreunden« konnte, wenn GB das selbst nicht wollte; er war also v. Schillings Freund nicht, ließ aber dessen anfreundende Annäherung zu. Er. Was man ja nicht macht, wenn man nicht was will.

Will was, und ist sich dessen bewußt, daß mit windigem Pochen auf Legalitätspositionen etc. das nicht zu erreichen sein wird. Hat er sich schon mit v. Schillings zur Übernahme des Vorsitzes abgesprochen, dann muß er jetzt offensiv werden; und sie kommt, die Offensive. Dieser 28. Februar, an dem v. Schillings Benn als Vorsitzenden ins Gespräch bringt, ist der Tag nach dem Reichstagsbrand, der Tag nach Inbrandsteckung des Reichstags durch die Nazis, den sie zu umfangreichen Razzien gegen Gegner von links, vor allem gegen Kommunisten nutzen.

Benn schreibt auch einen Brief, gerichtet an Egmont Seyerlen; ein unheimliches Dokument (was man »unschätzbar« nennt); es zeigt, wie Benn zum Terroristen wird im Moment, in dem der Reichstag brennt. Der Moment, in dem der Kunst-Pol ins Feuer fliegt, der Schwenk zur »Geschichte«, die sich da vollzieht, der Schwenk zur Nazi-Aktion, gemacht wird, lustvoll gemacht wird in der Unterstützung der Jagd, die die Nazis starten – so schön, so zum Totlachen, weil es Jagd auf Intellektuelle ist: – da laufen sie, die Klugscheißer, die immer alles besser wußten – die Geschichte hat sie am Wickel – see, how they run! – steht am Fenster und hält sich den Bauch:
Hier herrscht Angst und Schrecken in der Literatur. (Literatur!) *Die Verlage senden ihre anrüchigsten Bücher nach Wien ins Depot und wissen von Nichts; die Autoren sitzen in Prag und im Ottakringer Bezirk und erwarten das Vorbeigehen der Episode. Was für Kinder! Was für Taube! Die Revolution ist da und die G e s c h i c h t e s p r i c h t. Wer das nicht sieht, ist schwachsinnig. Nie wird der Individualismus in der alten Form, nie der alte ehrliche Sozialismus wiederkehren. Dies ist die neue Epoche des geschichtlichen Seins, über ihren Wert oder Unwert zu reden, ist läppisch, s i e i s t d a. Und wenn sie nach zwei Jahrzehnten vorüber ist, hinterläßt sie eine andere Menschheit, ein anderes Volk.* (– darin hat er recht) *Hierüber rede ich mir den Mund fusslig, die Linksleute wollen es nicht wahrhaben. Siehe oben: Kinder und Taube.*
Leben Sie wohl, lieber Egmont, Freund der Jugend. Wenn wir über 45 sind, ist der Spass vorbei für die Männer unseres Geschlechts, man spürt noch eine Weile an seinem Kadaver herum, nimmt das ein, unterlässt jenes, aber im Wesentlichen sind wir fertig.
So genau, wie der zweite Absatz etwas vollkommen anderes sagt, als der erste, so genau ist er auch – da privat gesprochen – tausend Mal wahrer als das Polit-/Geschichtsgeschwätz und der Haß auf Verfolgte, der im ersten Absatz spricht; der erste ist exakt eine Formulierung der f a l s c h e n G e f ü h l e, die aus dem im zweiten Absatz Angesprochenen resultieren. »*No one to fuck me in the ass*«, singt Allen Ginsberg ungefähr im gleichen Alter, Benn ist jetzt fast 47, *niemand mehr da, der Lust hätte, mich in den Arsch zu ficken, auch sonst nichts mehr mit Lüsten,* macht sich also mit dem Gefühl vertraut, »Father Death« wäre so unwillkommen nicht, sollte er demnächst sich nähern – *Come, Father Death* – es ist der Schritt ins eigene Herzzerreißende, der einen davor bewahrt, andere zu zerreißen. Es öffentlich auszusprechen schockierte ein paar Idioten, aber es bewahrte davor, Faschist zu werden. Das Rettende sagt Benn ö f f e n t l i c h nicht; ist aber haargenau an dem Punkt zu wissen, woher das kommt; fährt im Brief fort: *Ein neues Geschlecht wächst heran, ein uns sehr fremdes, möge es sich eine glück-*

lichere Geschichte, eine frohere Zeit, ein anständigeres Volk heranzüchten und bilden als wir es hatten. Wir wurden zu sehr von alten steifen Strebern geführt; diese wachsen arm heran, das wird ihr Glück sein und ihre Stärke. Ich nehme sehr stark Abschied von mir und allem, aus dem wir wurden und das uns schön und lebenswert erschien. Ich schließe mit dem meiner Verse. der mir der liebste ist und der tiefste erscheint, Ihnen ins Gästebuch: »Leben ist Brückenschlagen über Ströme, die vergehn.«

Haut also – das Feuer brennt, die Leute rennen – an den alten Panzer, den die steifen Streber um ihn gezogen haben – hofft, dieser Griff zur »Macht«, den er im Sinn hat, kann helfen, ihn zu sprengen; hat wenig Hoffnung. Nicht aus einer Wendung zum »Aufbruch« heraus fliegt er in die neue »Bewegung«, es ist aus einem Abschied; Abschied von allem, was im Leben *schön* war. Die Brücke muß geschlagen werden; ich mit meiner Generation bin fertig, bin dazu nicht fähig, schließe mich dem Brückenschlag der Neuen an, setze mich aber, erfahrener Gangster, der ich auch bin, an eine der Spitzen des Zugs; wenn wo die neue Lust abfällt, dann da (so denkt man eben, wenn man von alten Strebern geführt wurde). Und liefert nebenbei die schönste Definition, Feuerschein des Reichstagsbrands auf dem Gesicht, was anständig sei und was nicht. Anständig wäre zu sagen, »hab' niemanden, der mich fickt, möchte sterben«, unanständig ist zu sagen: »Die Revolution ist da und die Geschichte spricht.« (–und das dann zu unterstreichen) Sätze aus demselben Punkt, demselben Zustand – Verlassenheit; weißes Rauschen derartig angewachsen, unerträglich, daß es umschlägt in die Wahrnehmung von *Stimmen*: Geschichte spricht (und was spricht sie: Mord und Totschlag seien ihre Gesetze, bzw.: rotes Rauschen ist besser als weißes, weil es wenigstens einen Sinn macht; der Nihilist verliert die Balance, verliert sich an einen *Sinn*, der Sinn heißt: was Federlesen, Weltgeschehn! Alles nur Wesen, die auch vergehn. – Die Rasse wandelt sich! Man muß es *so* sagen: im Moment, wo Benn der Geschichte einen *Sinn* gibt mit einemmal, schlüpft der Faschist heraus (nicht aus dem Nihilisten, dem die »Anfälligkeit« für sowas so gern angehängt wird; der Sinn sieht, dreht durch – bzw. meint zu sehen – will was werden. ... Präsident! Der Unsinn sah, konnte es aushalten und seine Arbeit betreiben. Anständig leben. (Alle, die anständig leben und ihre Arbeit betreiben, wissen, daß das Unsinn ist. Unsinn ist menschlich.)

Binding, nicht sehr erbaut davon, wie Präsident v. Schillings seinen Vorsitz-Wünschen abgewinkt hat (kein Auswärtiger, bitte), scheint verschnupft und sagt – »durch schon übernommene Verpflichtungen abgehalten« – seine Teilnahme an der nächsten Session ab, macht aber – seine Art der Antwort auf die

Anfrage, was er vom Dr. Benn denn hielte? – einen Vorstoß, der klar gegen Benns bisherige Position. Brieflich an v. Schillings: *Es erscheint mir als abwegig und unlebendig, die Akademie als eine lediglich überpolitische oder apolitische Körperschaft in Anspruch nehmen zu wollen, die am Leben der Kunst aber nicht am Leben des Staates teilhaben wolle.*
Die Kunst und zumal die Dichtung kann nichts anderes sein als der höchste Ausdruck der Nation. Der Staat aber wird sich einer Körperschaft nicht entäußern, die solchem Ausdruck dient. (11. 3. 1933)
Die Sitzung (zu der Binding dann übrigens doch erscheint), ist auf den 13. angesetzt. Was steht da? Da steht, lieber v. Schillings, ich werde deinen Benn keineswegs unterstützen, jedenfalls nicht, solange er mit diesem »Kunst – unser 3. Reich – Mannigfaltigkeit der Weltanschauungen – Kunst freihalten von politischen Positionen«-Zeug weiter auftritt. Auf diese Weise kündigt Binding dem v. Schillings an, er werde mit der Forderung aus dem Busch kommen, die Akademie habe sich irgendwie für den neuen Staat zu erklären; dann werden die Auflösungsdrohungen auch vom Tisch sein (–und über seinen eigenen möglichen Vorsitz ist dann wohl auch das letzte Wort noch nicht gesprochen. Oder?).
v. Schillings, der Benn favorisiert, hat ihm das natürlich mitgeteilt. Benn, der umgesattelt hat auf das Pferd »Geschichte«, wo die Mähre »Kunst« im Schein des Reichstagsbrands unter ihm zusammengebrochen ist (ganz im Sinne Marinettischer Ästhetik, die die Kunst im »Krieg« gipfeln läßt, im FEUER), setzt sich hin – »will ich nun Vositzender werden oder nicht?« – und verfaßt die angekündigte Bindingsche Erklärung gleich selber und bringt sie in die nächste Sitzung mit. Der Anfangs- und der Schlußsatz des Protokolls vom 13. März geben sehr genau die Verlagerung der personellen Gewichte wieder, wie sie sich im Verlauf dieser Sitzung verschoben haben. Anfang; 6 Uhr: *Binding wird durch Zuruf zum Verhandlungsleiter gewählt. Er übernimmt den Vorsitz.* Schlußsatz 9.45 Uhr: *Benn wird von den Mitgliedern gebeten, bis zur Wahl eines neuen Vorsitzenden die Sitzungen der Abteilung zu leiten. Benn ist dazu bereit.* (Protokollant: Loerke).
Die Erklärung, die Benn mitgebracht hat und mit der er sich im Verlauf dieses Abends zum 1. Anwärter auf den Vorstandsstuhl profiliert, lautet:
Sind sie bereit, unter Anerkennung der veränderten geschichtlichen Lage weiter Ihre Person der Preußischen Akademie der Künste zur Verfügung zu stellen? Eine Bejahung dieser Frage schließt die öffentliche politische Betätigung gegen die Regierung aus und verpflichtet Sie zu einer loyalen Mitarbeit an den satzungsgemäß der Akademie zufallenden Aufgaben der Nation.

Der Text soll an alle Mitglieder gehen zur Unterschrift. *Zweck* der Erklärung, das wird ausdrücklich betont, soll sein, die Schließung der Dichterabteilung in der Akademie zu verhindern. Alle Anwesenden, einzeln befragt, billigen den Text; das sind Binding, Benn, Amersdorffer, Loerke, Stucken, Fulda, v. Molo, Haslinde. (Fulda, drei Wochen vorher noch sehr für scharfen Protest zugunsten Heinrich Manns, scheint sich ohne Döblin, der wegen der schlechten Witterung in Norddeutschland noch für eine kurze Zeit in der Schweiz ist, nicht so sicher zu fühlen und stimmt auch zu.)

Dieser Text – für sich schon schlimm genug, da er jede offene Opposition gegen die Hitler-Regierung schlichtweg für Akademiemitglieder verbietet – wird den meisten Anwesenden womöglich als noch relativ trickreich erschienen sein, da sie eine solche Opposition nicht im Schilde führten (Heinrich Mann, Wagner und Pasquet, die offen links argumentierten, waren ja nicht mehr da). Selbst für den abwesenden Döblin schien es noch denkbar, daß er einen Schrieb, der »bloß« die öffentliche Bekämpfung der Regierung für Akademiemitglieder unterbinden wollte, hätte unterschreiben können. Ein Freund von »Agitation« war Döblin nicht; »Kunst« zu machen und sich nicht mit Regierungen herumzuschlagen war auch für ihn wesentlicher »Inhalt« der Akademiezugehörigkeit. So hat dieser Entwurf noch ein *Restchen* möglichen Hintergedankens: wenn wir das erklären und die uns dann *in Ruhe* lassen, dann hat das Ding seinen Zweck erfüllt und wir vergessen es dann. Immer noch malt sich keiner von ihnen aus, daß der totale Staat gerade in der Wahrnehmung solcher »Restchen« der Ober-Champion ist --- außer Akademiepräsident v. Schillings, dem dieser Text aus der Sitzung heraus zur Genehmigung vorgelegt wird. v. Schillings liest das mit den Augen des Nazikommissars Rust, merkt sofort: *damit* ist der nicht zufrieden (»denken wohl, die können mich bescheißen??«) und greift zum Ergänzungsstift. Protokoll:

Der Präsident erscheint nach einiger Zeit und wünscht folgende Änderung des zweiten Satzes: »Eine Bejahung dieser Frage schließt die öffentliche politische Betätigung gegen die Regierung aus und verpflichtet Sie zu einer loyalen Mitarbeit an den satzungsgemäß der Akademie zufallenden nationalen kulturellen Aufgaben im Sinne der veränderten geschichtlichen Lage.«

– das heißt nun, da als »geschichtliche Lage« eindeutig von allen der Regierungswechsel akzeptiert ist, also Hitler in der Reichskanzlerposition, daß ein Mitglied, das dieses unterschreibt, sich nicht nur zur Loyalität zur Regierung verpflichtet, sondern, sobald es zu schreiben beginnt (also seine »kulturellen Aufgaben« wahrzunehmen) es *für* diese Regierung zu tun habe, also positive Propaganda zu liefern habe und damit wäre die Akademie in der bisherigen Zusammensetzung gesprengt:

eine Überzahl der auswärtigen, noch zu ihr gehörenden Mitglieder werde diesen Satz nicht unterschreiben – das *muß* in diesem Moment durch die Köpfe der Anwesenden gegangen sein; sie beraten sich kurz und stimmen dann dem Coup v. Schillings, der durch seinen kleinen Zusatz die Akademiemitglieder positiv auf den neuen Staat verpflichtet, allesamt einzeln zu.

(Ob es einen großen Unterschied macht, sei dahingestellt, der Genauigkeit halber aber angemerkt: bei Brode in der »Benn-Chronik« wie auch bei anderen Autoren, erscheint der Entwurf in der 2. Fassung, also in der v. Schillingsschen Änderung, als der Entwurf, den Benn in der Sitzung zur Diskussion gestellt hat. Das ist ungenau; den eigentlichen Knüller, Propaganda *für* den Staat zu fordern, enthielt der Bennsche Entwurf nicht. Aber zugestimmt hat er auch diesem. Und er wird Schlimmeres unternehmen in der Richtung, solange er den »Vorsitzenden Benn« als Möglichkeit im Auge hat, – und er wird – das sei vorweggesagt – sein Interesse an der Akademie vollkommen verlieren in dem Augenblick, in dem ihm die neu hereinkommenden Mitglieder – und mit dieser Erklärung vom 13. stehen sie vor der Tür – bei den Wahlen des Vorsitzenden am 7. Juni klarmachen werden, daß er, Benn, von ihnen nicht den geringsten Posten zu erwarten habe, nicht einmal den des Untervorsitzenden einer Unterkommission (von denen sie sieben Stück bilden werden).

Wer denkt, jetzt hagelt es Austritte, irrt. Paquet macht seinen angekündigten Austritt wahr und Ricarda Huch und Thomas Mann treten aus. Thomas Mann *erst jetzt*, am 17. 3. 1933 (nicht aus Solidarität gegen seines Bruders ultimativen »Abtritt« also verließ er die Akademie; heißt: auch er sah eine Teilschuld Heinrichs an den Vorgängen als gegeben und verfolgte weiter die Linie: wie erhält man die Akademie.) Loerke ist ja auch noch drin – Loerke ist Thomas Manns Lektor bei Fischer; da liegt sein Josephsroman und harrt der Veröffentlichung; Loerke liest dauernd darin (zwischen den Akademiesitzungen). All das trägt gewiß bei zur Formulierung, die die Thomas Mannsche Austrittserklärung hat:

Den mir vorgelegten Revers kann ich in der gewünschten Form nicht beantworten. Ich habe nicht im Geringsten die Absicht, gegen die Regierung zu wirken und der deutschen Kultur glaube ich immer gedient zu haben, werde auch in Zukunft versuchen, es zu tun. Es ist aber mein Entschluß, von meinem Leben alles Amtliche abzustreifen, das sich im Lauf der Jahre daran gehängt hat, und fortan in vollkommener Zurückgezogenheit meinen persönlichen Aufgaben zu leben. Darum bitte ich Sie, ...

– um Kenntnisnahme des Austritts. Sehr vorsichtig; Emigrationszwang noch nicht empfunden. Möglichkeit, in Deutschland zu bleiben und zurückgezogen arbeiten zu können, nicht

ausgeschlossen. Beileibe nicht lesbar als »antifaschistischer Akt« oder sowas (wie dieser Austritt ja gern ins Feld geführt wird: Thomas Mann sagte »das mach' ich nicht mit«, »gleichgeschaltet nie«, aber Benn blieb, nur Benn etc.); so funktioniert es nicht.
Sehr zurückhaltend auch Döblin; er schreibt am selben Tag wie Thomas Mann:
Mit Recht kann von den einer staatlichen Instanz angegliederten Akademiemitgliedern eine politische Loyalitätserklärung verlangt werden, und ich kann sie ohne Weiteres abgeben – da ich kein Politiker bin, nicht im mindesten im politischen öffentlichen Leben stehe, mein episches und philosophisches Werk liegt offen zutage und zeigt meine Weltanschauung und meine Kunstart. Ich stelle dem Herrn Kurator der Akademie anheim, dies zu überprüfen. (Zum »Kurator« ist inzwischen Hanns Johst von Kommissar Rust ernannt worden.) *Entscheidend aber könnte unter Umständen ein anderer Punkt sein, auf den ich mir gestatte, Sie, Herr Präsident, aufmerksam zu machen. Die geschichtliche Umwälzung, von der der Revers spricht, schließt, wie Ihnen bekannt ist, ein stark völkisches Element in sich ein. Ich bin von jüdischer Abstammung, und bisher bewirkte dieser Punkt für die Akademie keinen Unterschied im modus procedendi, weder für die Aufnahme noch für die Arbeit, die freier künstlerischer Art war. Sollte nun das erwähnte völkische Element jetzt nach der Umwälzung eine wesentliche Rolle spielen, so müßte ein Abweichen von der alten Praxis eintreten, und das müßte sich notgedrungen auf Zuwahlen wie auf das Verbleiben in der Akademie auswirken. Da ich hierüber im Unklaren bin, so bitte ich Sie, Herr Präsident, ergebenst, die Auffassung des Herrn Kurators ermitteln zu wollen und mich (und natürlich auch die Kollegen Fulda, Wassermann, Werfel, Kaiser, Mombert) gütigst zu informieren. Es versteht sich von selbst, daß wir uns der Auffassung des Herrn Kurators anschließen werden. Ich sehe, sehr geehrter Herr Präsident, Ihrer gefl. Benachrichtigung entgegen; ich zeichne ergebenst*
Dr. Alfred Döblin
Mit Samtsamtsamtpfoten geschrieben (auch er möchte gern in Deutschland bleiben), die vorsichtige, an Johst weiterzureichende Anfrage, ob es zu erwarten sei, daß Ernst wird aus dem antisemitischen Geschwätz, oder ob Akademiemitglieder, unterschrieben sie die notwendigen Reverse, in Ruhe gelassen würden und weiterschreiben könnten. Ein Urteil darüber steht mir nicht zu, so wenig wie sonst jemand, der/die nicht in der gleichen Lage war. Jeder darf und soll sich, und von mir aus in jeder Situation, auf seine Wohnung, seine Zimmer, seine Arbeit zurückziehen, wenn es ihm/ihr möglich ist und man sie/ihn läßt. Aber ein Dokument des »Widerstands« ist das nicht (und jedenfalls liegen die nicht ganz richtig, die in Thomas Mann und

Alfred Döblin gern den Widerstandsgeist demokratisch-liberaler Gesinnung gegen die Nazi-Barbarei herausstellen möchten, um in Benn demgegenüber das genuin zum Faschismus führende des »L'Art pour l'art«-Standpunkts oder des »Nihilismus« ins Feld zu führen; so läuft der Hase, jedenfalls am 17. März 1933, nicht).

Döblin hat ein Mißbehagen empfunden beim Überlesen dieses Briefes und ein P. S. angefügt:

Im Übrigen halte ich für rascher klärend folgenden Weg und trage meine Auffassung in Form eines Antrags für die Abteilung vor: »Die Abteilung sieht die Notwendigkeit ein, den neuen staatlichen Gewalten bei der Einrichtung der Verhältnisse freie Hand zu lassen. Die Abteilung bietet daher ihre Gesamtdemission an.« Darauf kann der Kurator nach Belieben nun bestätigen und Zuwahlen anordnen, oder eine Gründerkommssion wie im Beginn ernennen.

Der Vorschlag, den Laden aufzulösen. Dann hätte das Gerangel ein Ende. Eine Neubesetzung, vorgenommen vom neuen Staat, würde klare Verhältnisse schaffen und dann würde man ja sehen, ob es noch eine Chance in Deutschland zu leben gäbe. (Für sich allein den Entschluß zum Austritt bringt er noch nicht auf.) Erst am nächsten Tag – man darf, denke ich, annehmen, der Austritt Thomas Manns ist ihm bekannt geworden; es wird Telefonate gegeben haben mit Berlin (aus Zürich, wo er sitzt, sieht es wahrscheinlich weniger scheußlich aus, was in Berlin geschieht) – entschließt er sich und schickt dem ersten einen anderen Brief hinterher:

Sehr geehrter Herr Präsident,

ich überdenke eben noch einmal den heute an Sie express gesandten Brief. Ich bejahe die geforderte Legalitätserklärung, wie ich schon schrieb, sehe aber ein, daß ich als Mann jüdischer Abstammung unter den heutigen Verhältnissen eine zu schwere Belastung für die Akademie wäre.

Ich stelle daher meinen Sitz in der Akademie zur Verfügung – eine Sache, die mir außerordentlich schwer wird, denn die Kollegen wissen, wie sehr mich die Entwicklung unserer Abteilung interessiert hat.

In Ergebenheit Dr. Alfred Döblin

In der Klemme einerseits: ein Verbleiben nach dem Austritt Thomas Manns hätte ihn persönlich zu sehr isoliert vom liberaldemokratischen Lager und von jüdischen Freunden; in der Klemme andererseits: die letzte Basis, von der aus öffentlich gesprochen werden könnte, wird entzogen und damit auch ein Schutz: sicher spielte der Gedanke/die Frage eine Rolle: würden sie es so ohne weiteres wagen, mit Mitgliedern einer Dichterakademie öffentlich derartig auch umzuspringen, wie ihre Reden es vermuten ließen. Oder würde da nicht, mit Hinblick aufs Ausland etc. ein paar Gänge zurückgeschaltet werden –;

210

211

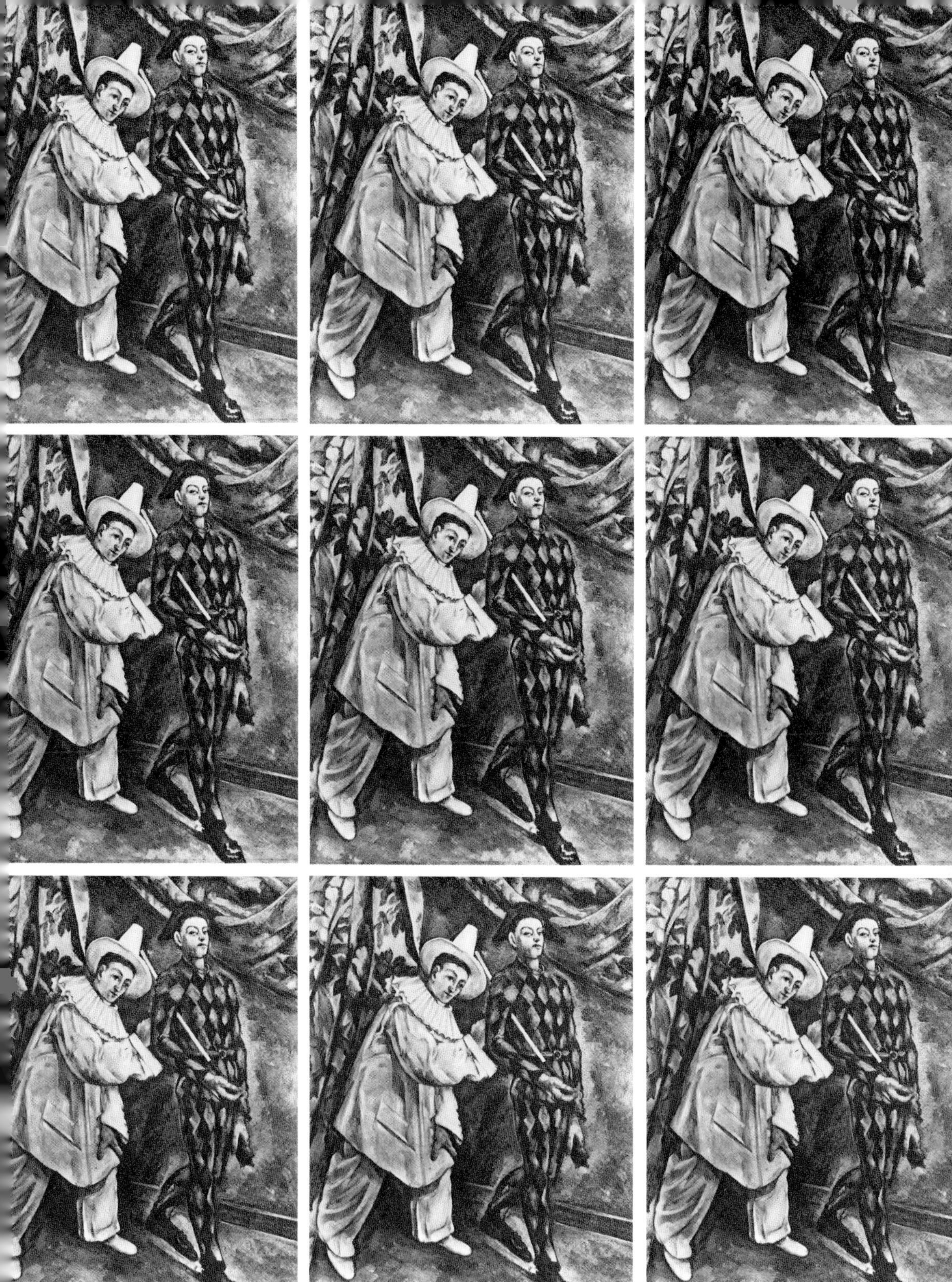

natürlich waren solche Überlegungen im Raum und man sieht, wie sehr sehr vorsichtig, um ja nicht ihrerseits Porzellan zu zerschlagen, Thomas Mann und Alfred Döblin hier agieren. (–obwohl, von jetzt gesehen, gesagt werden kann, der Elefant war längst los und trampelte in die Tassen; von ihnen aus sah es offenbar nicht so aus; bzw.: letzter Versuch, es nicht wahrhaben zu wollen.)

Nur Ricarda Huch gibt eine klare politische Begründung für ihren Austritt:

(...) Daß ein Deutscher deutsch empfindet, möchte ich fast für selbstverständlich halten; aber was deutsch ist und wie Deutschtum sich betätigen soll, darüber gibt es verschiedene Meinungen. Was die jetzige Regierung als nationale Gesinnung vorschreibt, ist nicht mein Deutschtum. Die Zentralisierung, den Zwang, die brutalen Methoden, die Diffamierung Andersdenkender, das prahlerische Selbstlob halte ich für undeutsch und unheilvoll. Bei einer so sehr von der staatlich vorgeschriebenen abweichenden Auffassung halte ich es für unmöglich, in einer staatlichen Akademie zu bleiben. (...)

Das ist am 9. April geschrieben. Ein Brief vom 24. März war im Tenor ähnlich, hatte ihren Austritt angekündigt. Jetzt, am 9. April – am 1. April war der erste große Boykottag gegen jüdische Geschäfte – läßt sich schon klarer reden. Sie verteidigt Döblins Austritt: *Meiner Ansicht nach konnte er angesichts der Judenhetze nicht anders handeln als er getan hat.*

Nachdem die Steine in die Schaufenster geflogen und die Zeichen an die Türen gemalt worden sind, darf auch ein Wort wie »Judenhetze« auf Akademieebene auftauchen (erst wenn der Mord geschehen ist, hat der Ermordete das Recht, beschwerend darauf hinzuweisen, daß er ermordet werden solle – alter Rechtsgrundsatz: Verdacht steht nur dem Täter zu; der Verdacht, das Opfer wolle sich drücken).

Es ist die Nicht-Jüdin Ricarda Huch, die als einzige das Wort »Judenhetze« verwendet für die Angriffe auf Juden und jüdische Geschäfte beim sog. »Boykott« gegen jüdische Geschäfte, jüdische Unternehmungen, Praxen etc. am 1. April 1933. Die jüdischen Dichter, die noch in der Akademie sind, verhalten sich ruhig – hoffen auf einen Verbleib; bauen sichtlich auf die Möglichkeit, als Prominente geschont zu werden.

Benn hat bis hierhin keine Berührungspunkte mit dem Antisemitismus der Nazis; hier bekommt er sie – nicht, daß er antisemitische Einstellungen entwickeln würde oder sowas; das kam nie in Frage. Aber er sieht, wie mit Juden umgesprungen wird, und ist gleichzeitig aufgerückt in eine Repräsentativfunktion des neuen Staates und ist damit nicht unbeteiligt. Ist sogar ausgestellt: der Abend des 1. April hat eine spezielle Tradition in der Akademie: da findet das jährliche große offizielle Akademiekonzert statt; Kultusminister Rust ist anwesend

und Benn, als kommissarischer Vorsitzender der Dichterabteilung, Repräsentant der Akademie ebenfalls; er sitzt da in Frack und Orden – unangenehme Klamotten; bevor er anschließend mit Loerke im Franziskaner am Bahnhof Friedrichstraße ein Bier trinken geht, fährt er nach Hause und zieht sich um; d.h., er verläßt das Konzert schon in der Pause – den Repräsentationspflichten genügt –, um rechtzeitig in Zivil zurück zu sein, um mit Loerke zu reden beim Bier. Er hat etliches auf dem Herzen. Loerke im Tagebuch: *Benn stand unter dem Eindruck des Boykotts in seinem Hause, wo es fünf Kollegen getroffen hatte, von denen er zwei hoch schätzt. Er war nur für den ersten Teil des Konzerts als Repräsentant der Akademie geblieben, dann nach Hause gefahren, um den befohlenen Frack und Orden abzulegen, und wiedergekommen.*
Man habe da lange gesprochen über »die geschichtliche Lage«, vermerkt Loerke.

Die »geschichtliche Lage« und der Boykott gegen jüdische Geschäfte – und Akademiekonzert und Frack und Orden –, nicht komisch, an so einem Abend neben dem Minister sitzen zu müssen und, Gelassenheit wahrend, Streichermusiken und Chöre über sich ergehen zu lassen – sehr verzwickt alles, so verzwickt und groß, daß man das Naheliegende dabei übersehen kann; das Naheliegende sitzt Benn gegenüber an dem Abend und heißt Loerke. Daß von der »geschichtlichen«, nicht aber von Loerkes Lage gesprochen worden sei, geht aus Loerkes Tagebuch deutlich hervor und auch, wie notwendig das gewesen wäre. Beim Schreiben habe ich mich gefragt, die Bemerkungen Loerkes über Benn und ihre Beziehung aus den letzten drei Jahren im Sinn, wieso die Verbindung mit Loerke nicht stark genug war, zumindest die zwei Radioreden für den neuen Staat zu verhindern, deren erste Benn in drei Wochen von hier an – am 24. April – halten wird. In der langen resümierenden Tagebucheintragung Loerkes vom 11. April findet sich die Antwort. Benn und Loerke hätten wirkliche Freunde nur dann weiter sein und bleiben können, wenn sie am Abend des 1. April über Loerkes Lage geredet hätten und über den Spalt, den eine raffinierte Institutionenpolitik zwischen sie beide zu treiben im Begriffe war. Loerke, jahrelanger bezahlter Sekretär der Akademie und so etwas wie geschätzte Vertrauensperson für ziemlich alle Mitglieder in der Akademie, ist nämlich seit dem 17. März seines Postens enthoben bzw. darauf hingewiesen worden, daß er über den 31. März hinaus keine Bezüge mehr zu erwarten habe. Dieser Abend des 1. April ist der erste Abend Loerkes ohne Akademiegehalt; beim Konzert schon, Benn in befohlener Großgarderobe, durfte Loerke nicht mehr offiziell die Akademie repräsentieren. Mitgeteilt wurde Loerke die Entlassung aus dem Ministerium von einem Mann, den niemand kennt, einer vorgeschobenen Minimalfigur, dem Oberregierungsrat Zierold; der hat sich nicht einmal an Loerke direkt gewandt, sondern an den Professor Amersdorffer in der Akademie, der schon flott Nazikurs läuft, damit jener die Mitteilung an Loerke weiterreiche, der tut das auch, kurz und grob.

Loerke ist vom Schlag getroffen und schreibt an den Präsidenten v. Schillings, er möge ihm bitte den bei solchen Demissionen üblichen Urlaub bis zum Monatsende gewähren, sonst sähe das Ganze wie eine Maßregelung aus, Rausschmiß auf Disziplinarebene, und das möchte man ihm bitte ersparen – womit hätte er das verdient. V. Schillings ist gerade nicht da: Vertreter Amersdorffer bearbeitet das Schreiben, bittet Loerke zu sich --

Loerkes Tagebuch: *Amersdorffer war kühl, ja schroff. Ärztliche Atteste? Die der Freunde, des Juden Plesch oder des Mitglieds Benn würden nicht genügen. Es müsse ein Amtsarzt sein. Und ich hatte doch keine Drückerei, sondern nur ein klein wenig Menschlichkeit gemeint.*

Grinsender Bürokratentritt in die Weichteile; v. Schillings, tags darauf zurück, macht das rückgängig und erscheint Loerke gegenüber nun als Wohltäter: natürlich, der gewünschte Urlaub und ein Dank wird ausgesprochen für getane Arbeit -- aber: irgendein Regierungsrat im Ministerium hätte Loerke entlassen können, ohne daß Akademiepräsident v. Schillings, der permanent mit dem Ministerium konferiert und besten Kontakt zu Minister Rust hat, davon nichts gewußt und die Sache nicht gebilligt hätte? Dieser Akademiehengst versteht was von timing auf dem Institutionenklavier. So eine Akademie oder ein Verlag oder ein anderes Unternehmen, vor allem staatliche Institutionen sind ja nur dadurch am Zusammenbruch zu hindern, sie laufen ja nur dann prima, wenn die einzelnen Menschen oder Glieder, die zu ihr gehören, sich untereinander nicht mögen. Sogar zwei von diesen, die bloß ein bißchen befreundet sind, können das Auge der Macht stören, das seine Zuständigkeitsbereiche überblickt und neu ordnet. V. Schillings, offenbar mit Benns möglichem Vorsitz einverstanden, überblickt die Situation in der Akademie und bemerkt, daß der zweite wichtige Posten in dem Verein, der des Sekretärs, von einem Typ besetzt ist, der als Benns bester Freund in der Akademie herumläuft, und findet, das ist von Übel, das ist ein Machtkonglomerat; das werden eine Menge anderer Leute, die neu in die Akademie zu kommen im Begriffe sind, nicht mögen – sie werden gewiß auch gar nicht Benn zum Vorsitzenden wählen, wenn dessen Herzbruder schon das Sekretärsamt innehat -- soll Benn also Vorsitzender werden, muß Loerke da weg; und das muß man so anstellen, daß Benn sich nicht mit dem Freunde solidarisiert. Man muß am 14. März durch Akklamation aller Anwesenden einstimmig Benn zum kommissarischen Vorsitzenden erheben und dann ein paar Tage warten, bis zum 17., um Loerke Loerkes Amtsenthebung mitzuteilen. Dann ist der Benn schon kommissarisch im Vorsitz -- mal sehen, ob er den vier Tage später schon niederlegt; dann ist v. Schillings eben verreist, hat mit der ganzen Geschichte nichts zu tun; dann tritt der Ministerialbeamte Zierold in Erscheinung (ist die ganze Sache nicht überhaupt nur ein Versehen?), dann kommt der Präsident zurück, ist kulant, bedauert, bedankt sich -- auf die Weise kriegt man vielleicht hin, daß sogar der Loerke dem Benn sagt, reg' dich nicht auf, du kannst ja wirklich nichts dafür; nein, wegen mir, mach dir keine Scherereien, werd' du ruhig Vorsitzender, vielleicht kannst du ja auch mein Nachfolger werden als Sekretär, dann hat wenigstens einer von uns das Gehalt, du kannst es ja genausogut brauchen wie ich etc. -- so etwas ähnliches wird unter ihnen gesprochen oder angedeutet worden sein, denn sie sitzen da ja weiter als »Freunde« beim Bier am 1. April und auch in den folgenden Monaten -- aber einer Verbindung von zwei Menschen, die mehr sein soll als gerade etwas der Not Gehorchendes oder die Gewohnheit Fortsetzendes, kann das nur abträglich sein; es muß sie ruinieren, wenn da zwei miteinander die Gläser heben, deren einer grad' die Leiter rauf, der andre sie kräftig runtergehauen worden ist und das vom selben Herrn. Also spricht man von der »geschichtlichen Lage« am 1. April und schreibt ins Tagebuch am 11.:

Niemand hat mir in der schweren Zeit helfen können, niemand hat meine Kränkung bis zum Grunde durchschaut. Niemand sollte auch sehen, wie bei mir alles bis in die Grundfesten erschüttert worden ist: auch der Verlag muß durch große Schwierigkeiten und legt mir übermäßige Arbeit notgedrungenerweise auf, während die Bezahlung nach der langen Zeit der Mitarbeiterschaft nicht die Höhe hat (-- sie ist sogar eben gekürzt worden), *um die Voraussetzung für die Ausfüllung meines Postens (nachdem ich mich von der Teilnahme am »Leben« nicht völlig ausschließen darf) zu schaffen, und meine eigentliche Arbeit, die dichterische, liegt weiter im Winkel – wer in der Welt fragt danach. Sie ist so sinnlos wie meine ganze erschöpfte Existenz. Ich stehe im fünfzigsten Lebensjahr und kann nur beenden, nicht mehr neu beginnen. Ohne eine Sicherung des Dichters kann die übrige Person nicht arbeiten, und wenn dieser die Arbeit genommen wird, durch unerfüllbare Bedingungen oder durch Entziehung – da bleibt eben nur das Nichts übrig.*

Loerke konstatiert die Vernichtung seiner Existenz. Er hat sich nicht geirrt darin – unterbrochen von einem kurzen Aufschwung um und durch seinen 50. Geburtstag, der Anerkennung und Gratulationen über alles erwartete Maß hinaus bringt, führt die Einschränkung im Materiellen, der Entzug der Basis im »Leben« (= Akademieposten), der langsam folgende Abbau

Kein »Aufsatz«, weder »erschöpfend«, noch »Thesenpapier« – eben ein Ausschnitt: »Gottfried Benn Ali greift nach der Krone« ist Teil des Kapitels »Benn meets Hitler, Elvis meets Nixon« aus Klaus Theweleits im Herbst 1987 bei Stroemfeld/Roter Stern, Frankfurt a.M. erscheinendem »Buch der Könige. Orpheus 1–3«.

seiner Person im Verlag, überhaupt der Abbau des Verlages bis 1940 zu Loerkes Tod. Er hinterließ ein Papier, das schriftlich jede Feststellung oder Behauptung untersagte, er sei an dieser oder jener »Krankheit« gestorben.

An der »geschichtlichen Lage«? – ist das Herzzerreißende keine »Krankheit«? Loerke ist ihn nicht gewohnt, den Aufenthalt im Nichts; einem Zustand, in dem Freund Benn, der ihm gegenüber sitzt, sich schon seit Jahren eingerichtet und gewappnet hat mit dem Satz über die Stunden, den er bei Horaz und dann auf einer spanischen Uhr in Stein gehauen fand: Alle verwunden, die letzte bricht. Seine letzte ist noch nicht gekommen -- Loerke, krampfhaft bemüht (»Niemand sollte auch sehen ...«), den Riß, der zum Zerbrechen führt, ins Auge fallen zu lassen ■

Inszenierung der Macht: Weltausstellung 1937, Das »Deutsche Haus« als Standarte

DEUTSCHLAND
ALLEMAGNE

DEUTSCHLAND

1937 entwarf Albert Speer für die Weltausstellung in Paris den deutschen Ausstellungspavillon, das »Deutsche Haus«. Der Bau lag dem Pavillon der UdSSR gegenüber.

»Zufällig verirrte ich mich bei einem Besuch in Paris in den Raum, in dem der geheimgehaltene Entwurf des Sowjetpavillons ausgestellt war: Auf hohem Podest schritt eine Figurengruppe von zehn Meter Höhe triumphal auf den deutschen Pavillon zu. Daraufhin entwarf ich eine in schwere Pfeiler gegliederte, kubische Masse, die diesen Ansturm aufzuhalten schien, während vom Gesims meines Turmes ein Adler mit dem Hakenkreuz in den Fängen auf das russische Paar herabsah.«
(Albert Speer: Erinnerungen. Berlin 1985, S. 95)

»Wir schauen zum Deutschen Haus hin. In dichten Reihen drängen sich die Menschen vor dem Eingang. Gegenüber liegt der russische Pavillon. Auch hier viele Menschen. Diese beiden Häuser sind die Sensation der Ausstellung (...) Man spricht darüber, sobald das Wort Weltausstellung fällt. Man diskutiert, man urteilt, man wägt ab, man vergleicht. Man hört sehr selten schlechte Urteile über die deutsche Ausstellung. Hingegen kann man in den meisten Kreisen skeptische Meinungen über die russischen Transparente, Riesenstatistiken, und Photographien hören. Während das Sachliche des Deutschen Hauses Anerkennung findet, auch in der Architektur, stößt das propagandistische Zuviel und das gewaltsame Pathos der Russen ab.«
(Gustav René Hocke: Das geistige Paris 1937. Leipzig-Markkleeberg 1937, S. 8)

»(...) der Bau, den wir dem Zeichenstift Albert Speers verdanken, verbirgt die Größe des ihm innewohnenden Gedankens nicht. Aber er verbirgt auch nicht dessen Gelassenheit und ruhige Sachlichkeit, um nicht zu sagen: Kaltblütigkeit.«
(»Frankfurter Zeitung«, 27. Mai 1937)

SCHINKEL-MYTHEN

Die Rezeption des preußischen Klassizismus in der Kunstpublizistik des Nationalsozialismus

Kurt Winkler

Die Integration »großer Namen« der Kunstgeschichte spielte für die kulturpolitische Selbstdarstellung des Nationalsozialismus offensichtlich eine wichtige Rolle. Sie konstruierte für die Kunstproduktion des »Dritten Reiches« historische Kontinuitäten und legitimierte auf dem Umweg über Kunst das Regime als »Erfüllung« einer angeblich »die Geschichte« durchwirkenden »ewigen« Gesetzmäßigkeit. Die kunsthistorische Tradition wurde zur Wurzel, Vorgängerin und Künderin der NS-Kunst verklärt. Im Bereich der Architektur kam diese Rolle den Hauptvertretern des preußischen Klassizismus, Friedrich Gilly (1772 bis 1800) und Karl Friedrich Schinkel (1781 bis 1841) zu.
Es wird im Folgenden um die Beobachtung eines eng umrissenen Ausschnitts aus ideologischer »Arbeit« gehen, um die Frage, wie die Kunstpublizistik des Nationalsozialismus, also der in veröffentlichten Reden, in kunsthistorischen Publikationen, in Zeitungs- und Zeitschriftenartikeln aller Art niedergelegte Diskurs über Kunst und Kunsttradition, die beiden Hauptmeister des Klassizismus für sich vereinnahmte.

Das Jahr 1941, das 100. Todesjahr Schinkels, erlebte eine wahre Flut von Publikationen über den preußischen Klassizismus. Die intensive Beschäftigung mit Schinkel und Gilly hatte bereits um 1910 im Zuge der Historismuskritik eingesetzt *[Bothe 1984]*. Sie war insofern Teil eines forschungsgeschichtlichen Prozesses und durchaus nicht spezifisch faschistisch. Die NS-Kunstpublizistik griff jedoch den Trend auf und modifizierte ihn: Während die wissenschaftliche Publikationstätigkeit nach 1933 zunächst kontinuierlich weiter zunahm, um dann um 1942 kriegsbedingt abzubrechen, stieg die Menge der an ein Laienpublikum gerichteten Texte rapide. Explizit propagandistische Passagen finden sich vor allem, wenn auch nicht ausschließlich, in diesem Bereich, dem Sektor des allgemeinbildenden, populärwissenschaftlichen Schrifttums.

Rituale

Am 13. März 1941 veranstaltete der Berliner Architekten- und Ingenieurverein seine jährlich stattfindende Schinkelfeier mit besonderem Aufwand. Die Feier hatte eine lange Tradition, auf ihr wurden seit 1855 die Sieger des vom Architektenverein ausgeschriebenen Schinkelwettbewerbs ausgezeichnet. Um einem größeren Publikum einen »unmittelbaren Eindruck« von der »ergreifenden Huldigung« im 100. Todesjahr des Architekten zu vermitteln, wurde der Wortlaut der Reden des Jahres 1941 und eine kurze Schilderung der Feierstunde in einer reich bebilderten Broschüre veröffentlicht *[Schinkelfeier 1941]*.

Nachdem die Teilnehmer einen Kranz auf Schinkels Grab niedergelegt hatten, zogen sie in das 1935 restaurierte Schauspielhaus, um bei der Ehrung »den Manen seines Erbauers besonders nahe zu sein«. Die Gedenkfeier begann mit dem 1. Satz von Beethovens c-Moll-Streichquartett. Als erster Redner begrüßte der Vorsitzende des Architekten- und Ingenieurvereins und Leiter der Hochbauabteilung des Preußischen Finanzministeriums, Ministerialdirektor Arthur Reck, die Ehrengäste: Reichsminister Fritz Todt in seiner Eigenschaft als »Reichswalter der Reichsfachgruppe Bauwesen im NS-Bund Deutscher Technik«, der Dachorganisation des Architektenvereins, den Reichsminister für Verkehr, Julius Dorpmüller, den Reichsminister für Wissenschaft, Erziehung und Volksbildung, Bernhard Rust, den Preußischen Finanzminister Johannes Popitz als Ressortminister der Hochbauverwaltung, den Rektor der Friedrich-Wilhelm-Universität und den Staatsrat Gustaf Gründgens, als Generalintendant der staatlichen Bühnen Hausherr im Schauspielhaus und Gastgeber der Schinkel-Feier. Rust dankte zunächst den Anwesenden, daß sie sich »trotz der Fliegerstörung der vergangenen Nacht nicht aus dem Gleichgewicht« hätten bringen lassen und zur Feier erschienen seien. Dann führte er aus, die »deutsche Technik« habe sich im »gigantischen Kampf Großdeutschlands um Freiheit und Leben gegen die jüdisch-angelsächsischen Mächte ... als gewaltiges Kriegsinstrument bewährt«, mache es sich aber

darüber hinaus »zur Pflicht, ihr Schaffen nach der kulturellen Seite zu vertiefen und seelisch zu bereichern«. Die »Erfüllung dieser Forderung« übernehme der Architektenverein »zu einem nicht unwichtigen Teile durch die Pflege des Schinkelmythos in der jährlichen Folge seines Schinkelwettbewerbes und seiner Schinkelfeiern«. Die Begrüßung endete mit einer Gedenkminute für die seit der letzten Feier gefallenen Mitglieder des Vereins. Anschließend gab Rust die Ergebnisse des Schinkel-Wettbewerbs bekannt, Finanzminister Popitz überreichte den Preisträgern die Schinkelplaketten.
Popitz war der Hauptredner der Feier. Er sprach über die Aktualität Schinkels: Die »gewaltigen Ereignisse der letzten Jahre« müßten auch kulturell ihren Ausdruck finden. Die deutsche Baukunst »ringe« um eine ihr gemäße Form. »Unsere Baukunst soll Künderin der großen Zeit sein und ihren Werken über das praktische Bedürfnis hinaus seelischen Gehalt und ideale Schönheit zu verleihen imstande sein. Sie soll sich nach den ewigen tektonischen Gesetzen, wie sie unserem Volkstum entsprechen, immer von neuem ausrichten und stärken. Dann wird sie wahre Denkmale unserer Zeit hervorbringen.« Nach dem militärischen Sieg müsse Deutschland »den Völkern des Kontinents ... die mit den Waffen errungene Stellung auch geistig und kulturell zur schicksalhaften Fügung« werden lassen. Dabei komme der Baukunst »als besonders volks- und staatsnaher Kunst« eine wichtige Rolle zu. Der Schinkel-Wettbewerb diene dazu, die nachwachsenden Architekten auf diese Aufgaben vorzubereiten. Schinkel habe das »Fundament zu einer neuen Kunstgesinnung« gelegt, an die die »leidenschaftliche Bemühung unserer Zeit um klare Bauformen« anknüpfe. Es gelte daher, dem Vorbild Schinkels zu folgen und sich auf diese Weise als »echte Gefolgsmänner des Führers und würdige Nachfahren unserer großen Deutschen« zu bewähren.
Nun trug Gründgens das Kapitel »Karl Friedrich Schinkel« aus Fontanes »Wanderungen durch die Mark Brandenburg« vor. Danach »erklangen« die Variationen aus dem Kaiserquartett von Haydn, gefolgt vom Schlußwort von Rock, der allen Beteiligten dankte und das »Gelöbnis« sprach: »Wir geloben, sein (Schinkels) Vermächtnis weiter treu zu bewahren, in seinem Sinne treu den Aufgaben zu bleiben, die jedem von uns sein Beruf stellt, treu uns selbst zu bleiben und damit treu unserem Volke und unserem Führer Adolf Hitler. ... Wir huldigen in Dankbarkeit und Treue unserem geliebten Führer Adolf Hitler mit einem dreifachen Sieg-Heil!« *[Schinkelfeier 1941]*
In Ritualen wie der Schinkel-Feier sind wichtige Bereiche des kulturellen Apparates gebündelt und darauf ausgerichtet, den Nationalsozialismus als der kulturgeschichtlichen Tradition eng verbunden erscheinen zu lassen. Am Schinkel-Ritual nahmen Vertreter der berufsständischen Organisation, des staat-

lichen Verwaltungsapparats und traditionsreicher Kulturinstitutionen teil. »Klassiker« wie Fontanes »Wanderungen« oder das Kaiserquartett werden zitiert, die Traditionalität des Ereignisses ist betont, Koordinaten werden angegeben, die das Ereignis in Beziehung zum aktuellen Stand des historischen Verlaufs und der Staatsstruktur setzen: das »Vermächtnis« Schinkels begründet nicht irgendeine Verpflichtung, sondern eine Verpflichtung hinsichtlich des momentanen »Schicksalkampfes Großdeutschlands«, eine Verpflichtung auf den »Führer«.

Die Sprache der Riten durchdringt in jedem Augenblick ideologischer Praxis die propagandistischen Konzepte im engeren, rein sprachlichen Sinn, verleiht ihnen erst ihre volle Wirksamkeit. Die stete Präsenz dieser Wirkungsebene, die Einbettung der Worte in Festakte, Umzüge und Feierstunden, der Ausdruckswert der Stimme des Redners, der Typografie des gedruckten Textes ist mitzubedenken, wenn im folgenden von Konzepten der Historisierung, also der Indienstnahme der Geschichte zur ideologischen Verewigung faschistischer Herrschaft die Rede sein wird.

Konzepte

Auf welche Weise versucht die NS-Kunstpublizistik, die Architektur des preußischen Klassizismus zur Legitimation der NS-Staatsarchitektur heranzuziehen? Bei der Integration des Schinkelmythos in die NS-Propaganda kann man zwei Vorgehensweisen unterscheiden: »aktive« Propaganda, in der die ideologische Unterstellung Schinkels begrifflich-argumentativ betrieben wird, und »passive« Indienstnahme ursprünglich nicht faschistischer Diskurse. Hier werden traditionelle Schinkelinterpretationen sozusagen als ganze »geschluckt«, bleiben in ihrer Textgestalt unverändert und erfahren nur durch die Anordnung innerhalb größerer Einheiten ideologische Einbindung. Diese Art der Integration findet sich in der NS-Kunstpublizistik häufig, ich beschränke mich auf wenige Beispiele: Gründgens liest bei der Schinkelfeier 1941 aus Fontane – das »Zentralblatt der Bauverwaltung« druckt in seiner Schinkelnummer 1941 einen historischen Text, die Einleitung der 1841 erschienenen Schinkelbiografie aus der Feder von Franz Kugler ab, gefolgt vom Text der oben erwähnten Gedenkrede des Ministers Popitz *[Popitz 1941]*. Willy Kurth, Kunsthistoriker am Berliner Kupferstichkabinett veröffentlicht, ebenfalls 1941, einen Aufsatz über die »Griechenträume Schinkels« – eine Betrachtung über Antikenrezeption in den romantischen Architekturphantasien Schinkels *[Kurth 1941]*. Der Text ist in Inhalt und Sprachgestus ganz idealistische Kunstgeschichte im Stil des 19. Jahrhunderts. Ein zur Entstehungszeit ausgesprochen traditionalistischer Text, der weit davon entfernt ist, Beziehungen von Schinkel zu den »Bauten des Führers« o. ä. herzustellen. Der Beitrag erscheint jedoch in der Zeitschrift »Berlin – Rom – Tokio. Monatsschrift für die Beziehungen der Völker des Weltpolitischen Dreiecks«, die, aufgemacht im Stil luxuriöser Kunstzeitschriften, »Worte des Führers« mit Frontberichten und Beiträgen aus der deutschen, italienischen und japanischen Kulturgeschichte mischt.

Ohne Zweifel war diese Art »weicher« Integration Schinkels gerade für bildungsbewußte Leserkreise mit einer gewissen Distanz zur Politik im allgemeinen und zum Regime im besonderen attraktiv. Hier boten sich scheinbar Rückzugsnischen aus der Totalität faschistischer Besetzung, Welten des Kulturellen, die vom Politischen nicht versehrt schienen.

Bei der Analyse der Textpassagen, in denen »harte« Ideologenarbeit geleistet wird, zeichnen sich deutlich einige immer wiederkehrende Argumentationsmuster ab. Man kann mehrere solche Topoi des NS-Schinkel-Diskurses unterscheiden, Topoi, die fast stereotyp auftauchen, die stets miteinander kombiniert vorkommen, aber doch recht deutlich unterscheidbar sind. Die Kombinatorik dieser Gemeinplätze ist relativ flexibel, dennoch weisen sie eine Art von impliziter Ordnung auf: in ihrer Gesamtheit konstituieren sie ein historisches Konzept, ein Konzept, das den preußischen Klassizismus zum Vorläufer der NS-Architektur und, nach dem Denkmodell eines gleichnishaften Ausdrucks des Politischen im Künstlerischen, zur Prophetie des NS-Staates stilisiert.

»Artverwandtschaft«

Bei der Konstruktion einer »Schicksals«-Bindung von preußischem Klassizismus und NS-Architektur bedarf es einer überzeitlichen, nicht historisch determinierten, sondern die Geschichte »durchwirkenden« Instanz. Für den Nationalsozialismus stellte das Konzept der »Rasse« die ideologische Klammer dar, mit der die Gegenwart des Faschismus im Jenseits der Geschichte verankert werden konnte.

Hitler hatte in diesem Sinn die Marschroute für die Indienstnahme der Antike ausgegeben. Jedes »politische heroische Zeitalter« suche »sofort die Brücke ... zu einer nicht minder heroischen Vergangenheit. Griechen und Römer werden plötz-

1 Vgl. dazu auch W. Boeck: Nordische Klassik. Karl Friedrich Schinkel. In: »Die Völkische Kunst«, H. 8, 1935, S. 296–299, 312.

lich den Germanen so nahe, weil alle ihre Wurzeln in einer Grundrasse zu suchen haben, und daher üben auch die unsterblichen Leistungen der alten Völker immer wieder ihre anziehende Wirkung aus auf die ihnen rassisch verwandten Nachkommen« *[zit. nach Wenk 1985, 51]*.

Auch Schinkel und die griechische Antike sind verbunden durch das »Bluterbe der nordeuropäischen Volksstämme« *[Lorck 1939, 128]*. »Wir wissen heute dank den frühgeschichtlichen Forschungen, daß sich eine unmittelbare Berührungslinie auffinden läßt, die von dem europäischen Nordufer, von Preußen und der Mark, zu den nordischen Stämmen hinführt, deren Einbruch in Hellas einst die hellenische Kultur geschaffen hat.« Daher bedeute die »Sehnsucht« Schinkels nach »Hellas« nicht »ein Sichverlieren im uferlos Unendlichen, sondern das Wiedererkennen der artverwandten Kultur ... Nur wenn wir eine letzte und urälteste Erbverwandtschaft zwischen der Mark und Athen, zwischen Preußen und Attika zu erkennen wagen, wird das leidenschaftliche Zuhausefühlen, das seelige Heimgekehrtsein in das Eigentum der Vorfahren erklärt sein, das damals vor der Griechenkunst die großen nordeuropäischen, norddeutschen und preußischen Kulturkreise ungleich stärker als die Südvölker gepackt hat« *[Lorck 1939, 126]*[1].

Die Prophetie des »Preußischen Stils«

Eine der grundlegenden Konstruktionen des NS-Schinkel-Diskurses ist die Parallelführung von Stilentwicklung und Staatsgenese. Diese etatistische Wendung des Schinkelmythos ging zurück auf den nationalkonservativen Literaten Moeller van den Bruck und mündete direkt in die Tiraden, mit denen die NS-Staatsarchitektur gefeiert wurde.

Die Entstehung des preußischen Klassizismus als Gleichnis für die Erringung der politischen Hegemonie Preußens in Deutschland, als Prophetie auf die Hegemonie des Deutschen Reichs in Europa, dies war der Kerngedanke des »Preußischen Stils« von Moeller van den Bruck gewesen. Sein Mythos von der Sendung Preußens, die sich in Schinkels Lehrer Gilly ihren Propheten geschaffen habe, stellte für die NS-Ideologen das Material bereit für die Legitimation des Nationalsozialismus durch Kunst. Nach Moeller markierte der »Preußische Stil«, der sich in reiner Form in Gillys Entwurf für das Denkmal Friedrichs des Großen kristallisiert habe, eine Epochenwende, wie sie »... alle paar Jahrhunderte, an der Schwelle zu jedem neuen Zeitalter, von dem jüngsten und männlichsten Volk geleistet werden muß« *[Moeller 1931, 126]*. Der stilgeschichtliche Durchbruch zum »Preußischen Stil« markiert das Nahen der geschichtlichen Erfüllung der »Mission Preußens«: das Friedrichsdenkmal hätte »Berlin und Preußen und heute Deutschland den großen architektonischen Mittelpunkt gegeben ... der in Weltstädten von Großstaaten zu verkünden pflegt, daß hier Weltgeschichte hindurchgeschritten ist und Wille zur Ewigkeit als Wille in Stein sich niedergelassen hat« *[ebd., 136]*. Und: »So wirkt Monumentalität, wie große Kriege, wie Völkererhebungen, wie Staatengründungen zu wirken pflegen: befreiend, zusammenfassend, Schicksal schaffend wie bestätigend, und von neuem das Dasein ordnend, nachdem vielleicht lange Unordnung darin gewesen ist.« *[Ebd., 147]*

Gerade der Sprachgestus Moellers kam dem Bemühen des NS-Kunstdiskurses entgegen, sich durch Integration der künstlerischen Tradition zu legitimieren. Die Berufung auf den »Preußischen Stil«, die sich in der NS-Publizistik häufig findet, arbeitet nach einem dem religiösen Diskurs entlehnten Modell, der Erfüllung der Prophetie. Die Bauten und Bauutopien des preußischen Klassizismus werden zu Ahnungen, Vorausdeutungen, Prophezeihungen künftiger Größe, das »Dritte Reich« tritt ein ins unerfüllte Erbe, löst das Versprechen ein, verwirklicht die Vision der deutschen Künstler-Propheten. Was aber Gilly nach Moeller prophezeit hatte, war nichts anderes, als die Herrschaft über Europa: »... wie Berlin in der Mitte von Preußen, von Deutschland, von Europa liegt, so liegt Deutschland in der Mitte von Europa. Die Baukunst aber ist ein Gleichnis des Staatenlebens: wie wir den Weg von der Hütte zum Dorf, von Dorf zu Stadt, und von der Stadt zur Großstadt gingen, so müssen wir auch den Weg zur Weltstadt gehen, der genau dem Wege von Preußen nach Deutschland und seiner Stellung in Europa entspricht. In diesem Deutschen Reiche wird dann das preußische Problem auch seine Lösung finden.« *[Ebd., 201]*

Der »Baumeister«

Die »Bauten des Führers« stehen in der Nachfolge des preußischen Klassizismus, der »Führer« selbst als »größter Baumeister des deutschen Volkes« ist Vollender des Vermächtnisses von Gilly und Schinkel – auf dieses Fazit steuern viele der Schinkel-Texte zu. Ich greife ein besonders markantes Beispiel heraus, einen Kunstband mit dem programmatischen Titel »Schinkel – Der Vorläufer neuer deutscher Baugesinnung«. Nach dem traditionellen organizistischen Epochenmodell: Aufstieg – Blüte – Verfall – Renaissance avancierte Hitler zum Nachfolger Schinkels: Schinkels Bauten, »edelster Ausdruck preußisch-deutscher Art«, »erwuchsen ... aus dem gesunden Gemeinschaftsgeist der Romantik und dem während der Heroenzeit Befreiungskriege geläuterten Volkstum«. Nach

1

Abb. 1
K. F. Schinkel, *Neue Wache*, Berlin, 1816–1818 (Illustration zu *J. Schmid: Karl Friedrich Schinkel. Der Vorläufer neuer deutscher Baugesinnung. Leipzig 1943*)
Abb. 2
Gartenfront der *Neuen Reichskanzlei*, Berlin (Illustration zu *J. Schmid: Karl Friedrich Schinkel. Der Vorläufer neuer deutscher Baugesinnung. Leipzig 1943*)

Schinkels Tod setzt der Verfall ein: »In hemmungslosem Erwerbsstreben fehlte dem geistigen und künstlerischen Schaffen der Nährboden sittlicher Kräfte und ging der Zusammenhang mit den völkischen Wurzeln verloren. Die kulturelle Gemeinschaft zerbrach ... Eine jähe Kluft riß auf: die kapitalistischen Gründerjahre vor dem Weltkrieg und die durch das Zwangsdiktat von Versailles ausgelöste Verfallszeit mit der sogenannten ‚Neuen Sachlichkeit‘ ... Erst mit der Zusammenfassung des zersplitterten Volkes durch Adolf Hitler zu einer einheitlichen Weltanschauung wurde dem Chaos der Kunstverwahrlosung Einhalt geboten und ein neues Bauschaffen eingeleitet. Das Wahre und Echte Schinkelscher Gesinnung wurde wieder Richtschnur, aber zugleich jedes vorangegangene Schaffen übertroffen. ... erst einhundert Jahre nach Schinkel, nach langen Zeiten der Stillosigkeit und oft wüster Verwahrlosung der Kunst, bekam das deutsche Volk wieder einen großen Baumeister geschenkt: Adolf Hitler. In einmaliger Fügung wurde der Baumeister des neuen Reiches auch des Reiches Baumeister und genialer Vollbringer Schinkelschen Sehnens ... Seine Bauten sind in ihrer monumentalen Gewalt steinerne Beweise der gigantischen Größe dieses Meisters, aber auch der volksverbundenen Treue seines Schaffens, das tief im deutschen Wesen wurzelt ... Wenn daher die kommende Zeit eine Baugeschichte des deutschen Volkes schreiben wird, so ist der Gründer des Dritten Reiches nicht nur als ent-

2

scheidender Bauherr, sondern zugleich als Schöpfer der neuen deutschen Baukunst zu nennen ...« *[Schmid 1943, o. S.]*

Die Metapher vom Baumeister stiftet den ideologischen Sinn. Der »Baumeister« ist, ähnlich dem »Lenker« des Wagens Staat eine der klassischen Identitäten des Inhabers staatlicher Macht. Wie die Baukunst ein »Gleichnis« des Staatenlebens ist, so heilt Hitler, der »Baumeister«, die Zersplitterung von Staat, Gesellschaft, Volk, indem er den »Bau« des Staates neu fügt. Die »neue deutsche Baukunst« erfüllt das Vermächtnis der Schinkelschen Baukunst, die ebenfalls Ausdruck eines »gesunden Gemeinschaftsgeistes« war. Die Metapher des Baus bezieht ihre Prägnanz aus dem Bild vom Unterstellen aller Einzelelemente unter monumentale Ganzheit. Die Zuordnung von Element zu Element ist »Fügung«. Fügung von Stein zu Stein durch Schinkel, Fügung von »Volksgenosse« zu »Volksgenosse« durch Hitler, Fügung von Schinkel zu Hitler durch die »Fügung« des Schicksals selbst – die Metapher des »Baumeisters« bietet Verknüpfungen nach vielen Seiten. Und: das Architektonische als Metapher des Staates, die Fügung von Baumassen und Menschenmassen war nicht aufs Sprachlich-Konzeptive beschränkt, es ließ sich rituell realisieren. Die Marschkolonnen der faschistischen Armee demonstrierten die ideelle Ewigkeit ihres Staates vor den Kolonnaden Schinkels. Seine Bauten dienten, da sie »... uns heute näher und leben-

Abb. 3
K. F. Schinkel, *Altes Museum*, Berlin, 1822–1828 (Illustration zu *J. Schmid: Karl Friedrich Schinkel. Der Vorläufer neuer deutscher Baugesinnung. Leipzig 1943*)
Abb. 4
»Haus der Deutschen Kunst«, München (Illustration zu *J. Schmid: Karl Friedrich Schinkel. Der Vorläufer neuer deutscher Baugesinnung. Leipzig 1943*)

3

diger sind als je ... als beherrschende Mitte feierlicher Aufzüge« *[Rave 1941]*[2].

»Ostraum« und »deutsche Kultur«

Ab 1941 finden sich Versuche, Schinkel zur Legitimation des Krieges, insbesondere der Aggression gegen die Sowjetunion zu benutzen. Ausgangspunkt ist die Tatsache, daß Schinkel Sommerpalais und Jagdschlösser für polnische und russische Aristokraten entworfen hatte. Hätte Schinkel das für den Zaren entworfene Lustschloß Orianda auf der Krim ausführen können, so wäre die Geschichte Europas anders verlaufen: »... denn wenn es damals gelungen wäre, Rußland wie durch manche andere Versuche auf kulturellem Gebiet, so auch durch dieses Bauwerk wieder etwas näher an den europäischen Westen zu binden, so wäre wohl die ganze Entwicklung Rußlands in der zweiten Hälfte des 19. Jahrhunderts einen anderen Weg gegangen. Heute haben wir keinen Grund mehr, darüber zu klagen; denn während diese Zeilen geschrieben

4

wurden, hat der gleiche Geist, der das Ansehen Schinkels in Deutschland wieder aufs Höchste gesteigert hat, die Krim in deutsche Hand gebracht.« *[Rüster 1943, 19]*
Die NS-Publizistik modelt einen Schinkel als Urvater deutscher Aggression gegen »den Osten«: »Sein Genius überflog mit raschen starken Schwingen die von Raum und Zeit gesetzten Grenzen. Seine Spannweite reichte weit über das damalige Berlin und Preußen hinaus ... Besonders vielfältig war die Ausstrahlung nach dem Osten in dessen jungfräulichen Boden jahrhundertelang deutsche Kultur getragen war. Manche dieser Beziehungen sind nicht vergeblich gewesen und haben in den brach und offen liegenden Gebieten fruchtbare Keime einer werdenden Kultur verstreut.« *[Rave 1943]* »Der ausgedehnte Ostraum öffnete sich spontan der deutschen Kultur wie so oft in der Geschichte Mitteleuropas ...« *[Lorck 1941, 24]*. Die sexuelle Metaphorik ist offensichtlich: die männliche deutsche Kultur nimmt die jungfräuliche Erde des Ostens, Erde, die sich den Keimen der werdenden Kultur spontan öffnet. Die Verknüpfung von kriegerischer Aggression und kultureller Sendung geschieht über ein Bild der Schwängerung. Schon für

2 Vgl. dazu auch R. Kain: Der Schöpfer des preußischen Stils. Karl Friedrich Schinkel. Zur 100. Wiederkehr seines Todestages. In: »Weser-Zeitung mit Bremer Nachrichten«, 15. Oktober 1941; R. Wallrath: Der größte preußische Architekt. Zum 100. Todestag von Karl Friedrich Schinkel am 9. Oktober. In: »Brüsseler Zeitung«, 9. Oktober 1941; P. O. Rave: Karl Friedrich Schinkel. In: »Das Reich«, Nr. 10, 9. März 1941.

5

Abb. 5
Aufmarsch von SS-Formationen vor dem Alten Museum, Berlin, am 1. Mai 1936

Moeller stand fest, daß geschichtliche Epochenwenden nur von dem »jüngsten und männlichsten Volk« *[Moeller 1931, 126]* jedes Zeitalters geleistet werden könnten. »Männlich« waren, nach dem Konzept der rassistischen Indienstnahme der Antike die Wettkämpfe der Griechen gewesen[3], »männlich« war der Jünglingstod Gillys, nach der Auslegung Rietdorfs Prophetie und Metapher für den Heldentod der deutschen Jünglinge im »Wettkampf« des Krieges *[Rietdorf 1940, 178f.]*. So gibt es neben »Rasse« ein zweites Band, das von der Antike über den preußischen Klassizismus zum Faschismus reicht: »Männlichkeit« verbürgt die historische Legitimität des Krieges.

Der zweite Anknüpfungspunkt für die Verbindung Schinkel–Krieg ist das Eiserne Kreuz. Der 1813 gestiftete und 1870, 1914 und 1939 erneuerte Orden gehörte wie kaum ein anderes Symbol zur ideologischen Innenausstattung nationaler Kreise der Weimarer Republik, wurde in unzähligen Kriegerdenkmälern, Gedenkritualen usw. zum Zeichen des »Soldatischen« schlechthin. Nach der Diktion Moellers schuf sich Preußen »seine geistige Einheit ... in der ernsten Zeichnung des Eisernen Kreuzes« *[Moeller 1931, 150]*. Kaum ein Schinkel-Biograph kommt ohne diesen Topos aus *[vgl. Grisebach 1924 und Schiedlausky 1938]*. Ein »soldatisches Volk wie das deutsche« werde es Schinkel nie vergessen, »daß er einst mit dem Eisernen Kreuz das unvergängliche Zeichen des heroischen Lebensein-

3 Zur Vorgeschichte der faschistischen Umdeutung des antiken Ideals vgl. S. Wenk: Die Arbeit eines deutschen Archäologen an der Modernisierung des antiken Ideals. In: *Ausstellungskatalog* Auf den Spuren der Antike. Theodor Wiegand, ein deutscher Archäologe. Städtische Museum Bendorf/Rhein 1985.
4 Vgl. dazu Rave 1941 (Anm. 2); J. Schmid: Karl Friedrich Schinkel. Der Vorläufer neuer deutscher Baugesinnung. Leipzig 1943.

satzes für den preußischen und für den deutschen, den großdeutschen Soldaten geschaffen ...« habe *[Schinkelfeier 1941, 10]*[4]. »Wenn es der junge Soldat im Schicksalskampfe des Reiches nach mutigem Einsatz angeheftet erhält, so ist dies schlichte Stück Eisen, silberumkränzt, ein wahrhaftes Symbol deutschen Geistes und Wesens, von Schinkel in die reinste Form geprägt.« *[Peschke 1942, 110]*

Blick-Richtungen

Bei der Konstruktion historischer Kontinuität zwischen der künstlerischen Produktion des »Dritten Reiches« und der kunsthistorischen Tradition greift die NS-Kunstpublizistik auf Diskursebenen aus, die unterhalb der begrifflich-konzeptiven Ebene liegen. Sie setzt Ausdruckwerte des Mediums ein, Typografie und Layout des Satzes, Größe und Stil der Fotos.
Ich greife die Zeitschrift »Kunst im Deutschen Reich« heraus. Die Aufmachung ist die einer gediegenen Kunstzeitschrift. Das Format ist ungewöhnlich groß. Der Titel bedient sich einer klassischen Antiquatype, der aus antiken Inschriften abgeleiteten Capitalis Quadrata. Der Umschlag zeigt Signet und Titel in Grün-Gold-Druck, der Goldreliefprägung imitiert, also ein für Luxusdrucke übliches Verfahren der Einbandgestaltung. Das Signet folgt dem Vorbild »klassischer« Emblematik, wobei die Kombination von Reichsemblem, Fackel und Athena(?)kopf weniger einen konkreten ikonografischen Sinn ausspricht als die Allusion ans Emblematische als solches. Die bewußte Historizität eines solchen Einbandes wird deutlich, wenn man sich vergegenwärtigt, gegen was sie gerichtet ist. Man vergleiche Umschlag und Titelei der Bauhausbücher oder expressionistischer Kunstzeitschriften wie des »Sturm« oder der »Aktion«.
Bei der Architekturfotografie findet sich ein wenn nicht spezifisch faschistischer, so doch vom Faschismus bevorzugter Abbildungsstil. Exemplarisch wird dies an Fotos eines Modells von Gillys Friedrichsmonument deutlich, die in der August/-September-Nummer der »Kunst im Deutschen Reich« 1942 erschienen. Die Beiträge in dem dem Denkmal gewidmeten Heft enthalten acht großformatige Fotos eines Modells, das im Auftrag Speers angefertigt worden war. Das Friedrichsdenkmal spielte, wie erwähnt, im traditionalistischen Kunstdiskurs seit Moeller von den Bruck eine besondere Rolle. Es galt als die Kristallisation des »Preußischen Stils« schlechthin. Der Begleittext der »Kunst im Deutschen Reich« stilisiert das Nicht-Zustandekommen des Denkmals zum »tragischen Schicksal«: Nach einem »Gesetz der stetigen Wiederkehr der entscheidenden Bauepochen« trete etwa alle 100 Jahre eine Genera-

6

Abb. 6
Titelseiten der »Kunst im Dritten Reich« und der »Kunst im Deutschen Reich«
Abb. 7
Friedrich Gilly, *Entwurf für das Denkmal Friedrich des Großen*, 1797; *Friedrichsdenkmal*, Rekonstruktionsmodell der Generalbauinspektion für die Reichshauptstadt (Abbildungen aus »Die Kunst im Deutschen Reich«, 1942)

tion mit »großem Bauwillen« an. Die Tragik Gillys besteht darin, daß seinem Bauwillen keine »Welle« politischer Macht korrespondiert habe, die das Werk zur Ausführung gebracht hätte. Im Anschluß an den tradierten, pseudo-religiösen Charakter der Gilly-Verehrung wird nun das historische Ereignis aufbereitet: das Friedrichsmonument als deutsches Nationaldenkmal ist gerade in seinem Scheitern, der es ins Reich ideeller Architektur entrückt, prophetischer Vorgriff auf eine Zeit, in der sich »Bauwille« und »politischer Wille« decken. Speer »... hat diese Rekonstruktion nicht nur ins Werk gesetzt, weil er ein besonderer Verehrer Friedrich Gillys ist, er hat vielmehr das Scheitern der Verwirklichung einer solch' genialen Schöpfung besonders tief empfunden, da er ebenso in die Zeit eines großen, sich ankündigenden Bauens geboren ist, aber darüberhinaus das Glück hat, einem der größten Bauherrn der deutschen Geschichte als Baumeister dienen zu können« *[Wolters 1942)*.

Die Modellfotos weisen eine eigentümliche Machart auf. Architekturmodelle dienen üblicherweise dazu, Planungen zu veranschaulichen und die für Laien oft schwer lesbaren Architektenpläne in bildhafte Vorstellungen umzusetzen. Im Vordergrund steht dabei das Erfassen von Gesamtstrukturen von Architektur, topografische Einordnung in die Umgebung, dreidimensionales Zuordnen der Baumassen usw. Dieses analytische Moment ist in den Fotos vom Friedrichsmonument weitgehend zurückgedrängt, das Element des Erlebens von Stimmungsarchitektur dagegen betont. Es ist durchgehend aus der Perspektive eines fiktiven Besuchers des Denkmalsareals fotografiert. Die Untersicht betont die Monumentalität der Baumassen. Der schwarze Hintergrund und die dramatische Beleuchtung mit ihren Schlagschatten und Hell-Dunkel-Kontrasten, die perspektivischen Überschneidungen und Durchblicke bringen Ausdruckswerte ins Bild, machen aus Architekturwahrnehmung Architekturerlebnis. Besonders spektakulär ist die Frontansicht. Der dorische Tempel steht in gleißendem Licht über der düsteren Grabkatakombe, in der sich gegen den helleren Hintergrund die Silhouette von Katafalk und Sarkophag abzeichnen. Die Fotografie verstärkt die Theatereffekte, die die Architektengeneration um 1800 in ihren archaisierenden Architekturphantasien einsetzte. Die Umsetzung gerade dieser Stilebene der Gilly-Entwürfe kann also durchaus Kontinuität auf der Ebene des Ausdrucks der Architekturvedute für sich in Anspruch nehmen, und so ist auch in der »Kunst im Deutschen Reich« mit Wiedergaben der Gillyschen Entwurfszeichnungen nicht gespart. Die Umsetzung ins Modellfoto bedient sich aber eines sehr aktuellen Gestaltungsmittels: der im Film entwickelten Fahrt der Kamera durchs Architekturmodell. Die Fotos vom Modell des Friedrichsdenkmals lassen sich wie die

8

9

5 Vgl. die Modellfotografien des Orianda-Projekts in: »Die Kunst im Deutschen Reich/Die Baukunst«, Jg. 7, 1943, S. 1–19.

Ausschnitte aus einer Filmsequenz lesen. Der Bau wird in Näherung, Umkreisen, Betreten erlebbar.
Dabei ist der Modellcharakter nie geleugnet. Naturalistische Elemente wie die Modellfigürchen oder -bäumchen, die den Größenmaßstab klar machen sollen, sind jederzeit als schematische Modelle erkennbar, die Glätte der Flächen, die kristalline Kantenschärfe der Kuben, die unatmosphärische Präsenz auch der entferntesten Bauteile halten einen Grad an Abstraktheit aufrecht, der das Abgleiten des Modells ins Niedliche oder Lächerliche einer Spielzeugeisenbahn verhindert. Die Abstraktheit des Modells wendet das Miniaturhafte ins Monumentale.
Es gibt für diese Art der Modellfotografie, die 1943 auch auf Schinkels Schloßprojekt Orianda angewendet wurde[5], Parallelen im NS-Architekturfilm und den Fotos von Modellen der »Bauten des Führers«. Man denke an die bekannte Fahrt durch das Modell der Berliner Nord-Süd-Achse oder an die systematische Produktion von Modellfotos durch die Generalbauinspektion Berlin. Auf diese Weise wird schon durch die Modelung der Sehweise der Bogen geschlagen vom preußischen Klassizismus zu den Repräsentationsbauten des Nationalsozialismus.

Die Verewigungsstrategie

Der Nationalsozialismus bemühte sich nach Kräften, sich als neues »klassisches Zeitalter«, als »Wiedergeburt« der einstigen »Blüte« darzustellen. Das bekannteste Beispiel für diese Historisierungstendenz sind die Festumzüge, die jährlich am »Tag der Deutschen Kunst« unter Titeln wie »Glanzzeiten deutscher Kultur« oder »Zweitausend Jahre deutscher Kultur« stattfinden sollten, und 1933 und 1937 zu Grundsteinlegung und Eröffnung des »Hauses der Deutschen Kunst« tatsächlich stattfanden *[Hartmann 1979]*.
Das ideologische Gebilde der Historisierung ist komplex. Die vermittelnde Instanz zwischen dem NS-Staat und »der

10

Abb. 8
Friedrich Gilly, *Studienblatt zum Gruftgewölbe des Friedrichsdenkmals*, 1797
Abb. 9
Gruftgewölbe des Friedrichsdenkmals, Rekonstruktionsmodell der Generalbauinspektion für die Reichshauptstadt (Abbildung aus »Die Kunst im Deutschen Reich«, 1942)
Abb. 10
Schloß Orianda, Rekonstruktionsmodell der Generalbauinspektion für die Reichshauptstadt (Abbildung aus »Die Kunst im Deutschen Reich«, 1943)

Geschichte« ist Kunst, speziell Architektur. Der Nationalsozialismus legitimiert sich als Nachfolger und Vollstrecker der deutschen Geschichte auf der symbolischen Ebene der Kunstproduktion. Im Reich der Künste findet das politische Geschehen seinen wahren, idealen, den Zufälligkeiten und Widrigkeiten des konkreten Geschichtsverlaufs entrückten Ausdruck. Die Baukunst ist das »Gleichnis des Staatenlebens«, der preußische Klassizismus Ausdruck eines »gesunden Gemeinschaftsgeistes«, seine Wiederbelebung in den »Bauten des Führers« daher ein Akt der »Zusammenfassung des zersplitterten Volkes«, der Heilung der Zerrissenheit. In dem Verlauf von Blüte – Verfall – Blüte betätigt Geschichte sich als transzendente Totalität, als »Schicksal«. Die »Fügung« des Schicksals sieht die Fügung des Zersplitterten zum Ganzen, zum Bau, zum Staat durch den »Baumeister« Hitler vor. In der Geschichte wirken, »Schicksal schaffend wie bestätigend« *[Moeller 1916, 147]* zwei Mächte: Rasse und Kriegertum. Eine »urälteste Erbverwandtschaft« verbindet »Hellas« mit der »Mark«, verbinden Akropolis, Neue Wache und Reichskanzlei. Die griechische Antike, der preußische Klassizismus und die »Bauten des Führers« markieren die Schwellen neuer Zeitalter, Schwellen, die zu überschreiten nur dem »männlichsten Volk« jeder Epoche bestimmt ist. Der Künstler ist Gleichnis des Kriegers, des »Heroen«, der Jüngling Gilly steht für die Jünglinge, die »auf den Schlachtfeldern des Ostens, Nordens und Westens ... mit innerem Feuer das Schicksal durchglühen« *[Rietdorf 1940, 178f.]*, der Mann Schinkel ist in seinem Werk des Eisernen Kreuzes reinster Ausdruck des »preußischen und deutschen, großdeutschen Soldaten«.

Die Durchdringung der Bedeutungskreise Staat, Rasse, Krieger bei der ideologischen Konstruktion historischer Kontinuität des Nationalsozialismus auf dem Feld der Baukunst enthält einen Hinweis darauf, warum die NS-Kunstpublizistik sich gerade des Klassizismus als Bezugsebene bediente. In Monumenten wie der Neuen Wache oder dem Friedrichsdenkmal treffen die Hauptstränge der Historisierung durch Kunst in geradezu idealer Weise zusammen. Beide sind aufs Engste mit dem Konzept des »Heroen« verknüpft, beide bedienen sich der antiken Formensprache, Ausdruck angeblicher rassischer Kontinuität vom Griechischen zum Deutschen, beide schließlich waren Monumente des Staates, wendeten die ursprünglich religiöse Funktion des Tempels auf den Staat als neuen Inbegriff transzendenter Gemeinschaft, waren daher in ihrer Staatlichkeit für den Nationalsozialismus bruchlos integrierbar ■

MUSSOLINI ARCHITETTONICO

Notiz zur ästhetischen Inszenierung des Führers im italienischen Faschismus

Susanne von Falkenhausen

Zu Beginn der achtziger Jahre scheint die Rezeption des Faschismus in Italien in eine neue Phase eingetreten zu sein. An die Stelle historisch-kritischer Aufarbeitung[1] trat das spektakuläre, ganz »wertneutrale« Ausleuchten der »Leistungen« der italienischen dreißiger Jahre mit der 1982 in Mailand veranstalteten Riesenschau »Annitrenta«[2]. Die sozialistisch regierte Industriemetropole Mailand servierte der Öffentlichkeit italienisches Protodesign, italienische Autos und Flugzeuge der dreißiger Jahre in glanzvoller Verpackung. 1986 feierte die FIAT spa in Venedig den Futurismus als Ahnen heutiger hightech-Träume unter Aussparung des Faschismus.
Hat Italien sein »Projekt der Moderne« noch nicht abgeschlossen? Liegt hierin das Leitmotiv für das heutige Interesse am Futurismus und an den Jahren, in denen das faschistische Regime das Image einer Industrienation zu kreieren suchte?

1 U.a. zu nennen wären Ph. V. Cannistraro: La fabbrica del consenso-fascismo e mass media. Roma-Bari 1975; L. Mangoni: L'interventismo della cultura. Intellettuali e riviste del fascismo. Roma-Bari 1974; E. Gentile: Le origini dell'ideologia fascista. Roma-Bari 1975; U. Silva: Ideologia e arte del fascismo. Milano 1973; E. Crispolti/B. Hinz/Z. Birolli: Arte e fascismo in Italia e in Germania. Milano 1974; S. v. Falkenhausen: Der Zweite Futurismus und die Kunstpolitik des Faschismus in Italien von 1922 bis 1943. Frankfurt 1979.

2 *Ausstellungskatalog* Annitrenta – Arte e Cultura in Italia. Milano 1982.

Kulturelle Strömungen und Kulturpolitik im faschistischen Italien

Mussolini vollzog in der Kultur keine Gleichschaltung, die der in Deutschland vergleichbar wäre. Unterschiedliche künstlerische und intellektuelle Strömungen wurden mit Mitteln einer

1

2

Abb. 1
Mario Sironi, *Die Justiz,* zu ihren Seiten das Gesetz, welches die Schrifttafeln hält, und eine jugendliche Figur, Symbol der Kraft, die das Liktorenbündel mit der Wahrheit trägt, Justizpalast Mailand
Abb. 2
Giorgio De Chirico, *Italienische Kultur,* Wandmalerei im Zeremoniensaal des Palazzo dell'arte in Mailand, 1933 (auf der Wand der Apsis im unteren Teil ein Mosaik von Gino Severini, *Die Künste*)
Abb. 3
Enrico Prampolini, Pavillon der Elektrotechnik auf der »Mostra d'oltremare«, Neapel 1940
Abb. 4
Gio Ponti, Saal des *Leichter als Luft,* »Mostra dell'aeronautica«, Mailand 1934

äußerst geschickten, die bestehenden Polarisierungen sorgfältig nutzenden integrativen Konsensstrategie für die Schaffung einer »faschistischen« Kultur gewonnen. Der Bogen spannte sich von äußersten Traditionalismen bis zu jenen Gruppierungen, die als Erben der historischen Avantgarde bezeichnet werden könnten; also von Positionen nationaler Autarkie, d.h. eines kulturellen Isolationismus, bis zu einem Internationalismus, der die Kontakte mit den Strömungen außerhalb Italiens, von der Sowjetunion über Frankreich bis in die USA zu pflegen versuchte. Letztere umfaßten Futuristen, Abstrakte und Rationalisten, die vor allem in den Bereichen der angewandten Kunst (Fotografie, Werbung, Typographie, Design), der Ausstellungsgestaltung und der Architektur zu Resultaten kamen, welche heute in der Welt der Fachleute als gültig rezipiert werden, ob als »Protodesign« oder in der Architektur der Postmoderne.
Ich möchte diese Tendenzen nicht mit dem Terminus der Avantgarde belegen, da ihre künstlerische Praxis und deren gesellschaftliche Bedingungen mit denen der klassischen Avantgarde kaum noch etwas gemeinsam haben und schlage für unseren Zusammenhang als übergreifenden Begriff den der »Modernisten« vor – ein Begriff, der ihre Stellung im damaligen Spektrum der kulturellen Auseinandersetzungen zwischen Tradition und Moderne, Stadt und Land (»stracitta« und »strapaese«), Industrie- und Agrargesellschaft recht gut treffen kann.
Mit Fug und Recht läßt sich behaupten, daß sich *alle* diese italienischen Gruppierungen deklariert als faschistisch verstanden. Die Kunstwissenschaft seit 1945 zeigte jedoch wenig Tendenzen, diese Deklarationen ernstzunehmen. Die »Guten« sollten von den »Bösen«, die Spreu vom Weizen, die »reine« von der faschistischen Kunst getrennt werden und damit die Kontinuität der Entwicklung moderner Kunst seit der Jahrhundertwende, wenn nicht trotz, so doch jenseits des Faschismus

3

4

gesichert werden – ein Problem, das sich so für die deutsche Entwicklung nicht stellte, da die »Modernisten« unter den Nazis nicht hatten weiterarbeiten können. Die Nationalsozialisten hatten damit in den Augen der Nachkriegskritik die Guten von den Bösen säuberlich geschieden. Erst mit der aktuellen Breker-Rezeption erwies sich die moralische Eindeutigkeit dieses Diskurses als verlogen.
Wie sollte die faschistische Staatskunst, die »arte di stato« aussehen? Dazu Mussolini: »Heute, wo die Bedingungen, welche die großen Italiener erstrebt haben, vor allem die nationale Einheit, realisiert sind, kann sich in unserem Land eine große Kunst entwickeln, die allen Ausdruck von Leben enthält und weitergibt, eine Kunst, die traditionalistisch und modern zugleich sein muß, die auf die Vergangenheit wie auf die Zukunft schauen muß« *[Falkenhausen 1979, 81f.]*. Genauere Aussagen, die eine ästhetisch-stilistische Festlegung beinhalten, wird man auf Seiten des Regimes vergeblich suchen.
Das Regime behielt sich die Kontrolle der Kunst vor, indem es die Künstler in einem Künstlersyndikat vereinigte und ein hierarchisches System von Ausstellungen und Preisen schuf. Es verhinderte jedoch die eindeutige Entscheidung für eine Tendenz. Mussolini griff bei der Benennung von Juries sogar gelegentlich persönlich ein, um die Tendenzen auszutarieren *[ebd., 28f.; sowie Annitrenta, 43f.]*.
Die NS-Kulturpolitik nannte man in Italien »l'assurdo nazista dell'Arte su commandamento«, also die »Nazi-Absurdität der Kunst auf Kommando«, die zu einer Sujet-Kunst mit einem für italienische Augen ins Lächerliche gesteigerten Pathos führte, was die italienischen Künstler und Intellektuellen eher abstoßen mußte als einbinden konnte. Diese Haltung des Regimes verhinderte nicht, daß Künstler auf der Suche nach der »Arte fascista« unzählige Beispiele gerade solcher Kunst reproduzierten, die dann jedoch von den Juries oft abgelehnt wurden mit dem Hinweis, dies sei noch nicht die Qualität, die

Abb. 5
Giuseppe Terragni, Saal O: *Legaler Streik,* »Mostra della rivoluzione fascista«, Rom 1932
Abb. 6
A. Libera und A. Valente, *Das Heiligtum der Märtyrer,* »Mostra della rivoluzione fascista«, Rom 1932
Abb. 7
Mario Sironi, *Galleria dei Fasci,* »Mostra della rivoluzione fascista«, Rom 1932

5

der Faschismus brauche. »Arte fascista« wurde als in der Entwicklung befindlich gesehen; man dachte langfristig, faschistische Kunst sollte ja jenseits der Aktualität bestehen können, um so den Anspruch des Regimes auf Dauerhaftigkeit ausdrücken zu können.

Vittorio Fagone gibt eine mögliche Erklärung für die Bedeutung der modernistischen Tendenzen in der faschistischen Kulturpolitik: das Regime wolle »... ein internationales Bild des neuen faschistischen Italien verbreiten, das nicht mehr plump squadristisch[3] und gegen die Arbeiter eingestellt ist und in der westlichen Welt überzeugend und glaubwürdig wirkt.« *[Annitrenta, 15]*

Dazu zieht das Regime in unterschiedlichen Bereichen unterschiedliche Präsentationsformen heran, die es bei den verschiedenen künstlerischen Strömungen findet. Verkürzt läßt sich diese Situation, die sich von der im Nazi-Deutschland wesentlich unterscheidet, so schildern: Das Regime wählte durch Wettbewerbe und Aufträge Stile und Formen aus, die zum Präsentierten in einem sinnunterstützenden und im weitesten Sinne werbewirksamen Kontext standen. Vor allem am öffentlichen Bau und an der Gestaltung von Propagandaausstellungen läßt sich dieses »System« ablesen.

3 Die ‚Squadre' waren die Banden des frühfaschistischen Straßenterrors.

Einige Beispiele:

Der Mailänder Justizpalast wurde mit Wandgemälden und Reliefs ausgestaltet, die thematisch und stilistisch den Bezug zur antiken Tradition von Rechtsprechung und Staat herstellen sollten (Abb. 1). Künstler wie Lucio Fontana, Manzù, Severini, Carrà, Campigli und Sironi waren daran beteiligt.

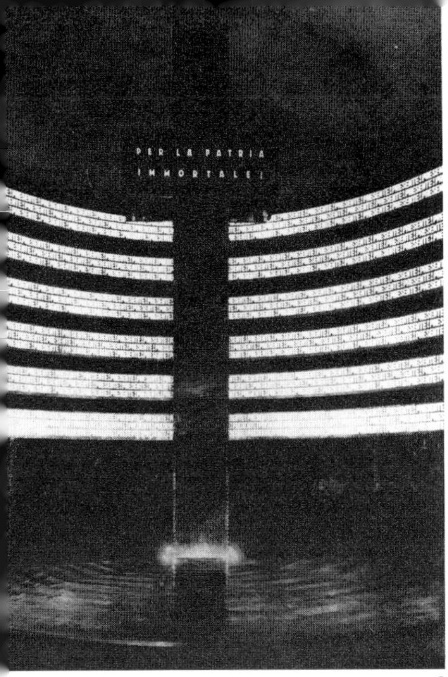

6

7

Die Monumentaltechnik des Freskos sollte auf der Triennale von Mailand 1933 wiederbelebt werden mit Fresken u.a. von De Chirico und Severini (Abb. 2). In beiden Fällen zeigt sich, daß zwar wie bei der Nazi-Plastik und Architektur der Rückbezug auf die Antike programmatisch vorhanden ist, daß jedoch die Fresken eine Stilisierung der Figur zeigen, die mehr mit der klassizisierenden »Internationale« der Endzwanziger zu tun hat, als mit den naturalistischen Tendenzen der Nazimalerei.

Die »Mostra d'oltremare« in Neapel 1940, eine Ausstellung für die Wirtschaftspropaganda des Regimes, enthielt eine Gestaltung des Futuristen Prampolini, die in Design und Materialien überaus modern war (Abb. 3) und Bezüge zu Le Corbusier aufwies.

Die italienische Flugtechnik wurde in funktional klarer Weise in der Ausstellung »Mostra dell'aeronautica« von Gestaltern aus dem Kreis der Mailänder Rationalisten um Pagano präsentiert (Abb. 4).
Die größte Propagandaausstellung des Regimes, die »Mostra della Rivoluzione Fascista« von 1932 (zum zehnjährigen Bestehen des Regimes), vereinte wieder alle Stile: Die Jahre des »Kampfes«, sprich des Straßenterrors 1919 bis 1922, wurden u.a. durch expressiv bewegte Montagen von Fotografie, Raumplastik und Typographie ähnlich den Montagen El Lissitzkys von Nizzoli und Terragni vorgeführt (Abb. 5). Die Architekten Libera und Valente gestalteten mit neuester Leuchtreklametechnik das »Heiligtum der Märtyrer« zu einer Art Lichtdom (Abb. 6). Die »Galleria dei Fasci« wurde von Sironi als wuchtige Hoheitsinszenierung präsentiert (Abb. 7).

Abb. 8
Enrico Prampolini, *Mussolini architettonico,* 1924/1925
Abb. 9
Benito Mussolini in Duce-Pose

8

Während also im Bereich öffentlicher, permanenter Inszenierung von Hoheit (öffentliche Bauten u.a.) mit Vorliebe – aber auch hier nicht ausschließlich – auf die Antike mit ihrer Referenz zur imperialen Vergangenheit zurückgegriffen wurde, kamen in Bereichen der ephemeren Propaganda und der Technik die Modernisten stärker zum Zuge.

Der futuristisch konstruierte Held

»La ricostruzione futurista dell' universo« (Die futuristische Rekonstruktion des Universums), Titel eines Manifests der Gruppe von 1915, verdeutlicht einen Totalitätsanspruch an die Kunst, der dem Kampf der Futuristen um die Alleinvertretung der »Arte fascista« sicher zugrundeliegt. Wesentliche Äußerung dieses Kampfes ist die Ausformung eines Bildes vom futuristisch-faschistischen Helden, im folgenden gezeigt am Beispiel Mussolinis als extremste Ausformung.
»Mussolini architettonico« (1924–25) von Enrico Prampolini (Abb. 8) wurde 1926 auf der Biennale von Venedig ausgestellt. Prampolini konstruiert mit wenigen, geometrisch einfachen, flachen und leicht gewölbt-geschwungenen Formen und Volumen eine erkennbare Form: das Profil eines Mannes, und erreicht durch die Konstruktion sowohl eine extreme Reduktion des eindeutig erkennbar bleibenden Vorbilds, als auch

9

eine Hervorhebung von Elementen, die bestimmte Assoziationen wecken: Ein mit Schlaglicht versehener, metallisch wirkender Zylinder vermittelt den stechend-hypnotischen Blick, eine geschwungene Form den vorgeschobenen Unterkiefer – beides feste Bestandteile des Bildes, das Mussolini von sich für die Öffentlichkeit inszenierte, wie unzählige Fotografien belegen (Abb. 9).
Hinter dem Profil wird die Axtklinge sichtbar, die sonst aus dem Liktorenbündel herausragt. Der Schädel Mussolinis und das Liktorenbündel verfließen ineinander, die Identität beider wird evoziert. Mussolini wird damit ebenso wie das Rutenbündel zum Symbol, noch treffender, zum Signet, zum »Markenzeichen« des Faschismus.
Der Einfluß der Konstruktivisten ist eindeutig. Der Einsatz konstruktivistischer Mittel, um ein Äußerstes an Sinnfälligkeit zu erreichen, ist allerdings auf den ersten Blick überraschend, da üblicherweise traditionelle Darstellungsformen der »Wiedererkennbarkeit« dort eingesetzt wurden (und noch werden), wo es darum ging, für »alle« verständlich zu sein. Ästhetisch bestimmt ist dieses »Markenzeichen« vom Bezug auf die Maschine. Die Reduktion des porträthaft Erkennbaren auf die Konstruktion mit maschinenteil-ähnlichen Flächen und Körpern macht aus Mussolini den Prototyp des futuristischen Maschinenmenschen, der durch die Pose des vorgeschobenen Unterkiefers als Herrscher über ein Volk von Maschinenmenschen bezeichnet wird. Das Synonym Mussolini/Faschismus inkorporiert offenbar nun für die Futuristen ihren alten Traum von einer neuen, durch die Maschine revolutionierten Welt.
Die Akzeptanz dieses Signets von seiten des Regimes und der Öffentlichkeit läßt sich anhand der Pressereaktionen überprüfen *[Falkenhausen 1979, 58 und Anm. 105]*. Zeuge des Erfolgs ist auch die relative Häufigkeit, mit der dieser Mussolini-Kopf im Zeitraum nach seiner Entstehung in den zwanziger Jahren in Zeitschriften abgebildet wurde – als eine von unzähligen Varianten, die in allen Medien Verbreitung fanden und die große Stilvielfalt aufwiesen. (Ein wichtiger Unterschied zum Naziregime, wenn man an die wenigen Varianten des Hitler-Kopfes denkt, die im Umlauf waren.)
Noch mehr Erfolg hatte ein anderer Mussolini-Kopf, von einem Futuristen entworfen: »DUX«, von Thayaht (1926) (Abb. 10). Auf eine Abbildung dieses »DUX« hatte Mussolini selbst geschrieben: »Mussolini come piace a Mussolini« (»Mussolini wie er Mussolini gefällt«). Mit dieser Unterschrift fand der »DUX« weite Medienverbreitung.
Auch dieser Mussolini wirkt durch Reduktion – entpersönlicht, mechanisiert, allerdings mit der rückwärts gerichteten Evokation eines Kriegerhelmes, die noch akzentuiert wird durch den Sockel und die antikisch-strenge Inschrift. Mussolini, unsicht-

10

Abb. 10
Ernesto Thayaht, *Dux*, 1929
Abb. 11
Ferdinand Liebermann, *Führerbüste*
Abb. 12
M für Mussolini

bar, verschwindet nicht, er ist inkorporiert im Helm. Eine Inszenierung, die weit vom Porträthaften wegführt; im Falle Hitlers meines Wissens nicht zu finden, Hitler bleibt immer physiognomisch erkennbar (Abb. 11).

Was Thayaht, ein Futurist der zweiten Generation, hier allerdings erreicht, ist etwas, was eigentlich aufgrund der antikischen Anklänge ins Ressort der Traditionalisten und des »gemäßigten Novecento« gehörte: der »hohe Stil« als »Stil eines Ordnungsfaktors«, wie ihn Haug *[1986, 159]* für die NS-Plastik im Zusammenwirken mit der Architektur charakterisiert. Unabhängig von der Größe dieser Plastik, über die ich keine Kenntnisse habe, die aber, wenn wir die Größe der Inschrift als Anhaltspunkt nehmen, nicht monumental gewesen sein kann, hat sie einen Stil, der ein »Aufblasen« zu monumentaler Größe durchaus erlauben würde. Soweit mir bekannt ist, hat diese Plastik weniger – oder gar nicht – an einem konkreten Ort in einem baulichen oder sonstigen räumlichen Zusammenhang gewirkt, als vielmehr temporär in einer Ausstellung und reproduziert in den Medien.

Die stilistische Verknappung im Verein mit den rückwärts gewandten Elementen des Helms einer Rüstung und der antikischen Inschrift bringt etwas hervor, was einerseits modernen Signetcharakter hat, andererseits diesen bündelt mit der Idee des römischen Imperiums als Ausweis faschistischen Herrschaftsanspruchs in einer einfachen und, gemessen an den »faszinatorischen« Zielen des Regimes, äußerst gelungenen Synthese.

Abstraktion und Porträt

Wie nun kommt es, daß im italienischen Faschismus ästhetische Vorgehensweisen möglich sind, die das Naziregime als entartet ausrottet? Wie kann es so unterschiedliche Repräsentationsästhetiken »innerhalb« des Faschismus geben – oder doch der faschistischen Systeme?

Der relativ einheitlichen Repräsentationsästhetik der Nazis, die sich in der Fixierung auf das antike Griechentum äußert, steht in Italien nichts vergleichbar Einheitliches gegenüber. Die Nazi-Ästhetik bietet ein Bild, welches die Bündelung, d.h. die unterschiedliche Herkunft der ideologischen Teile zugunsten der Einheit oder Ganzheit vergessen machen soll. In deren Zentrum steht das Modell der Rasse, die aggressiv als *einziges* Modell präsentiert wird.

Die Ästhetik des italienischen Faschismus hingegen ist nicht einheitlich, sie pendelt zwischen Rückgriffen auf imperiale und bäuerliche Traditionen und modernistischen Technik-Pathos

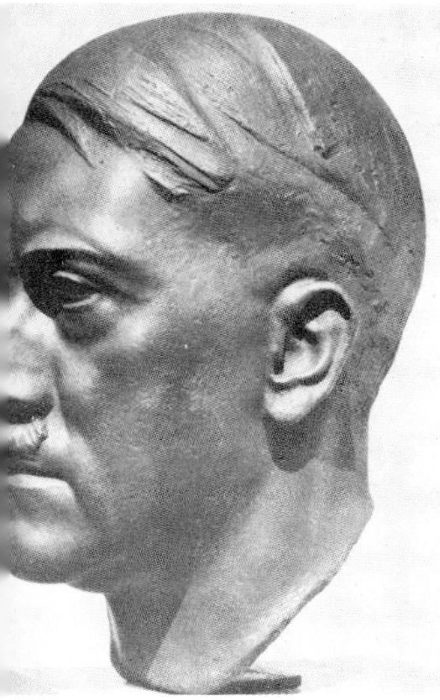
11

und bedient so mit einer weniger aggressiven Methode des Konsens unterschiedliche Bevölkerungsgruppen der städtischen und ländlichen Regionen. Das neue, faschistische Italien als Nation steht im Zentrum der inszenatorischen Kampagnen gegenüber einer Bevölkerung, die regional wesentlich differenzierter ist als in Deutschland.
Es scheint, als wolle Mussolini endlich ideologisch schaffen, was Jahre zentrale Verwaltung seit 1870 nicht hatten herstellen können: eine Nation, basierend auf einer entsprechenden Homogenität der wirtschaftlich tragenden Klassen, wie sie in Italien nicht gegeben war (die Antagonismen zwischen Industrie und Großgrundbesitz waren sehr stark, verstärkt noch durch die Nord-Süd-Problematik).
Nach Georges Bataille erkennt Mussolini »... in einer Art Hegelscher Vergöttlichung des Staates ..., ein besonderes Prinzip der Souveränität an, das er zugleich als *Volk, Nation* und *Überperson* bezeichnet, das aber mit der faschistischen Formation selbst und mit seinem Führer identifiziert werden muß: das Volk, ‚zumindest die Idee des Volkes, ... die sich im Volk als Wille einer kleinen Anzahl oder sogar eines Einzigen inkarniert ...'« Diese Idee, schreibt Mussolini, »ist weder eine Rasse noch eine geographisch lokalisierbare Bevölkerungsgruppe, sondern eine Menschengruppe, die historische Kontinuität hat, eine Vielheit, die durch eine Idee zusammengehalten wird, die gleichermaßen Wille zur Existenz und zur Macht ist: d. h. Selbstbewußtsein, Persönlichkeit.« *[Bataille 1978, 36]*
Laut Bataille ist für Mussolini die Reihenfolge: Überpersönlichkeit → Staat → Nation. Die Nation wird im – faschistischen – Staat inkorporiert, nicht umgekehrt. Staat und Führerpersönlichkeit werden in eins gesetzt. Identifikationszentrum ist Mussolini als Staat, nicht das Prinzip der rassischen Volksgemeinschaft, wie beim Naziregime. Der italienische Faschismus inszeniert sein Einheitsprinzip, das des in Mussolini inkarnierten Staates, auf andere Weise als das Naziregime im Falle des Hitler-Porträts, da ein abstraktes Prinzip (der Staat) mit einer Person (Mussolini) verbunden werden muß. Ein Porträt Mussolinis reichte dazu offenbar nicht aus. Montage und Synthese der beiden Elemente Staat und Person sind also notwendig, und zwar so, daß in der Verschmelzung *beide* Elemente spürbar bleiben. Die Lösungen oszillieren denn auch zwischen den Polen der Erkennbarkeit (Person) und dem der Abstraktion (Prinzip Staat). Die Beispiele Prampolinis und Thayahts leisten die Verschmelzung durch Techniken der Montage sinnevozierender Elemente, die zum Signet verknappt werden. Ein extremes, ungeheuer lakonisches Beispiel für die Abstraktion des Signets ist das riesige M mit dem Liktorenbündel in der Mitte, das den Eingang zu einem Gelände (Messe? Kaserne?) schmückte (Abb. 12).

12

Mussolini bleibt also präsent als »Überpersönlichkeit« auch in der Abstraktion, in der Verschmelzung mit dem Regimesymbol des Liktorenbündels. In diesen Methoden ist erkennbar, was Bataille analysiert: »Der Begriff *Persönlichkeit* muß als *Individualisierung* verstanden werden, als ein Prozeß, der in der Person Mussolinis gipfelt, und wenn er hinzufügt: ,die Überpersönlichkeit ist die Nation als Staat; es ist nicht die Nation, die den Staat schafft ...', muß man das so verstehen, daß er 1. an die Stelle des alten demokratischen Souveränitätsprinzips der Nation das individualisierende faschistische Souveränitätsprinzip setzt und 2. die Grundlage für eine totale Identifikation von souveräner Instanz und Staat schafft« *[ebd.]*.
Warum nun ist der Umgang mit dem Kopf des Führers im Naziregime anders als mit dem Kopf des »Duce« im italienischen Faschismus? Hitler bleibt immer »leibhaftig« präsent, er wird immer im Porträt, sei es Bild, sei es Plastik, verkörpert, nie verfremdet oder gar abstrahiert. Die visuelle Präsentation einer leibhaftigen Verkörperung ist schlechterdings durch Verfremdung und Abstrahieren nicht zu leisten. »Das nationalsozialistische Deutschland, das sich nicht auf den Hegelianismus und dessen Theorie des Staats als Weltgeist berufen hat, wie es das faschistische Italien offiziell tat, hat die theoretischen Schwierigkeiten nicht gekannt, die sich aus der Notwendigkeit ergeben, offiziell ein Prinzip der Autorität formulieren zu müssen: einerseits hat sich die mystische Idee der Rasse unmittelbar als imperatives Ziel der neuen faschistischen Gesellschaft durchgesetzt; andererseits erscheinen der Führer und die Seinen als ihre leibhaftige Verkörperung.« *[Ebd.]* ■

Inszenierung der Macht: Reisen mit »Kraft durch Freude«

An Bord des E.S. „Robert Ley"
Sonnabend, den 13. Mai 1939

Speisenfolge

Frühstück

7.30—9.00 Uhr ohne Tischordnung

Kaffee Tee Schokolade Milch
Grießbrei mit Milch
Bauernfrühstück
Marmelade Butter Honig
Edamer Käse
Brötchen Graubrot Schwarzbrot

10 Uhr: Fleischbrühe in Tassen mit Salzstangen und Brötchen

Mittagessen

Gruppe A 12.00 Uhr — Gruppe B 13.00 Uhr

Minestra

Gekochte Rinderbrust, Meerrettichtunke
Brühkartoffeln, Wirsingkohl

Flammeri, Kirschtunke

Nachmittags

Gruppe A 15.30 Uhr — Gruppe B 16.00 Uhr

Kaffee Tee Schokolade Milch

Rheinischer Rosinenkuchen Bienenstich

Abendessen

Gruppe A 18.00 Uhr — Gruppe B 19.00 Uhr

Kartoffelsuppe mit Tomaten

Kalbsbraten, Spinat, Kartoffeln

Apfelsinen-Eiscreme, Waffeln

22 Uhr: Belegte Brötchen

KRAFT DURCH FREUDE

Die Deutsche Arbeitsfront
Venedig
Seereisen der
N. S.-Gemeinschaft »Kraft durch Freude«

NS - GEMEINSCHAFT „KRAFT DURCH FREUDE“
13. SEEREISE MIT DEM DAMPFER „OCEANA“
IN DIE OSTSEE

Volkstümliches Konzert

am Sonntag, dem 21. Juli 1935, 16.30 Uhr in der Halle
des Dampfers „Oceana“ der Hamburg-Amerika Linie
Ausgeführt von der Bordkapelle unter Leitung
von Musikleiter Delventhal

MUSIKFOLGE

1. Ouvertüre zur Oper „Wilhelm Tell“ . . Rossini
2. Fantasie aus der Oper „Der Waffenschmied“ . . . . Lortzing
3. Larghetto aus der II. Symphonie . . Beethoven

PAUSE

4. Schlesier-Marsch . . . . Kutsch
5. Märkische Heide . . . . Lincke
6. SA-Lieder, Potpourri. . . . . Seidel
7. Armee-Marsch Nr. 7, I. Garde-Bataillon
8. Marine-Lieder-Potpourri . . . . . . Prager
9. Argonner-Marsch . . . . Männeke mit dem Lied SA marschiert von Horst Wessel

Das Konzert wird auch durch Lautsprecher an Deck übertragen

NS-Gemeinschaft „Kraft durch Freude“

Norwegenfahrt des Dampfers „Oceana“
96. KdF-Reise

Tagesprogramm

8.00 Flaggenparade.

9.00 Schiffsstandortmeldung.

Vortrag: „Die Seeschlacht am Skagerrak“.

10.30 Pferderennen an Deck.

10.30 Konzert an Deck.

12.00 Wichtige Mitteilungen über Ankunft, Landung, Aufenthalt und Zollabfertigung in Hamburg durch Bordreiseleiter Pg. Sewe.

15.30 Kaffeekonzert in der Halle.

16.00 Kino im Speisesaal (grüne Tischkarten):

„Kurzbericht—Tripolis“
„Der Mustergatte“

15.45 Ausgabe der Kinokarten im Oberstewardbüro.

16.00 Bei günstiger Witterung Brückenbesichtigung. (Weiße Tischkarten)

20.15 Letzte Bordmeldungen. Vortrag: „Die Entwicklung der Schiffahrt“

20.30 In der Halle und im Speisesaal:

„Rheinischer Abend“

22.00 Nachrichtenübertragung.

23.30 Getränkeausgabeschluß.

23.45 Musikschluß — Zapfenstreich.

24.00 Ruhe im Schiff!

Die Deutsche Arbeitsfront

NSG. Kraft durch Freude, Amt für Reisen, Wandern und Ur

Reiselied der KdF.-Urlauber

Von Fritz Bauwerker

(Melodie: Lore,

Laßt ruhn das Rad, den Hammer,
laßt ruhn die fleiß'ge Hand.
Heraus aus Stub' und Kammer,
hinaus ins weite Land.
Heut tragen wir im Herzen
nicht Kummer, Leid, nicht Schmerzen.
:,: Heut zieht der Frohsinn durch das Land. :,:
Tirallala, tirallala.
Und ist die Welt auch schön und neu,
mein Heimatgau, dir bleib' ich treu.
Heidi, heidi, heida.

Uns treibt die Urlaubsfreude,
uns treibt die Fröhlichkeit.
Wir suchen „Kraft durch Freude“,
so will's die neue Zeit.
Wir kennen keine Grillen,
nicht Eigensinn, nicht Willen,
:,: Kameraden sind wir jederzeit. :,:
Tirallala, tirallala.
Und ist die Welt auch schön und neu,
mein Heimatgau, dir bleib' ich treu.
Heidi, heidi, heida.

Und grüßt uns heut die Sonne,
und grüßen Berg und Tal,
das Herz voll Freud' und Wonne,
es jubelt allzumal.
Erfüllt von „Kraft durch Freude“,
gehört die Welt uns heute,
:,: ob See, ob Berge oder Tal. :,:
Tirallala, tirallala.
Und ist die Welt auch schön und
mein Heimatgau, dir bleib' ich
Heidi, heidi, heida.

Was du im Arbeitskleide
auch bist, ist einerlei.
Die Zeit vom Haß und Neide
ist längst verweht, vorbei.
Wir bleiben Kameraden,
sind deutsche Werksoldaten,
:,: die Treue unsere Losung sei. :,:
Tirallala, tirallala.
Und ist die Welt auch schön und
mein Heimatgau, dir bleib' ich
Heidi, heidi, heida.

Norwegen
Kleiner Schiffs-Reiseführer für KdF.-Fahrten
ge - Norwegen - Norge - Norwegen

Wir wandern und singen
Liederbuch der NS-Gemeinschaft
„Kraft durch Freude"

KdF
auf südlichen Meeren
Kleiner Schiffs-Reiseführer für KdF-Fahrten

Die
deutsche Arbeitsfront
NS-Gemeinschaft
„Kraft durch Freude"
REICHSAMT FÜR
REISEN, WANDERN
UND URLAUB
Norwegenfahrt vom 10. bis 10. Mai 1939 E/S „Robert Ley"

DIE DEUTSCHE ARBEITSFRONT
NS-GEMEINSCHAFT »KRAFT DURCH FREUDE«
REICHSAMT FÜR REISEN, WANDERN UND URLAUB
Rund-um-Italienfahrt
vom 13. bis 23. Dezember 1938
»Sierra Cordoba«

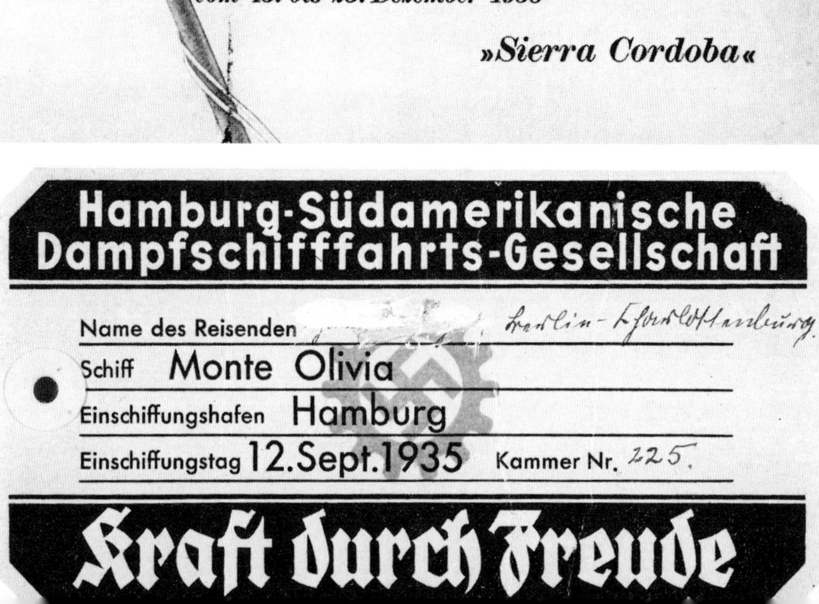
Hamburg-Südamerikanische
Dampfschifffahrts-Gesellschaft
Name des Reisenden
Schiff Monte Olivia
Einschiffungshafen Hamburg
Einschiffungstag 12. Sept. 1935 Kammer Nr. 225.
Kraft durch Freude

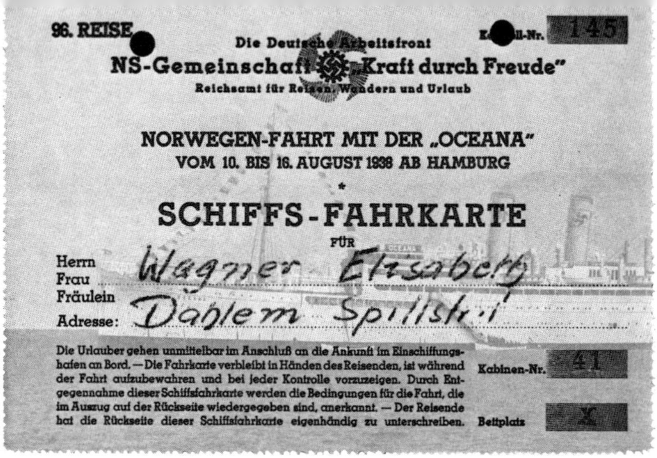
96. REISE — Kabinen-Nr. 145

Die Deutsche Arbeitsfront
NS-Gemeinschaft „Kraft durch Freude"
Reichsamt für Reisen, Wandern und Urlaub

NORWEGEN-FAHRT MIT DER „OCEANA"
VOM 10. BIS 16. AUGUST 1938 AB HAMBURG

SCHIFFS-FAHRKARTE
FÜR

Herrn / Frau / Fräulein: Wagner Elisabeth
Adresse: Dahlem Spillstr. 1

Die Urlauber gehen unmittelbar im Anschluß an die Ankunft im Einschiffungshafen an Bord. — Die Fahrkarte verbleibt in Händen des Reisenden, ist während der Fahrt aufzubewahren und bei jeder Kontrolle vorzuzeigen. Durch Entgegennahme dieser Schiffsfahrkarte werden die Bedingungen für die Fahrt, die im Auszug auf der Rückseite wiedergegeben sind, anerkannt. — Der Reisende hat die Rückseite dieser Schiffsfahrkarte eigenhändig zu unterschreiben.

Kabinen-Nr. 41

Bettplatz X

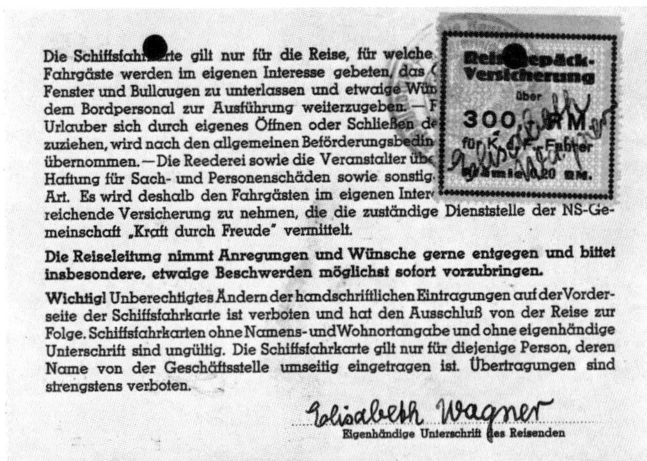
Die Schiffsfahrkarte gilt nur für die Reise, für welche
Fahrgäste werden im eigenen Interesse gebeten, das
Fenster und Bullaugen zu unterlassen und etwaige Wün
dem Bordpersonal zur Ausführung weiterzugeben. — F
Urlauber sich durch eigenes Öffnen oder Schließen de
zuziehen, wird nach den allgemeinen Beförderungsbedin
übernommen. — Die Reederei sowie die Veranstalter übe
Haftung für Sach- und Personenschäden sowie sonstig
Art. Es wird deshalb den Fahrgästen im eigenen Inter
reichende Versicherung zu nehmen, die die zuständige Dienststelle der NS-Gemeinschaft „Kraft durch Freude" vermittelt.

Die Reiseleitung nimmt Anregungen und Wünsche gerne entgegen und bittet insbesondere, etwaige Beschwerden möglichst sofort vorzubringen.

Wichtig! Unberechtigtes Ändern der handschriftlichen Eintragungen auf der Vorderseite der Schiffsfahrkarte ist verboten und hat den Ausschluß von der Reise zur Folge. Schiffsfahrkarten ohne Namens- und Wohnortangabe und ohne eigenhändige Unterschrift sind ungültig. Die Schiffsfahrkarte gilt nur für diejenige Person, deren Name von der Geschäftsstelle umseitig eingetragen ist. Übertragungen sind strengstens verboten.

Reisegepäck-Versicherung über 300 RM für K.d.F.-Fahrer Prämie 0,20 RM.

Elisabeth Wagner
Eigenhändige Unterschrift des Reisenden

Speisekarten mit Titelschmuckblatt, Konzertprogramm, Tagesprogramm, KdF-Reiseführer für den Süden, KdF-Reiseführer für den Norden, »Reiselied der KdF-Urlauber«, KdF-Taschenatlas, KdF-Liederbuch, Fahrkarten, Gepäckanhänger, KdF-Jahresprogramm 1939: »Zum ersten Male sind wir richtig in den Urlaub gefahren. Mit der ‚Oceana' von der HAPAG. Früher konnten ja nur die Reichen mitfahren, das hat mindestens 300, 400 Mark gekostet. Und wir haben für eine Woche nur 54 Mark bezahlt! Reichsmark natürlich. Sechs Mahlzeiten gab es täglich und zu Mittag immer mehrere Gänge. Bedient worden sind wir von livrierten Kellnern. Es gab keine Propagandareden, wenig Parteiabzeichen und überhaupt keine Politik an Bord. Statt dessen wurden wir bestens unterhalten mit Bordspielen, Musik, Tanz, neuen Filmen und Lichtbildervorträgen. Um sich heute soetwas zu leisten, muß man schon ganz schön lange sparen.« (Interview mit F. W., Berlin)

Rundschreiben 7/36 des Amtes Information der Deutschen Arbeitsfront vom 17. 3. 1936 zur Überwachung der Urlauber und zur Zusammenarbeit mit dem Sicherheitsdienst der SS: »Eilt! Geheim! (...) Die NS-Gemeinschaft ‚Kraft durch Freude' hat eine Reisebewegung innerhalb des deutschen Volkes ins Leben gerufen, mit deren Hilfe jährlich Millionen deutscher Volksgenossen durch deutsche Lande geschickt werden. Bei dieser Bewegung und Zusammenballung von Volksgenossen besteht die Gefahr einer Ausnützung von KdF-Veranstaltungen für staatsfeindliche Umtriebe und Handlungen (...) Auf Wunsch des Leiters des Reichsamtes für Reisen, Wandern und Urlaub (...) untersucht das Amt Information alle die durch KdF-Veranstaltungen gegebenen Möglichkeiten staatsfeindlicher Regungen und setzt mit sofortigen Beobachtungen ein. (...) Abschließend werden alle I-Referenten darauf aufmerksam gemacht, daß auf alle Fälle der Eindruck irgendeiner ‚Bespitzelung' der K.d.F.-Fahrer vermieden werden muß. (...) SD-Oberabschnitte und SD-Hauptamt sind gleichlautend unterrichtet.«

Aus den Berichten von V-Männern: »4 auf dem Vorschiff befindliche KdF-Fahrer beachteten eine Führer-Ehrung und das Absingen der Nationalhymne nicht und lasen Zeitungen. (...) Die 4 Personen wurden namentlich festgestellt.« (Norwegen-Reise vom 29. 8. – 4. 9. 1937)

»Als Störer dieser herzlichen Volksgemeinschaft machte sich nur der Urlauber Architekt K (...), Breslau, Zimmerstrasse 6 bemerkbar.« (Norwegen-Reise vom 13. bis 21. 7. 1936)

»Als (...) das polnische Passagier-Schiff ‚Pilsudski' vorüberfuhr und von jemandem gesagt wurde, das wäre vielleicht bald der neueste deutsche KdF-Dampfer, wurde es schnell lachend und mit Begeisterung von Mund zu Mund weitergetragen.« (Norwegen-Reise vom 2. bis 8. 8. 1939)

TECHNO-MODERNES DESIGN IM VORSCHEIN DER MACHT UND DER UNTERWERFUNG

Gerd Selle

Über den Latenzcharakter der Form um 1930

Zur Vorgeschichte der gegenständlichen Kultur des Faschismus in Deutschland wäre eine Verständigung auf frühe Anfänge nicht schwer. Man würde in der Vorstellungswelt der Kunstgewerbe-Reformen zwischen Stilkunst und Werkbund-Propaganda fündig und könnte eindrucksvolle Phänomene wie den Industrieklassizismus eines Peter Behrens oder die früh beginnende Wirkungsbiografie eines Schultze-Naumburg analysieren.

Statt dessen ist hier nach den unmittelbaren Übergängen in den scheinbar unverdächtigen Formen zu fragen, die sich zu Beginn der dreißiger Jahre von sozialfunktionalen Produktdefinitionen des Bauhauses und sozialpolitischen Zielen des Neuen Bauens abkoppeln, um wenig später ohne erkennbaren Bruch der Rezeptionsweise in die Alltagskultur der nationalsozialistischen Ära überzugehen. Es sind Formen, denen niemand etwas Böses zutraut. Sie sind ihrer Sachlichkeit und formalen Reife wegen von »Schuld« gleichsam freigesprochen. Doch gerade in der scheinbaren Normalität und Neutralität vieler moderner Gegenstandsgestaltungen dieser Übergangsepoche sind bereits Reflexe spürbar, die später in den unverhüllten Inszenierungen der Macht wirkungsvoll aufgenommen und verstärkt werden können. Die Vermutung liegt nahe, daß in der Reaktion auf die Ausdrucksgeste kleiner, unauffälliger Produkte Erfahrungen und Erwartungshaltungen im Alltag mit vor-

bereitet werden, auf die der politische Herrschaftsgestus sich später, zum Beispiel im blendenden Schauspiel des Lichts bei politischen Veranstaltungen oder in einer neuen Großartigkeit der nationalen Techno-Ästhetik, insgesamt beziehen kann.
»Logik der Vernunft, Prägnanz der Form, Eleganz der Werkstoffe« sind – nach Maenz *[1974]* – charakterisierende Attribute einer besonderen Form der frühen dreißiger Jahre. Sie erwecken den Eindruck einer Klassizität, die sich aus dem »Versuch einer ordnenden Harmonisierung« erkläre, »welche im Verlauf des neuen Jahrzehnts in regelnden Zwang und stilistischen Historismus faschistischer Prägung umschlagen sollte« *[Maenz ebd., 197]*. Dieser Umschlageffekt ist zu bezweifeln, es ist eher von einem Vorbereitungseffekt zu reden.

Abb. 1
Telefon, Siemens & Halske, um 1928

Läßt man die Epoche ab 1919 Revue passieren, so zeichnet sich eine auffällig gebrochene Entwicklung ab. Bis etwa 1928 finden die utopischen, ästhetischen und sozialkulturellen Erneuerungsversuche und experimentellen Anläufe statt. Dann folgt mit Beginn neuer ökonomischer und politischer Erschütterungen der Republik der Übergang zu einer neutralen Ästhetik industriell ausgereifter Produkte, die keiner sozialfunktionalen Interpretation unterliegen und ihr auch gar nicht mehr zugänglich sind, sowenig wie die Art-Deco-Elemente in der Warenästhetik von Anfang an. Der Bruch mit den sozialen Design-Utopien findet nicht erst 1933, sondern allmählich und zunächst unauffällig Ende der zwanziger, Anfang der dreißiger Jahre im zunehmenden Angebot solcher modernen Produkte statt, die nicht mehr im Zusammenhang sozialer Versorgungsprogramme, sondern in der Regie der Marktwirtschaft entstehen und die ihre industrielle Herkunft quasi objektiv zur Darstellung bringen, in der Erscheinung bestechend, kühl, elegant und glatt, als hätten sie alle Erwartungen der funktionalistischen Avantgarde eingelöst, aber mit einem ästhetischen Überschuß, der nicht mehr programmatisch gebunden ist. Zum Teil sind es Formen aus der Hand von Entwerfern, die man eindeutig der Bauhaus-Tradition zurechnen kann. Plötzlich nimmt man ihre Arbeit als selbst industriell funktionalisiert, abgetrennt von sozialpolitischen Wirkungsfeldern wahr. Sie trägt nun deutlich zu einer leitbildhaften Wirkung techno-moderner Objekte des Alltags bei, die als Symbole unaufhaltsam fortschreitender Produktivität das Wahrnehmen, Fühlen und Denken neuer Gebraucherschichten zu beeindrucken beginnen.
Design im Sinne fortschrittlicher Entwurfsleistung kommt zunehmend an Massenprodukten zur Geltung, deren Einbindung in revolutionäre Kulturprogramme und demokratische

Gestaltungskonzepte nicht mehr diskutiert wird. So gelangen gerade die reifsten Formen industrieller Sachlichkeit in das Warenangebot für einen neuen Konsumententyp, der mehr mit ihnen macht, als sie zu gebrauchen, indem er sich nicht nur ihrem funktionalen Gestus beugt, sondern sich auch ihrer Ästhetik fraglos unterwirft.
Kulturgeschichtlich entsteht eine paradoxe Situation. Die Republik wird von Krisen geschüttelt. Die sozialökonomischen und politischen Verhältnisse werden dysfunktional, steuern auf den Zusammenbruch hin, zugleich kommen immer mehr schöne, wohlfunktionierende, mit hohem professionellem Können durchgestaltete Produkte auf den Markt. Sembach bescheinigt dieser Form um 1930 besondere »Eleganz, Weltläufigkeit, Urbanität, ja sogar einen Anhauch von Klassik«, dazu eine Vorliebe für »luft- und atmosphärelose Präzision, für kühldiskrete Farben, für harten metallischen Glanz und für elegant gezogene Konturen« *[Sembach 1984]* – Hinweise auf einen ästhetischen Überschuß mit besonderer Tendenz. Denn der Bedeutungshorizont dieser Erscheinungsform reicht weit über die Zweckbestimmung funktionaler Objekte in eine Art Aura der Funktionalität hinein, die vom Gebrauchswert der Sachen abstrahiert und sich auf einen politisch bedeutsamen Bereich des Bewußtseins ihrer Adressaten erstreckt.

Abb. 2
Föhn, um 1928

Nicht nur phänomenologisch läßt die Postmoderne schon einmal kurz grüßen, während das vielzitierte Projekt der Moderne noch nicht abgeschlossen ist. Dinge und Menschen finden sich auch in dieser Übergangsepoche einander zugewandt. Design ist ja nie etwas, das sich nur an die Produkte verschwendet; die technische Ökonomie, die hier hinter den Entwürfen steht, bemächtigt sich der menschlichen Natur und setzt Gebraucherbewußtsein und Dinge in ein unmittelbares Einvernehmen. Wie die Kleidung dem modernen Typus knapp am sportlich trainierten Körper zu sitzen hat, der den Reizen der Epoche, ihrem Tempo, ihrer Maschinen-Faszination offen zugewandt ist, so soll dieser bereits industriell überformte Leib sich wie selbstverständlich zwischen den exakten Formen einer symbolisch aufgeladenen technischen Welt bewegen, deren Handhabung schon in unbewußten Griffen und Reflexen angelegt ist. Das sinnlich trainierte industrielle Bewußtsein und die Sinnlichkeit beherrschter, schlanker, kühler Gebrauchsformen ergänzen sich auf ideale Weise, wo der neue Formtypus auf einen entsprechenden Sozialtypus trifft. Die Ästhetik der Maschine in schneller Bewegung – nicht zuletzt der Rennwagen – ist das faszinierendste Motiv der Epoche. Es kehrt in der Anverwandlung einfacher Gebrauchsdinge der frühen dreißiger Jahre an die Form spiegelnd-glänzender Apparate wieder. Schon der erste Stahlrohrsessel von Marcel Breuer 1925 aus dem Bauhaus wirkt wie ein Katapult, Sitzende in neue Aktivitäten aus sich herausschnellen zu lassen. Zerlegt ist es der Bausatz einer Sitzmaschine, die den neuen Erfordernissen des rationalisierten Produktionsinteresses Rechnung trägt und dieses Kalkül umstandslos auf den Gebraucherleib überträgt. Was bei weiteren Stahlrohrmöbeln der Epoche folgt, ist nur noch die gefällige Übersetzung des im ersten Entwurf schon formulierten Zwangs zur Anerkennung eines Gebrauchs, der in der Haltung der Gespanntheit und in der Kälte des Materials seinen Genuß und Ausdruck finden soll.

Reflektierende, »unangreifbare« Materialien wie Stahl, Glas, Chrom, Porzellan, Kunstharze finden bevorzugt Verwendung – nicht nur wegen ihrer Zweckmäßigkeit, sondern vor allem wegen ihrer besonderen Ausdrucksqualität und der damit erzielbaren Effekte. Wenn es neben der Abkoppelung von sozialpolitischen Zielen und neben der warenästhetischen Funktion dieser Dinge ein verbindendes, untergründiges Motiv gibt, dann ist es die technoide Sinnlichkeit schlechthin, die hier durch Wahrnehmung und Erfahrung der Form der Automobile, Stahlrohrmöbel, D-Zug-Abteile, Dampferaufbauten und Cocktailshaker so gut wie durch ein elektrisches Haushaltsgerät gezüchtet wird. Darin wird ein neues Einverständnis sichtbar, das heute ein wenig schaudern läßt. Man wird nicht nur an ästhetische Identifikationsleistungen italienischer Futuristen und Faschisten erinnert; auf die Faszination der technischen Schönheit konnten sich ein Marinetti, ein d'Annunzio und ein Mussolini über alle Unterschiede hinweg verständigen *[vgl. Benton 1983]*. Der Ausdruck der technischen Dinge mag auch in Deutschland, wo es keine futuristische Tradition, aber die urbane Bejahung der kalten Moderne seit den zwanziger Jahren gibt, Haltungen erzeugt oder unterstützt haben, die mit der Technikfaszination auch in Tiefenschichten der Bejahung gewaltförmiger Naturbeherrschung und rauschhaft-aggressiver Identifikation mit der Leistungsfähigkeit der Apparate reichte. Deutlich erkennbar ist, daß um 1930 nicht nur ein ausgereiftes industrielles Design, sondern damit verbunden auch die entwickelte Techno-Moderne auf besondere Weise in Erscheinung tritt. Es mußte nicht immer ein Auto sein – jenes bis heute unvermindert mythisch wirksame Objekt – oder ein Flugzeug, wie bei den Futuristen oder dem Duce. Eine der historischen Identifikationen mit Hitler läuft immer noch über die Schiene der Reichs- (heute Bundes-) Autobahn. Seine Vorliebe für Mercedes-Kompressor-Kabriolets könnte der Führer noch heute mit Massen von Fans und Freaks teilen, deren Hingerissenheit vor dem Objekt wohl auch eine politisch-ästhetische Komponente hat. Aber es konnten auch kleine, alltägliche Dinge sein,

Abb. 3
Schreibtischlampe, Entwurf von Christian Dell, 1930

teure oder billige Sachen, die zum Outfit für Haushalt und Freizeit zählten, auf die das neue Design angewendet wurde und über die es zur Wirkung kam.
Das neue Techno-Design setzt auch im Kleinen Glanzlichter auf die Verheißungen des Konsums. Es sind Einsprengsel der Moderne in eine ästhetisch promiskuitive Warenwelt, in der das Muffige überwiegt und die wechselnden Moden jedes gerade gültige Dekor schon wieder stumpf und alt erscheinen lassen.

Gerade vor diesem Hintergrund massenhaft produzierter und gelebter Ausstattungsphantastik, die auch nach 1933 zäh ihre Positionen gegen die Ansätze eines »völkischen« Design behaupten wird, wirken einzelne techno-moderne Produkte

Abb. 4
Service *Urbino*, Entwurf von Trude Petri, 1930–1934

einzigartig, eher traumhaft-utopisch als durch den Zweck des Gebrauchs bestimmt. Man kann das heute nicht mehr nachvollziehen: Diese eindeutig und unantastbar modernen Dinge waren »frei vom Ausdruck irgendwelcher Emotionen« (Sembach) – nicht jedermanns Sache zu dieser Zeit. Wer hat sie wahrgenommen und gebraucht? Aneignungsgeschichtlich werden sie zu Selbstausdrucksmitteln vor allem solcher Gebraucherschichten, die sich – ihrer kulturellen Führungsposition, nicht aber ihrer Austauschbarkeit, geheimen Wünsche und Ängste bewußt – zum Elitekonsum drängen. Es scheint, daß, solange der Alltag diesen Glanz des Modernen, diese Selbstbespiegelungsfähigkeit behielt, man selber obenauf, im Strom des Fortschritts mitschwamm, ja daß man dabei als Konsument mit einer gewissen Beiläufigkeit seinen sozialen Eigenwert auf Kosten anderer steigern konnte. In Illustrierten wie »Die Dame« oder »Das schöne Heim« zwischen 1928 und 1933 lernt man einen Typus kennen, der sich durch nichts als Erfolg, Schönheit und Kaufkraft profiliert. Es existierte nun –

Abb. 5
Gesellschaftsraum und Kaffeebar eines Wohnhochhauses, Entwurf von Walter Gropius, Deutsche Abteilung auf der »Exposition de la société des artistes décorateurs« in Paris 1930

neben traditionellen und veraltenden Formen der industriellen Produktkultur und neben den wechselnden Moden des Dekorativen – ein avantgardistisches Design, das sich gegen beharrende Sozialtraditionen des Gebrauchs wandte und zur freien Verfügung des Interpretierens stand. Es war, was man fortan unter Design überhaupt verstehen sollte, das Glänzend-Neue, umstandslos zu Genießende, der in immer neuen Varianten in seiner leicht wandelbaren Gestalt »sachlich« auftreten-

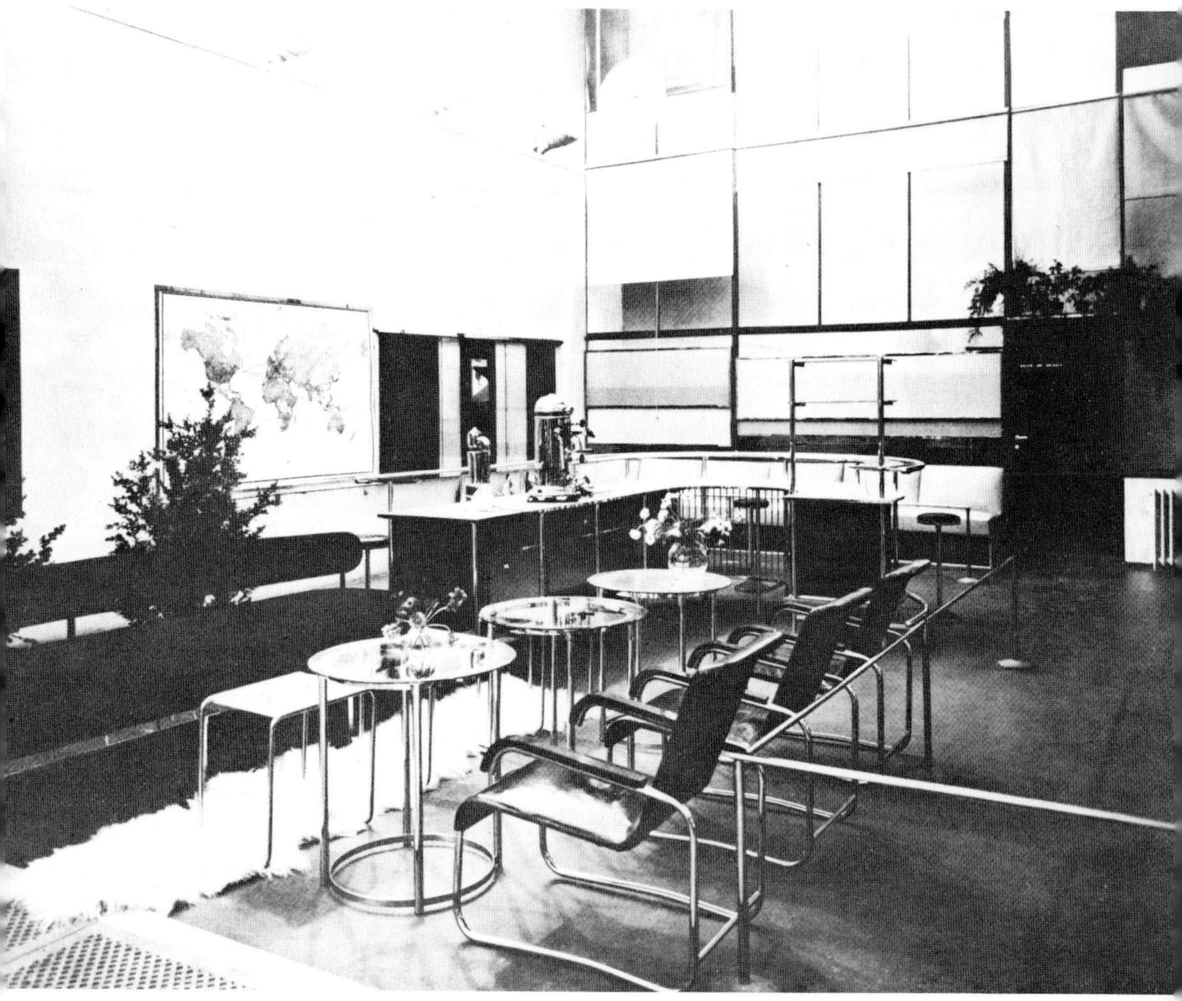

de technische und ästhetische Komfort. Darin drückte sich nicht nur die Macht der industriellen Produktionsrationalität überzeugend aus. Durch Art und Umfang des Gebrauchs dieser neuen Objekte wurden auch soziale Ausgrenzungen vorgenommen und die Bereitschaft auserwählter Konsumenten, sich mit dem Produktionssystem und seiner Entwicklung zu identifizieren, unterstützt.

Das Techno-Design der Epoche tritt in zwei Varianten der Sachlichkeit auf. Eine davon findet man in der rationalisierten Arbeitsumwelt. Dort breitet sich auch in den von der unmittelbaren Produktion abgehobenen Sektoren ein anonymes Design der Zweckbindungen aus, das nicht mehr sein will als bloße Funktionsgestalt. Die Erscheinungsform des Gebrauchswerts wird ganz in die Unauffälligkeit alltäglicher Zweckrepräsentanzen zurückgenommen – da gibt es nichts Auffälliges, keinen Glanz. Die Lampen, Telefone und Stühle in den modernen Großraumbüros, die der Bauhaus-Form am nächsten verbunden bleiben, sind eher Werkzeuge für rasches, effektives Hantieren, als Objekte für den Genuß des Auges – Instrumente der industriellen Massenarbeitskraft in untergeordneter bis mittlerer Position, aus der die Arbeit organisiert oder das Produkt disponiert wird. Solche Zweckformen

Abb. 6
Stahlrohrmöbel nach dem Entwurf der Brüder Luckhardt im DESTA-Haus, Exponate für »Die Wohnung unserer Zeit« auf der Bauausstellung Berlin 1931

bleiben unauffällig-schlicht und tragen ihren Benutzern nichts weiter als die reine industrielle Sachlichkeit des Umgangs an. Sie sind der nackte Ausdruck der Unterwerfung abhängiger Arbeit unter die rationalisierte Ökonomie, die gewiß als politische gedeutet werden kann und die auch den modernen Angestellten und Arbeiter erzeugt hat, aber hier in der ästhetischen Zurückhaltung kaum spürbar in Erscheinung tritt.

Das tun die Formen der anderen Variante von Sachlichkeit in der Konsumöffentlichkeit, die sich der gleichen Ausdrucksgeste des Produktionssystems verdanken, dafür um so mehr. Sie sollen offenbar wirksam werden, wozu ihnen das Design verhilft. Augenfälliger Schimmer spiegelnder Oberflächen und schnittig-schlanke Konturen tragen zur symbolischen Steigerung ästhetischer Funktionsversprechen bei. Diese Formen sollten als solche, als Phänomene mit Hintergrund, wahrgenommen und genossen werden. Deshalb wirken sie im Vergleich mit den schlichten Arbeitshilfen hypermodern. Ihr Objektleib von höchster Reinheit (die später von der modischen Einflüssen zugeneigten, effektvolleren Stromlinie aufgeweicht wird) steht im Kontrast zur sozialen Wirklichkeit der Republik und allen Dingen, die darin massenhaft im Gebrauch sind. Nicht nur die über sechs Millionen Arbeitslosen 1932, auch große Teile der noch in Arbeit stehenden Bevölkerung können sich derart durchgestylte, schöne Dinge nicht leisten *[vgl. Fromm 1980]*. Sie nehmen sie, wenn überhaupt, nur von Ferne wahr. Die meisten halten an produktkulturellen Allerweltsnormen fest, die der formalen Perfektion des Techno-Design um 1930 nur eine gewisse Festigkeit sozialästhetischer Traditionen gegenüberstellen können. Es gibt ja vor und nach 1933 ausgesprochen kleinbürgerliche Ausprägungen der Massen-Produktkultur ohne jeden Bezug zur Funktionsmoderne.

Doch gerade diese gewachsene Breitenkultur veraltender banaler Dekorationsformen und ihre Aneignungserfahrung wird von der Techno-Moderne durch Formhöhe und Exklusivität deklassiert. Man fragt sich unwillkürlich, für wen das reife Design der frühen dreißiger Jahre bestimmt ist und auf welche sozialen Ausgliederungen es verweist. Adressaten und Gebraucher können nur die in besonderen Dienstleistungsbereichen, in den Medien und der Werbung, im neuen Management der rationalisierten Industrie aufstiegsbewußt Tätigen gewesen sein, also Trendsetter der modernisierten »Angestelltenkultur« *[Kracauer 1974]*, die – durch berufliche und soziale Position bedingt – entsprechende Selbstdarstellungs- und Distinktionsansprüche geltend machen. Das durchgestaltete, schon postfunktionalistische Design kann nur für sie bestimmt gewesen sein. Den Anspruch darauf erhebt ein Sozialisationstyp, der in Verlängerung der Bedingungen, die ihn historisch hervorbringen, selber entsprechend der strukturellen Gewalt des Produktions- und Verteilungssystems zu funktionieren gelernt hat. Für ihn steckt in der Unangreifbarkeit der Formen, die ihn in Privatleben und Freizeitöffentlichkeit umgeben, das Versprechen einer unverwechselbaren produktkulturellen Identität. Er findet im Genuß und Gebrauch dieser Dinge die zweite soziale Natur seines Selbst und außerdem darin wieder, was seinen Eindrücken am Arbeitsplatz, seinem Bewußtsein der Konkurrenzfähigkeit und Effektivität entspricht. Ihm vor allem mußte die Selbstidentifizierung mit Technik und mit der Macht, die sie repräsentiert, gelingen. Wir könnten anders den Verschmelzungsprozeß nicht erklären, der in der Zustimmung des Gebrauchs, im Sehen, Fühlen und Genießen dieser Dinge, die »etwas Erschreckendes« *[Sembach 1984]* hatten, zum Vorschein kommt. Es könnte in der Tat ein der Rationalität und Effektivität des Produzierens angepaßter, diese verkörpernder präfaschistischer Habitus gewesen sein, der sich über ein derart kühles, neutral wirkendes Elite-Design früh auszugrenzen beginnt. Schließlich findet man monumentale Sachlichkeit und technoide Eleganz im Umkreis mancher Technokraten und

Abb. 7
Toilettentisch mit Spiegel und Hocker, Entwurf von Hans Hartl, Deutsche Werkstätten, 1931

Funktionäre nach 1933 wieder. Speer und Goebbels waren im Grunde alles andere als Anhänger einer dumpfen Blut- und Boden-Mystik. Gelebt haben sie dienstlich und privat vermutlich in einem Ambiente, das mancher postmoderne Architekt heute zitieren könnte, ohne schamrot zu werden. Seinen Vorausentwurf hat unter anderem die Form um 1930 geleistet. Was im Dritten Reich selbst an Entwürfen folgt, bedeutet keine Steigerung; das »völkische« Spardesign aus dem »Amt Schönheit der Arbeit« zeigt eher einen Rückfall in die Werkbund-Biederkeit der frühen zwanziger Jahre an oder übt Mimikry an das gewohnte Billigdekor der Massenware. Auf der Linie der Techno-Moderne wird die Kontinuität des Vorbereiteten gewahrt.

Abb. 8
Kleid aus dem QUELLE-Katalog 1929/1930

Keine der eleganten Formen wird verworfen. Sie sind ja einem nun erst recht zu seiner politischen Entfaltung kommenden Habitus und Lebensgefühl verbunden. Dessen Kleinbürgerlichkeit wird hier nicht bestritten. Aber es ist auch das moderne Kleinbürgertum, nicht nur das vermuffte alte, das an die Hebel der Macht gelangt, und für das die indifferente Supersachlichkeit ein Identifikationsangebot gewesen sein muß. Die ästhetisierte, in absoluter Reinheit formgewordene Technik bildet in aller Doppeldeutigkeit, mit der »Schönheit der äußere, brillante Reflex von Gewalt« sein kann, »die Menschen sich antun oder anderen« *[zur Lippe 1986]*, einen Prozeß innerer Annäherungen an die Ideologie des Faschismus ab. In gewisser Weise könnte die Faszination, die von der Form um 1930 auf einen bestimmten Sozialtyp ausstrahlte, einer der gebündelten Voraus-Reflexe der kommenden Gewalt und der Identifikation mit ihr gewesen sein. Dieser scheinbar nur einer vollendet schönen Technikform zuschreibbarer Bann ist jener Überzeugung verwandt, die von der Schönheit nackter Leiber ausging, in der sich das faschistische Körperideal früh manifestiert hat *[vgl. z.B. Schultze-Naumburg 1928]*. Es müssen unauffällige Verbindungen zwischen den gegenständlich-ästhetischen, den leiblich-psychosexuellen und den ideologisch-normativen Vorbereitungen auf den Faschismus bestanden haben. »Auch Faszination ist ‚Fesselung‘, die von ‚inneren Zwangsmitteln‘ (Sombart) ausgeht. Aber das eigentlich Beunruhigende ist das Hinüberschillern der äußeren in die inneren Zwangsmittel, ist die *Fesselung im Doppelsinn von Gewalt und innerer Bindung.* Das Bild der Bündelung kann helfen, diesen Wirkungszusammenhang von Zwangsgewalt und innerer Bindung zu verdeutlichen.« *[Haug 1986, 162]*.

In der Metapher des »Hinüberschillerns« ist eine der Funktionen dieser schönen, kalten Form nachzuempfinden, im Begriff

der »Bündelung« die Anbindung an andere Vorbereitungsphänomene.
Man erkennt die ekelhafte Eleganz der Macht an den Dingen durch den Filter der erinnerten Geschichte freilich leichter als im Augenblick ihrer ersten, überraschenden Wirkung. In diesem Moment würde das die Gabe der Ahnung voraussetzen, ein kritisches Gespür, über das die wenigsten Zeitgenossen verfügen. Der Blick auf die Dinge ist damals – als historischer Blick – sicher nicht der gleiche gewesen wie der Blick aus der Distanz, der heute die Dinge interpretiert. Dazwischen liegt die Erfahrung der Katastrophe des Faschismus. Auch wenn Geschichte sich nie in gleicher Weise wiederholt, ist gerade die scheinbar unpolitische Form der Dinge als Abbild oder Gefäß von Lebensstilen, Träumen und Erfahrungen, die sich am Produkt und in seiner Gestalt vergegenständlichen, immer auch ein Indiz für Haltungen und Erwartungen, die sich hinter der Fassade des Ästhetischen entwickelt haben oder die sich in vergleichbarer Weise neu entwickeln könnten. Was die Sonderformen der frühen dreißiger Jahre betrifft, können wir heute von der historischen Erfahrung des nachfolgend Politischen nicht mehr abstrahieren. Sie verwächst gleichsam mit dem hermeneutischen Gewissen, das nun auch an scheinbar unverdächtigem Design der Epoche sonderbare Einfärbungen und Nebenbedeutungen entdeckt. Bleibt man selbst von der Schönheit dieser Formen geblendet, sieht man sie als Interpret nicht mehr scharf genug. Dem »Chaos« der Zeit um 1930 die bessere Welt der Dinge als ästhetisch-moralisches Versprechen gegenübergestellt zu sehen *[vgl. Sembach 1984]*, lenkt von denkbaren inneren Einverständnissen solcher Schönheit mit weltanschaulich-politischen Leitbildern ab, die dem Chaos gerade nicht entgegensteuern, sondern es fördern und nutzen.

Nicht daß das ausgereifte Design um 1930 ein Bündnis mit dem Faschismus eingegangen wäre; so weit wird keine hermeneutische Moral sachlich gehen. Aber es ist doch eine merkwürdige Koinzidenz, daß, als die Nazibarbarei sich abzeichnet, als sie konkret wird und schließlich unbezweifelbar herrscht, das moderne Design einen Höhepunkt erlebt und umstandslos vereinnahmt werden kann, anders als das Neue Bauen mit seinen in der demokratischen Gesinnung verankerten Zielen.
Alle Produktkultur kann nur als gemeinsame Kultur der Menschen in Produktion und Rezeption verstanden werden, wobei – nach Georg Simmel – »wir uns ausbilden, indem wie die Dinge ausbilden«. Oder wo Menschen (im Sinne von Marx) nicht nur

Gegenstände produzieren, sondern auch sich selbst an ihnen. Die Konstitutionsgeschichte eines historischen Bewußtseins, einer »Lage« mit allen ihren kulturellen und politischen Einschlüssen, ist auch Teil der Konstitutionsgeschichte ästhetischer Gegenstandsentwürfe und ihrer Rezeption und umgekehrt. Schließlich sind Entwurf, Produktion und Gebrauch gesellschaftliche Vorgänge, die auch abbilden, was im Augenblick tendenziell an Interessen, Einstellungen und Machtkonstellationen zum Ausdruck drängt.
Den »unschuldigen« Gegenstand gibt es nicht, sowenig Entwurfsgeschichte und gesellschaftlicher Gebrauch »gegenstandslos« sind. Mit der Form um 1930 verbinden sich heute Inhalte wie Schatten. So mag dieses in seiner Knappheit und Perfektion unübertroffene Techno-Design politisch gewirkt, ohne jemals politische Absicht bekundet zu haben. Es nimmt im Ästhetischen ein Stück des nachfolgend Politisch-Psychologischen vorweg. Im symbolischen Rassismus der absoluten Reinheit der Form schimmert ein Stück des herrschenden Bewußtseins durch – gerade in der Selbstverständlichkeit, in der diese Reinheit zelebriert, das Exklusive verallgemeinert, die blendende Form zur vorbildlichen Norm gemacht wird. Die kalte Erotik des Technoiden weist im symbolischen Horizont der Form auf die Faschismusnähe hin. Diese unerbittliche Ästhetik ist schon Ausdruck und Verheißung widerstandlosen, einverständlichen Funktionierens. Die Gestalt der Dinge erwartet, ja fordert die Unterwerfung unter die ästhetisierte Funktion, die verlangt, daß man ihr im Genuß schlackenloser Schönheit huldigt. Zum ersten Mal wird die dunkle Seite industrieller Gestaltungsfähigkeit gerade im strahlenden Glanz der Dinge, in der perfekten ästhetischen Überhöhung sichtbar. Dahinter steckt mehr als Warenästhetik. Die Dinge selber werden Teil eines Mythos, gewinnen Macht über Menschen auf tiefere Weise.
In ihrem Glanz wird die Unterwerfung unter den Mythos der Technik ästhetisch zelebriert, einer Technik, die der Nationalsozialismus umstandslos in seinem Sinne als Herrschaftsmittel benützen und nach außen hin zu blendender Schönheit stilisieren wird.

Gewiß wird dieser Deutung heftig widersprochen werden. Zu lange galt als unanfechtbar kulturelle Leistung, was im Hintergrund seines Entstehens und seiner Wirkungsgeschichte wohl eher ambivalent geblieben ist. Aber zu bedenken ist, daß gerade diese schon postfunktionalistischen Formen das Produktionssystem in einem aggressiven Stadium symbolisch dar-

stellen, ein politisch-ökonomisches System, das sich seine politisch-ästhetischen Subsysteme selber schafft – die Bewertung der Dinge, die Wirkung ihrer Schönheit im gesellschaftlichen Gebrauch so gut wie den Sozialtyp, der sich darin gespiegelt sieht, und dessen vereinnahmtes Handeln.
Es ist eben nicht ein neutrales Design, das bloß als ästhetische Sonderentwicklung neben den alltäglichen Produktkulturen der Zeit existiert, unberührt von allem politischen Geschehen. Es ist auch ein präfaschistisches Design, das der Tendenz des industriellen Kapitalismus dieser Entwicklungsstufe in der besonderen ästhetischen Erscheinungsform treffender nicht verpflichtet sein könnte – rational, transparent, faszinierend und erschreckend, während der politische Irrationalismus aus der Krise desselben Produktionssystems an die Macht gelangt ■

Gerd Selles Text wird Teil seiner 1987 im DuMont Buchverlag, Köln, erscheinenden »Design-Geschichte in Deutschland. Produktkultur als Entwurf und Erfahrung« sein, der überarbeiteten und erweiterten Ausgabe der 1978 zuerst erschienenen »Geschichte des Design«.

PROPAGANDA FÜR INDUSTRIE UND WELTANSCHAUUNG

Zur Verbindung von Bild und Technik in deutschen Photomessen

Rolf Sachsse

»Die ‚photokina' war von Beginn an eine Manifestation des Gesamt-Phänomens Photographie. Wer die Hallen im Jahre 1950 betrat, wurde – ehe er zu den Firmenständen gelangte – zuerst durch eine Einführungsschau geleitet. Diese enthielt bereits alle wichtigen Aspekte und damaligen Anwendungsgebiete der Photographie und des Films.«[1] Was dieser idyllische Rückblick beschreibt, ist der Beginn einer Serie erfolgreicher Wirtschaftsmessen für Erzeugnisse der Photo-, Film- und Video-Industrie samt ihrer Zulieferer und Zwischenhändler in Köln. Wesentlichen Anteil am Erfolg hat die oben erwähnte »Einführungsschau« gehabt, die unter dem Stichwort »photokina-Bilderschauen« unverzichtbarer Bestandteil dieser weltgrößten Photomesse geworden ist. *»Die Bilderschauen der ‚Weltmesse der Photographie', auch wohl intern ‚der kulturelle Teil' genannt – sie sind zum konkreten Ausdruck jener anderen Seite der Photographie geworden, die mit der technisch-tüftlerischen so untrennbar organisch verbunden ist.«*[2]

Während das zweite Zitat dezent übersieht, daß nur eine hohe Industrialisierung der Photographie die für erfolgreiche Messen notwendige ökonomische Struktur beschert hat, macht das erste glauben, es habe zur »photokina« keine Vorläufer gegeben, oder wenn, dann nur als reine Wirtschaftsmessen – obwohl gerade die »photokina« bis in Details hinein die Kopie einer Berliner Photo-Messe ist: der »Kamera – Ausstellung für

1 L. F. Gruber, Einleitung zu: B. Lohse: 30 Jahre photokina-Bilderschauen. In: *Ausstellungskatalog* Glanzlichter der Photographie. photokina '80, Köln 1980, S. 5.
2 B. Lohse, a.a.O., S. 7.

1

Abb. 1
»Die Kamera«, Katalogentwurf von Herbert Bayer für die Berliner Ausstellung 1933
Abb. 2
»Die Kamera«, Katalogentwurf von *nima* für die Stuttgarter Ausstellung 1934

Fotografie, Druck und Reproduktion«, vom 4. bis 19. November 1933 in den Ausstellungshallen am Funkturm und damit eine der frühen Großmanifestationen des Nationalsozialismus.

Messen sind Wirtschaftsinstrumente aller Marktordnungen. Die Kombination von Kunst und Technik wurde auf Messen schon im 19. Jahrhundert gepflegt, wobei unter Kunst meist eine konventionelle Akademieproduktion oder Kunsthandwerk verstanden wurde. Die Photographie macht da keine Ausnahme, sie ist auf der Londoner Weltausstellung von 1851 ebenso vertreten wie auf der Allgemeinen Deutschen Industrie-Ausstellung in München 1854[3], und zwar jeweils in der technischen wie in der künstlerischen Abteilung. In den zwanziger Jahren des 20. Jahrhunderts wird die Leipziger Frühjahrsmesse zur Konsumwarenmesse schlechthin; ihr ist eine kleine Photomesse angegliedert, jedoch *»abseits des großen Geschehens in einer Turnhalle untergebracht (...) Vor allem waren Kamera- und Geräte-Fabrikanten vertreten. Die Photochemie fehlte fast ganz.«*[4] In demselben Jahr 1925, als auf der Leipziger Frühjahrsmesse die legendäre »Leica« vorgestellt und gleich von mehreren Kunst-Avantgardisten erworben wurde[5], fand vom 25. September bis 4. Oktober in Berlin die »Kipho« statt, eine relativ kleine Ausstellung im »Haus der Funkindustrie«, die die UFA initiiert hatte und die von einigen Hersteller- wie Amateurverbänden mit Geräten und Bildern beschickt wurde. 1950 war sie den Kölner Messeveranstaltern wenigstens noch so weit im Gedächtnis haften geblieben, daß sie aus ihrem Namen den heutigen herleiteten: aus »Kipho« wurde »photokina«.
Die »Pressa«, 1928 auf dem Kölner Messegelände veranstaltet, war eine Ausstellung, bei der ein Primat der Kultur postuliert wurde: Zeitungen und Zeitschriften wurden vorgestellt, einzelne Länder repräsentierten sich durch ihre Presse, und eine breit gestreute Zuliefererindustrie hielt sich vornehm im Hintergrund[6]. Berühmt geworden ist die »Pressa« durch einige Bauten, vor allem aber durch El Lissitzkys sowjetischen Pavillon, der im Inneren alle Spielarten der Neuen Gestaltung und des Typofotos enthielt, daneben den von Lissitzky und Serkin erarbeiteten Photofries mit Montagen aus großen und kleinen Reportagebildern[7].
1929 veranstaltete der Deutsche Werkbund seine Stuttgarter Ausstellung »Film und Foto«[8]. Hier fand die Wirtschaftswerbung nur noch als Anzeige im Katalog statt. Die als Wanderausstellung konzipierte »Film und Foto« war in mehreren deutschen und österreichischen Städten außerordentlich erfolgreich.
Im Januar 1933 erhalten die Nationalsozialisten Regierungsmacht, im März wird das »Reichsministerium für Volksaufklärung und Propaganda« eingerichtet, im Oktober das »Schrift-

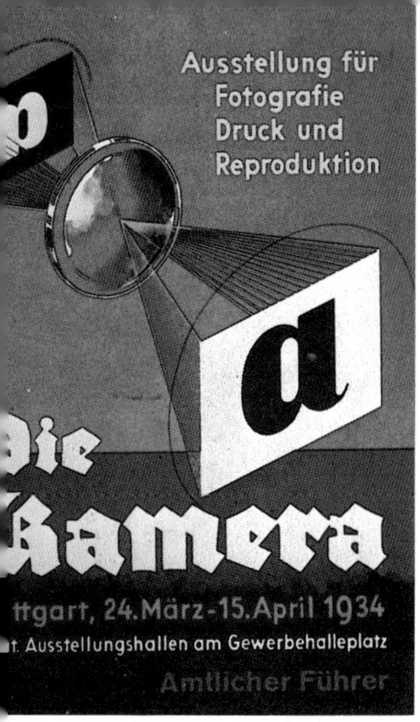

2

leitergesetz« und die »Verordnung über die Deutsche Arbeitsfront« erlassen, zum 1. November die »Reichskulturkammer« mit ihren nachgeordneten Einzelkammern etabliert. Am 4. November 1933 eröffnet der Propagandaminister Dr. Joseph Goebbels die »Kamera« mit einer längeren Rede[9]. *»Das Lichtbild ist ein sichtbarer Ausdruck für die Höhe unserer Kultur; den Wert der Lichtbildnerei nicht nur für das künstlerische Leben, sondern vor allem auch für den praktischen Daseinskampf in vollem Umfang zu erkennen, und die Fotografie wie die Graphik in den Dienst der deutschen Sache zu stellen, ist Aufgabe dieser Ausstellung. Die Höhe der Kultur eines Volkes wird am besten gekennzeichnet durch seine Fähigkeit, seine Erlebnisse umzudeuten in sichtbare, bleibende Form.«* Das geht dann so von der ersten Rune bis zum Bildjournalismus: *»Wir glauben an die Objektivität der Kamera und sind skeptisch gegen das, was uns durch das Gehör oder durch Lettern vermittelt wird. (...) Der Mensch unserer Tage hat begonnen (...) mißtrauisch zu werden gegen Nachrichten und Behauptungen, die ihm nur durch das Ohr oder das Medium der Lettern zugeleitet werden. Er will selber sehen, und er hat bei dem hohen Stand der Fotokunst und illustrierten Presse auch ein Anrecht darauf. (...) Hier wird unser modernes künstliches Auge, die Kamera, zum Schwurzeugen für die neue Zeit. (...) Das Erlebnis des Einzelnen ist zum Volkserlebnis geworden, und das nur durch die Kamera.«* Goebbels fügt noch Forderungen an die deutschen Photoamateure an und beschreibt die Konzeption der Ausstellung: *»Auf dieser Schau finden sich die führenden Fach- und Amateurverbände mit den Spitzenorganisationen der Druck- und Reproduktionstechnik, die Vertreter der Fotoindustrie und des Fotohandels. Alle verwandten Berufe und Industrien zeigen zum ersten Mal in einem außerordentlichen Umfang ihre Leistungen. Diese Ausstellung bietet in der Tat ein umfassendes Bild von der ungeheuren wirtschaftlichen Reichweite, die die Fotografie mit ihren Ausstrahlungen auf die Graphik und den Druck für unser Vaterland besitzt.«* Wird die Rede um die historischen Bezüge gekürzt, hätte sie zur Eröffnung der ersten »photokina« von 1950 gehalten werden können.

»Die Kamera« war keine originäre Erfindung eines genialen Organisators im Propagandaministerium, gar des Ministers selbst. Sie war schlicht und einfach eine ideelle wie personelle Zusammenfassung der drei Ausstellungen »Kipho«, »Pressa«, »Film und Foto« unter Auslassung ihrer internationalen Bestandteile. Personell ist dies an Ausstellungsleitung wie Arbeitsausschuß ablesbar[10]: von der »Kipho« kamen die Vertreter der Photoindustrie, der (noch nicht »gleichgeschalteten«) Amateurphotographenverbände und der (vier Wochen nach dem »Schriftleitergesetz« bereits politisch wie rassistisch »bereinigten«) Bildjournalisten-Vereine, von der »Pressa« holte

3 *Ausstellungskatalog* The Crystal Palace Exhibition London 1861. Reprint New York 1970; H. Gebhardt: Königlich-Bayerische Photographie 1838–1918. München 1978, S. 140–148.

4 B. Uhl, Erinnerungen, zit. nach: Anon.: Der große alte Mann der »photokina« heißt Dr. Bruno Uhl. In: »foto-contact«, Nr. 7/1978, S. 136–138.

5 R. Sachsse: Lucia Moholy. Düsseldorf 1985, S. 19.

6 Amtlicher Katalog Internationale Presse-Ausstellung Pressa Köln 1928. Berlin/Köln 1928.

7 Abbildungen in: S. Küppers (Hg.): El Lissitzky. Frankfurt/Zürich 1980, Abb. Nr. 144–151 und 203 bis 214.

8 *Ausstellungskatalog* Film und Foto Stuttgart 1929. Reprint hg. von K. Steinorth. Stuttgart 1979; U. Eskildsen/J. Chr. Horak (Hgg.): Film und Foto der zwanziger Jahre. Stuttgart 1979. (In diesem Band finden sich zahlreiche Hinweise zu den Begriffen Neue Gestaltung und Typofoto.)

9 *Ausstellungskatalog* Druck und Reproduktion. Betriebsausstellung auf der ‚Kamera'. Berlin 1933, Heft 2, S. 3–6.

10 Alle Angaben stammen aus: Die Kamera. Ausstellung für Fotografie, Druck und Reproduktion. Amtlicher Katalog und Führer. Berlin 1933.

3

Abb. 3
»Die Kamera«, Berlin 1933: Ehrenhalle, Fotofries »Ausschnitte vom Parteitag in Nürnberg 1933«
Abb. 4
»Die Kamera«, Berlin 1933: Ehrenhalle, Fotofries »Der 9. November 1923 in München«

man sich die Herren der Druckindustrie und des Buchgewerbes, und aus dem (noch nicht aufgelösten, aber schon umformierten) Deutschen Werkbund kamen ein Vertreter der Berufsphotographen und der Ausstellungsarchitekt. Aus der »Kipho« wurde die Idee übernommen, eine Industriemesse mit Bildern attraktiver zu machen, aus der »Pressa« war die Faszination einer perfekten Ausstellungsarchitektur übernommen, aus der »Film und Foto« rührte das Bemühen um eine photographische Gestaltung, die in der Werbung mittlerweile festen Fuß gefaßt hatte und deren Bedeutung im Propagandaministerium gar nicht hoch genug eingeschätzt werden konnte. Diesem Impetus verdankt die »Kamera« ihre eigentliche, rezeptionsgeschichtlich bedeutsame Leistung: die völlige Gleichsetzung von Werbung und Propaganda.

Unbestritten ist die Bedeutung der frühen Massenkommunikationsforschung für die Propaganda der Nationalsozialisten; Gerhard Voigt hat in einem Versuch über »Goebbels als Markentechniker« auf den Werbegraphiker und -ideologen Hans Domizlaff hingewiesen[11]. Die Flut von »werbetheoretischer« Literatur ist bereits in den zwanziger Jahren unübersehbar; meist handelt es sich um dilettantische Versuche der historischen Aufarbeitung, aus denen sich die Legitimationsstrategien nationalsozialistischer Propaganda ebenso herleiten lassen wie aus der Kunst- und Pressegeschichte. Auf der Basis des zynischen Massenbegriffs von Gustave LeBon[12], der über Walter Lippmann[13] Eingang in eine Zeitungswissenschaft fand, die sich auf technisch machbare Massenbeherrschung konzentrierte, waren bereits um 1923, als Adolf Hitler in »Mein Kampf« erste Thesen zur NS-Propaganda *(»Sie hat sich auf weniges zu beschränken und dies ewig zu wiederholen«)* formulierte, folgende Definitionen im Gebrauch: *»Werbung ist die organisierte Anwendung von Mitteln zur Massenbeeinflussung*

4

von Menschen, sich in freier Entschließung einen dargebotenen Zweck zu eigen zu machen und sich, durch ihn bestimmt, an seiner Verwirklichung mitzubetätigen.« Differenziert wurde folgendermaßen: *»Das umfassendste Wort ,Werbung', ganz allgemein gesprochen kann jedem wirtschaftlichen oder geistigen, geschäftlichen oder uneigennützigen, edlen oder unedlen Zweck dienstbar gemacht werden. Werbung ist immer und überall gegeben. (...) Eine scharfe Abgrenzung von zwei Seiten der Werbung, der uneigennützigen Propaganda und der eigennützigen Reklame, kennt das Leben nicht. Um so weniger, als sich die Propaganda, also die Werbung für Geistiges, heute derselben Mittel zu bedienen begonnen hat, wie die geschäftliche Reklame.«* Wenn das Wort Reklame im folgenden durch Werbung ersetzt wird, existiert 1926 auch schon das fertige Programm: *»Reklame ist die bewußte Massenbeeinflussung durch Wort, Bild, Plastik, Architektur oder die Tat auf das Denken und Verhalten anderer, um Aufmerksamkeit, günstige Vorstellung, ein geneigtes Urteil oder Wünsche bezüglich eines Objektes, einer Person, eines Territoriums oder einer Idee zu erregen.«*[14] Eine so technische Definition von Werbung ist denn auch ideal, um vordergründig depolitisierend, in der Wahrnehmung allgemein destabilisierend zu wirken – genau das wollten die Veranstalter der »Kamera«.

Darauf verweist nicht nur die Goebbels-Rede, sondern vor allem die Ausstellungsarchitektur. Sie wurde von Winfried Wendland entworfen, einem Referenten des Preußischen Ministeriums für Wissenschaft, Kunst und Volksbildung, der zudem einer der Totengräber des Deutschen Werkbunds bei dessen »Gleichschaltung« war. Die Ausstellung war nur durch eine Eingangs- und eine Ehrenhalle zu betreten, beide mit Großphotos ausgestattet. *»Durch den Eingang am Funkeck gelangt man zunächst in die große Empfangshalle, die dem Beschauer in eindrucksvollen Großfotos die Geschichte der nationalsozia-*

11 G. Voigt: Goebbels als Markentechniker. In: W. F. Haug (Hg.): Warenästhetik. Beiträge zur Diskussion, Weiterentwicklung und Vermittlung ihrer Kritik. Frankfurt 1975, S. 231–260.

12 G. LeBon: Psychologie der Massen. Stuttgart 1922.

13 W. Lippmann: Public Opinion. New York 1922.

14 E. Lysinski: Die Organisation der Reklame. Berlin 1924; H. Behrmann: Reklame. Berlin 1923; E. Paneth: Entwicklung der Reklame vom Altertum bis zur Gegenwart. München/Berlin 1926. Alle Stellen zit. nach: K. Wehlau: Das Lichtbild in der Werbung für Politik, Kultur und Wirtschaft. Würzburg-Aumühle 1939, S. 2–3.

5

Abb. 5
»Die Kamera«, Berlin 1933: Ehrenhalle, Fotofries »Horst Wessel an der Spitze eines Sturmes auf dem Parteitag in Nürnberg 1929«
Abb. 6
»Die Kamera«, Berlin 1933: »Der imposante und gehaltvolle Ausstellungsstand der Bildberichterstattung«

listischen Bewegung zeigt. Diese Fotos (...) beweisen, welche Bedeutung die Fotografie als historisches Dokument hat. (...) Hinter der Empfangshalle liegt der Ehrenraum, der den Gefallenen der Bewegung gewidmet ist. Von dem verdunkelten Gang um einen in Rot und Weiß gehaltenen Lichthof sieht man ein ernstes Stimmungsbild einer in der Dämmerung marschierenden SA-Kolonne. Das Bild trägt die Worte: ‚Kameraden, die Rotfront und Reaktion erschossen, (...) marschier'n im Geist in unsern Reihen mit!'«[15] In Nebenräumen der Empfangshalle wurden Kojen mit Einzelausstellungen zur Geschichte der Photographie, zur Farbphotographie, zur Karikatur, zur Architektur- und Landschaftsphotographie – letztere mit einem Sonderteil zum ‚deutschen Osten' – sowie Erna Lendvai-Dircksens ‚Deutsches Volksgesicht' präsentiert *(»Hier beweist die Fotografie ihre große Bedeutung für Rasseforschung.«)*
Erst nach Durchquerung dieser Bereiche kamen die Besucher in die Halle mit Ausstellungen von Amateurvereinen und -wettbewerben, von Berufsverbänden und der Gesellschaft Deutscher Lichtbildner; in dieser Halle waren auch didaktische Präsentationen zur journalistischen und zur wissenschaftlichen Photographie zu sehen. Erst nach diesem Bereich folgte die eigentliche Industriemesse, im Verhältnis nicht einmal besonders groß. Dieser schloß sich die Abteilung Druck und Reproduktion an, wiederum ähnlich aufgebaut: erst ein Empfangsraum der Deutschen Arbeitsfront, dann eine didaktische Ausstellung, danach die Angebote der Hersteller. In der letzten Halle wurde schlicht alles untergebracht, was woanders keinen Platz gefunden hatte: weitere Hersteller, die Geschichte des Drucks, einige Amateurvereine und Photoschulen.
Die »Kamera« wurde von einem Katalog begleitet, den Herbert Bayer[16] in bester Bauhaus-Manier gestaltet hatte. Textblöcke wurden in Linien gefaßt, Photographien ganzseitig bis zum Rand gedruckt, als Schrift diente eine klassizistische Antiqua,

6

die Bayer damals auch für die Eigenwerbung seiner Dorland-Agentur verwendete. Gerade die Kataloggestaltung durch Herbert Bayer verweist auf die Ende 1933 noch keineswegs abgeschlossene Diskussion über die äußere Form nationalsozialistischer Propaganda – vorläufig war alles erlaubt, was werbewirksam schien. Die Antiqua-Schrift wurde im September 1934 zugunsten der Fraktur verboten und im Januar 1941, nach der größten Ausdehnung des »Dritten Reichs«, zwangsweise wieder eingeführt[17].

Damaligen Presseberichten zufolge ist die »Kamera« gut besucht worden. Mit gleichem Titel und Inhalt wurde sie vom 24. März bis 22. April 1934 in Stuttgart wiederholt; lediglich einige regionale Aussteller haben sich verändert. Der Aufbau mit Empfangshalle und Ehrenraum ist völlig gleich geblieben, auch deren Bildprogramm und Dekoration. Inzwischen zeichnet für die ‚künstlerische Oberleitung' nicht mehr der Architekt W. Wendland verantwortlich, sondern der zuvor nur für die Großvergrößerungen zuständige Photograph Wilhelm Niemann, ebenfalls ein Werkbund-Mitglied. Die örtliche Ausstellungsleitung lag in den Händen des Vorsitzenden des Buchdrucker-Vereins Stuttgart und des Vorsitzenden des Landesverbandes der Fotografeninnungen Württemberg und Hohenzollern, Otto Eisenschink. Dieser war als Photograph und Inserent an der »Film und Foto« 1929 beteiligt gewesen, tat sich ab 1933 jedoch als besonderer »Säuberer« der Stuttgarter Photographenschaft hervor[18].

Der Katalog der Stuttgarter »Kamera« wurde nicht mehr von Herbert Bayer gestaltet, sondern von einem namenlosen Graphiker (»nima« – vielleicht Wilhelm Niemann), der Stückwerk produzierte: der Titel zeigt nicht mehr die Künstlerwerkzeuge für Graphik und Photo, sondern ein optisches Lehrstück; der Titelschriftzug wird nicht mehr in Bayers Universaltype ge-

15 Anon.: Rundgang durch ‚Die Kamera'. In: *Ausstellungskatalog* Druck und Reproduktion, a.a.O. (Anm. 9), Heft 1, S. 2; dort auch das folgende Zitat.

16 Vgl. *Ausstellungskatalog* Herbert Bayer. Das künstlerische Werk 1918–1938. Bauhaus-Archiv, Berlin 1982; sowie *Ausstellungskatalog* Herbert Bayer. Das künstlerische Werk 1938–1985. Bauhaus-Archiv, Berlin 1986; Leider wurde in beiden Katalogen ‚vergessen', Bayers intensives und erfolgreiches Werben für den Nationalsozialismus zu bearbeiten. Siehe dazu auch diesen Band, S. 285–296.

17 G. Fleischmann: Fraktur Antiqua Nazischrift? In: Notausgabe. Zur Ästhetik des NS-Staates. Dokumentation des Symposions vom 13.4.1983 am FB Design der FH Bielefeld. Bielefeld 1983, S. 207 bis 231.

18 R. Sachsse: Der verfolgte Mitläufer. Alfons Illenberger, ein Stuttgarter Photograph im Dritten Reich. In: *Ausstellungskatalog* Anpassung Widerstand Verfolgung. Die Jahre 1933–1939. Stuttgart im Dritten Reich. Stuttgart 1984, S. 141–149, bes. Anm. 14.

7

Abb. 7
»Die Kamera«, Berlin 1933: »Die große, lehrreiche und vielseitige Schau der Amateurphotographie«
Abb. 8
»Gebt mir vier Jahre Zeit«, Berlin 1937, Katalogentwurf

geben, sondern in einer auf Bayer-Format gestauchten Fraktur; statt bunter Farbflecken auf weißem Grund wird nun in weiß und schwarz auf rotem, blauem und schwarzem Fond Schwere und Bodenständigkeit demonstriert. Innen herrscht typographisches wie formales Chaos: die Texte sind in seriphenloser Grotesk gesetzt, die Überschriften in der erwähnten gestauchten Frakturschrift. Manche Seiten wurden vollständig vom Berliner Katalog übernommen, auch einige der Abbildungen – andere wiederum mit weißem Rand in den Satzspiegel gepackt. Der Übergang von der Berliner zur Stuttgarter »Kamera« kann nachgerade als Lehrstück für die Wanderung einer Propagandaidee aus der Hauptstadt in die Provinz gelten. Hier wird nicht mehr der große Wurf und die geniale Inszenierung der Macht gesucht, sondern nur mehr eine hastige Mixtur aus Reichsraison und lokaler Selbstdarstellung präsentiert.
Ein weiterer »Kamera«-Nachfolger fand 1936 in Düsseldorf statt, wiederum »Film und Foto« benannt, natürlich ohne an die Stuttgarter Ausstellung von 1929 zu erinnern. Dem Inhalt nach war diese Präsentation eher eine Nachfolgerin der Berliner »Kipho« von 1925, ihr Schwergewicht lag auf Filmvorführungen und Amateurwettbewerben. Mit großem Aufwand wurde 1937 eine reine Photoausstellung unter dem Titel *»Gebt mir vier Jahre Zeit«* (nach dem berüchtigten Hitlerwort, dessen zweiter Teil – *»und Ihr werdet Deutschland nicht wiedererkennen!«* – vorsichtshalber weggelassen wurde) vorbereitet, die quasi allein der Empfangs- und Ehrenhalle der »Kamera« entsprach. Um die rund 3000 ausgestellten Bilder zusammenzubringen, wurde so ziemlich alles mobilisiert, was einen Photoapparat bedienen konnte: die Berufs- und Amateurverbände der Photographen, die Gesellschaft Deutscher Lichtbildner und die Organisation der Bildjournalisten[19].
Wiederum wurde auch eine Abteilung für Druck und Reproduktion angefügt, erhielt jede Photozeitschrift einen eigenen

8

Stand; eine Industriemesse war diesem Unternehmen jedoch nicht angeschlossen. Im Gegensatz zu der sonst üblichen Praxis durften und mußten über diese Ausstellung Vorberichte geschrieben werden[20], dennoch schien das Echo nicht in gewünschter Lautstärke auszufallen – vier Wochen vor der Eröffnung mußte noch einmal ein großer Photowettbewerb mit attraktiven Preisen ausgeschrieben werden, wurden im Anschluß an die Ausstellung Sondernummern von Photozeitschriften publiziert.

Ein ähnliches Unternehmen für 1938 mit dem Titel »Ein Volk – ein Reich – ein Führer« wurde im Vorfeld von der Parteileitung abgeblasen[21], spätere Planungen durch den Krieg verhindert.

So ist die »Kamera« ohne direkten Nachfolger geblieben, bis sich 1948 ein Ausschuß zusammenfand, der alle Interessenten an einer Photo-Messe zusammenfaßte – *»Fabrikanten, Großhändler, Photo- und Fachhändler, Photographen, Kopieranstalten, Photo-Kopier-Betriebe (...), Verbände der Amateure, der Filmindustrie u.a.«*[22]. Das Resultat war die »photokina«, sie fand zum ersten Mal vom 6. bis 14. Mai 1950 in den Kölner Messehallen statt.

Ohne Strategien zur »Entsorgung der Vergangenheit« (Habermas) anbieten zu wollen, kann die Kontinuität von der »Kamera« zur »photokina« durch zwei Personen beschrieben werden, die als die »Väter der photokina« angesehen werden: Dr. h.c. Bruno Uhl und Prof. L. Fritz Gruber.

Ab 1926 war Bruno Uhl[23] Direktor des Photoverkaufs der IG Farben in Deutschland. 1931 wird die »Agfa-Preisbox« konzipiert, als deren Initiator Uhl gilt. 1933 sitzt er im Arbeitsausschuß der »Kamera«. Bis 1945 unterstand Uhl dem Agfa-Direktor Dr. Fritz Gajewski[24], der im IG-Farben-Prozeß von 1948 unter zweifelhaften Umständen freigesprochen wird[25]. Nach dem Krieg weiterhin in derselben Position tätig, gründet Uhl im September 1948 den oben erwähnten *»Apho, den Arbeitsausschuß der Deutschen Photowirtschaft. (...) Die Apho stellte ein übergeordnetes Parlament dar, in welchem alle wichtigen Fragen und Ereignisse, die die Photowirtschaft angingen, erörtert und geplant wurden, so z.B. das Presse- und Messe-Wesen, eine gemeinsame Propaganda, die Jugend- und Schulphotographie u.a.m.«*[26]. Die Verlautbarungen aus den Apho-Sitzungen zur kommenden Photomesse lesen sich wie die Vorabmeldungen zur »Kamera« 16 Jahre zuvor[27]. Als Gründer der »photokina« wurde Bruno Uhl vielfach geehrt: 1950 Verleihung der Ehrendoktorwürde der Rechtswissenschaftlichen Fakultät der Universität Köln, 1954 und 1969 je ein Großes Verdienstkreuz der Bundesrepublik Deutschland, 1955 Verleihung der David-Octavius-Hill-Medaille der Gesellschaft Deutscher Lichtbildner und Ehrenpräsident der Deutschen Gesellschaft für Photographie.

19 Haer: Trimph der Photographie. In: »Die Linse«, Nr. 33/1937, S. 123 bis 125.

20 Slg. Sänger, Mitschriften der Reichspressekonferenz, Bundesarchiv Koblenz, Zsg. 101/9, S. 325, 375, 435.

21 Bundesarchiv Koblenz, NS 8/171.

22 S. Anm. 4.

23 Nach: Laudatio für Dr. h.c. Bruno Uhl. In: Vom Sinn und Nutzen der Deutschen Gesellschaft für Photographie. Köln 1968, Supplement S. 2–3.

24 J. Schmelzer: Dies war ein Staatsgeheimnis – ein Blick in die Handakten des ehemaligen Direktors der IG-Farben Agfa-Betriebe, Dr. Fritz Gajewski. Wolfen 1963; J. Schmelzer/E. Stein: Geschichte des VEB Filmfabrik Wolfen. Berlin (DDR) 1969, S. 55–100.

25 Vgl. Abweichende Stellungnahme von Richter Herbert. In: J. Borkin: Die unheilige Allianz der I.G.Farben. Frankfurt 1979. S. 223 bis 224.

26 S. Anm. 4.

27 In: »Photo-Magazin«, Nr. 1/1949, S. 12, 82.; vgl. auch B. Lohse, a.a.O. (Anm. 2), S. 6–7.

9

Abb. 9
»photokina«, Köln 1951: Lehrschau »Die Photographie dient allen Berufen«
Abb. 10
»photokina«, Köln 1954: Bildausstellung »Deutschland heute«

Steht Uhl für die Kontinuität des geschäftlichen Interesses großer Konzerne an sozialer Einbindung ihrer Produkte (und damit an deren ökonomischer Unabdingbarmachung) über alle politischen Änderungen hinweg, so ist das Wirken des Veranstalters der »photokina-Bilderschauen«, Prof. L. Fritz Gruber, eher mit dem Begriff der Strukturübernahme zu kennzeichnen. Während des zweiten Weltkrieges mit rüstungstechnischen Photokopieraufgaben betraut[28], wurde er nach 1945 zum Beauftragten der britischen Besatzungsmacht für Photokopier-Betriebe; gleichzeitig versuchte er, als Photograph zu reüssieren. 1948 richtete er der Deutschen Gesellschaft für Dokumentation ihre erste Tagung aus und nahm als Vertreter der Photokopier-Anstalten an den Sitzungen der »Apho« teil. Über seinen Anteil am »kulturellen Teil« der ersten »photokina« ist gestritten worden[29] – ab 1951 war er allein für die Bild-Ausstellungen dieser Photomesse verantwortlich.

In einer Diskussion über die Kontinuitätsproblematik der »photokina-Bilderschauen«, insbesondere der mit Großphotos ausgestatteten Empfangshalle, verwies L. Fritz Gruber auf den tiefen Eindruck, den Lissitzkys sowjetischer »Pressa«-Pavillon auf ihn gemacht habe, so daß ihm dieser immer als Vorbild für die Einführung in die »photokina« gedient habe[30]. *»Wer erwartungsvoll die Eingangsschleusen des Messegebäudes durchschritten hatte, fand sich in der Ehrenhalle, an deren Wände eine Montage riesiger Bilderzeugnisse die Durchdringung aller Lebensbereiche durch die Photographie demonstrierte (...)«*[31]
Nun hat diese Bildwand eine gewisse Ähnlichkeit mit Lissitzkys

10

und Serkins Bilderfries von 1928, aber ihre Plazierung in einem sonst völlig leergeräumten Saal, *vor* der übrigen Messe gelegen, entspricht exakt der Anordnung in der Empfangshalle der »Kamera«, und dazu hatte schon 1933 W. Lotz geäußert: *»Wenn man damit die auf den Ausstellungen der letzten Jahre viel beachteten Propagandaräume Rußlands vergleicht, so kommt einem das Unmittelbare und Unproblematische und zugleich das Großartige, das in der Wirklichkeitsdarstellung liegt, in diesem Raum auf der ,Kamera' noch mehr ins Bewußtsein. Diese großen Bilder sprechen viel unmittelbarer zum Beschauer als die Gewirre von Schrift, Fotomontage und Zeichnungen.«*[32] Dies gilt nicht nur für »Ehrenhalle«/»Ehrenhof« und die »Einführungsschau« der ersten »photokina« 1950, sondern auch für spätere Veranstaltungen.

Auf der »photokina« wurde das Warenangebot Photographie dadurch ideologisiert, daß der Messebesucher erst einmal die Kulturschleuse »Bilderschau« passieren mußte. Sie legitimierte nicht allein den Warenkonsum als kulturelle Tat, sie ästhetisierte gerade auch durch die jedes Jahr stärker werdende »Life«-Photographie (einen existentialistisch verbrämten Bildjournalismus) die Politik des Kalten Krieges, verharmloste militärische Auseinandersetzungen wie den Korea-Krieg und rief über den Warenkonsum zur Beteiligung an der Schaffung heiler, entpolitisierter Weltbilder auf – eine Funktion, die heute von elektronischen Medien weitgehend übernommen worden ist. Die Destabilisierung der Wahrnehmung, die »Die Kamera« einst intendiert hatte, war erhalten geblieben, eine vage Unbe-

28 Laudatio für L. F. Gruber. In: Vom Sinn und Nutzen, a.a.O. (Anm. 23), Supplement S. 16; L. F. Gruber: Wehrhaftes Photokopieren. In: »Wehrphotographische Mitteilungen« (= Kriegsausgabe der »Agfa-Photoblätter«), Nr. 3/1944, S. 18 bis 23.

29 Anon.: L. F. Gruber sonnt sich wieder im Anspruch, Mitbegründer der ,photokina' zu sein. In: »foto-contact«, Nr. 10/1981, S. 8–11.

30 Auf der Tagung der Deutschen Gesellschaft für Photographie ,Die fünfziger Jahre – Aspekte eines Neubeginns', Hamburg, 5. November 1983.

31 B. Lohse, a.a.O. (Anm. 2), S. 7.

32 W. Lotz: Zur Ausstellung ,Die Kamera'. In: »Die Form«, Nr. 8/1933, S. 321–325, hier S. 325; *Ausstellungskatalog* ,Die Kamera', a.a.O. (Anm. 10), S. 110; sowie Anm. 23.

Abb. 11
»photokina«, Köln 1956: Blick in den Ehrenhof

11

stimmtheit des »allgemein Menschlichen« wurde zur a-historischen Nachfolge rassistischer Herrenmenschenansprüche. Natürlich wurde nicht mehr die »Geschichte der Bewegung« vorgeführt, jetzt ging es um »Des Menschen Menschlichkeit« oder »Wie wir leben«. Hatte es 1950 noch geheißen, *»Wer photographiert, hat mehr vom Leben«,* war 1951 die Losung: *»Die Photographie dient allen Berufen«,* so mußte 1954 aber schon wieder eine *»Deutsche Bilderschau«* mit Aufnahmen des 17. Juni 1953 und des erfolgreichen Wiederaufbaus her – deren Ausschreibung verdächtig an 1937 *(»Gebt mir vier Jahre Zeit!«)* erinnerte. Diese frühe Tradition der »photokina-Bilderschauen« ist es wohl auch, die trotz späterer, hervorragender Ausstellungen den Nimbus der Kunstgattung Photographie in der Bundesrepublik nachhaltig ge-, wenn nicht zerstört hat.

1954 ist auch das Jahr, in dem der »photokina« eine weitere Tradition zufiel, die Jugend- und Schulphotographie: *»Mit Film und Foto lernen«, »Bilderschau der deutschen Jugend«* und *»Reporter der Zukunft«.* Die erste Ausstellung zum Thema »Schule und Fotografie« fand 1933 statt, auf der »Kamera« – beraten und unterstützt von Bruno Uhl ■

Inszenierung der Macht: Herbert Bayer, Kataloggestaltung

2
Deutschland mit seine
schönen Wäldern u
unendlichen Weiten,
seinen stolzen Burgen
an sonnigen Flüssen.
Germany with its bea
forests, vast plains, a
proud castles on sun
rivers.

286

287

3
emagne, ses magni-
s forêts ses étendues
tées, ses vieux châ-
-forts surplombant
euves ensoleillés.
ania - con sus her-
s bosques, sus vastas
ras, sus burgos
s junto a los ríos
aña el sol.

12
Der Klassizismus,
strengen Stiles
Preußischer Stil
ist am reinsten in
verkörpert.
Das neue Deutsch
schafft seinen eige
Classicism, called
Prussian style ow
its severe lines, is
in the purest for
Berlin. The new
is creating its ow
of architecture.

13

icisme, appelé
russien" à cause
vérité, se retrouve
sous sa forme
ure. La nouvelle
gne est en train de
son propre style.

cismo llamado
, por su sencillez,
rusiano, ofrece
n sus obras más
s. La nueva
ia crea un estilo

18 Der Führer spricht
Millionen hören ihn.
Das arbeitende Volk,
das Bauerntum,
die wiedergewonnen
Wehrfreiheit
sind die Stützen des
nationalsozialistische
Deutschland.
The Fuehrer speaks a
millions listen to hi
The working people,
peasantry and the re-
gained right of self-de
are the supports of Nat
Socialist Germany.

290

291

19
Führer parle!" Des
ions de citoyens
outent. Le peuple des
ailleurs, la Paysannerie
a liberté reconquise
a défense nationale
les colonnes de
lemagne nationale-
aliste.
Führer" habla.
ones le escuchan.
ueblo trabajador, las
tes del campo y la
rtad militar recon-
tada son los sostenes
a Alemania nacional-
alista.

20
Reichsautobahnen -
Arbeitsdienst -
Urlaubsfahrten
für alle Werktätigen -
Winterhilfswerk -
die Zeugen des Aufbau-
willens und der Einheit
des deutschen Volkes.
Reich motor roads -
labour service - holiday
trips for all workers -
the winter relief work -
evidence of the will to
reconstruction and the
unity of the German peo

292

293

21
utostrades du Reich, -
rvice du Travail -
oyages de congé pour
us les travailleurs -
ecours d'hiver - autant
e témoins de la volonté
onstructive et de l'unité
u peuple allemand.
utopistas del Reich -
ervicio Nacional del
rabajo - Vacaciones para
dos los trabajadores -
bra de Socorro Invernal -
tras tantas demostra-
iones de la voluntad de
rogreso y de la unidad
el pueblo alemán.

26

Die Reichshauptstadt baut auf! Bauvorhaben in allen Teilen der Viermillionenstadt prägen ein neues Stadtbild und beleben die Industrien

Building up the German capital. Building operations in all parts of this city of four million inhabitants are imparting a fresh stamp to its appearance and animating Berlin's industries.

294

295

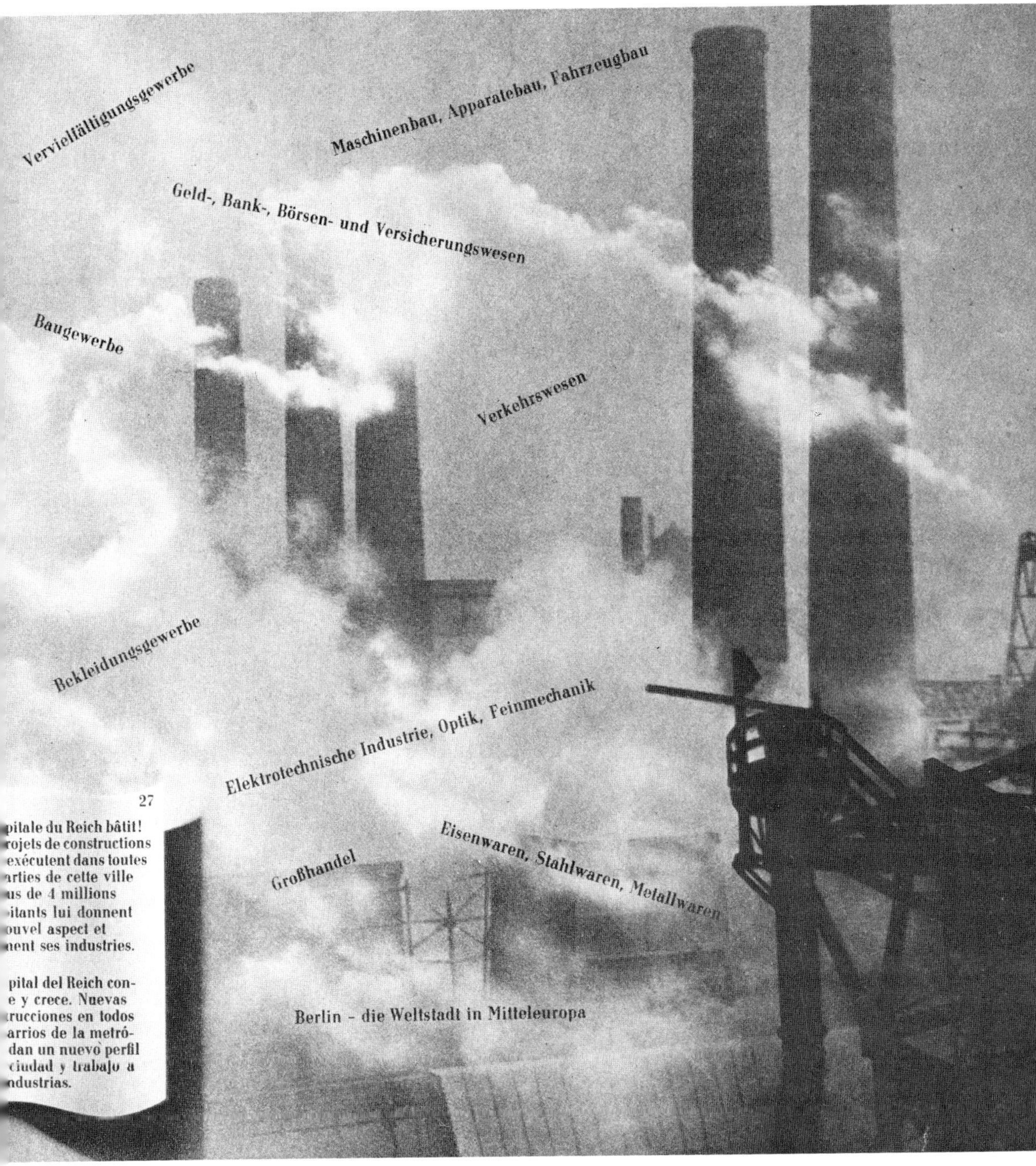

Vervielfältigungsgewerbe
Maschinenbau, Apparatebau, Fahrzeugbau
Geld-, Bank-, Börsen- und Versicherungswesen
Baugewerbe
Verkehrswesen
Bekleidungsgewerbe
Elektrotechnische Industrie, Optik, Feinmechanik
27
pitale du Reich bâtit! rojets de constructions exécutent dans toutes arties de cette ville us de 4 millions itants lui donnent ouvel aspect et nent ses industries.
pital del Reich con- e y crece. Nuevas trucciones en todos arrios de la metró- dan un nuevo perfil ciudad y trabajo a ndustrias.
Großhandel
Eisenwaren, Stahlwaren, Metallwaren
Berlin – die Weltstadt in Mitteleuropa

Herbert Bayer, geb. 1900, nach Tätigkeit in Entwurf-Ateliers in Linz und Darmstadt ab 1921–1925 mit einer kurzen Unterbrechung Ausbildung am Bauhaus Weimar (Itten, Kandinsky); 1925–1928 Lehrer am Bauhaus Dessau (Leitung der »Werkstatt für Druck und Reklame«); 1928/29 Leitung des »Studio Dorland«, Berlin: »Er entwirft eine Fülle von Broschüren, Prospekten, Plakaten usw. in einem bis dahin unbekannten Stil, der durch seine Kombination von Typographie, Photographie und Graphik auffällt.« Ab 1929 Titelentwürfe für »die neue linie« und künstlerische Beratung für die deutsche »Vogue«; 1930/31 Zusammenarbeit mit Gropius, Moholy-Nagy, Breuer und Schawinsky; nach 1933 Ausstellungs- und Kataloggestaltung, Plakatentwürfe, Werbung; emigrierte 1938 in die USA. (Alle Angaben nach dem *Katalog* Herbert Bayer. Das künstlerische Werk 1918–1938. Bauhaus-Archiv Berlin 1982.)

Die faksimilierten Seiten sind dem Ausstellungsführer für die »Deutschland Ausstellung«, 18. Juli bis 16. August 1936, in Berlin entnommen.

POSTMODERNE UND REGIONALISTISCHE ARCHITEKTUR

Martin Damus

Vor dem Hintergrund von Neoklassizismus und Heimatstil der dreißiger und vierziger Jahre

Hat die sog. postmoderne, auf Tradition und Geschichte sich beziehende Architektur der Gegenwart lediglich gewisse äußerlich bleibende Gemeinsamkeiten mit der Architektur im faschistischen Deutschland und im faschistischen Italien, oder sind sie miteinander verwandt? Formale und auch motivische Ähnlichkeiten werden nicht nur von böswilligen Verächtern der Postmoderne gesehen, sondern auch von den sich zuständig dünkenden, selbst postmodernen Experten. Da sie sich jedoch nur für die Überwindung der nicht mehr modernen *modernen* Architektur interessieren, halten sie die Feststellung von Ähnlichkeiten für eine oberflächliche Betrachtung, die sich an Äußerlichkeiten, an Erscheinungen festmacht und das Wesen des Neuen nicht berücksichtigt.

■

Seit den siebziger Jahren werden einzelne Gebäude, Gebäudekomplexe und Platzanlagen immer häufiger geprägt von feierlich wirkenden Anordnungen traditionsreicher Bauteile wie Pfeilerhallen, Rotunden, Kolossalordnungen, Portale, Freitreppen, von Bauelementen wie Säulen, Architraven, Rundbögen oder deren Andeutung, von Symmetrien und Achsenbezügen, und damit durch hierarchische Ordnungen. Die gewollt-einfach-geometrischen Baukörper sehen in ihrer stereometrischen Abgegrenztheit aus, als hätten sie auf Bedeutendes zu verweisen, als vermöchten sie Allgemeinverbindliches zu melden. Der gebildete Abendländer kann in ihnen sowohl eine archetypische Gestaltung als auch eine von allem Historizismus gelöste Klassizität erblicken: Vorwärts zu den Ursprüngen! Daneben werden auch identifizierbar historisierende Gestaltungen verwendet, bevorzugt Klassizismen.

Die neue Architektur bedient sich traditioneller Würdeformen in moderner wie in historisierender Ausgestaltung. Der repräsentativ-hoheitliche Anspruch dieser neu-alt monumentalen Repräsentationsarchitektur wird verstärkt durch die körperliche Materialität und die undurchdringliche Homogenität der Baukörper. Diese repressive Architektur in der Tradition des *Rationalismus* im faschistischen Italien wie des purifizierten Neo-Klassizismus der dreißiger Jahre in Europa und in USA wird ergänzt von einer der Umgebung sich anpassenden, auf die Tradition des Ortes oder der Region sich beziehenden Architektur. Dieser *Regionalismus* hat sich insbesondere im ländlichen Bereich, in Einzel- oder Reihenhaussiedlungen und Kleinstädten ausgebreitet. Er findet überall dort Verwendung, wo an vormoderne Traditionen angeknüpft werden kann und wo städtebauliche Situationen, z.B. Marktplätze, verwirklicht werden sollen, die als vormoderne zur Identifikation der Menschen mit »ihrer« Stadt angeboten werden.

Läßt sich die eine Variante postmoderner Architektur mit dem Rationalismus der zwanziger und dreißiger Jahre besonders im faschistischen Italien und bedingt auch mit dem purifizierten Neo-Klassizismus der dreißiger Jahre im faschistischen Deutschland, in demokratisch verfaßten Gesellschaften und dem opulenteren der sozialistischen UdSSR vergleichen, so der moderne Regionalismus mit der Blut-und-Boden-Architektur, dem Heimatstil des Nationalsozialismus wie dem Traditionalismus anderer Gesellschaften. Die auf Tradition gegründete Architektur und die Hierarchie der Bauaufgaben sollten in den dreißiger Jahren das auf Funktionalität, Sachlichkeit, Wirtschaftlichkeit gegründete, alles gleichmachende und gleichförmige, anonyme, keine Bedeutung transportierende *Neue Bauten* überwinden – die postmoderne Architektur heute den bis dahin als modern geltenden, vereinheitlichenden *Internationalen Stil,* der sich auf das Neue Bauen der zwanziger Jahre bezog. Architektur soll wieder Inhalte veranschaulichen, Bedeutungen transportieren, Bezüge herstellen, Assoziationen ermöglichen – so die Selbstbegründung.

Damals wie heute reagiert(e) die Architektur auf eine Krise der Industriegesellschaft: sie wendet sich ab von einem mit der Industrialisierung und dem technischen Fortschritt unmittelbar verbundenen Bauen und Gestalten. Der wirtschaftliche

Zusammenbruch im Jahre 1929 und die lang andauernde tiefe Krise mit ihren existenzbedrohenden Folgen hatten das Vertrauen in die kapitalistische Industriegesellschaft, in technisch-industriellen Fortschritt und darüber gesicherten Lebensstandard erschüttert. Auch in den siebziger Jahren schwindet mit der zunehmend krisenhaften Entwicklung das Vertrauen in den technisch-industriellen Fortschritt und in ein wirtschaftliches Wachstum, das immer mehr Wohlstand für alle versprach. Die Grenzen des Wachstums, die Minderung der Lebensqualität, ja die Bedrohung der sozial-ökologischen Existenz durch weiteres Wachstum auf der Grundlage des sich selbst treibenden industriell-technischen Fortschritts sind allgemeiner ins Bewußtsein gedrungen.

1

■ ■

Der sog. Kulturschirn in Frankfurt am Main, das 1986 fertiggestellte städtische Kulturzentrum zwischen traditionsreichem Römerberg mit Marktplatz und Rathaus und dem historisch nicht weniger bedeutsamen Dom, erscheint von der einen Seite her als ein mächtiger, natursteinverkleideter Rundbau, aus dessen Mitte eine massiv-steinerne Rotunde erwächst (Abb. 1). Nur ein Kranz kleiner quadratischer Fenster dicht unter dem knappen Kranzgesims ziert den ernsten zentralen Baukörper. Die enge Reihung kleiner quadratischer Fenster wiederholt sich an dem niedrigeren Rundbau, der sich wie ein Mantel um die zentrale Rotunde legt, dicht unter seinem weit vorkragenden Dachgesims und in weitem Abstand über den dichten Reihen großer Fenster der darunter gelegenen Stockwerke. Von dem eingenommenen Standort aus wirkt der vollkommen scheinende steinerne Rundbau als architektonische Machtgebärde, ähnlich frühchristlichen Rundkirchen, Memorial- oder nationalsozialistischen Repräsentationsbauten, den von Boullée entworfenen öffentlichen Monumentalgebäuden (z.B. Municipalpalast von 1792). Die kommunale Selbstinszenierung in Frankfurt erinnert auch an die monumentale Stockholmer Stadtbibliothek der zwanziger Jahre (von J. Asplund) mit der großen, flach abschließenden Rotunde auf dem, über quadratischem Grundriß errichteten, streng kubischen Baukörper mit einem riesenhaft überhöhten Portal.

2

Abb. 1
Frankfurt a. M.: Kulturschirn, Rund-um-Rund
Abb. 2
Frankfurt a. M.: Kulturschirn, Schnitt durch die Fassade (rechts) und Opfertisch der Frankfurter Riesen

Geht man in Frankfurt um den Rundbau links herum, erweist sich der so vollkommen scheinende Steinbau als Maskerade (Abb. 2). Die Außenwand des niedrigeren äußeren Rundbaus ist wie mit einem Messer durchschnitten. Sichtbar wird eine Glas-Metall-Front, die das Rund ein Stück fortsetzt und dann in einem Winkel auf die innere Rotunde zugeführt wird. Der Bau

3

4

ist also nicht so gemeint, wie er sich auf den einen – ersten – Blick gibt. Vom Römer her, zwischen den zum traditionsträchtigen Platz hin adrett neu gebauten »historischen« Fachwerkhäusern hindurchgehend (Abb. 3), erblickt man links den niedrigeren, äußeren Rundbau, jedoch durchschnitten bis auf den Kernbau, und vor sich die innere Rotunde. Sie erhebt sich hier wie ein Respekt heischendes herrscherliches Grabmonument, ein Würde ausstrahlender Weihetempel. Der zurückgesetzte profane Doppeleingang und die darüber gelegenen flach eingeschnittenen Fensterpaare beeinträchtigen das Martialische der Rotunde nur wenig. Sie erscheint als Ziel- und Endpunkt über und zwischen dem engen, einige Stufen ansteigenden Zugang (Abb. 4), der zur Linken begrenzt wird von der als massige Wand ausgebildeten Schnittfläche des niedrigeren Viertelrundbaus und zur Rechten von einer feierlich-steifen Pfeilerhalle.

Das städtische Kulturzentrum erscheint durch seine Gestaltung und seine – zwischen Rathaus und Dom gelegen – zentrale Lage als herausgehobener Weihetempel oder als monumentales Grabmal der Musen. Der ideologisch-architektonischen Haltung, derzufolge jeder einzelne Bau seiner Bedeutung angemessen gestaltet wird, entspricht auch der vor wenigen Jahren erfolgte Neubau der Fachwerkhäuser (Abb. 3). Sie liegen dem Rathaus gegenüber und begrenzen den Markt zum

Abb. 3
Frankfurt a.M.: Kulturschirn, Zugang vom Römer an den Fachwerk-Kulissen vorbei
Abb. 4
Frankfurt a.M.: Kulturschirn, Aufgang zur Rotunde, links der durchschnittene äußere Rundbau, rechts die Pfeilerhalle

Kulturschirn hin. Die Fachwerkhäuser sind dem Ort angepaßt; sie vervollständigen den Markt in »alter« Weise. Die wie echt aussehenden (aussehen sollenden) Neubauten stellen die lang entbehrte rechte Vorstellung von altstädtischer Vertrautheit, von Heimat und ungebrochener Tradition »wieder« her. Der Römer entspricht wieder dem *Bild* vom Römer, das als ein Zeichen für *die alte Stadt* im kollektiven Gedächtnis der Deutschen haftet – vermittelt durch die Medien, von Goethes Dichtung (um von Wahrheit nicht zu reden) über Ansichtskarten bis hin zum Fernsehen. Der Kulturschirn hingegen erscheint in einer der hohen Kunst und ihrer Bedeutung für die ehrwürdige Stadt angemessenen Form und Gestaltung.
Doch der Musentempel ist nicht, was er auf dieser Seite scheint. Die Rotunde bildet nicht den Mittelpunkt einer zentralen Anlage; es herrscht weder Symmetrie noch Einheitlichkeit. Der Viertelrundbau, dieses übrig gebliebene Stück Torte, der sich an die innere Rotunde anschmiegt, läßt sich als Parodie auf die Monumentalarchitektur interpretieren, deren sich u.a. der Nationalsozialismus bedient hatte. Doch die Gestaltung einzelner Bauteile, ihre Proportionen und in Verbindung damit die Natursteinverkleidung erinnern an diese. Gleichwohl unterscheidet sich der Frankfurter Kulturschirn unverkennbar von jedem repräsentativen Großbau des Nationalsozialismus. Diese stehen, noch in ihrer gleichfalls enthistorisierenden Form, in einer ungebrochenen Tradition monumentaler Repräsentationsarchitektur. Jeder Bau ist eingebunden in Achsenbezüge und bildet gleichzeitig ein auf die Mitte bezogenes und von ihr bzw. auf sie hin vereinheitlichtes Ganzes. Der Frankfurter Bau dagegen grenzt sich nach der einen Seite ab, strahlt nach der anderen aus (der langgestreckte, zum Dom führende Galerieteil) und öffnet sich (zum Römer hin) zum dritten; er besteht aus ganz unterschiedlichen Teilen, die sich nicht zu einem einheitlichen Ganzen verbinden, auch wenn die Rotunde, die alles beherrscht, als verbindendes Gelenk fungiert.
Der Bau hat nicht nur traditionsgeschwängerte Bauteile, sondern auch Monumentalität. Sie haftet an einzelnen Teilen, wie der Rotunde und der Pfeilerhalle. Der Bau ist nicht als Ganzes monumental. Er ist unnahbar, aber nur an einer Seite. Das natursteinverkleidete, scheinbar aus großen Blöcken geschichtete Rund wirkt auf den ersten Blick massig, undurchdringlich, abweisend. Aber auch das ist, wie der Schnitt durch die Fassade zeigt, nicht ernst gemeint: die Verkleidung tritt als solche zutage. Die steinerne Fassade vermittelt zudem nicht den Eindruck von massiger Materialität wie die Monumentalbauten des Nationalsozialismus. Diese heben die Materialität und Mächtigkeit hervor durch kräftige Profile, Rahmungen, Absprünge, durch plastische Einfassungen der tief in den Wänden liegenden Fenster und Portale. Die Großbauten des Natio-

nalsozialismus wirken wie echt, bruchlos, undurchdringlich, massiv. Die steinernen Fassaden des Frankfurter Kulturschirn nehmen sich dagegen immateriell-flächig aus. Die Wände sind glatt, profillos; das Glas der Fenster liegt nahezu in der Außenfläche; das weit vorkragende Dachgesims des flachen Viertelrundbaus wirkt papieren leicht.
Ähnlich unübersehbar wie die Unterschiede zwischen der Monumentalarchitektur des Nationalsozialismus und der neuen Monumentalarchitektur sind die Unterschiede zwischen regionalistischer Architektur heute und jener der dreißiger/vierziger Jahre. Die Blut-und-Boden-Architektur vor 50 Jahren war echter, sozusagen natürlicher. Sie vermittelte wirklich den Eindruck, eine Tradition ungebrochen fortzusetzen. Sie verwendete traditionelle Materialien und Formen so, daß die Neubauten wie echt aussahen. Die Materialität, das Natürliche, Echte, Ursprüngliche des verwendeten Steins oder Holzes sollten immer sichtbar, spürbar, erlebbar sein. Der moderne Regionalismus hingegen verweist nur; er erinnert mit den Mitteln der Moderne an traditionelle Formen, regionales Bauen. Fachwerkhäuser wie die am Römer widersprechen dem nicht; sie stehen im Zeichen des »Wiederaufbaus« und auch dies nicht bruchlos. Auch sie sind nur Fassade, sind nur das Bild von Fachwerkhäusern, zum Römer hin präsentiert – innen und hinten sieht alles anders aus.

■ ■ ■

Auf einer allgemeineren Ebene lassen sich Ähnlichkeiten zwischen der Architektur z.Zt. des Nationalsozialismus und der Postmoderne feststellen. Auf der Ebene des Vergleichs einzelner Bauten verscheuchen die Unterschiede den Eindruck von Gemeinsamkeiten. Ähnlichkeiten also, die ein »oberflächliches« Sehen feststellt, werden von einer »sachgerechten« Analyse als unwesentlich abgetan. Die Postmoderne versperrt sich dem auf je einzelne Gebäude bezogenen Vergleich insbesondere deswegen, weil sie nicht stilistisch festgelegt ist, keine Verbindlichkeiten, auch keine Hierarchie der Bauaufgaben kennt. Deshalb gehe ich, um die Ähnlichkeiten herauszuarbeiten, aus von den gesellschaftspolitischen Voraussetzungen, die für die Herausbildung und Durchsetzung der postmodernen und regionalistischen Architektur heute und von denen, die für die Architektur der dreißiger/vierziger Jahre verantwortlich sind.
Die vom Nationalsozialismus protegierte Architektur, die am vorindustriellen Bauen anknüpfte, sprach das Fühlen und die Emotionen vieler Menschen an, weil der Industrialismus in eine tiefe Krise geraten war und ihre Existenz gefährdete. Das dem

Industrialismus verbundene arm-nützliche Bauen, das nicht an Emotionen anknüpft, kann in einer Krisensituation keine Identifikation herstellen. Die westlichen Industriegesellschaften hatten mit der Marktwirtschaft auf die Selbstbewegungskräfte der Wirtschaft, auf technischen Fortschritt und Wachstum gesetzt. Mit der Krise schwand der Glaube an stetigen, auch sozialen Fortschritt, jedenfalls der Glaube, daß der Markt dies bewirke. Der Staat mußte in allen hochindustrialisierten Ländern zwecks Krisenmanagement verstärkt eingreifen. In Deutschland besorgte dies schließlich der Faschismus. Das bedeutete nicht, daß das wirtschaftliche System beseitigt wurde, sondern nur, daß zusätzliche Regelungen, Mechanismen, die der marktwirtschaftlichen Industriegesellschaft ihrem legitimierenden Anspruch nach fremd sind, benötigt wurden, um das sich angeblich selbstregulierende und sich damit legitimierende marktwirtschaftliche System zu erhalten.

Das Neue Bauen, die funktionalistische Architektur entspricht dem Aufschwung der zwanziger Jahre und der Zuversicht, daß technisch-industrieller Fortschritt im Rahmen des sich selbstregulierenden Marktsystems, der »Gesetze« der Ökonomie, zunehmenden Wohlstand für alle ermöglicht. Ihrem Anspruch nach gehorcht diese Architektur den »Gesetzen« der Ökonomie, wird sie allein durch Notwendigkeit, Sachgemäßheit, Nützlichkeit bestimmt. Sie ist, ihrem Selbstverständnis nach, wie die Wirtschaft allein von innen her geprägt, eben sachgemäß.

Eine solche Architektur entsprach nicht dem Nationalsozialismus, nicht Gesellschaften, in denen Industriealisierung, Vergesellschaftung und Nation staatlich durchgesetzt werden sollten (Italien, UdSSR); sie entsprach aber auch nicht der Situation in den entwickelten Industriestaaten bzw. den demokratisch verfaßten Gesellschaften, in denen der Staat in Anbetracht der schweren Krise zunehmend direkt-lenkende, integrative Aufgaben übernahm. In einer Architektur, die als nur-sachlich oder arm-nützlich gilt, können die gesellschaftlich-staatlichen Kräfte, die *das Ganze* zusammenhalten und die aus gesellschaftlich-integrativen und herrschaftserhaltenden Gründen auch in der Architektur sichtbar sein sollen, nicht ihren Ausdruck finden. Deswegen setzt sich der Wille zur Form und damit eine repräsentative Gestaltung in der Architektur der dreißiger/vierziger Jahre sowohl in faschistischen, sowjetkommunistischen als aber auch in demokratisch verfaßten Gesellschaften durch[1].

Der Wille zur Form, in Gestalt insbesondere des purifizierten Neo-Klassizismus, ist für den Nationalsozialismus verbunden mit dem Erfordernis, das Unbedingte des Herrschaftssystems und seine hierarchische Ordnung zum Ausdruck zu bringen: *Ein* Prinzip, das Führer-Gefolgschaft-Prinzip allein gilt. Am einzelnen Bau soll das erfahren werden durch die Einheitlichkeit

1 Vgl. meine Arbeiten: Sozialistischer Realismus und Kunst im Nationalsozialismus. Frankfurt 1981; Architektonische Form und staatliche Repräsentation. In: »Leviathan«, Nr. 4/1982.

und die Ausrichtung auf die überhöhte Mitte, im Städtebau durch zentralisierende Achsen und eine hierarchische Ordnung. Die Hierarchie der Bauaufgaben garantiert das Erleben des alles durchwaltenden einen Prinzips: Der purifizierte Neo-Klassizismus, die monumentale Repräsentation bleibt den Bauten von Staat und Partei vorbehalten. Diese kommt dem Bedürfnis nach Sicherheit und Geborgenheit, das Herrschaft als Wohltat hinnimmt und damit Sicherheit in und durch Distanz, entgegen. Das Bedürfnis nach unmittelbarer Geborgenheit, nach Wärme und Heimat hingegen befriedigt die Blut-und-Boden-Architektur, befriedigen die traditionalistisch-regionalistischen Bauten der Gemeinschaft, Siedlungshäuser, Jugendherbergen etc.
Wie die Architektur des Nationalsozialismus soll auch die Moderne – der zwanziger wie der fünfziger/sechziger Jahre – durch *ein* Prinzip geprägt sein. Jedoch: letztere erhebt den Anspruch, dies durch die ihr immanente Sachgemäßheit im Rahmen des marktwirtschaftlichen Industriesystems zu verwirklichen, also von reiner Immanenz geprägt zu sein, erstere beansprucht, »höhere« Werte bzw. ein gestaltendes Gesellschaftsprinzip, also innerweltliche Transzendenz, zu verwirklichen. Der Funktionalismus, die Architektur des Industrialismus, bestimmt sich von innen her. Sie lehnt daher jede Gestaltung (= Fassade) ab.

■ ■ ■ ■

Die für die dreißiger und vierziger Jahre in demokratisch-verfaßten, faschistischen und sowjetkommunistischen Gesellschaften charakteristische Architektur, die durch Form, Tradition und allgemeine übergeordnete Prinzipien geprägt ist, läßt sich als gebauter Ausdruck dessen sehen, was als »Große Transformation« (K. Polanyi) bezeichnet wird: Das marktwirtschaftliche Industriesystem gerät, so es seinen eigenen, ihm immanenten Gesetzen überlassen wird, immer tiefer in die Krise. Es kann vor Selbstzerstörung nur bewahrt werden, wenn ihm staatlicherseits Regelungen, Steuerungen entgegenwirken. Die demokratisch verfaßten Gesellschaften mußten den schlimmsten Auswirkungen der Wirtschaftskrise auch deswegen mit politisch-staatlichen Mitteln begegnen, weil im Gefolge der ökonomischen eine politische Krise und damit eine des Systems drohte. Der Staat (die Staatspartei) als Verkörperung des Gemeinwohls, staatliches Handeln als gesellschaftlich gestaltendes, gesellschaftlich integrierendes konnte und sollte sich deswegen auch in der Architektur ausdrücken.

Vor dem Hintergrund der Großen Transformation um 1930 werden die einander sehr ähnlichen Gestaltungsprinzipien, die in den politisch unterschiedlichen – faschistischen, sowjetkommunistischen, demokratisch verfaßten – Industriegesellschaften zu Geltung kommen, verständlich. Die politischen Unterschiede zwischen den Systemen bzw. zwischen den jeweils die gesellschaftliche Einheit stiftenden Kräften zeigen sich in der unterschiedlichen Ausgestaltung der gleichartigen architektonischen Form. Die Unterschiede können jedoch nicht darüber hinwegtäuschen, daß die Fassaden überall – mehr oder weniger – dasselbe notdürftig kaschieren: das staatliche geförderte und geschützte System der Industriegesellschaft mit seiner formalen, daher unbegrenzten und zerstörerischen Rationalität. Diese in den – zwar politisch unterschiedlichen – Industriegesellschaften gleiche Funktion des Staates führt zu der strukturellen Ähnlichkeit in der Gestaltung auch der staatlichrepräsentativen Architektur.
Die tiefe Krise der dreißiger Jahre überwinden die westlichen, demokratisch verfaßten Industriegesellschaften im und mit dem Zweiten Weltkrieg. In der Nachkriegszeit, in den fünfziger und sechziger Jahren, gibt es keine internationale Krise der kapitalistischen Industriegesellschaften. »Soziale Marktwirtschaft«, Steuerungsmechanismen, sozialstaatliche Maßnahmen etc. nach Keynesianischem Muster wurden im Zeichen der Großen Transformation zur Verhinderung sozialer Systemkrisen immer weiter ausgebaut und gleichzeitig möglichst so angelegt, daß sie die alleinseligmachenden Marktkräfte in ihrer Seligmachung so wenig wie möglich hindern bzw. deren Wirken sichern. In der langen Phase relativ ungestörten Wachstums wird eindringlich verkündet, daß es allein die Selbstkräfte der Wirtschaft, des Marktes seien, die Wachstum, Fortschritt und allgemein steigenden Wohlstand bewirken. Das Immanenzprinzip wird wieder propagiert.
In dieser Phase, in der im Vergleich zu den dreißiger Jahren nicht nur der Staat, staatlich-direktes Eingreifen, zurücktritt, sondern auch explizite positive Wertvorstellungen als gesellschaftsprägende nicht in Erscheinung treten (umsomehr walten die immanenten Werte: Sachgemäßheit, Wertneutralität, Erhaltung des Status quo), in dieser Phase der »Entideologisierung«, in der alle dem System nicht integrierbaren Werte, Postulate etc. als Ideologie (im Zeichen des Antikommunismus) bekämpft werden, dominiert eine Architektur, die ihrem Anspruch nach durch Sachgemäßheit und Nützlichkeit geformt, durch fortschrittsorientierte Technologie geprägt ist: Architektur als Industrieerzeugnis. Gebäude werden wie langlebige Industrieprodukte gestylt, zu Design-Objekten, zumindest da, wo sie einem gehobenen »Bedarf«, wo sie höheren Ansprüchen privater oder staatlich/städtischer Selbstdarstellung zu genügen haben.

Design ist eine aus dem Geist des Industrialismus geborene, dem Gesetz der Modernisierung gehorchende Gestaltung, die als Gestaltung ablesbar, weil vom Produkt ablösbar ist. Aber im Geiste sind sie eins: Das Design strahlt in der Zeit unbegrenzt scheinenden Wachstums als Ideologie des Form-follows-function Zuversicht und Einverständnis mit dem Vorgegebenen aus, kurz: Harmonie, Schönheit und damit auch Geborgenheit. Der Glaube an ein unbegrenztes Fortschreiten der Industriezivilisation und damit verbunden wachsenden Wohlstand für alle stellt ein in sich geschlossenes System dar, das keiner anderen Begründung bedarf. Fortschritt und Wachstum als solche sind die Legitimation. Wie die Industriegesellschaft, die den Markt vergöttert und die Immanenz anbetet, beansprucht, ohne explizite Werte auszukommen, ja solche – weil *den* Fortschritt begrenzend – ablehnte, so die ihr zugehörende Architektur ohne Fassade.

Heute steht die Fassadenarchitektur wieder hoch im Kurs. Positiv rezipiert wird der Trend seit Mitte der siebziger Jahre. Es ist die Zeit einer zunehmend krisenhaften Entwicklung, mehr noch: die Zeit, in der allgemeiner ins Bewußtsein tritt, daß Wachstum und industrieller Fortschritt, damit die Industriegesellschaft, an Grenzen stoßen. Die Beschränkungen des Marktes, nationale und multinationale Eingriffe in das Marktgeschehen, das Außerkraftsetzen des Marktes durch Monopolisierung und Absprachen einerseits und (sozial)staatliche Maßnahmen andererseits konnten eine Krise wie die der dreißiger Jahre verhindern. Aber all diese Maßnahmen können nicht verhindern, daß das System eindimensionalen Wachstums, daß Wachstum als solches an Grenzen stößt. Das bedeutet, daß sich das System nicht mehr aus sich selbst heraus – mittels Fortschritt und Wachstum – legitimiert.

Die Zeit der »Entideologisierung« ist vorbei – es wird wieder explizit auf Werte gesetzt. Die Zeit der funktionalistischen, der sachgemäß scheinenden Architektur ist vorbei – es werden wieder Fassaden gebaut. Der schöne Schein, das utopische Moment, das die Moderne der zwanziger Jahre verklärt hatte, aber auch der Glaube an die technisch-funktionelle Machbarkeit des Glücks, der sich mit der Moderne – hier der Architektur der Moderne – verbunden hatte, ist dahin. Die Modernisierung schreitet jedoch hinter den Fassaden, den neu-alten Wertsetzungen voran.

Die neue Fassadenarchitektur reagiert demzufolge auf eine ganz andere Krise als die der dreißiger Jahre – eine andere auch aufgrund der Erfahrungen aus jener. Die neue Fassadenarchitektur tritt – darin vergleichbar jener der dreißiger Jahre – mit dem Anspruch an, Anonymität, Gleichförmigkeit, Gesichts- und Sprachlosigkeit der bis dahin als modern geltenden Architektur zu überwinden, also das Industrielle, Funktionelle, Sachliche, Internationale, damit den »unmittelbaren« Ausdruck der Moderne. Die neue Architektur verkündet die neuen gesellschaftlich-integrativen Wertvorstellungen, Unmittelbarkeit und Heimat, Patriotismus und Identifikation mit dem Staat, Vielfältigkeit etc. Wo Wachstum als solches legitimatorisch nicht mehr trägt, beginnt – im Rahmen des Krisenmanagements – der Kampf um die Seelen. Politik und mit ihr verbundene explizite Wertsetzungen wollen eine unmittelbare gefühlsmäßige Zustimmung bewirken – Sachlichkeit trägt nicht mehr. Die Politik zielt im Kampf um die Seelen wie die Ökonomie auf den Verkauf, das Ankommen; die Verpackung der politischen Ware wird zunehmend wichtig; die postmoderne Architektur verleiht dem mit ihren reizenden Fassaden Ausdruck.

■ ■ ■ ■ ■

Die der Postmoderne zugerechnete Architektur zeichnet sich nicht durch Einheitlichkeit aus, sondern durch Vielfältigkeit. Alles ist möglich. Die Architekturszene vermittelt den Eindruck eines Warenhauses, treffender: sie gerät in die Nähe des Fernsehens. Ständig wechseln die Programme, bieten für jeden etwas, Heiteres und Ernstes, Feines und Grobes, Anspruchsvolles und Jedermannsgeschmack, Unterhaltsames und Bildendes. Und alles ist nicht-wirklich, ist nur ein Als-Ob. Das Medium Fernsehen unterhält mittels ständig wechselnder Fiktionen, Inhalte interessieren bestenfalls am Rande. Das sich stets erneuernde Angebot der Warenwelt, das Versprechen von Glück in dem sich ständig erneuernden Angebot von Fiktionen – dieser, die Modernisierung vorantreibende, Prozeß ist ein Prozeß ohne Ende, denn das Glücksversprechen wird nie eingelöst – ist umso wichtiger, je ungewisser und unsicherer die Zukunft und je weniger dem zukunftsorientierten Versprechen von mehr Wohlstand oder auch nur seine Sicherung geglaubt wird.
Die industrielle Warenproduktion beschränkt sich schon lange nicht mehr auf materielle Produkte und die ihnen angehefteten, aber mit ihnen nicht realisierbaren Versprechen, die daher immer neue Kaufhandlungen auslösen. Die industrielle Warenproduktion steigert ihren Umsatz heute insbesondere auf dem Unterhaltungssektor. Das Ausbleiben der auch hier suggerierten Befriedigung macht immer neue Unterhaltung erforderlich. In Zeiten der Gefährdung und Unsicherheit nimmt das Angebot ab und die Nachfrage nach Fiktionen zu. Die Menschen sind massenhaft umsomehr auf Unterhaltung verwiesen, je weniger die Aufstiegsideologie trägt, je weniger sie für und durch sich als einzelne eine steigende Lebensqualität und Befriedigung damit verbundener Bedürfnisse erwarten können. Stimulieren-

de Reize, verheißende Fiktionen werden in der atomisierten, segmentierten, Handlungen immer mehr auf Kaufhandlungen reduzierenden Massengesellschaft zu einem Erfordernis. Reize und Fiktionen werden zu Bedürfnissen, die Außenlenkung wird verinnerlicht.

Das industriell Funktionelle wird in immer mehr Bereichen verdeckt von ständig erneuerten Reizmitteln und Fiktionen: In der Warenwelt mittels Werbung, Verpackung und Design, in der gebauten Umwelt mittels neuer Fassaden. Die postmoderne und regionalistische Architektur ist gekennzeichnet von einer vereinheitlichenden Vielfältigkeit, wie sie auch das Fernsehen bestimmt: Nicht das jeweils Einzelne ist wichtig, sondern daß immer etwas Anderes, Neues – als Besseres, Ansprechenderes, Spannenderes – erwartet werden kann. Das ständig sich wandelnde Angebot an Fiktion und »Information« überlagert das strukturell Unveränderte in den unterschiedlichen gesellschaftlichen Teilbereichen.

Einerseits muß das Fernsehen, um zu fesseln, um die Menschen an die Maschinerie von Fiktionen zu binden, immer Neues, Unerwartetes, Sensationen bieten, andererseits, aus dem gleichen Grund, Vertrautheit bereithalten. Der Fernsehzuschauer soll sich dazugehörig, im Fernsehen, in Sendungen seiner Wahl zu Hause fühlen, den Showmaster wie den Nachrichtensprecher als guten Bekannten erwarten und eingeweiht sein in die Verwicklungen der Fernseh-Serien-Familien.

Auch die postmoderne Architektur liefert nicht nur Vielfältigkeit – das auch, das ist die Voraussetzung –, sondern auch Identifikationsmuster, Anheimelndes wie Hoheitliches. Wie das Fernsehen Fiktionen liefert, so die postmoderne Architektur eine Architektur des Als-Ob. Die Architektur läßt sich nicht stilistisch bzw. formal fassen oder ordnen, bedient sie sich doch des Formenrepertoires der ganzen Welt. Sie läßt sich am ehesten nach Gestaltungsprinzipien unterscheiden. Man bekommt die Postmoderne auch nicht zu fassen, wenn man sich mit den Bauten ihrer Großmeister befaßt und alles andere als Vulgarisierung abtut.

Postmoderne Architektur bringt die Fassade als selbständiges Element zur Geltung, ist immer – erkennbar – Fassadenarchitektur. Sie unterscheidet sich damit grundlegend von der Architektur des Nationalsozialismus, die echt sein bzw. aussehen sollte. Die postmoderne Architektur hingegen ist – ganz modern – »bloß« Informationsträger; sie ist nicht dies oder das, sondern spielt auf etwas an, verweist auf etwas, was sie nicht ist. Die Pflege der Fassade als selbständiger Bauteil ermöglicht die Vielfältigkeit postmoderner Architektur. Bekommt ein Gebäude diese Fassade als Gesicht (= Maske), ein anderes jene, so können grundsätzlich gleiche Gebäude sich unterschiedlich präsentieren. Architektur wird wie Waschpulver und

dieses wie Politik vermarktet: eine Politik, die sich ein entsprechendes Image zu geben versteht, sich entsprechend darstellt, verkauft sich gut. Die Fassade als selbständiger Bauteil macht Vielfältigkeit möglich; die Form löst sich ab von Funktion und Konstruktion. Die Vielfältigkeit ist – wie beim Fernsehen – äußerlich. Die Form ist eine des Als-Ob.
Das Als-Ob ist jedoch nicht »nur« austauschbare Unterhaltung, nicht »bloß« ein an Nachfrage orientiertes und Nachfrage erzeugendes Angebot – jedenfalls nicht in Westeuropa. Inhalte und damit Wertvorstellungen spielen, noch in ihrer Pervertierung eine Rolle. Die USA sind darin freier, die Massen- bzw. Televisionsgesellschaft ist in dieser Gesellschaft ohne Geschichte weiter vorangeschritten als in Westeuropa. In der Bundesrepublik konnte sich daher eine dem Massenmedium Fernsehen vergleichbare Unterhaltungsarchitektur nicht in der Weise wie in den USA durchsetzen. Traditionsbedingte, wertbesetzte architektonische Formen gewinnen in breiter Vielfältigkeit – also nicht als Stil oder spezifischer Glaubensakt – an Bedeutung. Dabei lassen sich, als zwei grundsätzliche Tendenzen, die regionalistische und die rationalistische Variante der Postmoderne unterscheiden. Die eine kommt – wie die Blut-und-Boden-Architektur – dem Bedürfnis nach unmittelbarer Geborgenheit und Vertrautheit entgegen, die andere – wie der purifizierte Neo-Klassizismus – dem nach Sicherheit und Ordnung.
Die Frankfurter Bauten können als Beispiele für die beiden Pole postmoderner Architektur in Deutschland-West gelten. Der Musentempel entspricht in der Würde seiner monumentalen natursteinernen Fassaden historisch geprägten Erwartungen an einen Bau für hohe Kunst. Die Reihe der Fachwerkhäuser am Markt kommt den Bedürfnissen nach einer heilen, historisch ungebrochen scheinenden Umwelt entgegen. Auch da, wo es sich sichtbar um Fassadenarchitektur handelt, meinen es die beiden Varianten postmoderner Architektur in Deutschland-West meistens ernst.

■ ■ ■ ■ ■ ■

Der Rationalismus in reiner, gleichsam klassischer Form, in Bauten, die unmittelbar vom italienischen Rationalismus oder vom purifizierten Neo-Klassizismus der dreißiger/vierziger Jahre und darüber hinaus von Architekturvorstellungen eines Boullée oder Ledoux abstammen, ist selten. Nicht dieser Rationalismus, wohl aber rationalistische Architektur hat sich als *die* postmoderne Architektur in Europa durchgesetzt. Sie zeichnet sich, wie der Rationalismus strengster Ausprägung, durch eine Orientierung an klassizistischen Formen und Proportionen

5

aus, insbesondere aber durch die geometrisch einfache Form der Baukörper, die Unbedingtheit der stereometrischen Grundformen mit ihren ebenen Flächen und scharfen Kanten (Abb. 5). Im Willen zur in sich abgeschlossenen und ruhenden Form kommt Unnahbarkeit und Unbedingtheit von Autorität zum Ausdruck. Große, ungegliederte Flächen und Körper ohne Anfang und ohne Ende, ohne Sockel und ohne Abschluß, damit ohne Maßstab und ohne Halt- oder Ruhepunkt für das Auge, bringen Größe als solche, also Quantität als ästhetische Qualität zum Ausdruck; die Erhabenheit im klassischen Verständnis wird hier als autoritäre Geste wirksam. Eine nur senkrechte, meist enge, immer gleichmäßig-gleichförmige Gliederung, die Zusammenfassung übereinanderliegender Fenster hebt das Unabmeßbare der Größe, das im Wortsinn Unermeßliche hervor. Die stockwerkübergreifende Gliederung (Abb. 6) erscheint zumeist als pfeilerähnliche Gliederung, die wiederum das Klassische beschwört und gleichzeitig jede durchgehende Waagerechte ausschließt. Die Überhöhung von Ein- und Durchgängen verstärkt den Eindruck von herrschaftlichem Anspruch und unnahbarer Autorität, hat also einen repressiven Charakter (Abb. 7).

Diese Ausformung postmoderner Architektur kann sich (wie in Frankfurt) vormoderner Baumaterialien bedienen und damit einen spezifischen, auch emotionalen Traditionsbezug herstellen; sie kann aber auch in Material, Gestaltung und Verarbeitung modern sein. Die postmodern rationalistische Architektur enthält sich hierzulande häufig des Historisierenden und Erzählerischen. Die Gigantomanie und Megalomanie der großen, einfachen, sich hermetisch abschließenden rationalistischen Form im Gewand der industriellen Moderne kennt nichts Spielerisches, nichts Ironisches (Abb. 8). Diese Architektur ist von lebensverneinendem Ernst. Die Nachkommen, keineswegs nur die westdeutschen, von Boullée, Ledoux, den Rationalisten und Neoklassizisten scheinen unter Beweis stellen zu wollen, daß autoritäre Monumentalität und Kollossalität im 20. Jahrhundert mit den Mitteln der Moderne sehr viel großartiger verwirklicht werden können als mit historisierenden Natursteinfassungen (Abb. 9).

In anderen westeuropäischen Ländern, deren jüngste Geschichte nicht in der gleichen Weise belastet ist wie die deutsche, die einen anderen Umgang mit ihrer Geschichte und dem Nationalen haben (können), entstehen häufiger rationalistische Monumentalbauten, die sich auch auf den Klassizismus oder den Barock-Klassizismus beziehen (Abb. 10). Das Ernst-Gemeinte – z.B. Schlösser und Paläste mit Sozialwohnungen – wird ironisch wieder aufgehoben. Mit den Formen der Vorbilder wird gespielt, sie werden verfremdet (im Unterschied zur Praxis in den sowjetkommunistischen Gesellschaften, als

6

7

der Anspruch erhoben wurde, Schlösser und Paläste für Arbeiter zu bauen).
Die Vermassung postmodern-rationalistischer Architektur allerdings bedient sich weniger solch reiner Erzeugnisse. In der europäischen postmodernen Architektur überwiegen die Betonung der einfachen, abgegrenzten Form, die ebene Fläche, quadratische Fenster, betonte, senkrechte, stockwerkübergreifende Gliederungen, überhöhte Eingänge u.a. (Abb. 11). Diese Elemente werden häufig vermischt bzw. versetzt mit Klassizismen. Das Einfach-Große und Erhabene wird oft scheinbar spielerisch, also dekorativ genutzt. Das verleiht den so verkleideten Bauten Würde, wenn auch als bloße Applikation (Abb. 12). Die rationalistische Architektur scheint dem lange Zeit vernachlässigten Bedürfnis nach Sicherheit in der Anerkennung von Größe und direkter Autorität Rechnung zu tragen: Geborgenheit durch Unterwerfung. Offensichtlich kann in der gegenwärtigen Krise, die für viele Menschen Unsicherheit mit sich bringt, zwecks Stabilisierung wieder auf Autorität, Sicherheit und Ordnung gesetzt werden.
Aber so ganz ungebrochen wird das Autoritäre doch nicht vorgetragen. Die rationalistische Architektur ist hierzulande, wenn sie nicht in moderner, allgemein erkennbar industrieller Gestaltung errichtet wird, nahezu immer gebrochen, als Fassade sichtbar (wie in Frankfurt am Kulturschirn) oder anderweitig – scheinbar – nicht ganz ernst gemeint. Darin steht sie im Gegensatz zum Regionalismus, der andern wertbesetzten Ausformung postmoderner Architektur, mit der sie sich aber auch vermischen kann. Das Rationalistische wird dabei jedoch nicht einfach durch das Regionalistische abgeschwächt, vielmehr wird das eine durch das andere ergänzt.

■ ■ ■ ■ ■ ■ ■

Wichtiger als »Rekonstruktionen« wie am Römer in Frankfurt sind bei der Analyse des Regionalistischen Neufassungen traditionsreicher Umgebungen, wie auch Gestaltungen neuer Plätze und Gebäude, bei denen davon ausgegangen wird, daß sie für die Identifikation der Menschen mit ihrem Ort und für den emotionellen Haushalt der Menschen bedeutsam sind, wie z.B. Markt, zentraler Einkaufsbereich, Rathaus (Abb. 13) und Wohnsiedlungen. Die neue regionalistische Architektur verwendet dabei alle erdenklichen, auch sehr fern liegende Regionalismen (chinesische Formen in Milton Keynes/Großbritannien, bayerische in Niedersachsen) (Abb. 14), Giebel und Erker, Steildächer und Dachgaupen, Arkaden, kleinteilige Fenster, große Dachflächen, Rundbögen, Fachwerk und andere Bauteile und Formen, orientiert am dörflichen, kleinstädtischen,

Abb. 5
Dorsten (Ortsteil Wulfen): Modischer Rundbau mit modischer Brechung – Die Würde des Einfachen
Abb. 6
Runcorn (Großbritannien): Industrie-Bau-Klassizismus für den Massenwohnungsbau
Abb. 7
Milton-Keynes (Großbritannien): Autorität und Würde als Fassade der Stadtbibliothek

8

9

10

11

12

13

14

15

Abb. 8
Kopenhagen (Dänemark): Nationalbank – Monumentalität in der Sprache der Moderne
Abb. 9
Paris, La Défense (Frankreich): Geschäftshaus – Quantität als Qualität

Abb. 10
Marne-la-Vallée (Frankreich): Beton-Barock für den ‚sozialen' Wohnungsbau
Abb. 11
Karlsruhe: Bankgebäude an historischem Ort – Gespielte Zurückhaltung
Abb. 12
Bielefeld: Das große Tor zur Warenwelt
Abb. 13
Zeven: Rathaus – Der Turm gehört zum Rathaus wie das Ringelschwänzchen zum Schwein
Abb. 14
Oberbayern in Niedersachsen – Reihenhäuser im *Landkreis Osnabrück* (»Karnickelställe« genannt)

Abb. 15
Mönchengladbach: Regionalistisches Bauen am Marktplatz – Giebelhäuser wie noch nie
Abb. 16/17
Karlsruhe: ‚Angepaßtes' Bauen – Der Neubau der achtziger Jahre ‚reagiert' auf den gegenüberstehenden Altbau

16

17

18

19

Abb. 18/19
Celle: Die Straße mit den Giebelhäusern führt direkt auf das vergiebelte Bekleidungskaufhaus zu

regionalen oder allgemeiner am vormodernen Bauen (Abb. 15). Regionalistisches Bauen ist grundsätzlich ernst gemeint, bedient sich daher nicht bzw. nicht erkennbar der ablösbaren, den nur lose verbundenen Fassaden, versucht aber auch nicht, wie der Regionalismus z.Zt. des Nationalsozialismus, die Neubauten echt-alt erscheinen zu lassen. »Historische« Bauteile und »regionale« Formen werden wie Industrieprodukte nach modernen Designvorstellungen entwickelt und oft in modernen industriellen Materialien ausgeführt. Ein Giebel ist daher nicht wirklich ein Giebel, sondern nur die Anspielung auf »Giebel«, eine Information (Abb. 16, 17).

Die Teile wie das Ganze sind Verallgemeinerungen. Sie entbehren jeder Konkretheit, wie das Signet, das auf etwas, z.B. den Notausgang, die Toilette in allgemeinster Form verweist. Die zu Zeichen verkümmerten Bauteile und architektonischen Gestaltungen verweisen in ihrer Abstraktheit (Abb. 18, 19) nicht auf bestimmte Vorbilder, eine konkrete Vergangenheit, nicht auf die angedeutete Tradition selbst, sondern auf die im zeitgenössischen Bewußtsein mittels industrieller Techniken und Medien erzeugten und verankerten Bilder. Mit den Mitteln (= Medien) der Moderne wird – wie in einem Film, der die Fiktion z.B. einer Geschichte aus vergangenen Jahrhunderten darbietet – auf das Gemeinte verwiesen.

Im Unterschied zum Regionalismus der dreißiger und vierziger Jahre verbirgt der moderne bzw. postmoderne Regionalismus seine industrielle Natur nicht oder doch selten. Sie verleiht den regionalistischen Gebäuden das finish, das allen Design-Produkten eigen ist. Die nationalsozialistisch gebrauchte volkstümliche Architektur versuchte hingegen dem Gemeinten unmittelbar zu entsprechen, echt auszusehen, auch wenn moderne Konstruktions- und Baumethoden, industrielle Materialien verwendet wurden, auch wenn Sinn und Zweck der Gebäude nur in einer industriellen Massengesellschaft gegeben war, wie bei einer Autobahnbrücke, einer Schulungsburg, einer Fliegerhorst genannten Luftwaffenkaserne. Der moderne postmoderne Regionalismus stellt sich nicht in Gegensatz zur Moderne und zur Modernisierung. Er braucht daher im Unterschied zu dem der dreißiger/vierziger Jahre seine Natur nicht zu verbergen. Mit ihm wird keine, auch keine scheinbare, Alternative zur Architektur der Industriegesellschaft angeboten. Diese gebiert vielmehr ihre ideologische Überhöhung aus sich selbst: Seht her! Alle können es sehen, die Gesellschaft, so wie sie ist, befriedigt auf der Grundlage der fortgeschrittenen Technologie nicht allein die materiellen Bedürfnisse der Menschen, sondern auch die nach Unmittelbarkeit, Vertrautheit, Sicherheit, Geborgenheit, deckt also auch ihre emotionellen Bedürfnisse ab. Nicht nur neu-alte Formen der Arbeit, wie z.B. Heimarbeit, sind wieder möglich, auch neu-alte Formen des

Abb. 20
Saint-Quentin-en-Yvelines (Frankreich): Massenwohnungsbau in vorfabrizierten beton-klassizistischen Schloß-Hüllen
Abb. 21
Saint-Quentin-en-Yvelines (Frankreich): Reihen-Bauernhäuser aus der Retorte, 15 Minuten Fußweg von den Schloßbauten

20

21

Wohnens sind wieder gegeben, wie ein quasi-dörfliches. Der Besuch von Disney World erübrigt sich schließlich, wenn die erzeugten Träume mit Hilfe der modernen Technologien und Medien an Ort und Stelle erfüllt werden, jeder Ort Teil von Disney World ist (Abb. 20, 21) ■

HAKENKREUZE IM DEUTSCHEN WALD

Faschistisches als Thema der Neuen Malerei

Georg Bussmann

»Faschismus, das ist die Gewalt, die ängstliche Menschen ausüben.«
Helke Sander, *Der Beginn aller Schrecken ist Liebe*

»Märkischer Sand« von Anselm Kiefer, 1982 ausgestellt auf der Documenta 7 (Abb. 1), war ein Bild, das kaum einen gleichgültig ließ. Eine lehmbraune Tafel mit schrundiger, roher Oberfläche, weit, wüst und leer. Eine Weltlandschaft, bei der der Blick von weit her kommend, wie wenn er die gewölbte Form der Erdkugel erahnte, zum Horizont eilt. Das war mit Sand gemalt, aber nicht um eines Oberflächenreizes willen, sondern um mit der Realität des Materials die Magie des Ortes zu beschwören, oder besser der Orte. Denn beim zweiten Hinsehen entzifferte man dann die in ernsthafter Kinderschrift auf Zettel geschriebenen Ortsnamen: Küstrin, Köpenick, Kunersdorf, Freienwalde und andere – schließlich Oranienburg. Und das war der Moment, in dem die Melodie, die da im langsamen Einsehen in einem entstanden war »... steige hoch du roter Adler« – plötzlich abbrach: Oranienburg, 1933 das erste KZ auf deutschem Boden.
Was für eine Art Geschichtsbild war das, was für eine Art Historienmalerei ist das, bei der nicht illustriert, nicht beurteilt und eingeordnet wird – was ja auch immer ablegen oder abschließen hieße –, sondern ein Innenbild entsteht und man plötzlich spürt, was mit dem Klischee »Atem der Geschichte« einmal gemeint gewesen sein könnte. Wenn das Heilige etwas ist, das fraglos angenommen wird und damit im äußersten denkbaren Widerspruch zur Ironie steht, so hatte dieses Bild,

1

Abb. 1
Anselm Kiefer, *Märkischer Sand*, 1982
Abb. 2
Anselm Kiefer, *Die Halle*, 1982
Abb. 3
Wilhelm Kreis, *Soldatenhalle*, vor 1941

so haben viele der Bilder Kiefers eine Art heiligen Ernst. Daß dieser Punkt in den Selbstbildnissen überzogen erscheint, mag diese brechen, nimmt ihrem Anspruch aber nicht das Gewicht. Die Methode Kiefers, Großfotos zu übermalen (Abb. 2), kann formal simpel erscheinen, in der Haltung verlangt sie immer wieder das buchstäbliche Hineinarbeiten in die angesprochenen Situationen und in das, was da in diesen Hallen und Gewölben, in diesen Landschaften als Geschichte und Geschichten steckt (Abb. 3). Kiefer, der immer mehr Bildermacher im Sinne von Imaginator, Beschwörer ist, als Maler, hat um 1970 eine Reihe von Aktionen mit dem Titel »Besetzungen« gemacht. An verschiedenen Plätzen in Europa, die während des 2. Weltkrieges von der deutschen Wehrmacht eingenommen waren, ließ er sich mit dem zum Hitlergruß erhobenen Arm fotografieren: Rückgewinnung von Geschichte durch Identifikation. Das heißt, vor dem Annehmen der Sinngebungen, mit denen Wissenschaft und Politik Geschichte als abgeschlossene Realität festschreiben, steht das Herbeizwingen des Vergangenen in all seiner widersprüchlichen, auch undeutlichen Präsenz, wie die Reste, die Überbleibsel, die Geschichten von Menschen und Orten oder deren bloße Namen es unserem Gefühl nahelegen. Da wird gesetzt auf die Offenheit und Vieldeutigkeit, die Geschichte als reales Geschehen einmal hatte. Es wird gesetzt auf die Durchmischung des Wissens mit Gefühlen. Geschichte als angehäuftes Wissen und als Spur von sich konsequent entwickelnden Auseinandersetzungen klassenbestimmter

2

3

Interessen im Prozeß der Nutzbarmachung der Welt, das ist Kiefer zu abstrakt, zu fern. Seine Erfahrung von Geschichte hat, was gewußt werden kann, im einzelnen Fall durchgearbeitet, sie erfüllt sich im subjektiven Nachvollzug, im Gefühl für Landschaft, für historische Orte, für Namen (»Waterloo, und die Erde zittert noch«). Und wenn eine groß gemeinte NS-Architektur ihm großartig erscheint, so ist sie ihm das – und dann erst wird sie in seinem Bild entleert, verbrannt zur Ruine und zum ambivalenten Zeichen einer in unsere Gegenwart hineinragenden Zeit. Was Albert Speer für die Bauten des 3. Reiches plante, daß sie noch in Jahrtausenden als Ruine groß und bedeutsam seien, wird hier qua Malerei pessimistisch imaginiert.

Was ist die Konsequenz dessen, wie Geschichte bei diesem Bildermacher präsent wird?

Der Einzelne, qua Geschichte und Kultur zur Individuation verurteilt, soll ein Bewußtsein entwickeln, das mehr auf das achtet, was außer ihm, was mit ihm und allen anderen geschieht. Seine Lebenszeit wird ihm dann zu einem Teilabschnitt, zu einem Rinnsal in einem großen Fluß, und Geschichte erscheint ihm endlos und ewig wie eine zweite Natur, ohne Moral, apolitisch, mythisch: Schicksal der Welt. Dem sich einordnen, erhebt den Einzelnen, gibt ihm tragische Würde und stiftet, wenn nicht Sinn, dann Gelassenheit, »...aus der Welt werden wir nicht fallen. Wir sind einmal darin.« (C. D. Grabbe). Das ist es, was die Bilder Kiefers so verführerisch macht.

Ich glaube nicht, daß man sich Skrupel bei Kiefers Bildern erst anlesen muß von der Kunstkritik (oder gar von diesem Text hier). Angelesen wären sie nicht wirklich, man hat sie, und sie ruhen nicht. Deshalb sollten auch die Ausstellungsmacher, die Kiefer ausstellen, nicht blindlings vermutete oder dem Maler (von wem?) unterstellte »politisch bedenkliche Sympathien« einfach abstreiten oder wegerklären[1], sondern das Nah-Herangehen an die Bildwelt des Faschismus als eine der Leistungen Kiefers vermitteln. Kiefer zeigt sich berührt vom Sakralen der monumentalen Form, wie sie in den Architekturen des Nationalsozialismus zur Ausrichtung auf den Opfertod und zu dessen Feier benutzt wurde. In seinen Bildern setzt er uns diesem Gefühl aus, verunsichert uns, ermöglicht ein neues, mehr persönliches – weil in uns selbst entstehendes – Bild dieser Geschichte und zwingt uns, den Prozeß der Auseinandersetzung mit dem Faschismus neu zu eröffnen. Natürlich liegt, was als Resultat, als Beschluß dabei herauskommt, bei uns, aber das ist weniger wichtig als den Widerspruch der Gedanken und Gefühle, der sich dabei ergibt, erst einmal anzunehmen.

Das Werk Kiefers ist nur eines, aber vielleicht das emotionell bewegendste Beispiel dafür, wie in der zeitgenössischen Kunst mit dem Thema Faschismus umgegangen wird. Anders liegt

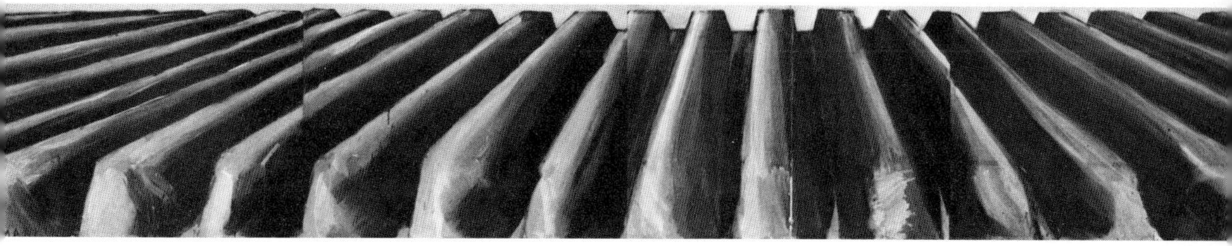

der Fall bei Markus Lüpertz, dem man »Apotheosen ohne Skrupel« (»Kunstwerk«) vorgeworfen hat. Ende der sechziger und in den siebziger Jahren entstehen dessen dithyrambische Bilder mit Stahlhelmen und Arrangements von Waffen und militärischen Insignien (Abb. 4). Lüpertz wählt nicht den Weg persönlichen Mythologisierens, sondern zitiert vorgefundene Klischees. Wie die Trophäen den Sieger preisen, sind seine Bilder »lautstarke Affirmation«[2]. Wenn die nun den Waffen und Abzeichen der faschistischen Wehrmacht gilt, ist das nicht einfach mit einer Vorliebe für »deutsche Motive« zu erklären, sondern irritiert, ärgert gar. Das Dithyrambische, d.h. das Sprechen in einer gesteigerten oder – wie das Lexikon sagt – »begeisterten« Form, drückt sich bei Lüpertz in der Souveränität des malerischen Gestus wie in der Bildreihung oder -wiederholung aus. Es bedeutet – und dies für alle Bildthemen – Erhöhung und zugleich Entleerung der Motive. Einerseits werden die Inhalte gleich-gültig, andererseits gewinnen sie in der Entleerung eine Macht der nackten Form, die unnahbar, fremd und – wie etwa in dem »Spargelfeld« von 1966 – gewalttätig wirkt (Abb. 5).

4

Exkurs: Im Werk von Arno Breker ist nach 1933 zu beobachten, wie die ursprünglich impressionistisch differenzierte, an Rodin geschulte bildhauerische Form angesichts der »neuen nationalen Aufgaben« geglättet, schematisiert, entpersönlicht und zur Großform aufgeblasen wird. Erinnern, d.h. ein Hineindenken in die Figur, ist bei deren Übermaß nicht mehr möglich. Man begegnet nichts Menschlichem mehr, sondern einer abstrakten Idee (Stärke, Angriffsbereitschaft usw.). Es gibt keine Kommunikation (= Austausch), sondern Indoktrination und Unterwerfung. Wenn die dabei zu beobachtende Entlebendigung im Verständnis des Faschismus als Zuwachs an Stärke erlebt werden kann, so deshalb, weil der einzelne Betrachter – ähnlich wie bei der Monumentalplastik des ausgehenden 19. Jahrhunderts – sich hier nicht als Individuum, sondern als Teil eines übermächtigen Gemeinschaftskörpers (Volk, Rasse) erfährt, ein Erlebnis, das ihn über sich hinaus erheben soll.

Die Verfremdungsmethode von Lüpertz verfährt nach einem ähnlichen ästhetischen Prinzip, geht damit jedoch spielerisch um. Die Stahlhelme, Spargelfelder, Ähren, Hochhäuser, Eisen-

5

bahnschienen usw. werden vom Betrachter zwar als bekannt ausgemacht, aber das gewohnte Bild, die geläufige Erfahrung wird ausgelöscht und eine andere an seine Stelle gesetzt. Lüpertz spielt sein Spiel changierend zwischen Ironie und Ernst. Da Einfühlung nicht gefragt ist, gilt es für den Betrachter, die bis zur Starrheit gesteigerte Geste der Malerei auszuhalten, sich ihr gegenüber zu behaupten. Entscheidend ist da letztlich, wem die Anstrengung des Künstlers diente oder dient, beim »Lieblingsbildhauer des Führers« liegt die Antwort auf der Hand, bei Lüpertz soll die Maßlosigkeit »den Ruhm der Malkunst – seiner Malkunst selbstredend«[3] verkünden.

Bei Georg Baselitz ist es vor allem die auf der Biennale Venedig 1980 ausgestellte Skulptur, die öffentliche Diskussionen provo-

6

ziert hat (Abb. 6). Unter dem Titel »Überdosis an Teutschem« berichtete Werner Spies in der FAZ (2. Juni 1980) von der Biennale Venedig und von dem deutschen Beitrag dort. Mit dunklen Worten »Vor dem Säer muß gewarnt werden« spricht er von den ebenfalls dort gezeigten Arbeiten Kiefers. Baselitz wird mehr direkt angegangen: »Die Figur von Baselitz, die sich aus einem waagrecht liegenden Holzblock in einem stumpfen Winkel nach hinten erhebt, grüßt mit dem rechten Arm.

Abb. 4
Markus Lüpertz, *Schwarz-Rot-Gold – dithyrambisch,* 1974
Abb. 5
Markus Lüpertz, *Spargelfeld – dithyrambisch,* 1966
Abb. 6
Georg Baselitz, *Modell für Skulptur,* 1982

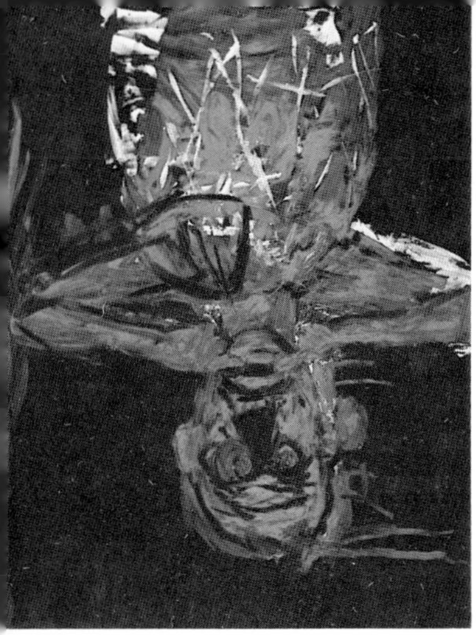

Abb. 7
Georg Baselitz, *Ohne Titel*, 1982

Eine imperiale, tausendfach verwendete Geste, die von zahlreichen Besuchern sofort mit dem Hitlergruß gleichgesetzt wurde.«

Also, da fühle ich mich gemeint, auch ich habe diese Arbeiten so angesehen, nur, da ist zugleich auch dieser distanzierte und distanzierende Titel »Modell für Skulptur«, und vor allem dieses quälerische Moment, das typisch ist für die Arbeit von Baselitz und das Walter Graskamp »Visuellen Sadismus« genannt hat. Bei aller »Malerei als Malerei«, um die es bei Baselitz geht, überfällt einen bei den Portraits, Landschaften, Adlern doch immer wieder auch die »falsche«, schrecklich verkehrte Dringlichkeit, das schleift sich nicht ab, auch im wiederholten Sehen nicht (Abb. 7). Das ist das existenzielle Moment dieser Arbeiten, das immer in der gleichen Weise schroff autoritär vorgetragen wird. Es hat etwas Barbarisches und Unerlöstes. Bei dem »Modell für Skulptur« von 1980 liegt die Figur am Boden und steckt zur Hälfte im Block. Der Oberkörper erscheint weniger aufgerichtet als vielmehr zurücksinkend. Einzig die Geste des erhobenen Armes markiert so etwas wie heroisches Aufbegehren vor dem endgültigen Fallen und der Erstarrung im Tode. Was Baselitz der Un-Form des Holzblocks gerade noch an Figur abkämpft, erscheint weniger wie unvollendet, als vielmehr wie die fortschreitende Rückverwandlung der Figur in totes Material, ihr Übergang in Gestaltlosigkeit. Baselitz, auf die Kritik von Spies angesprochen, antwortet: »Meiner Holzfigur habe ich nicht einmal einen Namen gegeben, weil sie doch sichtbar in der ikonografischen Tradition ‚Bild des Gefangenen' steht«. Ja, nur daß in dem Pathos dieser Figur – und selten wird deutlich wie hier, daß dieses Wort Leiden bedeutet – sich nicht nur stoisches Ertragen, sondern auch Todeswut, d.h. eine Faszination vom Umgehen mit einer kalten Gewalt zum Tode spiegelt. Das einfach faschistisch zu nennen, trifft nicht die Sache. Diese Stilisierung ist älter als der Faschismus. Wenn dieser in seinen Todesritualen, waffenstarrend, mit Fackeln, Scheinwerfern, Fanfaren und Trommeln diese Ästhetik überspitzte und absolut setzte, so kann die Form und die Haltung dadurch doch nicht für immer in dieser Weise besetzt bleiben? Das teutsch oder teutonisch zu nennen, mag angehen, aber was ist damit gesagt? Entsprechend der Übermacht und Unverdaulichkeit der NS-Geschichte, entsprechend der Verletzbarkeit dieser offenen Stelle in unserem historischen Bewußtsein reagiert Spies über. An sich verständlich, führt sein Urteil jedoch zu nichts weiterem. Spies projiziert in klassischer Manier, wieder einmal muß der Bote für die Botschaft herhalten. Nicht eine »Überdosis an Teutschem« bietet Baselitz, sondern das Maß an Härte, die in Kunst möglich ist und die auch in deutscher Geschichte steckt. Daran zu denken, sich dem zu stellen, halte ich mit für den Sinn dieser Kunst.

In einem sehr engagierten Artikel[4] hat Klaus Wagenbach auf Werner Spies und auf die von anderen vorgebrachten Verdächtigungen gegen Kiefer, Lüpertz und Baselitz reagiert. Er geht schlicht und direkt vor und befragt die Künstler. Am eindeutigsten reagiert Kiefer: »Ich habe überlegt, wer ich bin, da liegt die deutsche Geschichte nahe – ich will einfach herausfinden, wie ich mich damals verhalten hätte.« Baselitz antwortet mit dem bereits erwähnten Zitat und Lüpertz dreht den Spieß um zu einer ruppigen Retourkutsche: »Auch so eine Schablone: ‚Der Lüpertz ist rechts, weil er nicht links ist'.« Man kann das eine Vereinfachung nennen, man kann sich aber auch getroffen fühlen. Entscheidend beim Text von Wagenbach ist der Schlußsatz: »Wenn nun aber einmal Künstler – ohnehin selten genug – Möglichkeiten des Umgangs mit der eigenen Geschichte versuchen, so müssen wir beide Möglichkeiten eines solchen Umgangs – die didaktisch sortierende und die sich auf Ambivalenzen einlassende – gelassen zulassen, wenn wir unsere Geschichte nicht aus unserer Gegenwart aussperren wollen«. Ja, zu einem anderen Schluß werde ich bei diesem Schreiben hier wohl auch nicht kommen, allerdings denke ich, daß dieser Schluß anders begründet werden muß. Wagenbach zielt m.E. zu kurz, wenn er fortfährt: »Und wenn diese Künstler die Farbe ein wenig dick auftragen oder die Konturen kraftmeierisch nachziehen (so wie sagen wir mal ziemlich ‚deutsche' Maler wie zum Beispiel Kirchner und Nolde), so ist das vielleicht entartet (wie es im Nazijargon hieß), aber gerade nicht ‚faschistisch'. Denn wie sah denn die Malerei des Nazismus aus? Adolf Ziegler (zu Recht ‚Meister des Schamhaares' genannt), ein öder, glatter, hohler, langweiliger Klassizist, ein Fotograf in Salatöl – so sah die deutsche offizielle Malerei der dreißiger Jahre aus, so gefiel sie dem durchs ‚Haus der Deutschen Kunst' getriebenen ‚Volk' und seinen ‚Führern'«.
Die Kunst des Faschismus an dem Naturalismus Zieglers und dem Neoklassizismus Brekers, Speers oder anderer festzumachen, ist seit den Auslassungen Werner Haftmanns und anderer nach 1945 bis heute (siehe »Zeitmagazin« Nr. 44, Oktober 1986) viel geübter Brauch der Kunstgeschichte. Die NS-Kunst so auf die Qualitätsfrage reduziert, konnte aus den Museen ferngehalten werden und aus dem bürgerlichen Bewußtsein ebenso. Dabei weiß man natürlich, künstlerische Qualität beruht auf Absprachen, und Absprachen können geändert werden, auch Makart war einmal im Depot. NS-Kunst als NS-Kunst-Kunst, das zu denken ist unerträglich – noch. Kunst ist Komplize von Geschichte – immer, im Museum wird gerade dies jedoch ausgespart – immer, also muß man kein Zyniker sein, um sich vorzustellen, daß es nur eine Frage der Zeit ist, bis sie uns im Museum begegnen, die Breker, Peiner, Wissel usw. – natürlich nicht als NS-Kunst.

Das ist das eine, das andere ist: Wagenbach nennt Kirchner und Nolde »ziemlich deutsche Maler«. In der Tat, sie waren deutsche Maler. Sie haben sich selbst ausdrücklich in Abwehr der Diffamierungen von konservativer Seite so genannt, Kirchner, als er 1937 aus der Akademie ausgestoßen wurde, und Nolde – seit 1920 Mitglied der NSDAP –, als sein Aufnahmegesuch in Schultze-Naumburgs »Kampfbund für Deutsche Kultur« abgelehnt wurde. Und wie andere konnten sie sich auch nach 1933 noch identisch mit der deutschen Kultur fühlen, gab es doch bis 1935 eine starke Tendenz, ausgehend von einer Gruppe von Künstlern, Studenten und Kunsthistorikern (Werner Haftmann etwa) um die Zeitschrift »Kunst der Nation« (1933 bis 1935), die, Nationalsozialisten allesamt, als neue nationale Kunst den Expressionismus auf den Schild zu heben gedachten: »Es steht so und nicht anders, daß gerade die neue Kunst die Wegbereiterin der nationalen Revolution gewesen ist... Die Träger der nationalen Revolution in Deutschland waren die Künstler der ‚Brücke' wie Nolde, Otto Müller, Heckel, Schmidt-Rottluff, Pechstein, die Künstler des ‚Blauen Reiter', Franz Marc und Macke, Klee, Feininger, die Bildhauer Kolbe, Barlach, die Architekten Poelzig, Tessenow, Mies van der Rohe, um nur einige Namen herauszugreifen«, das schrieb Bruno E. Werner in der »Deutschen Allgemeinen Zeitung«, Berlin, am 12. 5. 1933. Und diese Überzeugung war nicht nur unter NS-Parteigängern verbreitet, auch Oskar Schlemmer notiert 1935 in sein Tagebuch über Nolde: »Er ist wirklich der deutsche Künstler, den der Nationalsozialismus bedingungslos auf den Schild erheben müßte, wenn es mit rechten Dingen zuginge«[5]. »Rechte Dinge«, wie hätten die aussehen können? Nun, ähnlich wie im Faschismus Italiens und Spaniens hätte eine bewegliche zwei- oder mehrgleisige Kulturpolitik herrschaftstechnisch natürlich auch in Deutschland Sinn gemacht, die Propagierung der »völkisch gesunden« Kunst zugleich mit der Bekämpfung der Moderne hätte massenintegrierend gewirkt und die begrenzte Zulassung der Moderne hätte einem liberalen Bürgertum kulturelle Weiterentwicklung und Modernität des Nationalsozialismus suggerieren können. Und der Regisseur dieses Balancespiels – übrigens keines grundsätzlich anderen, als wir es immer in bürgerlicher Kultur, d.h. auch heute noch erleben – wäre Goebbels gewesen, der ohnehin ja dann rasch merkte, daß mit der befohlenen neuen deutschen Kunst kein Staat zu machen war und sich dem Medium Film zuwandte. Man weiß, wie es dann 1937 kam: Auf Hitlers Machtwort hin lief die Aktion »Entartete Kunst« an mit Beschlagnahmungen, »Schandausstellung« und Ausverkauf der Moderne ins Ausland. Es war wohl einerseits der von der unbegriffenen Kunst geängstigte, wütende Kleinbürger in Hitler und andererseits sein besonderes Sendungsbewußtsein als verhinderter Künstler, was ihn hier blindlings und mit solcher Brutalität und Stupidität zuschlagen ließ – aber er war auch hier nur der Vormacher und »Führer« für in der bürgerlichen Gesellschaft stets virulente Tendenzen zur Ausgrenzung von Widersprüchen und deren symbolischer Figuration in der Kultur der Zeit. War die Aktion »Entartete Kunst« 1937 wichtig zur Ausmerzung der Moderne wie zur Aufrechterhaltung der Illusionen, der Faschismus bedeute wirklich »revolutionären Neuanfang«, so erweist der Mythos von der »Entartung« – ironischerweise – nach 1945 ein zweites Mal seine Nützlichkeit, jetzt in umgekehrter Richtung. Die Moderne, »die durch die Angriffe hindurchgegangen ist und selbst in der Katakombe lebendig blieb«[6], betrat nicht nur ganz und gar unschuldig die Bühne des Kunstbetriebs, sondern sie war sogar »Deutschlands gutes Gewissen in seinen dunkelsten Tagen«[7] und konnte nun dienen, das bessere Deutschland, die BRD, wieder an die kulturelle Entwicklung des freien Westens anzubinden. Die Aktion »Entartete Kunst« so zu sehen, mag verblüffen, verblüffender ist, daß die Voraussetzungen zu diesem – hier verkürzt vorgetragenen – Schluß seit Hildegard Brenners grundlegendem Buch von 1963, »Kunstpolitik des Nationalsozialismus«[8] bekannt waren.

Der Sinn solchen Querdenkens zur landläufigen Meinung ist nicht, sich nun in einer Art Gedankenspiel die Heroen der Moderne, also Nolde, Beckmann u.a., als NS-Künstler vorzustellen. Einige wären natürlich, wie Millionen anderer Deutscher auch, verführbar gewesen, nicht weil sie besonders national gesonnen gewesen wären, sondern eher weil sie sich als »unpolitisch« empfanden. »Der Künstler hatte auch weniger Zeit, sich um die politischen Dialoge der Gesellschaft zu kümmern, da seine ganze Person besetzt war von seiner ihn einzig angehenden künstlerischen Arbeit, die darauf angelegt war, die im Lebensvollzug durch ihn hindurchgehenden Empfindungen, Einfälle und Einsichten in bildhaft anschaulicher Gestalt sich vorzustellen und in jeder Daseinsminute beharrlich auszuarbeiten.« Das schreibt Werner Haftmann in seinem gerade veröffentlichten umfangreichen Werk »Verfemte Kunst« (Köln 1986, S. 17), und natürlich ist das nicht ironisch gemeint. Wenn da die Situation 1933 zutreffend beschrieben ist, so ist damit zugleich etwas gesagt über die Voraussetzungen, die eben dahin geführt haben.

Worum es hier an dieser Stelle geht, ist, ein weniger schematisches, mehr offenes, reales – und das heißt mehr widersprüchliches Bild der NS-Kunst zu gewinnen, um im Blick darauf die eigene Gegenwart, wie sie in Kunst auf den Begriff gebracht wird, wirklich zu verstehen. Es ist wichtig, den Faschismus als die Ausnahmesituation zu sehen, als die in einer bestimmten historischen Situation und Konstellation 1933 bis 1945 »losbrechende« exzeptionelle Explosion von

Terror und Vernichtung, die sich niemals wiederholen darf, es macht aber ebenso Sinn, seine Ideen eingebettet in die Widersprüche einer bürgerlichen Gesellschaft, sozusagen als »Normalfall« bürgerlicher Versuche zur Lebenssinnstiftung und Lebensbewältigung zu begreifen. Ein Blick auf unseren Alltag mit Ausländerfeindlichkeit, Skinhead-Stilisierungen, Landserheftchen usw. zeigt, daß es so ist. Wenn in der Politik Faschismus durch die Bündelung und Zuspitzung autoritärer hierarchischer Elemente kapitalistisch bürgerlicher Interessenorganisation *das* Instrument zur »Lösung« wirtschaftlicher und politischer Krisen war und ist, so sind die Ideen, Vorstellungen, Wünsche, die in einer faschistisch sich zuspitzenden Situation ausgesondert, absolut gesetzt und zusammengefaßt werden zu *einer* Idee, in der Kultur dieses Bürgertums immer vorhanden, auch jetzt. Das heißt also z.B.: Was in der Aktion »Entartete Kunst« an Vernichtungswillen ausbrach, lebt im Ansatz in den Ein- oder Ausgrenzungsritualen, wie sie – immer im Namen der Kunst – im ganz normalen alltäglichen »Kulturkampf« von Künstlern (vor allem gegeneinander) und den Repräsentanten von Kunstkritik und Kunstgeschichte durchgespielt werden. Gleiches gilt für andere Ideen, wie der des Heroismus zum Tode, der Idee des »Barbarischen«, d.h. der Gewalt und Unterwerfung des anderen zur Herstellung des eigenen Selbst, der Idee des Neuanfangs nach vorher erfolgter »Reinigung« und Abtötung des Alten; allen diesen Ideen – weil dem Faschismus dienlich – das Etikett faschistisch anzuhängen ist leicht, nur ist dieses Verfahren – ganz zu schweigen davon, daß es selbst, da es Ausgrenzung ist, in Gefahr ist, faschistisch zu werden – unrealistisch. Faschistisch sind diese Ideen und Tatbestände nicht von sich aus, sondern sie werden es in der Bündelung in einer faschistischen Situation[9]. Faschistisch werden sie im faschistischen Gebrauch, d.h. in der Ausgrenzung ihrer Widersprüche, in der Vernichtung ihrer Gegenmodelle und in der Propagierung als alleinigem Lebensziel verlieren sie die ihnen innewohnende Spannung und Offenheit, verlieren sie die Fähigkeit, auch in der Verkürzung Leben oder den Wunsch danach abzubilden und können dann als totes Denken in Dienst der tatsächlichen allgemeinen Abtötung genommen werden.

Die gegenwärtig immer noch oder verstärkt zu beobachtende »Berührungsangst« in Sachen »faschistischer« Motive, Inhalte und Haltungen in der Kunst ist letztlich eine Angst vor der Konfrontation mit der Möglichkeit, von eben diesen Ideen selbst eingenommen zu werden oder sie bei sich selbst zu entdecken. »Was man vernichten will, das muß man nicht nur kennen, man muß es, um ganze Arbeit zu leisten, gefühlt haben«, fordert Walter Benjamin[10]. Das ist wohl das Schwere, obwohl es doch auf dem Spielfeld der Kunst eigentlich nie um sehr viel anderes geht.

Natürlich kann es noch einige Zeit weitergehen mit dem Vorwerfen und Anschwärzen und mit dem Verteidigen und Zurechtweisen – und inzwischen malen die Maler ihre Bilder, ganz zu schweigen von dem, was so im Alltag in der großen und kleinen Politik geschieht. Eine Scheindiskussion, so scheint mir, daß wir sie führen, führen müssen, zeigt, wie weit wir noch davon entfernt sind, das zu sein, was Theweleit einen »Nichtfaschisten« nennt.

Für unser Thema bedeutet das: Wenn der Streit um diese Probleme im Bereich der Kunst geführt werden muß, sollte er bewußt und mit dem Blick auf die ganze Weite des künstlerischen Spektrums geführt werden. Die Arbeit von Kiefer, Lüpertz, Baselitz ist dann nicht loszulösen von der Arbeit anderer Bildermacher.

Abb. 8
Jörg Immendorf, *Café Deutschland I*, 1978
Abb. 9
Werner Büttner, *Wie aber enden solche Geschichten*, 1986

8

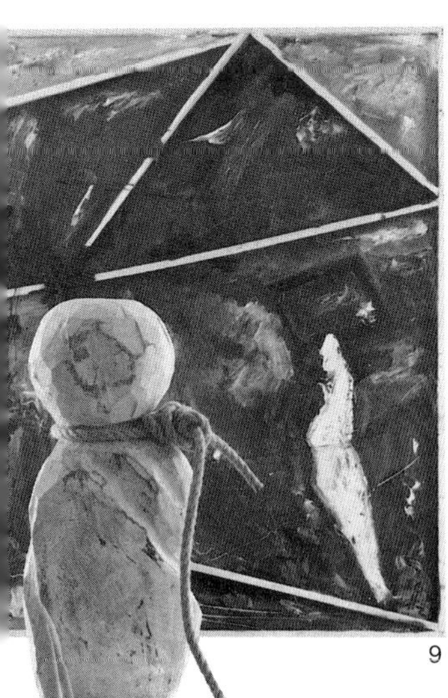

9

Unerbittlich strenger Lehrmeister in Sachen deutscher Geschichte ist Jörg Immendorf. In seiner Café-Deutschland-Serie, ab 1978 (Abb. 8), angeregt und zugleich im Widerspruch zum Caféhausbild des Altkommunisten Renato Guttuso formuliert, bearbeitet er faschistische Geschichte in ihrer Verlängerung in die Gegenwart, konkret: er konfrontiert uns mit der real und in den Köpfen stattfindenden Abspaltung der DDR als »verlorenes Land« (Brückner) als Folge verlorener Geschichte und arbeitet dem entgegen. Mehr auf der persönlichen Erfahrung basierend, aber mit nicht geringerer Emphase gemalt ist eine Bildserie mit drei Skulpturen von Werner Büttner: »Wie aber enden solche Geschichten?« – 6 Versuche über den 8. Mai '45, 3 Versuche über Nürnberg, 1986 (Abb. 9). Ein kaputtes Thema, »kaputt« gemalt, – d. h. mit der Kaputtheit, die in Sachen Kunst

10

Abb. 10
Sigmar Polke, *Entartete Kunst,* 1983
Abb. 11
Martin Kippenberger, *Ich kann beim besten Willen kein Hakenkreuz entdecken,* 1984

immer auch eine simulierte ist. Was ihrer Wirkung nicht nur nicht Abbruch tut, sondern überhaupt erst möglich macht, sie ästhetisch wahrzunehmen und auszuhalten.

Was bei Immendorf und Büttner überzeugt, ist der Ernst, mit dem man sich etwas Übermächtigem stellt. Bei Büttner kommt – wie immer – die kalte Wut hinzu, die keine private Aufgeregtheit ist, sondern etwas hat vom unerbittlichen Zorn alttestamentarischer Propheten. Das Unausweichliche des Themas Faschismus wird hier zum Unausweichlichen dieser Bilder.

Ist in diesen Arbeiten die Tendenz, die Einstellung zum Thema, sozusagen eindeutig, so kommt die Wirkung bei einer Gruppe anderer Bilder aus dem Changieren, der unauflöslichen Mehrdeutigkeit, daß man nicht weiß – und nicht wissen soll – wie ist das gemeint?

»Entartete Kunst« (1983) von Sigmar Polke ist ein irritierend schönes Bild (Abb. 10). Es macht einem jäh die Entfernung deutlich, die solche Malerei von den kühlen, genauen, im wirklichen Sinne aufklärerischen, weil klärenden Arbeiten der siebziger Jahre trennt, etwa dem Dachau-Projekt (1978) von Jochen Gerz. Die Rigidität und Askese von Gerz kann durch den Glamour von Polke nicht außer Kraft gesetzt werden, aber sie wird konterkariert. Was macht Polke? Wie er auch sonst vorgefundenes Bildmaterial zitiert und darauf reagiert, gießt er hier über die grob gerasterte Reproduktion des Fotos einer vor der Ausstellung »Entartete Kunst« wartenden Menschenmenge ein leuchtendes Gelb, das wolkig oder in Tropfen gerinnend, mit hellem Violett sich mischend, alles in einen lichten farbigen Nebel hüllt. »Polke setzt die Farben frei«, schreibt Walter Graskamp und »als erster Betrachter seiner Bilder kann er von diesen verlangen, daß sie ihn gefälligst unterhalten, befremden oder verblüffen«[11]. Und das tun sie dann – auch in diesem Bild. Das nun als geschmäcklerisch und – in Anbetracht dieses Themas – als unseriös zu bezeichnen, liegt nahe, schafft das Ärgernis jedoch nicht aus der Welt. Soviel Glanz, soviel Schönheit, aber warum dieses Thema, so fragt man, und vom Bild zurück kommt nichts als ein »Warum nicht?«, was keine Antwort ist. Ist das Thema vielleicht gar nicht mehr vorhanden, »vermalt« sozusagen, aber was hieße das? Das Bild fasziniert, macht unsicher und läßt unsicher.

Martin Kippenberger und Albert Oehlen zählt man (wie auch Werner Büttner) zu einer Gruppe von Malern, die von Polke in einer bestimmten Phase ihrer Biografie nachhaltig beeindruckt wurden. Beide gehören auch zu einer Generation, für die Faschismus, bevor man an dessen Realität kommt, erst einmal ein Thema der Vermittlung ist, d.h. was Faschismus ist, ist er nicht in seiner historischen Gestalt, sondern als Idee im öffentlichen Bewußtsein, als Thema der Medien, die sich bei aller Selbsttäuschung, bei allen masochistischen Ängsten stets – wie auch immer – irgendwie antifaschistisch gerieren. Wenn dies zugleich ein Generationsproblem ist, heißt das: in der

11

Abb. 12
Albert Oehlen, *Führerhauptquartier,* 1982
Abb. 13
Albert Oehlen, *Portrait A. H.,* 1986
Abb. 14
Walter Dahn/Georg Jiri Dokoupil, *Deutscher Wald,* 1981

14

12

13

Ironisierung dieser Art Auseinandersetzung steckt ein Affront gegen die Generation der 68er, stecken Zweifel an der alles klären und erklären wollenden Macht historischer Wissenschaft und deren abschließendem Urteil. Wenn ich mich also persönlich ärgere über die mir flach vorkommende Komik oder das vermeintlich schlicht Doofe bestimmter Bilder, zeige ich die beabsichtigte Wirkung.

Was machen also mit einer »Gebirgslandschaft« von Martin Kippenberger, unübersehbar signiert »Adolf«, oder seinem »Ich kann beim besten Willen kein Hakenkreuz entdecken« (Abb. 11)? 1983 und 1984 sind sie gemalt, auf dem Höhepunkt des Skandals um die gefälschten Tagebücher Adolf Hitlers. Ein Possenstück kapitalistischer Kreativität und tragikomischer Wissenschaftsmoral war das, als Ganzes ungleich bezeichnender für unsere Situation als vieles andere gut Gemeinte. Kippenberger springt auf den Zug und macht einen schnellen Witz daraus, ja, aber dieses Reagieren ist zugleich die Moral und das Konzept seiner Arbeit insgesamt. »Aus dem Leben gegriffen« nennt man das, eben, genau das ist das »Leben« und das ist »gegriffen«. »Trotz aller Grenzüberschreitungen zwischen Kunst und Alltagsbanalität handelt es sich eindeutig um erstere«, sagt Barbara Straka[12], ja, und »Peinlichkeit kennt keine Grenzen«, sagt Kippenberger.

Was Albert Oehlen malt, sind Farcen, wobei man nicht immer weiß, wem genau der Hohn und die Verachtung dieser vorgespielt rotzigen Bilder gilt. Wichtig ist, daß der Betrachter seinen

Abb. 15
Georg Jiri Dokoupil, *Frühlingssturm II*, 1981

Teil davon abbekommt. In eines seiner typischen Raumpanoramas, in deren aufgeklebten Spiegeln der Betrachter immer wieder mal auf sich trifft, ist ein Hakenkreuz gemalt, »Führerhauptquartier«, 1982 (Abb. 12). Ein riesig ins Bild gesetzter Hitlerkopf zeigt rote Haut, gelbes Haar und ein blaues Bärtchen, »Portrait A. H.«, 1986 (Abb. 13). Natürlich kann man mit Rot, Blau und Gelb auch andere Bilder malen – siehe Barnet Newman oder auch Albert Oehlen –, aber eben auch solche. Das nimmt Bedeutung an und stößt sie ab. »Nichts bedeutet nichts!« sagt Albert Oehlen und: »Bilder setzen sich aus zwei Teilen zusammen: Verrat und Pflichterfüllung.«
Mit Oehlen und Büttner waren in den anarchisch destruktiven Anfängen ihrer Hamburger Zeit die Maler Ina Barfuss und Thomas Wachweger verbunden. Im Katalog der Ausstellung »Ansatzpunkte kritischer Kunst heute« (Bonn/Berlin 1984) lassen die beiden an der Stelle, wo sonst Interpreten vermittelnde Worte finden, Adolf Hitler zu Wort kommen:

„Kunstwerke", die an sich nicht verstanden werden können, sondern als Daseinsberechtigung erst eine schwulstige Gebrauchsanweisung benötigen, um endlich jenen Verschüchterten zu finden, der einen so dummen oder frechen Unsinn geduldig aufnimmt, werden von jetzt ab den Weg zum deutschen Volke nicht mehr finden.

Der Führer
bei der Eröffnung des Hauses der Deutschen Kunst
über die entartete Kunst.

Da stellen zwei Künstler sich »von selbst« unter das Verdikt der »Entartung«, wissend, daß ihre Werke mit Sicherheit bei einer neuen solchen »Reinigungsaktion«, zuoberst auf dem Scheiterhaufen landen würden – und wenden dann eben dieses »Entartet«-Sein, dieses Draußen-Stehen, höhnisch gegen uns, das Publikum, die »Verschüchterten« – oder gegen mich, den Vermittler, der heute die »Gebrauchsanweisungen« fabriziert, ein vertrackter heilloser Widerspruch.
Zum Abschluß ein Blick auf die Kölner Maler Walter Dahn und Georg Jiri Dokoupil, deren Gemeinschaftsbild »Deutscher Wald«, 1981 (Abb. 14), den Titel für diesen Aufsatz abgegeben hat. Auf einer Lichtung in einem braun grün gemalten typisch deutschen Wald, heimelig unheimlich, rast ein seltsames

Gefährt auf der Stelle. Ein komischer Quellkopp, dessen Arme, Beine, Mund, Augen alles Hakenkreuze sind, an dessen Beinen sich Hakenkreuze als Räder drehen, zieht einen Karren, der auch mit Hakenkreuzen bemalt, Hakenkreuze als Räder und Hakenkreuze als Ladung hat. Das kommt mit einem Märchenton daher und ist dabei auf eine grausam zwanghafte Weise komisch. Das hat etwas Infantiles, eine Art moralisierende Struwwelpeterattitüde und berührt trotzdem oder gerade deshalb. »Das Massensymbol der Deutschen war das Heer. Aber das Heer war mehr als das Heer: es war der marschierende Wald«, in diesen Worten von Elias Canetti[13] klingt an, was hinter dem deutschen Wald sich an Bedeutung aufbaut. Von da auf das Bild von Dahn/Dokoupil geschaut, läßt dieses im Vergleich ganz und gar unangemessen erscheinen. Andererseits, vielleicht kann »Inhaltsmalerei« – was die Arbeit sicherlich ist – heute nur so sein? »Uns beschäftigt ständig: Wie weit kann man gehen? Wie lange ist etwas erträglich, wann wird es unerträglich, wann penetrant?« (Walter Dahn)

Der Mitautor von »Deutscher Wald«, Georg Jiri Dokoupil, hat 1981 eine Reihe Bilder gemalt, wie z.B. »Frühlingssturm«, in denen er sich mit Pathosformeln des Faschismus auseinandersetzt. Da wird das Gefallenendenkmal in Stralsund, 1935 (Abb. 15) von Georg Kolbe zitiert und das Motiv durch eine wie triefende Malerei ins grobschlächtig Brutale gewendet. Wird es nun dadurch zerma(h)len, d.h. desavouiert oder gesteigert? Da werden Mißverständnisse nicht nur riskiert, sondern indem die Bilder bewußt auf die Kippe gestellt werden, erprobt man, was in ihnen noch an kritischer Potenz steckt. Dokoupils Malerei ist eine Art sinnlich praktischen Denkens, immer auch kreisend um die eigene Rolle als Künstler. In diesem Sinne ist die 1981 mit Gerhard Naschberger gefertigte Arbeit zu verstehen: »Starke imperialistische Bilder für Auserwählte. Die Dummheit der Masse erschreckt uns täglich. Wahrheit ist Kraft«[14] (Abb. 16), eine Provokation, gerade recht gemacht, um auch den bürgerlichen Intellektuellen in seinem Selbstverständnis zu treffen, falls er denn bereit ist, seinen eigenen elitären Status als Widerspruch zu begreifen.

Die Reihe der Künstler könnte fortgesetzt werden: Felix Droese mit seiner hermetischen Arbeit »Ich habe Anne Frank umgebracht«, 1981 (Abb. 17) wäre zu nennen, Gerhard Merz mit »Wo ist Erinnerung«, 1986 (Abb. 18), und andere Künstler mehr. Aber auch so sollte deutlich geworden sein, in welchem Maß das Thema Faschismus in der Kunst der Gegenwart eine Rolle spielt. Entscheidend ist, die Positionen der neuen Maler nicht von denen der Konzeptuellen der siebziger Jahre abzugrenzen, sondern beides zusammen zu sehen, und dies nicht nur, weil Künstler wie Gerz, Staeck und Haacke weiterarbeiten und ihre Arbeit präsent ist, sondern auch, weil nur aus der Wider-

17

sprüchlichkeit des gesamten Spektrums – und jetzt sind hier auch die Realisten wie Hrdlicka und andere Positionen mitzuzählen – Gegenwart wirklich erfaßt und auf den Punkt gebracht wird. Nichts wäre verfehlter als die Kunst der siebziger Jahre gegen die neue Malerei aufzurechnen. Da sind Positionen, die sich gegenseitig ausschließen und zugleich ergänzen, auch und gerade was unser Thema angeht. Die Widersprüchlichkeit bürgerlicher Kunst ist nie Mangel, sondern immer die Qualität dieser Kunst. Sie ist deren kritische Potenz. Es gehört zur Biologie dieser Gesellschaft, daß sie auf der Ebene des Überbaus symbolisch ihre konkreten politischen Gegensätze austrägt, daß sie auf der Ebene des kulturellen Spiels das abbildet, was nicht geht, aber sein könnte, das was Angst macht, wie das, was erträumt wird. Die einzelne Arbeit des Künstlers hat ihre ästhetische und politische Bedeutung einmal für sich und zum ande-

Abb. 16
Georg Jiri Dokoupil / Gerhard Naschberger, *Starke imperialistische Bilder ...*, 1981
Abb. 17
Felix Droese, *Ich habe Anne Frank umgebracht*, 1981
Abb. 18
Gerhard Merz, *Wo ist Erinnerung?* 1986

16

18

ren als Teil des pluralistischen Spektrum der Gesamtkultur. Je schärfer, unversöhnlicher und ausschließlicher da die Gegensätze aufeinanderstoßen, umso eher verspricht das, daß, was an potentiell Faschistischem in der Kultur umgeht, symbolisch ausgetragen und damit ausbalanciert werden kann.
Das Falsche (=Tote) an NS-Kunst ist nicht die schlechte Kunst, sondern die Vertauschung von Kunst und Leben. Mit einer fürchterlich lebensfeindlichen Radikalität wird das »Lebensmittel« Kunst zum lebenersetzenden Fetisch erhoben. Wie es der Kunsthistoriker Robert Scholz 1943 formulierte: »... verteidigt das unter der Führung Deutschlands kämpfende Europa eine Weltanschauung, die in den Leistungen der Kultur den Ausdruck des völkischen Daseins und das Ziel menschlichen Lebens schlechthin sieht«[15]. Kunst als Ziel menschlichen Lebens, der ewige Selbstbetrug des Bürgertums. Kunst ist

nicht mehr »Parallelprozeß« (Beuys) zum Leben, sondern steht über dem Leben, ist Lebenssinnstiftung, was im Faschismus immer Lebenssinnstiftung zum Tode ist. Von hier aus im Blick zurück auf unser Thema heißt das: die politische Funktion der Widersprüchlichkeit zeitgenössischer Kunst ist das Durchbrechen und Unmöglichmachen dieser letzten Konsequenz bürgerlicher Kultur ■

1 J. Harten, in: *Ausstellungskatalog* Anselm Kiefer. Kunsthalle Düsseldorf 1984, S. 128.
2 W. Hofmann, in: *Ausstellungskatalog* Markus Lüpertz. Kunsthalle Hamburg 1977, S. 5.
3 ebd., S. 6.
4 K. Wagenbach, in: »Freibeuter«, Nr. 5/1980.
5 O. Schlemmer: Briefe und Tagebücher. Stuttgart 1977. Tagebuch 19. September 1935.
6 W. Haftmann: Malerei im 20. Jahrhundert. München 1957, S. 246.
7 G. Thiem, in: *Ausstellungskatalog* Käthe Kollwitz. Kulturwoche der BRD in Israel 1971.
8 H. Brenner: Die Kunstpolitik des Nationalsozialismus. Reinbek 1963.
9 W. F. Haug, in: Sammlung 4. Jahrbuch für antifaschistische Literatur und Kunst. Frankfurt 1981, S. 203.
10 W. Benjamin: Ein Jakobiner von heute. In: Angelus Novus. Ausgewählte Schriften 2. Frankfurt 1966, S. 449.
11 W. Graskamp: Erleuchtung in der Dunkelkammer. In: »Wolkenkratzer«, Nr. 4/1986, S. 39.
12 B. Straka, in: *Ausstellungskatalog* Werner Kippenberger. NGBK Berlin 1981, o.S.
13 E. Canetti: Masse und Macht. München o.J., Bd. I, S. 190.
14 G. J. Dokoupil/G. Naschberger, in: *Ausstellungskatalog* Phoenix. Alte Oper Frankfurt 1981, S. 50–51 und S. 178–179.
15 R. Scholz: Die Kunst im europäischen Schicksalskampf. In: »Die Kunst im Deutschen Reich«, Jg. 7, 1943, S. 140.

Der Deutschlehrer

Fotoarbeit von Hermann Stamm

29.10.42 4. Nachschreibübung.

Der 9. November 1923

In langem, stolzen Zuge marschieren +1
die Nationalsozialisten auf die Feldherrn=
halle zu, an der Spitze Adolf Hitler und
General Ludendorff. Den bayerischen
Landespolizisten, die ~~an~~ vor der Feldherrn=
halle stehen, ruft Hitler zu: „Ergebt euch!"
Im gleichen Augenblick beginnen die
Landespolizisten zu schießen. Rechts
und links von Hitler fallen die Ge=
treuen. Auch Hermann Göring
wird schwer verwundet. Hitler
rettet einen Knaben, aus dessen Mund
Blut quillt. Ludendorff schreitet un=
verletzt durch die starrenden Gewehr=
läufe. Sechzehn hochgemute Deutsche
fielen den verräterrischen Kugeln zum 1

Opfer.

befriedigend V.

Berichtigung.

1. 2 In langem, stolzem Zuge marschieren
die Nationalsozialisten... verräterischen.

1.2.43. 6. Nachschreibübung.

Opfer für das Vaterland.

„Nichtswürdig ist die Nation, die nicht ihr Alles freudig setzt an ihre Ehre", hat vor 150 Jahren der Dichter Friedrich von Schiller gesagt.

Heute hat uns der Führer die Parole gegeben: „Alles für unser Vaterland"! Mahnen des Vorbild sind unsere Helden von Stalingrad, über deren Kampf das stolze Wort steht: „Jeder Mann eine Festung"!
Wir wollen immer daran denken und ihrer würdig sein.

befriedigend. V.

Berichtigung.

1. Mahnendes 2. Stalingrad.

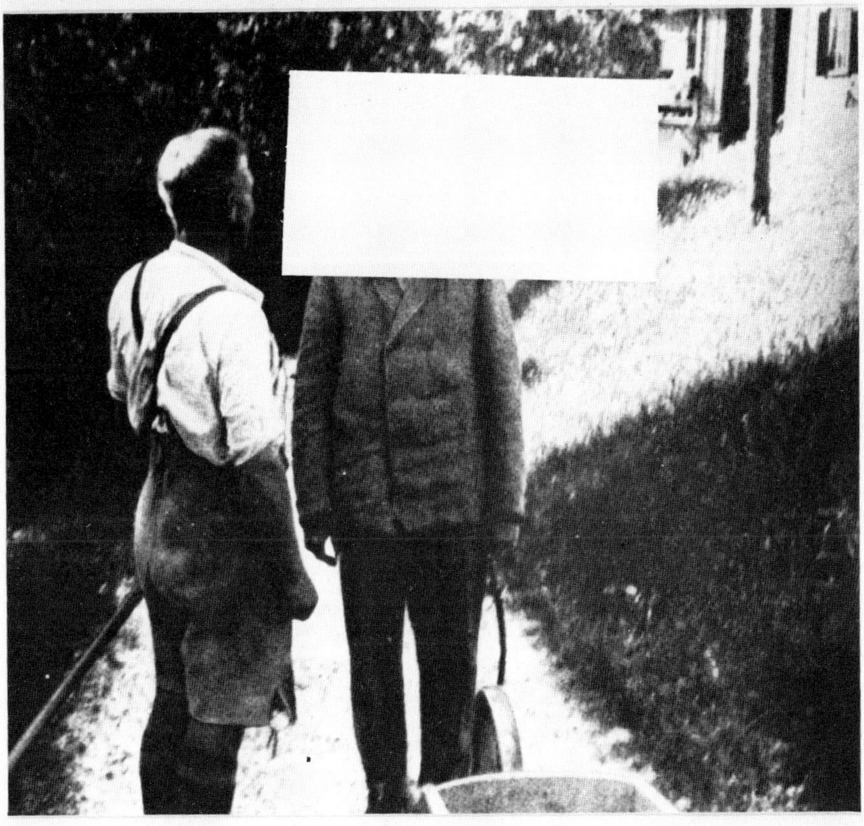

16.3.1943 7. Nachschreibübung.

Heldengedenktag.

Im März eines jeden Jahres gedenkt Großdeutschland seiner gefallenen Helden. Wehrmacht und Partei sind die Träger der ernsten Feierlichkeiten. In den Garnisonstädten stehen am Heldenmal Posten vor dem Gewehr. Wehrmacht, Partei und angegliederte Verbände legen Kränze nieder und grüßen die toten Helden, die im Weltkriege, im Kampfe der Partei (ihr ✓) und im jetzigen Kriege ihr Leben für Volk und Vaterland gaben. Ein gemeinsamer Appell schließt die Feierstunde. Ernst und schwer klingt das Lied vom guten Kameraden. Schweigend gehen die Teilnehmer nach Hause.

befriedigend V.

Berichtigung.

1. schweigend 2. Gewehr.

21. 10. 43. Nr. 2 Nachschreibübung.

Die Heimat.

Jeder Mensch liebt und verehrt sei=
ne Heimat. Es wäre auch unna=
türlich, wenn es anders wäre. Hier
ist er geboren und erzogen, hier hat
er als harmloses Kind fröhlich ge=
spielt. In der Heimat kennt er jeden
Berg und jedes Tal, jeden Weg und
jeden Steg. Seine lieben Eltern haben
ihn hier gehegt und gepflegt. Die
Schönheiten und den Reichtum der
Natur hat er hier zum ersten Male
gespürt. Hier blüht ihm der Frühling +
hier strahlt ihm der Himmel am
schönsten. Darum kann kein Mensch
seiner Heimat jemals vergessen.
Wohin ihn auch das Schicksal
führen mag, immer zieht es ihn
zur Heimat zurück.

befriedigend V.

Berichtigung.

Hier blüht ihm der Frühling, hier
strahlt ihm der Himmel am
schönsten.

hermann stamm

" der deutschlehrer "

ein beitrag zum schulunterricht u. a.

juni 1982

»der deutschlehrer / ein beitrag zum schulunterricht u. a.« von Hermann Stamm umfaßt zwei Teile; Teil 1, »der lehrer und eine schülerin / text: ein schulheft aus dem deutschunterricht 1942-1943 / bild: das photoalbum des deutschlehrers«; Teil 2, »der lehrer und ein schüler / text: taschen-dolmetscher für frontsoldaten russisch / bild: persönliche gegenstände eines kriegsgefangenen«. Die abgebildeten Seiten sind dem Teil 1 der Fotoarbeit von 1982 entnommen.

BILDER DES BÖSEN

Jutta Brückner

Das Thema ist vielfältig, aber es soll hier nicht um die Spielart der Bilder des Bösen gehen, die ihren Science-fiction-Charakter so deutlich vor sich hertragen, daß man in ihnen mühelos die Verarbeitung kollektiver Gewaltphantasien erkennen kann. Diese synthetischen Träume meinen eine psychische Realität, aber ihre Form gestattet die unkritische Benutzung als Spiel der reinen Phantasie. Mir geht es um die Bilder dessen, was uns als historisch Böses bekannt ist und um die Art seiner Benutzung.

Historische Filme benutzen die Geschichten in ihrer bekannten Erscheinungsform meist als Kulisse. Das Menschliche findet vor dem Hintergrund barbarischer Ereignisse in Krieg, Revolution, Verfolgung, Unterdrückung und Befreiung statt. Die nachgestellte Geschichte bietet die pittoreske Distanz des lang Vergangenen und lädt doch das menschliche Schicksal mit dem Reiz der Tragik auf, die aus dem Wissen kommt, daß es in Grundzügen hier um etwas Authentisches geht. Deshalb sind die brennenden Christen an Neros Kreuzen, die in die Strohkörbe Robespierres rollenden Köpfe, die hingeschlachteten Indianer Cortazars ein dröhnender Beleg für die Größe und Verwerflichkeit des Menschen. Das Böse als die verzerrte Seite der Größe bestätigt die einzigartige Stellung des menschlichen Tieres im Universum.

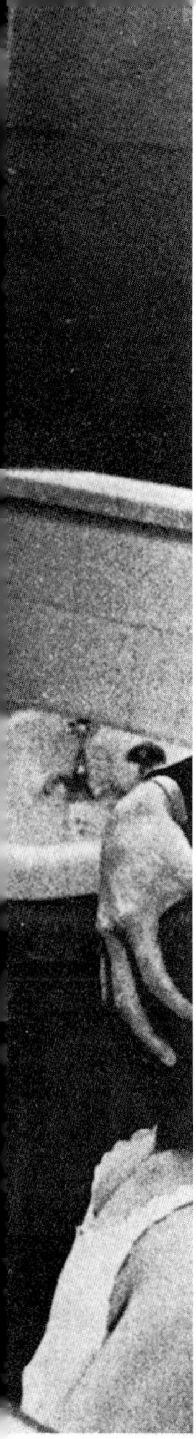

Eine ähnliche Apotheose gelang dem Film bis vor einiger Zeit am größten Werk des Bösen im 20. Jahrhundert, der Vernichtung der europäischen Juden, nicht. Das Pathos, das sonst die historischen Bilder einschmilzt und aus dem Grauen in den Grusel verwandelt, versagte hier. Filme, die sich mit dem Holocaust beschäftigten, waren eher stumm, bestenfalls stammelten sie, auf der Suche nach einer Sprache und nach Bildern, die dem erzählten, erlebten Grauen gemäß sein konnten. Sie trugen das historische Erschrecken vor der industrialisierten und technisierten Barbarei deutlich sichtbar an sich. Und ihre Beweggründe waren die Fragen nach den geistigen, sozialen und politischen Hintergründen, der Schuld und den Schuldigen. Adornos bekannten Satz, daß nach Auschwitz kein Gedicht mehr möglich sei, wandelten diese Filme für sich in einer entsprechenden Weise ab: An Auschwitz ist keine Bildfaszination zu entfalten, auch nicht die der Tragik, denn Tragik setzt Dimensionen des Menschlichen voraus, die in Auschwitz vernichtet worden sind. Resnais, als er »Nacht und Nebel« machte, den ersten Film, der sich diesem Thema nähert, drehte die heutigen Bilder in Farbe, um zu verhindern, daß sich aus der durchgängigen grobkörnigen Schwarzweiß-Gestaltung eine ästhetische Faszination ergab.

Mitte der siebziger Jahre tauchten plötzlich Filme auf, die meisten kamen aus Italien, die sich diesem moralisch-ästhetischen Credo nicht mehr beugten. Filme über den Faschismus und Nationalsozialismus zelebrierten Ausbrüche von Gewalt, Leidenschaft, Erotik und den Rausch, der aus wunderbaren Kostümen, raffinierten Dekors und dem Parfum der Dekadenz strömt, die aus der Ahnung des Todes kommt. Die ästhetischen Energien, die diesen Filmen zuströmten, ließen aber, wie viele Kritiker bestürzt analysierten, die SS-Leute zu Puppen aus dem Kostümverleih verkommen, die politische Gewalt zu sadomasochistischen Spielen, und in den ästhetisierten Bildern der Barbarei versank der Schrecken in der Wollust des Bilderrauschs. In diesen Bildern von Gewalt, Schönheit, Ekstase, zusammen mit SS, SA, KZ und dem Hitlerschen Vernichtungswillen wurde die historische Erfahrung mit der Banalität des Bösen und dem Stumpfsinn der Grausamkeit ausgeblendet. Unter der Hand oder mit blanker Stirn wurde der Hitler-Faschismus hier zur Entfesselung der Triebe, Perversionen, zur manifesten Homosexualität und der Verbindung von Sadismus und Masochismus. Fiedländer hat diesen »neuen Diskurs« über den Nationalsozialismus analysiert *[1984]*. Ich füge dem, was er gesagt hat, ein paar Überlegungen hinzu, und ich tue es am Beispiel des Films von Liliana Cavani »Der Nachtportier«. In der Analyse dieses Films zeigt sich etwas, was vielleicht – ich muß das offen lassen, denn nur eine Detailarbeit könnte es beweisen – an den anderen Filmen wie z.B. denen von Lina Werthmüller und Lucino Visconti auch zu sehen ist.

Cavani erzählt eine Liebesgeschichte zwischen dem Nazi-Offizier Max und der jungen Gefangenen Lucia, die er in einem KZ zu sadistischen und masochistischen Spielen zwingt. Nach dem Krieg arbeitet er als Nachtportier in einem Hotel in Wien und ist Mitglied einer Gruppe von ehemaligen KZ-Bewachern, die sich bemühen, belastendes Material über ihre Tätigkeit zu vernichten. Wenn Zeugen auftauchen, die gefährlich werden könnten, müssen auch die dran glauben. Max trifft aus Zufall Lucia wieder, inzwischen die Ehefrau eines berühmten Dirigenten. Sie verfallen einander und ihren Erinnerungen, und um sie vor seinen Freunden zu schützen, die sie als gefährliche Zeugin umbringen wollen, verstecken sich beide in Maxens Wohnung, bis ihnen die Vorräte ausgehen, und werden im final count down im Morgengrauen auf der Brücke über die Donau von den Freunden erschossen. Die Geschichte ist so hanebüchen, wie ich sie hier erzähle, und im Gegensatz zu anderen hanebüchenen Geschichten, aus denen wunderbare Filme entstanden sind, ist »Der Nachtportier« kein wunderbarer Film. Aber er ist ein gutes Beispiel für den Prozeß, wie sich historische Bilder des Bösen zu Metaphern verschmelzen können.
Cavanis Anspruch war, nicht die Oberfläche des politischen Körpers abzutasten, sondern wie ein guter Arzt das Innenleben der Nazi-KZs und der Nazi-Seelen zu beschreiben und auch das Innenleben ihrer Opfer. Was nun den Skandal ausmachte, als der Film erschien, war gerade die Tatsache, daß sie behauptete, der Nationalsozialismus habe den Frauen eine Selbsterkenntnis darüber vermittelt, wozu sie fähig seien, er sei für sie ein »alptraumhaftes aber aufschlußreiches Abenteuer gewesen«. Krude: das KZ als Ausnahmezustand, der die Seelenwahrheit offenbart. Das KZ als Ort, an dem Triebwünsche wahr werden können, produziert die Gewalt nicht als Teil der Knechtschaft, sondern als Bedingung der Freiheit, die sich deshalb nur hier zeigen kann. Der Ausnahmeort produziert die Ausnahmesituation, die die eigentliche Wahrheit enthält; und da die eigentliche Wahrheit die offene Entfaltung perverser Formen von sexueller Verfallenheit ist, wird die Vernichtungsmaschine zur Lustmaschine. Cavani zeigt in ihrem Film in den ästhetischen Formen eines B-Pictures und sagt in ihren Selbstzeugnissen mit der Deutlichkeit einer naiven Bekennerin, was andere Filmer in ihren Filmen subtiler zeigen: der Faschismus als politischer Karneval erlaubt dem Individuum den Exorzismus seiner privaten Lüste.
Nun weiß man ja, daß die erotischen Phantasien, die sich an die Uniform und die Embleme vor allem der SS heften, das genaue Gegenteil von dem behaupten, was real passierte. Die grund-

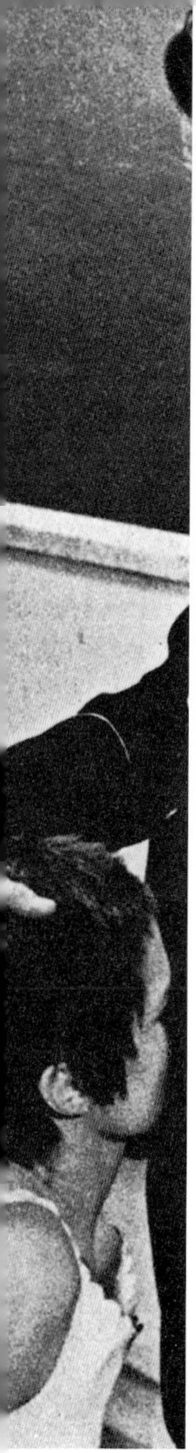

legende historische Fälschung dieses Films und der anderen Filme führt dann zwangsläufig zu einer Reihe von kleineren Fälschungen und notwendigerweise zu hanebüchenen dramaturgischen Kunstgriffen, die die historische Wahrheit verdrehen. Man könnte hier stehenbleiben und erleichtert sagen, der Film sei eben einfach nur schlecht. Und zweifellos ist er das in seiner Ansammlung von groben Konstruktionen, die mühsam äußerlich etwas motivieren sollen, was eine rein innere Bewegung von Unterdrückung und Befreiung ist. Die melodramatischen Inszenierungen, die er betreiben muß, um die Wahrheit seiner Geschichte aus der Zwangsläufigkeit des äußeren Ablaufs zu destillieren, knarren in allen Scharnieren. Der Film hat viele Schwächen eines B-Pictures. Aber ein B-Picture sagt in seiner Gemengelage von Wahrem und Falschem oft etwas aus über die Stimmungen der Zeit, der es intensiver verhaftet ist als gelungenere Projekte eines rein entwickelten Autorenwillens. Die historische Wahrheit, die in seinen Geschichtsverfälschungen verborgen liegen kann, ist sicher nicht die der Treue zu den historischen Ereignissen, sondern die ihrer Interpretation.

SS-KZ-Wärter Max, verantwortlich für viele Exekutionsbefehle, wie wir erfahren, wird an seinem Arbeitsplatz im Hotel eingeführt in einer Atmosphäre von Bedrohung und latenter Angst, in einer Mischung aus Korrektheit und Schmierigkeit. Wir sehen ihn als passives Objekt homosexueller und heterosexueller Zuneigung, mit Blumen beschenkt und Anträgen umworben, sich aber verweigernd. An ihm werden hier schon latent die Züge von Sadismus festgemacht, die dann in den Rückblenden, die ihn im KZ zeigen, voll entfaltet werden. Vertrauter und Voyeur der kriminellen Halb- und Unterwelt, übernimmt er aber auch ausgesprochen weibliche Funktionen: Pillen und Spritzen verabreichen in kompetenter Sorge für die Körper der anderen. Er entspricht nicht dem Bild des soldatischen Mannes, disziplinierten Verwalters des Todes oder bietet auch nur das Bild dessen, der in der rigiden Trennung der Geschlechterfunktionen seine kulturelle Identität finden würde.
Als er Lucia begegnet, ist sie die Großbürgerin mit Perlenkette, Schneiderkostüm und Hochfrisur. Ihre quälenden Zwangsvorstellungen äußern sich ihrem Dirigentenmann gegenüber in Launenhaftigkeit und er reagiert darauf wie auf die Unart eines verstockten Kindes: Er nimmt sie in den Arm, hebt ihr gesenktes Gesicht am Kinn hoch und sagt: »Mein kleines Mädchen«. Auch Max sagt von ihr: »Mein kleines Mädchen«. Als er sie im KZ zum ersten Mal sieht, steht sie nackt in einer Schlange von nackten Wartenden, ihr knochiger Frauenkörper wird durch eine große weiße Haarschleife zum Kinderkörper erklärt. Und der Herrscher Max kann sich diesem Kind nur mit Hilfe der Kamera nähern, ungeschützt und unbewaffnet wagt er sein

Auge nicht auf diese Frau zu richten, von der behauptet wird, sie sei ein Kind. Mit dem Revolver, der phallischen Waffe, jagt er sie im Raum herum, um sie dann zu erlösen und zu befreien, indem er sie zu seiner Geliebten macht. Der Mann, dem das Bild seiner eigenen Männlichkeit schwankt, braucht die sanktionierte Verfügbarkeit über Gewalt, um sich der Frau überhaupt nähern zu können.
Sieht man die Stationen ihrer beider Liebesgeschichte im KZ genauer an, so können sie für Lucia interpretiert werden als das von einem Zerrspiegel zurückgeworfene Modell der bürgerlichen, weiblichen Jugend: ausgeliefert dem männlichen Blick, der sie schützt, indem er ihren Wert als pures Fleisch ab- und einschätzt, wird sie durch die Kamera wahrgenommen als Bild. Sie wird eingeführt in die Liebe in Ketten, ihr wird bei Maxens medizinischen Experimenten eine Wunde, ein Brandmal als Kennzeichen des Eigentümers beigebracht; und hat sie das über sich ergehen lassen, dann wird sie beschenkt, nämlich bekleidet. Das Bild, in dem Max Lucia ein Kinderkleidchen über den Kopf zieht, kehrt mehrmals wieder. Das Ergebnis dieser Zurichtung ist der laszive Kindervamp, der sich die kulturellen Kinoversatzstücke von Sexualität angeeignet hat: das Lied stammt von Marlene Dietrich, die Pose der Hände und die Handschuhe von Pola Negri, der Tanz von Solome (ursprünglich sollte er auch in Schleiern getanzt werden) und ihr Kostüm sind Stücke der viel zu großen Kleidung der Eltern: die Handschuhe von Mama, Hose und Mütze von Papa. Der Papa erscheint in der Gestalt von Max, und Papa sagt, nachdem er sie in dem Hotel in Wien wiedergefunden hat: »Sie ist mein kleines Mädchen, sie ist es geblieben, und kein anderer als ich darf ihr mehr etwas tun.« Die Verteidigung ist gleichzeitig die schrankenlose Inbesitznahme. Lucia und Max, die Kindfrau und der Mann, der eine Frau nur lieben kann als das seiner Verfügungsgewalt ausgelieferte Kind. Cavani schildert die Beziehung des Mannes zur Frau als Beziehung des allmächtigen Vaters zur Tochter. Dies gilt für beide Ebenen von Lucias Leben, aber rein und ohne kulturelle Verwirrung, wie ihre Ehe es ja notwendigerweise ist, erscheint diese Beziehung nur im Zwangsuniversum. Wo der Dirigentengatte sie tröstend in den Arm nimmt, aber nicht anrührt, begreift Max sie als Objekt seiner sexuellen Neugier. Der Zwang, den er dabei ausübt, enthebt sie nicht nur der Schuld, sondern auch der Scham. Hier ist eine historische Konstellation in der Beziehung zwischen den Geschlechtern aufbewahrt. Und das phantasierte KZ als Zwangsuniversum stabilisiert diese kulturelle Situation, deren Verfall droht, weil es nicht mehr genug Garanten im domestizierten Innenleben beider Geschlechter und nicht mehr genug im Untergrund wirkende Agenten gibt, die diese totale Verfügungsgewalt des Mannes über die Frau als die

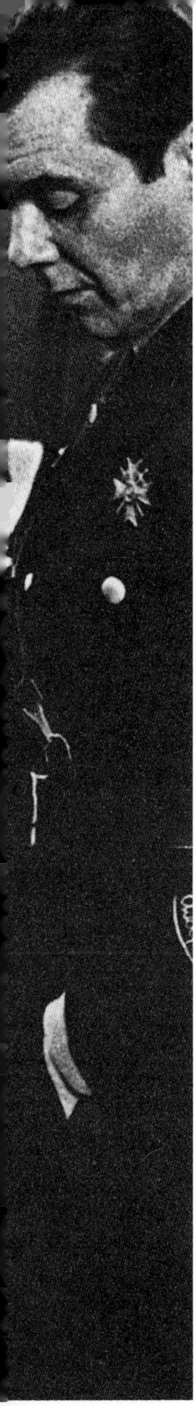

gesellschaftliche Normalität erscheinen lassen. Max, der bedrohte, schwache, ängstliche aber auch tyrannische und sadistische Patriarch braucht ein Zwangsuniversum, um seine Liebe zur Frau als Kind ausleben zu können.

Und Lucia? Ist sie einfach eine Masochistin mit Lust am Erleiden von Schmerz und Gewalt? Daß der Film sadistische und masochistische Szenen hat, ist unbestritten, aber sie sind merkwürdig harmlos. Im KZ haben sie stark demonstrativen, inszenatorischen Charakter, sie sind Teil dieser Kunstwelt aus pathetischem Tanz, melancholischem Gesang und perverser Sexualität, als die sich das KZ präsentiert. In Freiheit wirken sie fast komisch, wenn beide nach den gegenseitigen Verletzungen mit Glasscherben einträchtig in der Badewanne das Blut abwaschen und er dann auf einem Bein zum Fenster hopst. Der Skandal ist hier nicht das Ausstellen von körperlicher Grausamkeit, davon gibt es in anderen Filmen weit mehr, die Ungeheuerlichkeit ist eine moralische, die Würdelosigkeit nämlich, daß das Opfer Lucia ihren ehemaligen Schinder liebt. Die Ungeheuerlichkeit ist nicht, daß es Menschen wie Max gegeben hat, die für den Tod von Millionen verantwortlich sind, sondern daß solche Menschen Liebe erregen. Cavani läßt die Begegnung beider, bei der sie sich über ihre Verfallenheit klarwerden, in der Oper spielen, vor der Szene der Zauberflöte, in der wilde Tiere durch das Flötenspielen besänftigt werden und Liebe spüren. Die Bestie wird durch die Macht der Liebe zum Menschen. Hier wird klar, daß es in ihrem Film nicht um sadistische und masochistische Triebregungen geht, die das Individuum lebensgeschichtlich konstituieren, nicht den Partner, sondern die Praktiken zu lieben, die Befriedigung des Triebziels. Der Angelpunkt ist hier die Liebe, die so heftig ist, daß die körperliche Integrität nicht mehr garantiert ist. Die zerstörerischen Momente von Leidenschaft sind mit dem Objekt der Liebessehnsucht untrennbar verbunden. Der oder die Ausgewählte sind nötig, um in Leidenschaft und Todesbereitschaft zu führen. Es geht um das Abenteuer zweier Seelen in zwei Körpern.

Diese seelische und körperliche Verfallenheit geht für Lucia einher mit dem Verlust der bürgerlichen Selbstachtung. Die moralische Selbstkontrolle, die zu bewahren auch in Momenten höchster Bedrohung die Leistung war, die das abendländische Individuum definierte, gestattete der Frau nicht die Hingabe an ihre eigenen Triebe. Aus Lucia im Schneiderkostüm mit Perlenkette und Hochfrisur wird im Laufe des Films eine Frau mit strähnigen Haaren, im schmutzigen Pullover, mit von Marmelade verschmiertem Mund, zum Schluß wieder im Kinderkleidchen. Nur das Zwangsuniversum, historisch eingeführt als KZ, in Wien wiederaufgenommen als die Belagerung durch die Gruppe, gestattet die verbotene Freiheit, die in der gesellschaftlichen Normalität, die sich als Freiheit versteht, verboten ist. Wenn Max in SS-Uniform und Lucia im Kinderkleidchen am Morgen über die Brücke gehen, bevor die tödlichen Schüsse fallen, wird der verborgene Sinn des Films kar: nicht nur die Liebe des Mannes als Vater zur Frau als Kind-Tochter, sondern auch – dies ist die eigentliche amour fou, die verborgen werden muß: Im Mittelpunkt des Films steht das Phantasma der Sexualität als Inzest. Und die von Lucia tolerierte Verletzung ihrer Würde als Mensch ist die Bedingung dafür, daß sie die Lust dieser Beziehung als Lust gestatten und wahrnehmen kann. Ihre Identität als Begehrende befreit sie nur um den Verlust ihrer Würde, als Frau hat sie in diesem Moment aufgehört, ein moralisches Subjekt zu sein. Das KZ als Vorstellung eines Universums des Zwangs gibt den Rahmen ab für eine riesige Vergewaltigungsphantasie zwischen Vater und Tochter. Seine theatralischen Inszenierungen von Schminke, Maske und Kostüm sind die Requisiten des Karnevals der Lüste, die sich nur unter Zwang befreien können, weil der Zwang schuldentlastend wirkt. Hier kommt die Malaise ins Bild, daß die Identität des Begehrens für Männer weiterhin mit Herrschaft, für Frauen mit Unterwerfung verbunden ist, und wenn sie das nicht wollen, fallen sie erst einmal ins Nichts.

In der sehr vergröbernden und längst nicht konsequenten Entfaltung dieser Erfahrung, die der Film betreibt, zeigt er doch ein Problem der stotternden Identitätsmaschine »Frau«, in der das Empfinden von Begehren abgeschnürt wurde von domestizierenden Tugenden, deren eine zentrale die Bewahrung der Würde war. In dieser Hinsicht konsequent, zeigt Cavani, daß das Ausleben dieser Liebe mit dem immer stärkeren Versinken in Schmutz verbunden ist. Die im Nationalsozialismus und Faschismus betriebene Erstarrung des Lebens in kalter Monumentalität wird hier rückgängig gemacht. Wichtig ist aber, daß das für beide gilt. In dieser amour fou fordert die Frau vom Mann die Einlösung eines Versprechens, daß er ständig gegeben und immer wieder zurückgenommen hatte, weil er sofort an sein Dirigentenpult eilen mußte. Denn wenn sie schon reduziert ist auf ein Leben in Liebe und nichts als Liebe, dann soll es ihm nicht anders gehen. Dann soll er gemeinsam mit ihr das imaginäre Universum der gegenseitigen Abhängigkeit errichten, in dem sie dann beide zugrunde gehen.

Dem Film ist vorgeworfen worden, daß er das KZ als Kulisse für sado-masochistische Spielchen benutze und damit auf unerträgliche Weise die Würde der Opfer verletze. Der wirkliche Zusammenhang ist vielleicht nicht weniger empörend, aber auf jeden Fall anders. Auch in der Verschiebung vom konkreten historischen Bild von Gewalt zur Metapher von Gewalt werden

die Opfer ein zweites Mal umgebracht, denn die Bilder werden ihrer eigenen historischen Wahrheit, dem eigenen Tod, Schrecken, Leiden, der Gewalt erst einmal entfremdet. Aber das, was sich im Körper dieser Bilder einnistet, ist nicht einfach eine private Geschichte, hart am Rande von Pornografie, sondern eine andere Geschichte von Gewalt und Leiden und Tod und Entfremdung, wie sie mit der gesellschaftlichen Organisation der Triebe und der Geschlechterbeziehung im bürgerlichen Zeitalter verbunden waren. Der Film, wie jedes B-Picture, reflektiert nicht, was er tut, er benutzt lediglich etwas. Dieser Umschlag von der historischen Wahrheit zur Metapher ist natürlich hochproblematisch in einem Moment, wo unser geschichtliches Gedächtnis noch wach genug ist, um aus dem Entsetzen, das mit den ursprünglichen Bildern verbunden war, noch den Schrecken und die Empörung abzuleiten, die Bilder also noch aufgeladen sind mit der authentischen Erfahrung und auch daraus ihre Gefühlsintensität beziehen, aber doch nicht mehr an die Strenge der historischen Reflexion gebunden sind, in der sie bisher aufbewahrt waren in ihrer eigenen Wahrheit. An diesem Punkt des Umschlags ist das historische Bild, das zur Metapher wird, emotionalisiert und trotzdem frei verfügbar. Vielleicht ist dieser Umschlag aber auch erst möglich in einem Moment, wo die größte bekannte Schrekkenserfahrung des 20. Jahrhunderts überlagert wird von neuen Visionen des Schreckens, vielleicht noch furchtbarer, vielleicht gar nicht vergleichbar, sondern nur anders, vielleicht gar nicht vorstellbar ■

Inszenierung der Macht: Kinobeiprogramm »Tran und Helle«

Ausländische Sender

Nach dem Film in Reim gesetzt von Arnold Funke

Was uns auf der weiten Welt
irgendwo in Spannung hält,
was der Tag an Neuem bringt,
kurz gesagt: was singt und klingt,
ob es traurig oder froh,
alles bringt das Radio.
Tran ist ein moderner Mann,
schafft sich auch ein Radio an.

„Stell mal an, ich bin ganz Ohr",
sagt der Jupp, und Tran führt vor:
„Willst Du Breslau, willst Du Wien
oder Königsberg, Stettin
oder willst Du ... London hören?
Hier kann uns doch keiner stören ..."
„Tran", ruft Jupp, „das laß man sein,
denn sonst lochen sie Dich ein."
„Mensch, was kann denn schon passieren,
wenn wir uns mal orientieren,

auf Paris und London stellen,
das sind doch ..." „... ganz trübe Quellen",
warnt der Jupp, „eins ist doch klar,
was **die** sagen, ist **nie** wahr!
Durch ihr Lügen woll'n sie siegen,
uns moralisch unterkriegen."
„Schön", sagt Tran, „dann laß ich's sein,
jetzt stell ich Musike ein.
Denn, das sag ich Dir, mein Bester,
so'n Pariser Tanzorchester — —
kleine Mädchen ohne was, —
glaube mir, das macht schon Spaß!"
„Aber Spaß wird's Dir nicht machen,
wenn Du in gestreiften Sachen
auf der harten Pritsche sitzt
und vor Angst und Reue schwitzt,
ob in Worten oder Noten:
Ausland hören ist verboten!

Tanzmusik hast Du im Nu —
und aus Deutschland noch dazu."
Tran ist anfangs etwas bissig,
doch als dann so flott und schmissig
Tanzmusik ins Zimmer dringt —
und ein deutsches Mädel singt,
wird auch Tran davon gepackt
und er schunkelt froh im Takt.
„Jupp, ich war ein dummer Wicht,
Auslandssender hört man nicht.
Jetzt im Kriege will ich's nun
ganz gewiß nicht wieder tun."

Höflichkeit

Verkäufer:	Womit kann ich Ihnen dienen? Was darf es sein, mein Herr?!! Sie w ü n s ch e n ?!!!!
Tran:	Vergnügte Feiertage!
Helle:	Nun sage schon, daß Du Unterhosen haben willst.
Tran:	Nicht so laut. Die Damen nebenan brauchen das nicht zu hören.
Helle:	Damen tragen auch Unterhosen.
Tran:	Ausdrücke hast Du! Mit wem verkehrst Du eigentlich?
Helle:	Mit D i r !
Tran:	Na, dann ist es ja gut. — Haben Sie Unterhosen?

Verkäufer:	Wollen Sie sie lang haben?
Tran:	Lang? Die will ich nicht mieten, die will ich kaufen.
Verkäufer:	Lange oder halblange?!!!
Helle:	Geben Sie ihm schon lange, damit er nicht zu kurz kommt.
Verkäufer:	Die Herren wissen scheinbar selber nicht, was sie wollen. — Hier sind kurze, hier sind lange. — Was wollen Sie nun?
Helle:	Was ist das für ein Ton? — Wie reden Sie denn mit einem Kunden?
Verkäufer:	Ich habe schließlich noch mehr zu tun!

Tran:	Erlauben Sie mal. Sie sind für u n s da, nicht wir für Sie! Wenn wir hier . . .
Helle:	Ruhig, laß mich das machen. — Hören Sie mal, wir wollen hier etwas k a u f e n , wir wollen hier nichts geschenkt haben. — — Sie haben sich dem Kunden gegenüber i m m e r anständig zu benehmen . . .
Tran:	. . . anständig zu benehmen . . .
Verkäufer:	Bedenken Sie doch, meine Herren, es ist Krieg!
Tran:	Was haben denn meine Unterhosen mit Ihrem Krieg zu tun?
Helle:	Krieg oder nicht Krieg. Das spielt gar keine Rolle. Sie haben immer höflich zu sein. — Es wird die Zeit kommen, wo Sie auf die Kundschaft wieder angewiesen sind . . .
Tran:	. . . angewiesen sind! — Bravo, Jupp, d e m hast Du es aber gegeben!

Helle: Jawohl. Und Du als Kunde hast Dich dem Verkäufer gegenüber g e n a u so anständig und höflich zu benehmen!

Tran: Dann trage ich überhaupt keine Unterhosen mehr.

Moral: Wenn es Dies und Das nicht gibt,
macht man a n d e r s sich beliebt.
Schimpfe nicht gleich: „Es ist Krieg!"
H ö f l i c h k e i t führt a u c h zum Sieg.

In den seit Oktober 1939 als Vorspann zur Wochenschau laufenden Tran-und-Helle-Filmen verkörperten die Schauspieler Jupp Hussels (Helle) und Ludwig Schmitz (Tran) »zwei bestimmte Typen von Zeitgenossen (...), die sich in betont leichter und lustiger Form über Probleme und Schwierigkeiten des Alltagslebens auseinandersetzen«, so Fritz Hippler, Leiter der Filmabteilung des Propagandaministeriums 1940.

Tran ist in den etwa zwei bis drei Minuten langen Kurzfilmen der negative Held, der so ziemlich alle die Volksgemeinschaft störenden Eigenschaften besitzt: *Hamstersucht, Geschwätzigkeit, Großmäuligkeit, Nörgelei, Geiz, Faulheit.* Der smarte und korrekte Helle dagegen demonstriert das gesunde Volksempfinden – spätestens nach der vierten Folge ist er allerdings nur noch ein penetranter Besserwisser, der Tran mit erhobenem Zeigefinger heimsucht, wie die ungebetenen Damen im Fernsehen, die einem auf die Nerven fallen mit der Behauptung, die Wäsche sei immer noch nicht weiß genug und der Kaffee zu dünn.
Die »Meldungen aus dem Reich«, der Nachrichtendienst der RSHA, notierten immer wieder die Beliebtheit der Streifen, um schließlich im Herbst 1940 festzustellen: »Die Filme drohen zur ‚humoristischen Einlage' herabzusinken und ihre erzieherische und propagandistische Wirkung zu verlieren.« (29. 8. 1940)
Tatsächlich – und das mag wohl auch der Grund gewesen sein, daß das Propagandaministerium Ende 1940 anordnete, die Produktion einzustellen – wurde Tran von vielen Zuschauern als Träger eigener, durch die Verhältnisse legitimierten Verhaltensweisen und Wünsche gesehen: Sie übersetzten Trans negative Eigenschaften einfach mit: *notwendiger Vorsorge, Kommunikationsbereitschaft, Widerstand, Kritikfreude, Sparsamkeit, Gemütlichkeit.*

Der Streifen mit dem Originaltitel »Warnung vor dem Abhören ausländischer Sender« (»Ausländische Sender«) lief als Vorspann zur Ufa-Tonwoche im März 1940, »Höflichkeit« – mit Hubert von Meyerinck als Verkäufer – im Februar 1940.

Akademie 1983
Ausstellungskatalog Skulptur und Macht. Figurative Plastik im Deutschland der 30er und 40er Jahre. Akademie der Künste, Berlin 1983.

Althusser 1977
Louis Althusser: Ideologie und ideologische Staatsapparate. Aufsätze zur marxistischen Theorie. Hamburg/Berlin 1977.

Annitrenta 1982
Ausstellungskatalog Annitrenta – Arte e Cultura in Italia. Milano 1982.

Aron/Kempf 1978
J. P. Aron/R. Kempf: Der sittliche Verfall. Bourgeoisie und Sexualität in Frankreich. Frankfurt a. M. 1978.

Badura 1972
B. Badura: Bedürfnisstruktur und politisches System. Macht, Kultur und Kommunikation in ‚pluralistischen' Gesellschaften. Stuttgart 1972.

Bataille 1978
George Bataille: Die psychologische Struktur des Faschismus. München 1978.

Behrens 1980
M. Behrens: Ideologische Anordnung und Präsentation der Volksgemeinschaft am 1. Mai 1933. In: Projekt Ideologie-Theorie: Faschismus und Ideologie. Bd. I. Berlin 1980 (Argument-Sonderband 60), S. 81ff.

Benjamin 1963
Walter Benjamin: Das Kunstwerk im Zeitalter seiner technischen Reproduzierbarkeit. Frankfurt a. M. 1963.

Benton 1983
Tim Benton: Futurism and the Machine. In: Stanislaus v. Moos/Chris Smeenk (Hgg.): Avantgarde und Industrie. Delft 1983.

Bohn 1982
R. Bohn/H. J. Schimmel/E. Seidel: Faschismus – Kunst – Homosexualität. In: Sammlung 5. Frankfurt a. M. 1982.

Bosch 1980
E. Bosch: Vom Kämpfertum der Frau. Stuttgart o. J.

Bothe 1984
Rolf Bothe: Die Bewertung Friedrich Gillys in der kunst- und bauhistorischen Forschung. In: *Ausstellungskatalog* Friedrich Gilly 1772–1800 und die Privatgesellschaft junger Architekten. Berlin Museum, Berlin 1984, S. 11–19.

Breker 1972
Arno Breker: Im Strahlungsfeld der Ereignisse. Preußisch-Oldendorf 1972.

Brenner 1963
Hildegard Brenner: Die Kunstpolitik des Nationalsozialismus. Hamburg 1963.

Bushart 1983
Magdalena Bushart: Arno Breker (geb. 1900) – Kunstproduzent im Dienst der Macht. In: *Ausstellungskatalog* Skulptur und Macht. Figurative Plastik im Deutschland der 30er und 40er Jahre. Akademie der Künste, Berlin 1983, S. 155-158.

Bushart/Müller-Hofstede 1983
Magdalena Bushart/Ulrike Müller-Hofstede: Aktplastik. In: *Ausstellungskatalog* Skulptur und Macht. Figurative Plastik im Deutschland der 30er und 40er Jahre. Akademie der Künste, Berlin 1983, S. 13 bis 23.

Bussmann 1974
Georg Bussmann: Plastik. In: *Ausstellungskatalog* Kunst im 3. Reich. Dokumente der Unterwerfung. Frankfurter Kunstverein, Frankfurt a. M. 1974, S. 110–120.

Damus 1981
Martin Damus: Sozialistischer Realismus und Kunst im Nationalsozialismus. Frankfurt a. M. 1981.

Despiau 1942
Ch. Despiau: Arno Breker. Paris 1942.

Dresler 1938
Adolf Dresler: Deutsche Kunst und entartete ‚Kunst'. Kunstwerk und Zerrbild der Weltanschauung. München 1938.

Falkenhausen 1979
Susanne von Falkenhausen: Der zweite Futurismus und die Kunstpolitik des Faschismus in Italien von 1922–1943. Frankfurt a. M. 1979.

Fleischmann 1986
Antje Fleischmann: Das Bild der Frau in der Plastik des Nationalsozialismus. In: *Ausstellungskatalog* Das Bild der Frau in der Plastik des 20. Jahrhunderts. Wilhelm-Lehmbruck-Museum der Stadt Duisburg 1986, S. 40–48.

Förster 1985
Karin Förster: Staatsaufträge für das Reichsparteitagsgelände in Nürnberg. In: Magdalena Bushart u. a. (Hgg.): Entmachtung der Kunst. Architektur, Bildhauerei und ihre Institutionalisierung 1920 bis 1960. Berlin 1985, S. 156–182.

Foucault 1976
Michel Foucault: Mikrophysik der Macht. Über Strafjustiz, Psychiatrie und Medizin. Berlin 1976.

Foucault 1977
Michel Foucault: Sexualität und Wahrheit. Bd. 1: Der Wille zum Wissen. Frankfurt a. M. 1977.

Fritsch 1905
G. Fritsch: Die Schönheit des menschlichen Körpers. Stuttgart 1905.

Fromm 1980
Erich Fromm: Arbeiter und Angestellte am Vorabend des Dritten Reiches. Eine sozialpsychologische Untersuchung. Stuttgart 1980.

Gerling 1917
R. Gerling: Der vollendete Mensch und das Ideal der Persönlichkeit. Oranienburg 1917^{4}.

Gottschewsky 1934
Lydia Gottschewsky: Männerbund und Frauenfrage. Die Frau im neuen Staat. München 1934.

Grisebach 1924
August Grisebach: Carl Friedrich Schinkel. Leipzig 1924.

Günther 1933
H. F. Günther: Kleine Rassenkunde des deutschen Volkes. München 1933^{3}.

Hartmann 1979
Wolfgang Hartmann: Der historische Festzug zum ‚Tag der deutschen Kunst'. In: B. Hinz u. a. (Hgg.): Die Dekoration der Gewalt. Kunst und Medien im Faschismus. Gießen 1979, S. 87–99.

Hass 1982
Jens P. Hass: Homosexualität und Design. Kritik der Bild- und Symbolsprache homosexueller Männer. In: TAZ, 8. Juni 1982.

Haug 1986
Wolfgang Fritz Haug: Die Faschisierung des bürgerlichen Subjekts. Die Ideologie der gesunden Normalität und die Ausrottungspolitiken des deutschen Faschismus. Materialanalysen. Berlin 1986 (Argument-Sonderband 80).

Hentzen 1934
A. Hentzen: Deutsche Bildhauer der Gegenwart. Berlin 1934.

Himmler 1974
H. Himmler: Geheimreden und andere Ansprachen. Hg. von B. F. Smith u. a. Frankfurt a. M. 1974.

Hinkel 1975
H. Hinkel: Zur Funktion des Bildes im deutschen Faschismus. Gießen 1975.

Hinz 1974a
Berthold Hinz: Die Malerei im deutschen Faschismus. Kunst und Konterrevolution. München/Wien 1974.

Hinz 1974b
Berthold Hinz: Malerei des deutschen Faschismus. In: *Ausstellungskatalog* Kunst im 3. Reich. Dokumente der Unterwerfung. Frankfurter Kunstverein, Frankfurt a. M. 1974, S. 122–129.

Hinz 1977
Berthold Hinz: Zweierlei Kunst in Deutschland. In: *Ausstellungskatalog* Wem gehört die Welt. Kunst und Gesellschaft in der Weimarer Republik. NGBK, Berlin 1977, S. 264–267.

Hinz 1979
Berthold Hinz: Bild und Lichtbild im Medienverbund. In: B. Hinz u. a. (Hgg.): Die Dekoration der Gewalt. Kunst und Medien im Faschismus. Gießen 1979, S. 137–148.

Hitler MK
A. Hitler: Mein Kampf. München 1938 (336.–340. Tsd.).

Jens 1971
Inge Jens: Dichter zwischen rechts und links. Die Geschichte der Sektion für Dichtkunst der Preußischen Akademie der Künste dargestellt nach den Dokumenten. München 1971.

Kauffmann 1941
F. A. Kauffmann: Die neue deutsche Malerei. Berlin 1941.

Kracauer 1963
Siegried Kracauer: Das Ornament der Masse. In: Ders.: Das Ornament der Masse. Essays. Frankfurt a. M. 1963, S. 50 ff.

Kracauer 1974
Siegfried Kracauer: Die Angestellten. Aus dem neuesten Deutschland. Frankfurt a. M. 1974.

Kurth 1941
Willy Kurth: Griechenträume Schinkels. Zum 100. Todestag des preußischen Baumeisters. In: »Berlin-Rom-Tokio«, Jg. 3, 1941, H. 8, S. 17–20.

Lacan 1978
Jacques Lacan: Freuds technische Schriften. Das Seminar, Buch I. Olten/Freiburg 1978.

Liehr 1981
G. Liehr: Ärger um den Marmor-Arier. In: »Vorwärts«, 23. April 1983, S. 29.

zur Lippe 1986
Rudolf zur Lippe: Praxis und Bewußtsein in der ‚Neuzeit'. In: Herbert Stachowiak (Hg.): Pragmatik. Handbuch pragmatischen Denkens. Bd. 1. Hamburg 1986.

Lorck 1939
Karl von Lorck: Karl Friedrich Schinkel. Berlin 1939.

Lorck 1941
Carl von Lorck: Schinkels Schloßentwürfe für den Osten. In: »Die Burg. Vierteljahresschrift des Instituts für Deutsche Ostarbeit«, Jg. 2, 1941, H. 2., S. 24–32.

Lukács 1962
Georg Lukács: Die Zerstörung der Vernunft. Neuwied/Berlin 1962.

Maenz 1974
Paul Maenz: Art Deco 1920–1940. Formen zwischen zwei Kriegen. Köln 1974.

Mittig 1979
Hans E. Mittig: Die Reklame als Wegbereiterin der nationalsozialistischen Kunst. In: B. Hinz u.a. (Hgg.): Die Dekoration der Gewalt. Kunst und Medien im Faschismus. Gießen 1979, S. 31–52.

Moeller 1916
Arthur Moeller van den Bruck: Der Preußische Stil. Breslau 1916.

Moeller 1931
Arthur Moeller van den Bruck: Der Preußische Stil. Neue Fassung. Breslau 1931.

Mosse 1985
G. L. Mosse: Nationalsozialismus und Sexualität. Bürgerliche Moral und sexuelle Normen. München 1985.

Peschke 1942
Walter Peschke: Schinkels Erbe in Berlin. In: »Zeitschrift des Vereins für die Geschichte Berlins«, Jg. 59, 1942, S. 97–110.

Pinder 1937
Wilhelm Pinder: Georg Kolbe. Werke der letzten Jahre. Berlin 1937.

Pinder 1938
Wilhelm Pinder: Gesammelte Aufsätze aus den Jahren 1907–1935. Leipzig 1938.

PIT 1980
Projekt Ideologie-Theorie: Faschismus und Ideologie. 2 Bde. Berlin 1980 (Argument-Sonderbände 60 u. 62).

Popitz 1941
Johannes Popitz: Dem Gedächtnis Karl Friedrich Schinkels. In: »Zentralblatt der Bauverwaltung«, Jg. 40, 1941, H. 40, S. 651–655.

Probst 1981
Volker G. Probst: Arno Breker. 60 Ans de sculpture. Paris 1981.

Projektgruppe 1986
Projektgruppe des Ludwig-Uhland-Instituts für empirische Kulturwissenschaft der Universität Tübingen (Hg.): Als die Deutschen demonstrieren lernten. Das Kulturmuster ‚friedliche Straßendemonstration' im preußischen Wahlrechtskampf 1908–1910. Begleitband zur Ausstellung. Tübingen 1986.

Rave 1941
Paul Ortwin Rave: Karl Friedrich Schinkel. In: »Das Reich«, Nr. 10, 9. März 1941.

Rave 1943
Paul Ortwin Rave: Orianda. Das Wunderschloß Schinkels auf der Krim. In: »Das Reich«, Nr. 4, 24. Januar 1943.

Richard 1982
Lionel Richard: Deutscher Faschismus und Kultur. Aus der Sicht eines Franzosen. München 1982.

Rietdorf 1940
Alfred Rietdorf: Gilly. Wiedergeburt der Architektur. Berlin 1940.

Rittich 1937
Werner Rittich: Naturform und Stil. In: »Kunst und Volk«, Jg. 5, H. 7, S. 192 ff.

Rittich 1941
Werner Rittich: Fritz Klimsch. Berlin 1941.

Rittich 1943
Werner Rittich: Das Lyrische in der Plastik. Zu einigen zeitgenössischen Bildhauerwerken. In: »Die Kunst im Deutschen Reich«, Jg. 7, Folge 4/5, April/Mai 1943, S. 99 bis 107.

Rosenberg 1930
Alfred Rosenberg: Der Mythus des 20. Jahrhundert. München 1930.

Rüster 1943
Rüster: Orianda. In: »Die Kunst im Deutschen Reich/Die Baukunst«, Jg. 7, 1943, S. 2–19.

Schade 1987
Sigrid Schade: Der Mythos des Ganzen Körpers'. Das Fragmentarische in der Kunst des 20. Jahrhunderts und die Dekonstruktion bürgerlicher Totalitätskonzepte. Vortrag zur 3. Kunsthistorikerinnen-Tagung in Wien 1986 [die Tagungsdokumentation erscheint 1987 im D. Reimer Vlg. Berlin].

Schiedlausky 1938
Günther Schiedlausky: Karl Friedrich Schinkel. Burg b. M. 1938.

Schmid 1943
Josef Schmid: Karl Friedrich Schinkel. Der Vorläufer neuer deutscher Baugesinnung. Leipzig 1943.

Schönberger 1979
Angela Schönberger: Die Neue Reichskanzlei in Berlin von Albert Speer. In: B. Hinz u.a. (Hgg.): Die Dekoration der Gewalt. Kunst und Medien im Faschismus. Gießen 1979, S. 163–172.

Schönberger 1981
Angela Schönberger: Die Neue Reichskanzlei von Albert Speer. Zum Zusammenhang von nationalsozialistischer Ideologie und Architektur. Berlin 1981.

Schorer 1939
Georg Schorer: Deutsche Kunstbetrachtung. München 1939.

Schinkelfeier 1941
Schinkel-Gedenkfeier des Architekten- und Ingenieur-Vereins zu Berlin in der Gaufachgruppe Bauwesen des NSBDT am 13. März 1941.

Schultze-Naumburg 1928
Paul Schultze-Naumburg: Kunst und Rasse. München 1928.

Seitter 1984
Walter Seitter: Starkes Geschlecht. Newtons Beitrag zum Menschen-Bild. In: Thomas Ziehe/Eberhard Knödler-Bunte (Hgg.): Der sexuelle Körper. Ausgeträumt. Berlin 1984, S. 121–130.

Sembach 1984
Klaus-Jürgen Sembach: Stil 1930. Tübingen 1984.

Tank 1942
Kurt Lothar Tank: Deutsche Plastik unserer Zeit. München 1942.

Teut 1967
Anna Teut: Architektur im Dritten Reich 1933–1945. Berlin/Frankfurt a.M./Wien 1967.

Theweleit 1977/1980
Klaus Theweleit: Männerphantasien. 2 Bde. Bd. 1: Frauen, Fluten, Körper, Geschichte. Bd. 2: Männerkörper – Zur Psychoanalyse des weißen Terrors. Frankfurt a.M. 1977/Reinbek 1980.

Thomae 1978
O. Thomae: Die Propaganda-Maschinerie. Bildende Kunst und Öffentlichkeitsarbeit im Dritten Reich. Berlin 1978.

Wagner 1986
Frank Wagner: Staatliche Repräsentation auf der Pariser Weltausstellung 1937. Ein Vergleich des deutschen Pavillons mit denen der UdSSR und der Republik Spanien unter besonderer Berücksichtigung der Skulptur und ihrer Einbindung in das architektonische Ensemble. Magisterarbeit Berlin 1986.

Walters 1979
Margaret Walters: Der männliche Akt. Ideal und Verdrängung in der europäischen Kunstgeschichte. Berlin 1979.

Weigert 1942
H. Weigert: Die Geschichte der deutschen Kunst von der Vorzeit bis zur Gegenwart. Berlin 1942.

Weininger 1903
Otto Weininger: Geschlecht und Charakter. Wien 1903.

Wenk 1985
Silke Wenk: Die Arbeit eines deutschen Archäologen an der Modernisierung des antiken Ideals. In: *Ausstellungskatalog* Auf den Spuren der Antike. Theodor Wiegand, ein deutscher Archäologe. Städtisches Museum Bendorf/Rhein 1985.

Wenk 1986
Silke Wenk: Warum ist die (Kriegs-) Kunst weiblich? Frauenbilder in der Plastik auf öffentlichen Plätzen in Berlin. In: »Kunst + Unterricht«, H. 101, April 1986, S. 7–14.

Wenk 1987
Silke Wenk: Der öffentliche weibliche Akt: Eine Allegorie des Sozialstaates. Vortrag zur 3. Kunsthistorikerinnen-Tagung in Wien 1986 [die Tagungsdokumentation erscheint 1987 im D. Reimer Vlg. Berlin].

Willrich 1937
Wolfgang Willrich: Säuberung des Kunsttempels. Eine kunstpolitische Kampfschrift zur Gesundung deutscher Kunst im Geiste nordischer Art. München/Berlin 1937.

Wolbert 1982
Klaus Wolbert: Die Nackten und die Toten des ‚Dritten Reiches'. Folgen einer politischen Geschichte des Körpers in der Plastik des deutschen Faschismus. Gießen 1982.

Wolters 1942
Rudolf Wolters: Das Berliner Friedrichsdenkmal. In: »Die Kunst im Deutschen Reich«, Jg. 6, 1942, S. 151–156.

Wulf 1966
Joseph Wulf: Die Bildenden Künste im Dritten Reich. Eine Dokumentation. Reinbek 1966.

Verzeichnis der Bildquellen

Kursive Zahlen bezeichnen die Seiten, die Angaben in den Klammern die Nummern oder den Stand der Abbildungen.

Archiv Bergzow, Berlin: *62, 78, 130, 132, 134* (unten), *136, 138–140, 154/155, 158, 161, 165, 167, 191, 210/211, 238* (unten), *254–260, 280* (8), *346, 348, 350, 352, 354–362*

Bildarchiv Preußischer Kulturbesitz, Berlin: *18, 27* (8), *32* (13), *45* (16), *46, 47, 152/153, 156/157, 190, 236*

Christian Bouqueret, Paris: 1. Umschlagseite (Fotografie: Willy Zielke), *222* (Fotografie: André Steiner), *286–296*

Bundesarchiv, Koblenz: *38/39*

Freunde eines Schwulen Museums in Berlin e.V.: *100*

Patricia Krey, Berlin: *120, 122–124, 126*

Landesbildstelle Berlin: *22* (4), *27* (9)

Messe- und Ausstellungs-GmbH, Köln: *282–284*

Pädagogisches Institut der Stadt Nürnberg: 4. Umschlagseite, *12/13, 14/15, 80, 86*

Volker Sobottke, Berlin: *134* (oben)

Andreas Sternweiler, Berlin: *96, 104, 162/163, 238* (oben)

Ullstein Bilderdienst, Berlin: *28, 29*

Frank Wagner, Berlin: *82, 84, 88, 224*

Privatarchive: 3. Umschlagseite, *52–61*

H. Bergschicker: Deutsche Chronik 1933–1945. Ein Zeitbild der faschistischen Diktatur. Berlin (DDR) 1981: 4. Umschlagseite

Arno Breker. Lichtbilder von Charlotte Rohrbach mit einer Einführung von Dr. W. Rittich. Paris o.J. [1942]: 2. Umschlagseite, *108, 109*

Deutschland in Paris. Ein Bild-Buch von Heinrich Hoffmann. Berlin 1937: *105, 218/219, 220, 221, 223*

H. Fuchs/F. Burkhardt: Produkt, Form, Geschichte. 150 Jahre deutsches Design. IfA, Stuttgart 1985: *265*

Ausstellungskatalog Friedrich Gilly 1772–1800 und die Privatgesellschaft junger Architekten. Berlin Museum, Berlin 1984: *240* (8)

B. Hinz: Die Malerei im deutschen Faschismus. Kunst und Konterrevolution. München/Wien 1974: *144, 145, 146* (5), *147* (9), *148*

J. Lippert: Der 1. Mai einst und jetzt. Berlin 1933: *19, 22* (5), *24, 45* (17)

Die Neue Reichskanzlei. München o.J. [1940]: *64–77*

W. Rittich: Fritz Klimsch. Berlin 1941: *110, 111* (9)

G. Selle: Die Geschichte des Design in Deutschland von 1870 bis heute. Köln 1978: 2. Umschlagseite

K. Theweleit: Männerphantasien. Bd. I. Frankfurt a.M. 1977: 3. Umschlagseite

Ausstellungskatalog Renzo Vespignani. Über den Faschismus. NGBK/Kunstamt Kreuzberg, Berlin 1976: 1. Umschlagseite

Alle anderen Abbildungen stammen aus dem Besitz der Autoren.

Die Reproduktionen wurden von Uwe Boeck, Detlev Pusch, Christian Friedl, Knud P. Petersen und Hans-J. Bartsch angefertigt.

Die Veranstalter danken allen Institutionen und Einzelpersonen, die die Ausstellung durch Leihgaben unterstützt haben. Besonderer Dank gilt der Oberfinanzdirektion München, dem Bundesarchiv in Koblenz, dem Berlin Museum, dem Bildarchiv Preußischer Kulturbesitz, Berlin, und dem Pädagogischen Institut der Stadt Nürnberg.